디모데전서 - 빌레몬서

ESV 성경 해설 주석

편집자 주
- 성경의 문단과 절 구분은 ESV 성경의 구분을 기준하였습니다.
- 본문의 성경은 《성경전서 개역개정판》과 ESV 역을 주로 사용하였습니다.

ESV Expository Commentary: 1Timothy-Philemon

Originally published as *ESV Expository Commentary*, Volume 11: *Ephesians-Philemon*
Published by Crossway
a publishing ministry of Good News Publishers
Wheaton, Illinois 60187, U.S.A.

ESV
EXPOS
ITORY
COMME
NTARY

디모데전서 – 빌레몬서

ESV 성경 해설 주석

데니 버크 · 앨리스터 I. 윌슨 지음
김명희 옮김

국제제자훈련원

추천의 글

성경은 하나님의 생명의 맥박이다. 성경은 사망에서 생명으로 옮겨 주는 생명의 책이다. 성경은 하나님의 창조와 구원 디자인에 따라 삶을 풍요롭게 하는 생활의 책이다. 성경을 바로 이해하고 적용해서 그대로 살면 우선 내가 살고 또 남을 살릴 수 있다. '하나님의 생기'가 약동하는 성경을 바로 강해하면 성령을 통한 생명과 생활의 변화가 분출된다. 이번에 〈ESV 성경 해설 주석〉 시리즈가 나왔다. 미국 필라델피아 웨스트민스터신학교의 이언 두기드 교수와 남침례교신학교의 제임스 해밀턴 교수와 커버넌트신학교의 제이 스클라 교수 등이 편집했다. 학문이 뛰어나고 경험이 많은 신세대 목회자/신학자들이 대거 주석 집필에 동참했다. 일단 개혁주의 성경신학 교수들이 편집한 주석으로 신학적으로 건전하다. 〈ESV 성경 해설 주석〉은 또한 목회와 신앙생활 전반에 소중한 자료다. 성경 내용을 총체적으로 이해하고 적용한 주석으로 읽고 사용하기가 쉽게 되어 있다. 성경 각 권의 개요와 주제와 저자와 집필 연대, 문학 형태, 성경 전체와의 관계, 해석적 도전 등을 서론으로 정리한 후 구절마다 충실하게 주석해 두었다. 정금보다 더 값지고 꿀보다 더 달고 태양보다 더 밝은 성경 말씀을 개혁주의 성경 해석의 원리에 따라 탁월하게 해석하고 적용한 〈ESV 성경 해설 주석〉이 지구촌 각 교회 지도자들과 성도들에게 널리 읽혀서 생명과 생활의 변화를 통해 하나님의 영광이 극대화되기 바란다.

권성수 | 대구 동신교회 담임목사

〈ESV 성경 해설 주석〉은 미국의 건전한 개혁주의 전통에 서 있는 젊고 탁월한 학자들을 중심으로 집필된 해설 주석이다. 이 책은 매우 읽기 쉬운 주석임에도 세세한 부분까지 놓치지 않고 해설을 집필해 놓았다. 성경 전체를 아우르는 신학적 큰 그림을 견지하면서도 난제는 간결하고 핵심을 찌르듯 해설한다. 목회자들이나 성경을 연구하는 이들은 이 주석을 통해 성경 기자의 의도를 쉽게 파악하여 설교와 삶의 적용에 적절하게 활용할 수 있을 것이다.

김성수 | 고려신학대학원 구약학 교수

ESV 성경은 복음주의 학자들이 원문에 충실하게 현대 언어로 번역한다는 원칙으로 2001년에 출간된 성경이다. ESV 번역을 기초로 한 이 해설 주석은 성경 본문의 역사적 의미를 밝힘으로써, 독자가 하나님의 영감된 메시지를 발견하도록 도울 목적으로 기획되었다. 각 저자는 본문에 대한 학문적 논의에 근거하여 일반 독자가 이해하고 적용할 수 있도록 충실하게 안내하고 있다. 또한 성경 각 권에 대한 서론은 저자와 본문을 이해하는 데 큰 도움을 준다. 이 주석은 말씀을 사모하는 모든 사람들, 특별히 말씀을 선포하고 가르치는 책임을 맡은 이들에게 신뢰할 만하고 사용하기에 유익한 안내서다.

김영봉 | 와싱톤사귐의교회 담임목사

〈ESV 성경 해설 주석〉은 성경 해석의 정확성, 명료성, 간결성, 통합성을 두루 갖춘 '건실한 주석'이다. 단단한 문법적 분석의 토대 위에 문학적 테크닉을 따라 복음 스토리의 흐름을 잘 따라가며, 구약 본문과의 연관성 속에서 견고한 성경신학적 함의를 제시한다. 성경을 이해하는 데 관심 있는 일반 독자들은 이 책을 통해 최신 해석들을 접할 수 있으며, 설교자들은 영적 묵상과 현대적 적용에 통찰을 얻을 수 있을 것이다.

김정우 | 총신대학교 명예교수, 한국신학정보연구원 원장

〈ESV 성경 해설 주석〉은 단락 개요, 주석 그리고 응답의 구조로 전개되기 때문에 독자는 성경의 말씀들을 독자 자신의 영적 형편에 적합하게 적용할 수 있다. 특히 절 단위의 분절적인 주석이 아니라 각 단락을 하나의 이야기로 묶어 해석하기 때문에 본서는 성경이라는 전체 숲을 파악하는 데 더없이 유익하다. 목회자, 성경 교사, 그리고 성경 애호적인 평신도들에게 추천할 만하다.

김회권 | 숭실대학교 기독교학과 구약신학 교수

성경 주석의 가장 중요한 사명은 하나님의 말씀을 바르게 해석하고 오늘날 청중에게 유익하게 적용할 수 있도록 안내하는 일이다. 〈ESV 성경 해설 주석〉은 목회자와 성도 모두에게 성경에 새겨진 하나님의 마음을 읽게 함으로 진리의 샘물을 마시게 할 뿐 아니라 하나님을 더욱 사랑하는 마음을 불러일으킨다. 성경과 함께 〈ESV 성경 해설 주석〉을 곁에 두라. 목회자는 강단에 생명력 있는 설교에 도움을 얻을 것이고 일반 독자는 말씀을 더 깊이 깨닫는 기쁨을 누릴 것이다.

류응렬 | 와싱톤중앙장로교회 담임목사, 고든콘웰신학교 객원교수

주석들의 주석이 아니라 성경을 섬기는 주석을, 학자들만의 유희의 공간이 아니라 현장을 섬기는 주석을, 역사적 의미만이 아니라 역사 속의 의미와 오늘 여기를 향하는 의미를 고민하는 주석을, 기발함보다는 기본에 충실한 주석을 보고 싶었다. 그래서 책장 속에 진열되는 주석이 아니라 책상 위에 있어 늘 손이 가는 주석을 기다렸다. 학문성을 갖추면서도 말씀의 능력을 믿으며 쓰고, 은혜를 갈망하며 쓰고, 교회를 염두에 두고 쓴 주석을 기대했다. 〈ESV 성경 해설 주석〉은 나를 성경으로 돌아가게 하고 그 성경으로 설교하고 싶게 한다. 내가 가진 다른 주석들을 대체하지 않으면서도 가장 먼저 찾게 할 만큼 탄탄하고 적실하다. 현학과 현란을 내려놓고 수수하고 담백하게 성경 본문을 도드라지게 한다.

박대영 | 광주소명교회 책임목사, 《묵상과 설교》 편집장

또 하나의 주석을 접하며 무엇이 특별한가 하는 질문부터 하게 된다. 먼저 디테일하고 전문적인 주석과 학문적인 논의의 지루함을 면케 해주면서도 성경 본문의 흐름과 의미 그리고 중요한 주제의 핵심을 잘 파악하게 해 준다는 점을 들 수 있다. 그래서 분주한 사역과 삶으로 쫓기는 이들의 시간과 에너지를 절약해 준다는 이점이 있다. 또한 본문에 대한 충실한 해석뿐 아니라 그 적용까지 이끌어낼 수 있도록 돕는다는 점이 유익하다. 더불어 가독성이 뛰어나다는 점에서 설교를 준비하는 이들뿐 아니라 성경을 바로 이해하기 원하는 모든 교인들에게 적합한 주석이다.

박영돈 | 작은목자들교회 담임목사, 고려신학대학원 교의학 명예교수

성경이 질문하고 성경이 답변하게 하는 방법을 찾는 것은 이 시대에 성경을 연구하거나 가르치거나 설교하는 이들의 가장 큰 고민거리라고 할 수 있다. 그동안 접했던 많은 성경 주석서들은 내용이 너무 간략하거나 지나치게 방대했다. 〈ESV 성경 해설 주석〉은 이 시대의 목회자들뿐만 아니라 진리를 갈망하는 모든 신자들, 특히 제자

훈련을 경험하는 모든 동역자들에게 매우 신선하고 깊이 있는 영감을 공급하는 주석이다. 첫째, 해석이 매우 간결하고 담백하면서도 깊이가 있다. 둘째, 영어 성경과 대조해서 본문을 폭넓게 이해할 수 있다. 셋째, 성경 원어 이해를 돕기 위한 세심한 배려는 목회자뿐만 아니라 성경의 깊이를 탐구하는 모든 신앙인들에게도 큰 유익을 준다. 넷째, 이 한 권으로 충분할 수 있다. 성경이 말하기를 갈망하는 목회자의 서재뿐만 아니라 말씀을 사랑하는 모든 신앙인들의 거실과 믿음 안에서 자라나는 다음 세대의 공부방들도 〈ESV 성경 해설 주석〉이 선물하는 그 풍성한 말씀의 보고(寶庫)가 되기를 염원한다.

故 박정식 | 전 은혜의교회 담임목사

〈ESV 성경 해설 주석〉는 성경 본문을 통해 저자가 드러내기 원하는 사고의 흐름을 따라가면서 예수님을 중심으로 하는 구원계시사적 관점에서 친절히 해설한다. 《ESV 스터디 바이블》의 묘미를 맛본 분이라면, 이번 〈ESV 성경 해설 주석〉을 통해 복음에 충실한 개혁주의 해설 주석의 간명하고도 풍성한 진미를 기대해도 좋다. 설교자는 물론 성경을 진지하게 읽음으로 복음의 유익을 얻기 원하는 모든 크리스천에게 독자 친화적이며 목회 적용적인 이 주석 시리즈를 기쁘게 추천한다.

송영목 | 고신대학교 신학과 신약학 교수

일반 성도들이 성경을 읽을 때 곁에 두고 참고할 만한 자료가 의외로 많지 않다. 그런 점에서 〈ESV 성경 해설 주석〉이 한국에 소개되는 것을 매우 기쁘게 생각한다. 학술적이지 않으면서도 깊이가 있는 성경 강해를 명료하게 담아내고 있기 때문이다. 성경을 바르고 분명하게 이해하려는 모든 성도들에게 큰 도움이 되리라 확신하며 추천한다.

송태근 | 삼일교회 담임목사, 미셔널신학연구소 대표

본 시리즈는 장황한 문법적 · 구문론적 논의는 피하고 본문의 흐름을 따라 단락별로 본문의 핵심을 파악할 수 있도록 도와주는 매우 간결하고 효율적인 주석 시리즈다. 본 시리즈는 석의 과정에서 성경신학적으로 건전한 관점을 지향하면서도, 각 책의 고유한 신학적 특성을 드러내 보여주는 것도 소홀히 하지 않는다. 특히 본 시리즈는 목회자들이 설교를 준비할 때 본문 이해의 시발점으로 사용하기에 적절하며, 평신도들이 읽기에도 과히 어렵지 않은 독자 친화적 주석이다. 본 시리즈는 성경을 연구하는 모든 이들에게 매우 요긴한 동반자가 될 것이다.

양용의 | 에스라성경대학원대학교 신약학 교수

메시아적 시각을 평신도의 눈높이로 풀어낸 주석이다. 주석은 그저 어려운 책이라는 편견을 깨뜨리고 성경을 사랑하는 모든 이의 가슴 속으로 살갑게 파고든다. 좋은 책은 평생의 친구처럼 이야기를 듣고 들려주면서 함께 호흡한다는 점에서 〈ESV 성경 해설 주석〉은 가히 독보적이다. 깊이에서는 신학적이요, 통찰에서는 목회적이며, 영감에서는 말씀에 갈급한 모든 이들에게 열린 책이라고 할 수 있다. 서사적 구조와 시의 적절한 비유적 서술은 누구라도 마음의 빗장을 해제하고, 침실의 머리맡에 두면서 읽어도 좋을 만큼 영혼의 위로를 주면서도, 말씀이 주는 은혜로 새벽녘까지 심령을 사로잡을 것으로 믿는다. 비대면의 일상화 속에서 말씀을 가까이하는 모든 이들이 재산을 팔아 진주가 묻힌 밭을 사는 심정으로 사서 평생의 반려자처럼 품어야 할 책이다.

오정현 | 사랑의교회 담임목사, SaRang Global Academy 총장

〈ESV 성경 해설 주석〉 시리즈의 특징은 신학자나 목회자들에게도 도움이 되겠지만 평신도 지도자인 소그룹 인도자들의 성경본문 이해에 대한 통찰력을 제공한다. 건강한 교회의 공통분모인 소그룹 활성화를 위하여 인도자의 영적 양식은 물론 그룹원들의 일상을 새로운 각도에서 조명하는 원리를 찾아주는 데 도움을 준다. 서로 마음이 통하는 반가운 친구처럼 손 가까이 두고 싶은 책으로 추천하고 싶다.

오정호 | 새로남교회 담임목사, 제자훈련 목회자네트워크(CAL-NET) 이사장

〈ESV 성경 해설 주석〉은 내용이 충실하여 활용성이 높고, 문체와 편집이 돋보여 생동감을 주기에 충분하다. 이와 함께 본문의 의미를 최대한 살려내는 심오한 해석은 기존의 우수한 주석들과 어깨를 나란히 할 만큼 정교하다. 또한 본 시리즈는 성경 각 권을 주석함과 동시에 성경 전체를 관통하는 그리스도 중심의 구속사적 관점을 생생하게 적용함으로써 탁월함을 보인다. 설교자와 성경 연구자에게는 본문에 대한 알찬 주석을 제공한다는 차원에서 오아시스와 같고, 실용적인 주석을 기다려온 평신도들에게는 설명이 뛰어나다는 점에서 가장 이상적인 해설서로 적극 추천한다.

윤철원 | 서울신학대학원 신약학 교수, 한국신약학회 회장

설교자들은 늘 신학적으로 탄탄하면서도 성경신학적인 주석서가 목말랐다. 학문적으로 치우쳐 부담되거나 석의가 부실한 가벼운 주석서들과는 달리 〈ESV 성경 해설 주석〉은 깊이 있는 주해와 적용에 이르기까지 여러 면에서 균형을 고루 갖춘 해설 주석서다. 한국 교회 강단을 풍성케 할 역작으로 기대된다.

이규현 | 수영로교회 담임목사

ESV 성경은 원문을 최대한 살려서 가장 최근에 현대 영어로 번역한 성경이다. 100여 명의 대표적인 복음주의 학자와 목회자들로 구성된 팀이 만든 ESV 성경은 '단어의 정확성'과 문학적 우수성뿐만 아니라 그 의미를 깊이 있게 드러내는 영어 성경이다. 2001년에 출간된 이후 교회 지도자들과 수많은 교파와 기독교 단체에서 널리 사용되었고, 현재 전 세계 수백만의 그리스도인들이 사용하고 있다. 〈ESV 성경 해설 주석〉은 무엇보다 개관, 개요, 주석이 명료하고 탁월하다. 포스트모던 시대에도 진지한 강해설교를 고민하는 모든 목회자들과 성경공부 인도자들에게 마음을 다하여 추천하고 싶다. 이 책을 손에 잡은 모든 이들은 손에 하늘의 보물을 잡은 감사를 느끼게 될 것이다.

이동원 | 지구촌교회 원로목사, 지구촌 목회리더십센터 대표

〈ESV 성경 해설 주석〉은 '성경'을 '말씀'으로 대하는 신중함과 경건함이 부드럽지만 강렬하게 느껴지는 저술이다. 본문의 흐름과 배경을 알기 쉽게 보여주면서 본문의 핵심을 명확하게 제시하는 묘한 힘을 가지고 있다. 연구와 통찰을 질서 있고 조화롭게 제공하여 본문을 보는 안목을 깊게 해 주고, 말씀을 받아들이는 마음을 곧추세우게 해 준다. 주석서에서 기대하는 바가 한꺼번에 채워지는 느낌이다. 설교를 준비하는 목회자, 성경을 연구하는 신학생, 말씀으로 하나님을 만나려는 성도 모두에게 단비 같은 주석이다.

이진섭 | 에스라성경대학원대학교 신약학 교수

ESV 성경 간행에 이은 〈ESV 성경 해설 주석〉의 발간은 이 땅을 살아가는 '말씀의 사역자'들은 물론, 모든 '한 책의 백성'들에게 주어진 이중의 선물이다. 본서는 구속사에 대한 거시적 시각과 각 구절에 대한 미시적 통찰, 학자들을 위한 학술적 깊이와 설교자들을 위한 주해적 풀이, 그리고 본문에 대한 탁월한 설명과 현장에 대한 감동적인 적용을 다 아우르고 있는 성경의 '끝장 주석'이라 할 만하다.

전광식 | 고신대학교 신학과 교수, 전 고신대학교 총장

〈ESV 성경 해설 주석〉은 처음부터 그 목적을 분명히 하고 집필되었다. 자기 스스로 경건에 이르도록 성장하기 위해서, 또 다른 사람들을 가르치기 위해서, 성경을 진지하게 연구하는 모든 사람들에게 도움을 주기 위해서라고 밝힌다. 목사들에게는 목회에 유익한 주석이요, 성도들에게는 적용을 돕는 주석이다. 또 누구에게나 따뜻한 감동을 안겨주는, 그리하여 주석도 은혜가 된다는 것을 새삼 확인할 것이다. 학적인

주석을 의도하지 않았지만, 이 주석의 구성도 주목할 만하다. 한글과 영어로 된 본문, 단락 개관, 개요, 주해, 응답으로 구성되어 있다. 만약 신구약 한 질의 주석을 곁에 두길 원하는 성도라면, 〈ESV 성경 해설 주석〉 시리즈는 틀림없이 실망시키지 아니할 것이라고 확신한다.

정근두 | 울산교회 원로목사

말씀을 깊이 연구하는 일부의 사람들에게는 원어 주해가 도움이 되겠지만, 강단에 서는 설교자들에게는 오히려 해설 주석이 더 요긴하다. 〈ESV 성경 해설 주석〉은 본문 해설에 있어 정통 신학, 폭넓은 정보, 목회적 활용성, 그리고 적용에 초점을 두었다. 이 책은 한마디로 설교자를 위한 책이다. 헬라어나 히브리어에 능숙하지 않아도 친숙하게 성경 본문을 연구할 수 있다는 점에서 주변 목회자들에게 적극적으로 추천하고 싶다. 목회자가 아닌 일반 성도들도 깊고 풍성한 말씀에 대한 갈증이 있다면, 본 주석 시리즈를 참고할 것을 강력하게 권하고 싶다.

정성욱 | 덴버신학교 조직신학 교수

입고 있는 옷이 있어도 새 옷이 필요할 때가 있다. 기존의 것이 낡아서라기보다는 신상품의 맞춤식 매력이 탁월하기 때문이다. 〈ESV 성경 해설 주석〉 시리즈는 분주한 오늘의 목회자와 신학생뿐 아니라 성경교사 및 일반 그리스도인의 허기지고 목마른 영성의 시냇가에 심길 각종 푸르른 실과나무이자 물 댄 동산과도 같다. 실력으로 검증받은 젊은 저자들은 개혁/복음주의 신학과 신앙의 깊은 닻을 내리고, 성경 각 권의 구조와 문맥의 틀 안에서 저자의 의도를 핵심적으로 포착하여 침침했던 본문에 빛을 던져준다. 아울러 구속사적 관점 아래 그리스도 중심적 의미와 교회-설교-실천적 적용의 돛을 바라보게 함으로써 본문의 지평을 한층 더 활짝 열어준다. 한글/영어 대역으로 성경 본문이 제공된다는 점은 한국인 독자만이 누리는 보너스이리라. "좋은 주석은 두껍고 어렵지 않을까"라는 우려를 씻어주듯 이 시리즈 주석서는 적절한 분량으로 구성된 '착한 성경 해설서'라 불리는 데 손색이 없다. 한국 교회 성도의 말씀 묵상, 신학생의 성경 경외, 목회자의 바른 설교를 향상시키는 데 〈ESV 성경 해설 주석〉 시리즈만큼 각 사람에게 골고루 영향을 끼칠 주석은 찾기 어려울 듯싶다. 기쁨과 확신 가운데 추천할 수 있는 이유다.

허주 | 아세아연합신학대학교 신약학 교수, 한국복음주의신약학회 회장

〈ESV 성경 해설 주석〉은 정확무오한 하나님의 말씀을 전하는 설교자와 전도자들에게 훌륭한 참고서다. 성경적으로 건전하고 신학적으로 충실할 뿐 아니라 목회 현장에 실질적인 도움이 된다. 나 또한 나의 설교와 가르침의 사역에 활용할 수 있기를 고대한다.

대니얼 에이킨(Daniel L. Akin) | 사우스이스턴침례신학교 총장

하나님은 그의 아들에 대해 아는 것으로 모든 열방을 축복하시려는 영원하고 세계적인 계획을 그의 말씀을 통해 드러내신다. 이 주석이 출간되어 교회들이 활용할 수 있게 된 것만으로 행복하고, 성경에 대한 명확한 해설로 말미암아 충실하게 이해할 수 있게 해 준 것은 열방에 대한 축복이다. 물이 바다를 덮음같이 하나님의 영광에 대한 지식이 온 땅에 충만해지는데 이 주석이 사용되길 바란다.

이언 추(Ian Chew) | 목사, 싱가포르 케이포로드침례교회

〈ESV 성경 해설 주석〉은 탁월한 성경 해설과 깊이 있는 성경신학에 바탕한 보물 같은 주석이다. 수준 높은 학구적 자료를 찾는 독자들뿐만 아니라 읽기 쉽고 이해하기 쉽도록 잘 정리된 주석을 원하는 사람들에게도 적합하다. 목회자, 성경교사, 신학생들에게 이 귀한 주석이 큰 도움이 되고 믿을 수 있는 길잡이가 되리라 확신한다.

데이비드 도커리(David S. Dockery) | 사우스이스턴침례신학교 석좌교수

대단한 주석! 성경을 배우는 모든 학생들에게 도움이 될 수 있도록 최고 수준의 학자들이 성경의 정수를 정리하여 접근성을 높여서 빠르게 참고하기에 이상적인 주석이다. 나 또한 설교 준비와 성경 연구에 자주 참고하고 있다.

아지스 페르난도(Ajith Fernando) | 스리랑카 YFC 교육이사, *Discipling in a Multicultural World* 저자

〈ESV 성경 해설 주석〉은 성경교사들의 기초 자료로서 활용성 높은 최고의 주석 중 하나다. 일반 독자들도 쉽게 이해할 수 있는 동시에 강해설교가들에게 충분한 배움을 제공한다. 이 주석 시리즈는 성경을 제대로 배우고자 하는 전 세계 신학생들에게도 표준 참고서가 될 것이다.

필립 라이켄(Philip Graham Ryken) | 휘튼칼리지 총장

〈ESV 성경 해설 주석〉에 대하여

성경은 생명으로 맥동한다. 성령은 믿음으로 성경을 읽고 소화해서 말씀대로 살아가는 사람들에게 맥동하는 생명력을 전해 준다. 하나님께서 성경 안에 자신을 계시하셨기 때문에 성경은 꿀보다 달고 금보다 귀하며, 모든 부(富)보다 가치 있다. 주님은 온 세상을 위해 생명의 말씀인 성경을 자신의 교회에 맡기셨다.

또한 주님은 교회에 교사들을 세우셔서 하나님의 말씀이 무엇을 의미하는지를 설명해 주고 각 세대에 어떻게 적용해야 하는지를 분명하게 보여주도록 하셨다. 우리는 이 주석이 하나님의 말씀을 진지하게 공부하는 모든 사람들, 즉 다른 사람들에게 가르치기 위해 성경을 연구하는 사람들과 스스로 경건에 이르도록 성장하기 위해 성경을 공부하는 사람들에게 큰 유익을 주길 기도한다. 우리의 목표는 성경 본문을 그리스도 중심적으로 명료하고 뚜렷하게 설명하는 것이다. 모든 성경은 그리스도에 대해 말하고 있으며(눅 24:27), 우리는 성경의 각 책이 우리가 "예수 그리스도의 얼굴에 있는 하나님의 영광을 아는 빛"(고후 4:6)을 보도록 어떻게 돕고 있는지 알려주길 원한다. 그런 목표를 이루고자 이 주석 시리즈를 집필하는 저자들에게 다음과 같은 원칙을 제시했다.

- **올바른 석의를 토대로 한 주석** 성경 본문에 나타나 있는 사고의 흐름과 추론 방식을 충실하게 따를 것.
- **철저하게 성경신학적인 주석** 성경은 다양한 내용들을 다루지만, 그리스도 안에서 완성된 구속이라는 단일한 주제를 말하고 있다는 점에서 성경 전체를 하나의 통일된 관점으로 볼 수 있게 할 것.
- **전 세계를 대상으로 한 주석** 성경과 신학적으로 신뢰할 만한 자료들을 가능한 한 많은 사람들에게 공급하겠다는 크로스웨이(Crossway)의 선교 목적에 맞게 전 세계 독자들이 공감하고 필요로 하는 주석으로 집필할 것.
- **폭넓은 개혁주의 주석** 종교개혁의 역사적 흐름 안에서 오직 은혜와 오직 믿음으로 말미암아 오직 그리스도 안에서 오직 성경의 가르침을 따라 오직 하나님의 영광을 위한 구원을 천명하고, 큰 죄인에게 큰 은혜를 베푸신 크신 하나님을 높일 것.
- **교리 친화적인 주석** 신학적 담론도 중요하므로 역사적 또는 오늘날 신학적으로 중요한 문제들과 성경 본문에 대한 주석을 서로 연결하여 적절하고 함축성 있게 다룰 것.
- **목회에 유익한 주석** 문법적이거나 구문론적인 긴 논쟁을 피하고, 하나님을 경외하는 마음으로 '성경 본문 아래 앉아' 경청하게 할 것.
- **적용을 염두에 둔 주석** 오늘날 서구권은 물론이고 그 밖의 다른 세계에서 살아가는 사람들이 처한 상황과 성경 본문이 어떻게 연결되는지를 간결하면서도 일관되게 제시할 것(이 주석은 전 세계 다양한 상황 가운데 살아가는 사람들을 대상으로 하기 때문에).
- **간결하면서도 핵심을 찌르는 주석** 성경에 나오는 단어들을 일일이 분석하는 대신, 본문의 흐름을 짚어내서 간결한 언어로 생동감 있게 강해할 것.

이 주석서에서 기본적으로 사용한 영역 성경은 ESV이지만, 집필자들에게 원어 성경을 참조해서 강해와 주석을 집필하도록 요청했다. 또한 무조건 ESV 성경 번역자들의 결해(結解)를 따르라고 요구하지도 않았다.

인간이 세운 문명은 시간이 흐르면 무너져서 폐허가 되지만, 하나님의 말씀은 영원히 서 있다. 우리 또한 바로 그 말씀 위에 서 있다. 성경의 위대한 진리들은 시간과 공간을 뛰어넘어 말하고, 우리의 목표는 전 세계적으로 적용될 수 있는 방식으로 그 진리들을 전하는 것이다.

하나님께서 자신의 말씀을 연구하는 일에 복을 주시고, 그 말씀을 강해하고 설명하려는 이 시도에 흡족해 하시기를 기도한다.

차례

추천의 글 — 4

<ESV 성경 해설 주석>에 대하여 — 12

약어표 — 16

목회서신 — 19

목회서신 서론 — 21

디모데전서 — 39

디모데후서 — 195

디도서 — 281

빌레몬서 — 341

성경구절 찾아보기 — 387

약어표

참고 자료 |

ABRL Anchor Bible Reference Library

ANF Ante-Nicene Fathers

BDAG Bauer, W., F. W. Danker, W. F. Arndt, and F. W. Gingrich. A Greek-English Lexicon of the New Testament and Other Early Christian Literature. 3rd ed. Chicago: University of Chicago Press, 1999.

BHGNT Baylor Handbook on the Greek New Testament

EGGNT Exegetical Guide to the Greek New Testament

ICC International Critical Commentary

LSJ Liddell, Henry George, Robert Scott, and Henry Stuart Jones. A Greek-English Lexicon. 9th ed. with revised supplement. Oxford: Clarendon, 1996.

NICNT New International Commentary on the New Testament

NIGTC New International Greek Testament Commentary

NIVAC NIV Application Commentary

NPNF2 *Nicene and Post-Nicene Fathers*, Series 2

NSBT New Studies in Biblical Theology

PNTC Pillar New Testament Commentary

TDNT Theological Dictionary of the New Testament. Edited by Gerhard Kittel and Gerhard Friedrich. Translated by Geoffrey W. Bromiley. 10 vols. Grand Rapids, MI: Eerdmans: 1964–1976.

THNTC The Two Horizons New Testament Commentary

TNTC Tyndale New Testament Commentaries

UBS[5] *The Greek New Testament*, 5th rev. ed. Edited by Barbara Aland, Kurt Aland, Johannes Karavidopoulos, Carlo M. Martini, and Bruce Metzger, prepared by the Institute for New Testament Textual Research, Munster/Westphalia; United Bible Societies, 2014.

WBC Word Biblical Commentary

ZECNT Zondervan Exegetical Commentary on the New Testament

성경 |

구약 ▶

창	창세기
출	출애굽기
레	레위기
민	민수기
신	신명기
수	여호수아
삿	사사기
룻	룻기
삼상	사무엘상
삼하	사무엘하
왕상	열왕기상
왕하	열왕기하
대상	역대상
대하	역대하
스	에스라
느	느헤미야
에	에스더
욥	욥기
시	시편
잠	잠언
전	전도서
아	아가
사	이사야
렘	예레미야
애	예레미야애가
겔	에스겔
단	다니엘
호	호세아
욜	요엘
암	아모스
옵	오바댜
욘	요나
미	미가
나	나훔
합	하박국
습	스바냐
학	학개
슥	스가랴
말	말라기

신약 ▶

마	마태복음
막	마가복음
눅	누가복음
요	요한복음
행	사도행전
롬	로마서
고전	고린도전서
고후	고린도후서
갈	갈라디아서
엡	에베소서
빌	빌립보서
골	골로새서
살전	데살로니가전서
살후	데살로니가후서
딤전	디모데전서
딤후	디모데후서
딛	디도서
몬	빌레몬서
히	히브리서
약	야고보서
벧전	베드로전서
벧후	베드로후서
요일	요한일서
요이	요한이서
요삼	요한삼서
유	유다서
계	요한계시록

ESV EXPOSITORY COMMENTARY

목회서신

ESV 성경 해설 주석

데니 버크 지음

ESV Expository Commentary

The Pastoral Epistles

목회서신 서론

개관

'목회서신'이란 이름이 붙은 까닭은 이 서신들이 정확히 목회적 사안에 초점을 두기 때문이다. 이 서신들은 바울이 "진리의 기둥과 터"(딤전 3:15)로 묘사한 하나님의 집 규율에 관심을 가지고, 교회의 삶과 예배에 한몫을 담당하는 남성과 여성, 장로, 집사, 과부, 종을 비롯한 다양한 인물의 역할을 다룬다. 또 교회 지도자들의 절제와 가르치는 사역, 예수님의 이름과 성령의 능력으로 거짓 교훈에 정면으로 대응해야 하는 책임에 대해 논한다. 마지막으로 이 서신들은 신실한 사역자들이 "한 방향으로 오랜 순종"[1]을 해나갈 때, 사역에 시달릴 때, 심지어 말씀을 선포한 결과로 죽음에 직면할 때, 그들에게 꼭 필요한 인내를 권한다.

목회서신은 본이 되는 성품과 거룩함을 보이는 사람들의 평범한 사역을 통해 발휘되는 복음의 비범한 능력에 집중한다. 그러나 이 서신들은 목회

1 Eugene H. Peterson, *A Long Obedience in the Same Direction: Discipleship in an Instant Society* (Downers Grove, IL: InterVarsity Press, 2000). 《한 길 가는 순례자》(IVP).

자뿐만 아니라 지역 교회의 삶과 사역과 관련된 모두를 위한 것이다. 하나님의 말씀과 거룩한 삶에 헌신하라는 부르심을 받는 이는 목사만이 아니다. 오히려 목사는 복음에 충성하고 거룩한 습관을 함양하는 데 본이 되라는 부르심을 받는다. 목사의 삶은 회중 한 사람 한 사람에게 신실함과 인내의 본이 되어야 한다.

제목과 수신자

원래 이 책들에는 제목이 붙어 있지 않았다. 하지만 바울의 다른 정경 서신들처럼 수신자의 이름에 따라 제목을 붙였다. 이 경우에는 수신자가 디모데와 디도다. 디모데에게 보내는 두 서신을 보면, 디모데전서가 디모데후서보다 먼저 집필되었고, 그 순서가 이 서신들에 부여된 여러 제목에 반영되었음을 알 수 있다.

이 서신들은 적어도 18세기 이후로 한데 묶여서 '목회서신'으로 알려졌다.[2] 일부 학자는 이 세 권은 절대 "목회 신학 안내서"가 아니므로 '목회서신'은 부적절한 명칭이라고 주장했다.[3] 이 서신들이 목회 신학에 관한 체계적인 논문이 아닌 것은 사실이지만, 그럼에도 이 서신들을 함께 고찰해야 할 이유는 있다. 먼저, 중요한 언어적, 개념적 병행 문구들이 세 책을 하나로 묶고 있다. 둘째, 이는 바울이 교회가 아닌 개인에게 보낸 몇 안 되는 서신들이다.[4] 셋째, 이 서신들은 디모데와 디도가 각자 에베소와 그레데의 교회를 어떻게 이끌어야 하는지에 관한 '목회적 조언'을 담고 있다.

2 도널드 거스리는 1703년에 베르도(D. N. Berdot)가 '목회서신'이라는 용어를 처음 사용했고, 1726년에 파울 안톤(Paul Anton)이 이 용어를 대중화했다고 말한다. Donald Guthrie, *New Testament Introduction*, 4th ed. (Downers Grove, IL: InterVarsity, 1990), 607을 보라. 《신약서론》(CH북스).

3 같은 책, 1.

디모데와 디도는 일반적인 의미에서 '목사'가 아니다. 그들은 장로/감독의 직무를 수행할 이들의 자격 조건은 제시하지만, 그 직무를 직접 다 수행하지는 않는다. 디모데와 디도는 사도의 대리인으로 이해하는 것이 더 적절하다. 둘 다 각각 에베소와 그레데의 특정 문제를 다루라고 바울이 보냈다.

사도의 대리인으로서 디모데와 디도는 바울이 그들을 보낸 교회들을 감독할 때 고유한 권위를 갖는다. 따라서 그들 사역의 어떤 측면은 그들이 부름 받은 데서만 찾아볼 수 있고, 일반 목회 사역과는 직접 관련이 없을 수 있다. 바울의 대리인으로서 그들은 오늘날 살아 있는 다른 목사들은 주장할 수 없는 고유한 권위를 가진다.[5] 그렇기는 하지만 디모데와 디도에게 주어진 책임의 일부는 장로/감독의 책임과 직접적으로 겹치기도 한다. 그 중 가장 중요한 것이 회중을 감독하고 하나님의 백성에게 건전한 교리를 가르치는 책임이다.

그런 까닭에 부분적으로 그들의 가르침과 감독이 목회 사역의 본보기로 여겨지곤 한다. 디모데와 디도는 그들이 감독한 교회가 사도 시대에서 후기 사도 시대로 이행하는 준비를 하도록 도왔다. 후기 사도 시대에는 장로와 감독들만 교회를 이끈다.[6] 디모데와 디도는 장로/감독의 직책 자체를 맡지는 않았지만 각각 에베소와 그레데에서 목사 역할을 했다. 그 때문에 초기 교회 전통은 그들 둘 다를 감독으로 여겼다. "디모데는 디도가 그레데 교회에서 그랬던 것처럼 에베소 교구의 초대 감독이었다고 전해진다."[7] 또한 초기 전승은 디모데와 디도가 만년에 에베소와 그레데 지역의 감독

4 빌레몬서는 빌레몬뿐 아니라 "자매 압비아와 우리와 함께 병사 된 아킵보와 네 집에 있는 교회"(몬 1:2)에도 보낸 것임을 주의하라. 그러나 목회서신이 공식적으로 디모데와 디도에게 보낸 것이라 해도 바울의 의도는 회중 전체에게 그 편지를 읽어주는 데 있었음이 분명하다(참고. 딤전 6:20-21주석; 딤후 4:19-22주석; 딛 3:15 주석).

5 Walter L. Liefeld, *1 and 2 Timothy, Titus*, NIVAC (Grand Rapids, MI: Zondervan, 1999), 23.

6 Andreas J. Köstenberger, *Commentary on 1-2 Timothy and Titus*, Biblical Theology for Christian Proclamation (Nashville: B&H, 2017), 8.

7 Eusebius, *Ecclesiastical History*, 3.4.6

으로 섬기기 위해 그곳으로 돌아왔음을 암시한다.[8]

이어지는 주석에서 디모데와 디도를 목사로 언급한 것은, 사도의 대리인이자 장로/감독이 될 사람들의 본보기로서 그들의 목사 역할(그들의 직책이 아니다)을 강조하기 위함이다.[9]

저자

디모데전·후서와 디도서는 모두 사도 바울이 쓴 것임을 표방한다(딤전 1:1; 딤후 1:1; 딛 1:1). 최근까지 이 주장에는 사실상 아무런 논란이 없었다. 교회의 초기 시절부터 이 서신들이 진본임은 널리 인정되었다. 폴리캅, 로마의 클레멘트, 저스틴, 헤라클레온 등이 이 서신들을 알았고 사용했다는 증거가 있다. 이 서신들은 무라토리 정경에도 바울서신의 일부로 나온다. 이 서신들이 마르키온 정경과 체스터 비티 파피루스(Chester Beatty Papyri, P^{46})에 없다는 사실은 비평가들이 주장하는 것만큼 그리 중요하지 않다. 마르키온은 자신의 신학적 의제에 맞지 않는 성경의 일부분을 삭제한 것으로 유명하다. 게다가 P^{46}에서 빠진 지면들은 그다지 결정적이지 않다.[10] 대체로 가장 초기의 증인들은 압도적으로 디모데전·후서와 디도서가 확실한 바울의 저작이라고 증언한다. 이 증언은 바울이 저자임을 부인하는 상당수의 현대 학자들에 의해 빛을 잃는다. 그러나 오늘날 다수의 견해는 체스터턴(G. K. Chesterton)이 "죽은 자들의 민주주의"라 부른, 즉 이전 모든 세대의 교회

8 Eusebius of Caesarea, "The Church History of Eusebius", trans. Arthur Cushman McGiffert, in *NPNF2* 1:136, 주 7, 8번에서 아서 쿠시먼 맥기퍼트의 논의를 보라.

9 사도 베드로는 베드로전서 5:1에서 자신을 "함께 장로 된 자"라고 칭하며 자신의 역할이 목사의 직무와 겹침을 인정한다.

10 "외적 증거"에 관한 앞의 논의는 Guthrie, *New Testament Introduction*, 608-612의 도움을 받았다. 또한 Philip H. Towner, *Letters to Timothy and Titus*, NICNT (Grand Rapids, MI: Eerdmans, 2006), 4-7을 보라.

신앙과 비교했을 때 그다지 인상적이지 않다. 죽은 자들의 민주주의는 두 말할 것 없이 바울이 저자라는 데 압도적인 찬성표를 던졌다.

그럼에도 이러한 전통은 현대에 들어와 격렬한 도전을 받고 있다. 오늘날 학자들 사이에서 다수의 견해는 위명을 쓰는 한 저자가 목회서신을 썼다는 것이다. 이른바 위명 저작이라는 관행이다. 도널드 거스리는 바울이 저자임을 반대하는 논거를 다음 네 가지 (1) 역사적 문제, (2) 교회적 문제, (3) 교리적 문제, (4) 언어적 문제로 요약한다.[11]

(1) 바울 저작권의 역사적 문제는, 이 서신들에 암시된 역사와 바울 사역에 관한 사도행전의 기사 자료를 조화시키는 데 어려움이 있다는 것이다. 디모데전서 1:3에 따르면, 바울은 마게도냐로 떠날 때 디모데에게 에베소 교회를 인도하라며 그곳에 머물게 했다. 이와 비슷하게 디도서 1:5에서도 바울은 그레데에서 남은 일을 정리하라며 디도를 그곳에 남겨두었다. 디모데후서 1:16-17에서 바울은 자신이 로마 감옥에 갇혀 있을 때 오네시보로가 찾아왔다고 말한다. 비평가들은 이러한 에베소와 그레데 여행 이후의 마지막 로마 투옥은 우리가 사도행전을 통해 아는 바울의 생애 및 사역과 일치하지 않는다고 이의를 제기한다. 그러나 이러한 회의론은 근거가 없어 보인다.

사도행전에 나오는 바울 사역에 대한 역사적 암시들을 조화시키는 데는 두 가지 주요한 접근법이 있다. 하나는 이러한 역사적 암시들을 사도행전의 틀 안에서 이해할 수 있다고 말한다. 이러한 입장을 취하는 이들은 사도행전의 기사에는 공백이 있으며, 에베소와 그레데 여행이 그 공백에 들어맞는다고 말한다. 그뿐 아니라 디모데후서에 나오는 로마 투옥이 사도행전 말미에 기록된 투옥과 일관된다고 주장한다. 이러한 입장을 취하는 이들도 세부 사항에서는 의견 차이가 있지만 이것이 기본적인 접근법이다.

다른 하나(본 주석에서 취하는 접근법)는 사도행전 내러티브가 끝난 이후 바

11 바울이 저자임을 지지 혹은 반대하며 이어지는 논거는 Guthrie, *New Testament Introduction*, 612-636을 따랐다.

울의 두 번째 로마 투옥을 사실로 받아들인다. 이 견해에 따르면 바울은 사도행전 말미에 기록된 로마 투옥 이후 풀려났고, 에베소와 그레데를 포함해 여러 곳을 다니며 사역을 했을 것이다. 그러다가 다시 체포되어 투옥되었고, 그곳에서 처형을 예상하며 디모데후서를 썼다고 본다. 일부 비평가들은 두 번째 로마 투옥은 바울의 저작권을 지키려는 방편에 지나지 않는다고 주장하지만, 필립 타우너(Philip Towner)는 "첫 번째 로마 투옥에서 석방되는 시나리오를 너무 빨리 묵살해서는 안 된다"고 주의를 준다.[12] 바울이 로마에 감금되었다가 풀려난 후 선교 활동에 참여했다는 분명한 증거가 있다.[13]

(2) 바울 저작권의 교회적 문제는, 디모데전·후서와 디도서가 이전의 명백한 바울서신들과는 다른 방식으로 교회의 질서와 직책을 강조한다고 주장한다. 바울의 이전 서신들은 그리스도의 임박한 재림을 기대했던 것 같다. 반면 목회서신은 그리스도의 임박한 재림을 더 이상 기대하지 않는 시대, 즉 교회가 긴 안목을 가지고 사도의 전승을 보존할 제도를 구축하며 자리 잡아가는 시대를 반영한다. 바트 어만(Bart Ehrman)에 따르면, "이 서신들에 나타난 성직 구조는 바울서신들에서 보던 것과는 전혀 다르지만 2세기의 초기 정통 신앙 저자들에게서 볼 수 있는 것과 매우 일관된다."[14]

그러나 이른바 교회적 문제는 지나치게 부풀려진 감이 있다. 빌립보서는 명백한 바울서신 중 하나지만 "감독들과 집사들"(빌 1:1)에게 보낸다는 말로 시작된다. 감독과 집사라는 직분이 2세기까지 정착되지 않았음을 감안할 때 이상한 일이 아닐 수 없다. 또한 바울 사역에 관한 누가의 기사는 바울이 선교 여행을 하는 '동안' 장로를 임명했음을 보여준다(참고. 딛 1:5 주

12 Towner, *Letters to Timothy and Titus*, 12.

13 참고. 클레멘트1서 5.7; 무라토리 정경; 베드로행전 1.1; Eusebius, *Ecclesiastical History* 2.22. 역사적 문제에 대한 두 가지 주요 해결책에 관한 앞의 논의는 Towner, *Letters to Timothy and Titus*, 12-15을 요약했다.

14 Bart D. Ehrman, *The New Testament: A Historical Introduction to the Early Christian Writings*, 4th ed. (New York: Oxford University Press, 2008), 399.

석). 사도행전 14:21-23에는 바울이 교회 개척을 할 때 수행한 세 단계가 나온다. 먼저, 바울은 복음 선포를 통해 회심자를 만든다. 그런 다음 제자 훈련과 가르침을 통해 새 신자들을 튼튼히 자라게 한다. 마지막으로, "각 교회"(23절)에 그가 떠난 후에도 그 일을 맡아서 계속할 목사/장로 직위를 마련한다. 사도행전 20:17-38에서 바울이 에베소 장로들과 작별하는 모습은 성경을 통틀어 가장 가슴 아픈 장면으로 꼽힌다. 여기에서 바울은 장로들에게 "하나님의 뜻"과 "온 양 떼를 위하여 삼가[야]" 할 그들의 책임을 상기시킨다. "성령이 그들 가운데 여러분을 감독자로 삼고 하나님이 자기 피로 사신 교회를 보살피게 하셨느니라"(행 20:27-28). 누가 기사의 신뢰성을 부인하지 않는다면, 바울은 사역 초기부터 장로 직책을 통해 건전한 사도의 교리를 확립하는 데 관심이 있었다고 보아야 한다.

(3) 바울 저작권의 교리적 문제는, 목회서신은 기독교 신앙이 교리적 진리로 확고해지고 있는 시기를 보여주지만 정작 신앙고백과 정통 신앙에 대한 관심은 2세기가 되어서야 나타났다는 것이다. 예를 들어, 목회서신이 "가르침" 혹은 "교훈"을 강조하는 모습은 사도들이 전했고 보존할 필요가 있었던 진리의 명확한 실체를 암시한다(예를 들어, 딤전 4:16; 6:3; 딤후 3:10; 4:3). 마찬가지로 목회서신에서 언급되는 "교훈" 혹은 "믿음"은 알리고 전파해야 하는 일련의 기독교 진리를 암시한다(예를 들어, 딤전 1:10; 딛 1:9, 13). 어만에 따르면, 이 "믿음"이라는 용어가 "명제적"으로 사용된 것은 명백한 바울서신들에서 믿음의 "관계적"인 면이 강조된 것과 대조된다. 그래서 어만은 목회서신이 바울 이후의 세대에서 기록된 것이 틀림없다고 결론을 내린다.[15]

그러나 명백한 바울서신 역시 사도적 신앙에 대한 바울의 관심을 보여주고 있음을 안다면 교리적 문제는 사실상 없어진다. 갈라디아서 1:23은 한때 바울의 박해를 받았던 그리스도인들이 그에 대해 "우리를 박해하던

15 같은 책, 400.

자가 전에 멸하려던 '그 믿음'을 지금 전한다"(강조는 필자의 것)고 말했다고 기록한다. 고린도전서 16:13에서는 바울이 고린도 신자들에게 "깨어 '믿음'에 굳게"(강조는 필자의 것) 설 것을 권면한다. 명백한 바울서신들에서 '믿음'이 "관계적인" 용어로만 사용되었다고 믿으려면, 독자는 그 반대를 가리키는 명확한 증거까지 제쳐놓아야 할 것이다(참고. 엡 4:5; 빌 1:27; 골 2:7의 '믿음').

(4) 바울 저작권의 언어적 문제는, 목회서신의 어휘와 문체가 명백한 바울서신들에 쓰인 것과 딴판이어서 바울이 목회서신을 썼을 리 없다는 것이다. 예를 들어, P. N. 해리슨(Harrison)은 목회서신의 언어적 독특성은 "한 사람의 작품이다. 그는 바울이 아닌 다른 사람이다"[16]라고 말하며, 더 나아가 그 문체가 1세기가 아닌 2세기의 언어를 반영하고 있다고 주장한다.[17]

그러나 제기된 언어적 문제는 신뢰성이 상당히 낮은 척도에 근거하고 있다. 해리슨의 저작에 대한 더 상세한 답변은 다른 책을 참조하기 바란다.[18] 여기에서는 다만 목회서신의 언어적 독특성은 한 저자가 여러 가지 표현을 쓸 수 있다는 평범한 논평만으로도 충분히 설명된다는 언급만 해둔다. 때로는 글 자체의 목적과 성격에 따라 같은 저자가 별개의 저작에서 다른 문체를 쓸 수 있다. 예를 들어, 이력서의 자기소개서와 아내에게 쓴 이메일의 문체가 같을 수 없다. 어쨌든 목회서신은 바울서신 중에서 개인에게 보낸 몇 안 되는 편지다. 그 사실만으로도 어휘와 문체의 차이를 예상할 수 있다.

바울 저작권에 대한 반론은 일부 학자들이 주장하는 것만큼 강력하지 않다. 여전히 많은 증거가 바울이 디모데전·후서와 디도서의 저자라는 전통적인 견해를 뒷받침한다.

16 P. N. Harrison, *The Problem of the Pastoral Epistles* (London: Oxford University Press, 1921), 17.

17 같은책, 67-68.

18 Guthrie, *New Testament Introduction*, 633-636.

저작 연대와 배경

디모데전서와 디도서는 거짓 선생들이 에베소와 그레데 회중 내에 발판을 마련한 일을 계기로 기록되었다. 바울은 디모데와 디도에게 편지를 써서 사도의 복음으로 거짓 선생들에게 맞서라고 권면한다. 또한 거짓 가르침에 맞서고 양 떼를 돌보는 일에 함께할 자격을 갖춘 장로들을 찾으라고 긴급하게 요청한다. 디모데후서에서는 로마 당국에 의한 바울의 처형이 얼마 남지 않은 상황으로 그의 말에 추진력이 더해진다. 바울은 디모데에게 자신이 죽은 후에도 계속 신실하게 말씀을 선포하라고 호소한다.

앞에서 언급했듯이 본 주석은, 사도행전에 언급되지는 않았지만 바울이 두 번째로 로마에서 투옥되었다는 견해에 동의한다. 바울은 사도행전 말미에 기록된 투옥에서 풀려난 후 에베소와 그레데를 포함해 여러 곳을 다니며 사역을 계속했다(딤전 1:3; 딛 1:5). 그러다가 결국 다시 체포되어 옥에 갇히고 거기서 처형을 기다리며 디모데후서를 썼다. 증거에 따르면 바울은 주후 59-60년에 처음 로마에 도착했다. 로마에서 처음 투옥된 기간을 몇 년으로 잡는다면, 그는 주후 62년경에 풀려났을 것이다. 이는 디모데전서와 디도서를 주후 60년대 중반에 썼을 것이라는 뜻이다.[19] 바울이 주후 67년에 순교했다는 유세비우스의 연대 추정에 따르면, 그는 아마도 주후 66년이나 67년에 디모데후서를 썼을 것이다. 그러나 대부분의 학자는 그의 처형 시기를 주후 64년이나 65년으로 추정하므로 이른 연대 역시 가능성이 있다.[20]

19 D. A. Carson and Douglas J. Moo, *An Introduction to the New Testament*, 2nd ed. (Grand Rapids, MI: Zondervan, 2005), 571-572, 582-583. 《신약개론》(은성).

20 같은 책, 578.

장르와 문학적 특징

디모데전·후서와 디도서는 고대에 아주 흔했던 유형의 개인 서신이다. 신약성경에서 보듯이 그러한 서신들은 보통 네 가지 요소로 구성된다.

- '인사': 발신자를 언급하고 수신자의 이름을 밝히며 안부를 전한다(예를 들어, "은혜와 평강").
- '감사' 그리고/혹은 '기도': 보통은 수신자들에 대해 하나님께 감사를 표현한다.
- '본문': 신약 서신의 주요 부분이다. 때로는 신학적 가르침과 윤리적 가르침으로 나뉜다(예를 들어, 롬 1:18-11:36 대 12:1-15:33).
- '마무리': 평강 기원, 애정 표현, 마무리 서명, 축도, 송영, 여러 사람에게 인사, 발신자와 함께 있는 이들의 인사, 기도, 기도 요청, 여행 계획과 같은 항목이 포함된다.[21]

디모데전·후서와 디도서가 1세기 서신의 모든 특징을 드러낸다는 점에는 논란의 여지가 없다. 다만 이 서신들의 위명 저작 여부, 다시 말해 다른 사람의 이름으로 쓴 것인가 아닌가 하는 문제가 논란이다. 목회서신이 위명 저작이라면 바울이 실제 저자가 아니라는 뜻이므로 우리는 저자가 누구인지 다만 추측할 뿐이다. 오늘날 대다수의 학자들은 목회서신을 위명 저작으로 보고 있다. 하워드 마샬(I. Howard Marshall)은 학계의 입장을 이렇게 설명한다.

21 네 가지 구성 요소에 관한 설명은 다음의 두 자료를 합쳤다. Robert H. Stein, A *Basic Guide to Interpreting the Bible: Playing by the Rules*, 2nd ed. (Grand Rapids, MI: Baker, 2011), 190; Robert L. Plummer, *40 Questions about Interpreting the Bible*, 40 Questions Series (Grand Rapids, MI: Kregel, 2010), 279-280.

> 널리 퍼져 있는…가설은, 바울 한참 이후에 이름이 알려지지 않은 어떤 사람이 당시 교회가 알아야 한다고 믿는 바를 말하기 위해 바울의 권위를 사용하여 그 서신들을 썼다는 것이다. 자신을 숨기고 바울의 이름을 사용하기로 한 까닭은, 그에게 바울이 유일한 사도요 교회에 필요하다고 생각되는 가르침의 근원이자 토대였기 때문일 것이다.[22]

목회서신이 위명 저작이라고 생각하는 이들의 다수는 또한 그 저자가 그 서신들이 진짜 바울의 저작처럼 보이도록 독자들을 속이려 했다고 믿는다. 예를 들어, 바트 어만은 이 서신들을 "위조문서"라고 주장한다. 고대 세계에는 저작권법도, 문헌을 대량 생산할 수단도 없었다. 그 때문에 일부 저자들은 "자기 의견을 들려줄 기회를 얻기" 위해[23] 자기 글에 가명을 덧붙였다. 대부분의 학자는 이유가 무엇이든 위명 저작 관행에 기만의 의도가 있다고 본다.

바로 이 지점에서 위명 저작은 기독교의 진리 개념과 도덕적 모순을 일으킨다. 또한 이 서신들이 위명 저작이라는 주장을 논박하기도 한다.

> 이러한 위명 저작은 사도가 직접 그 글을 썼다고 믿도록 독자들을 속이려는 의도가 있다. 이는 초기 그리스도인이나 신약성경이 진리와 진실성을 깊이 존중했다는 사실과 모순된다…그러한 사람들이 고의로 속이는 위명 저작을 쓰거나 받아들일 것 같지 않다. 기독교 문서 작성과 속이려는 의도는 양립할 수 없었다…그러므로 진리를 대하는 초기 교회의 태도를 근거로 삼아, 1세기에 정통 기독교 옹호자들이 속이려는 위명 저작을 썼을 개연성이 매우 낮다고 주장할

22 I. Howard Marshall, *A Critical and Exegetical Commentary on the Pastoral Epistles*, ICC (London/New York: T&T Clark, 1999), 80.

23 Ehrman, *New Testament*, 381.

수 있다.[24]

목회서신이 위명 저작임을 지지하는 모든 주장은, 위명 저작이 당시에 잘 알려지고 용인된 문학적 관습이었다는 생각에 어느 정도 의지한다. 그러나 이러한 주장은 매우 의심스럽다. 타우너가 보여주듯이, 위명 저작은 "초기 기독교보다는 신구약 중간기 유대교와 그리스-로마 철학 학파들 가운데서 더 잘 드러난다."[25] 실제로 나타난 증거들을 보면 그리스도인들이 위명 저작을 알아본 경우 그것을 받아들이지 않았음을 알 수 있다.

사도 바울이 직접 독자들에게 "우리에게서 받았다 하는 편지"(살후 2:2)에 오도되지 말라고 경고하며 위명 저작을 거부한다. 무라토리 정경(2세기)은 "바울의 이름으로 위조된" 두 권의 책, "…그리고 가톨릭교회에서 받아들일 수 없었던 다른 몇 권의 책"을 열거한다. "쓴 것을 꿀과 섞는 것은 적합하지 않기 때문이다."[26] 안디옥의 감독 세라피온(2세기)은 그가 왜 흔히 '베드로복음'라 불리는 책을 거부하는지 설명한다. "우리는 베드로와 다른 그리스도의 사도들을 다 받아들인다. 그러나 경험이 풍부한 우리는 거짓으로 그들의 이름을 쓴 글들을 거부한다. [우리의 조상에게서] 그러한 것을 받지 않았음을 알기 때문이다."[27] 터툴리안(3세기)은 "부당하게 바울의 이름으로 기록된 글들"을 거부하고, 바울의 이름으로 책을 허위로 썼음을 자백하고 유죄 판결을 받은 후 직책에서 쫓겨난 장로의 이야기를 한다.[28] 초기 기

24 Marshall, *Pastoral Epistles*, 83-84. 마샬 자신은 바울이 목회서신을 썼다고 믿지 않는다. 그럼에도 초기 그리스도인들이 위명 저작을 받아들였다는 주장이 도덕적으로나 역사적으로 의심스러운 데가 있다고 본다. 그래서 위명 저작이라는 표현을 쓰며 대안적 접근법을 제안한다.

25 Towner, *Letters to Timothy and Titus*, 21.

26 *Fragments of Caius*, in ANF 5:603

27 세라피온의 말은 유세비우스의 *Ecclesiastical History* 6.12에 나온다. Eusebius, *The Ecclesiastical History*, trans. J. E. L. Oulton, vol. 2, The Loeb Classical Library 265 (Cambridge, MA: Harvard University Press, 1932), 41을 보라. 위의 번역은 Brooke Foss Westcott, *A General Survey of the History of the Canon of the New Testament*, 4th ed. (London: Macmillan, 1875), 386에서 나온 것이다.

28 Tertullian, *On Baptism 17*, in ANF 3:677

독교 시대에 관해 도널드 거스리는 다음과 같이 올바르게 결론을 내린다. "위명 저작의 시도로 인정되면 용인되지 않는 정도가 아니라 단호하게 책망을 받았다."[29] 사도 시대든 그 이후든 초기 그리스도인들이 위명 저작을 받아들였다는 주장은 타당해 보이지 않는다.

신학

디모데전서의 신학

바울은 에베소에서 급증한 거짓 교훈에 예수 그리스도의 복음으로 맞설 작정이다. 그는 디모데가 직접 거짓 선생들에게 대항함으로써, 함께 믿음을 위해 싸울 장로들을 임명함으로써(3:1-7) 이 공격을 주도하게 할 생각이다. 바울은 그러한 대립의 목표가 거짓 선생들의 마음속에 다시 사랑을 불러일으키는 데 있다고 말한다(1:5). 그들이 실수에서 돌이키지 않는 한 자신의 생명뿐 아니라 회중 전체의 생명이 위태로워진다(1:19-20). 그 때문에 바울은 디모데의 사역이 거짓 선생과의 공개적인 "싸움"이 될 것이라고 말한다(1:18). 바울은 자신은 죄인의 괴수지만 그리스도를 통해 구원받음으로 하나님의 자비를 맛보았다고 말한다(1:15). 바울은 디모데와 에베소 교인들이 기도하도록 권하는데, 다른 사람들도 복음 메시지를 듣고 그와 동일한 자비를 누리게 하기 위해서다(2:1-7). 그러자면 남자와 여자가 함께 예배하는 가운데 그 메시지를 신뢰할 수 있게끔 행동해야 한다(2:8-15). 교회는 있는 모습 그대로, 즉 "진리의 기둥과 터"(3:15)인 모습을 세상에 드러내야 한다. 신자로 보이는 많은 사람이 배교하더라도(4:1-4), 바울은 디모

29 Guthrie, *New Testament Introduction*, 1019.

데가 그와 그의 가르침에 세심하게 주의를 기울여야 한다고 말한다. 그런 점에서 디모데의 인내는 종말에 그가 구원받을 뿐 아니라 그가 사역하고 있는 이들이 구원받는 데서 절정에 이를 것이다(4:15-16).

디모데후서의 신학

바울은 복음 때문에 자신이 투옥된 것을 부끄러워하지 말라고 디모데에게 권면한다. 오히려 복음을 위해 고난 받는 동일한 소명을 공유하고 받아들여야 한다고 말한다(1:8). 구원은 결국 그리스도 예수를 통한 하나님의 영원한 계획에 따라 행위가 아니라 은혜로 죄인들에게 임하는 혜택이다(1:9-12). 그 때문에 디모데는 바울에게 배운 바른 말씀을 본받고, 복음을 반대하는 이들에게 맞서 복음을 지켜야 한다(1:13-15). 그리스도 예수의 좋은 병사로서 다음 세대에 복음을 전수해야 한다(2:1-7). 바울은 매여 있지만 복음은 매여 있지 않기 때문이다(2:8-10). 디모데의 소명은 진리의 말씀을 바르게 다루는 신실한 일꾼이 되는 것이다(2:15). 그는 거짓 선생들의 신실하지 못함을 피하기 위해(2:17-19) "청년의 정욕을 피하고…의[를]…따[라야]"(2:22-23) 하며, 그러는 가운데 대적들을 설득해야 한다(2:24-26). 바울은 말세에 사람들이 하나님을 믿지 않게 될 것을 경고하고(3:1-9), 하나님의 말씀인 성경을 굳게 붙들어야 한다고 권면한다(3:10-17). 바울은 자신의 임박한 처형을 생각하며 디모데에게 말씀을 전파하고 끝까지 인내할 것을 권한다(4:1-8).

디도서의 신학

바울은 디도에게 (1) "바른 교훈으로 권면하고" (2) "거슬러 말하는 자들을 책망하[는]"(1:5-9) 두 가지 일을 하는 교회의 장로들을 세우라고 지시한다. 이러한 목회자들이 교회에서 자리를 잡아야 하는 까닭은 거짓 선생들의 위협이 있을 것이기 때문이다(1:10-16). 디도는 교회의 모든 세대와 성별 그룹에게 바른 교훈에 신실할 것을 가르쳐야 한다(2:1-10). 하나님의 은혜가 그 은혜가 임하는 이들의 삶을 변화'시켜야' 하기 때문이다(2:11-15). 바울은 디도와 그레데의 회중에게 교회 밖에 있는 이들과 건강한 관계를 구축하고, 그들 역시 한때는 밖에 있던 죄인이었음을 깨달으라고 가르친다(3:1-3). 그러나 그리스도 안에 있는 하나님의 자비하심으로 그들은 가까워졌다(3:4-7). 바울은 신자들의 선한 일은 교회 밖에 있는 이들에게 "유익[할]" 테지만, 내부의 분쟁은 그렇지 않다고 말한다(3:8-9). 이 때문에 "분파를 일으키는 사람"(새번역)은 회개하지 않으면 쫓아내야 한다(3:10-11).

성경 다른 본문 및 그리스도와의 관련성

바울서신은 목회서신에서 절정을 이룬다. 다른 서신에서 바울은 예수 그리스도의 복음이 구약 계시의 성취임을 능숙하게 자세히 설명하고(예를 들어, 롬 1:1-7), 옛 언약의 모든 약속이 그리스도 예수 안에서 "예"와 "아멘"이 된다고 가르쳤다(고후 1:20). 바울은 그리스도를 믿는 이방인들이 이스라엘의 풍성한 뿌리에 접붙임 되어 이제 아브라함에게 약속된 복을 함께 누린다고 가르친다(롬 11:17). 그 결과 유대인과 이방인이 모두 이제 하나님의 한 백성인 교회에 속한다(엡 2:11-22). 이 교회는 예수님에게서 나온 사도들과 선지자들의 메시지로 이루어진 토대 위에 세워진다(엡 2:20). 목회서신에서 바울의 목적은 거짓 선생들의 도전 가운데서도 사도적 토대를 계속해서 유지하는 것이다.

목회서신 설교하기

목회서신을 가르치려고 계획하는 이들에게 다음 두 가지 조언이 도움이 될 것이다. 첫째, 목회서신을 순서에 따라 절별, 행별, 단어별로 설교하라. 주제별 시리즈를 구상할 수도 있지만, 그러한 접근법에서는 보통 바울의 논증과 의미의 구조가 소실된다. 성경의 다른 책들에서는 주제별 접근이 유익할 수 있지만(예를 들어, 잠언), 목회서신에서는 절별 주해가 이 책들에 담긴 바울의 전체 메시지와 논증을 제시하기에 가장 유익한 방법이라고 본다.

둘째, 이 책들은 목회서신으로 불리기는 하지만 바울은 이 서신들을 쓸 때 목사들만 염두에 둔 것이 아니라 전체 회중에게 낭독되기를 의도했다는 점을 기억하라(딤전 6:21; 딤후 4:22; 딛 3:15에서 "너희"는 복수형이다. 참고. 살전 5:27; 골 4:16). 이는 바울이 디모데와 디도에게 준 목회적 가르침이 그들의 회중에게 유익할 것이라는 의미다. 이 서신들은 목사들에게 그들만을 위해 신조와 행동에 신실할 것을 명령하지 않는다. 오히려 목사들은 이 점에서 회중 전체가 동일하게 신실한 길을 걷도록 본보기가 되어야 한다. 기독교 회중을 향한 현대의 권면들도 동일한 초점을 가져야 한다.

해석상 과제

위명 저작의 문제가 목회서신에서 가장 결정적인 해석상의 분수령이 될 것 같다. 이 책들을 위명 저작이라 보는 이들은 이 서신들을 바울의 다른 서신들과는 달리 독립된 별개의 전집으로 다루는 경향이 있다. 목회서신을 해석할 때 그러한 '전집' 접근법을 채택하는 데는 여러 이유가 있지만, 필립 타우너는 그 방식의 부정적인 면을 강조한다.

> 오늘날 학자들의 연구는 이 서신들을 다른 바울서신과 격리시켜 꽤 엄격하게 별개의 전집으로 두는 결과를 낳았다. 그 결과…이 세 서신은 최근에 바울 신학에 관한 논의에서 자리를 찾느라 고심하고 있다.[30]

목회서신을 해석하려는 모든 접근법이 목회서신을 바울 신학에서 완벽하게 분리시키는 결과를 낳지는 않지만, 위명 저작이라고 추정하는 접근법은 분명히 그러했다. 목회서신을 바울 신학과 별개의 것, 심지어 반대의 발전으로 보는 일이 이를 위명 저작으로 해석하는 이들 사이에서 흔하게 벌어진다. 이러한 해석은 명백한 바울서신의 시각과, 목회서신에서 위명으로 쓰인 '바울'의 시각에 차이가 있음을 주시한다.

예를 들어, 바트 어만은 갈라디아서 3:28 같은 본문에서 보듯이 진짜 바울은 평등주의적 감수성을 표현했다고 주장한다. "너희는 유대인이나 헬라인이나 종이나 자유인이나 남자나 여자나 다 그리스도 예수 안에서 하나이니라." 그렇기는 하지만 바울의 가르침에는 일종의 양가감정이 있다. 그는 여전히 어떤 사회적 구분을 권고하기 때문이다(예를 들어, 고전 11:3 이하). 그러나 위명의 '바울'은 바울이 평소 견지한 보다 더 평등주의적인 논지를 훼손하면서 여성의 종속을 강조했던 교회사의 후기 시대를 반영한다고 주장된다.[31] 이런 관점에 따르면, 목회서신은 바울 신학이 아니라 후기의 발전을 반영한다. 따라서 목회서신은 진짜 바울의 논지를 반영한 것이기보다 별개의 자료로 다루어져야 한다.

그러나 본 주석은 반대 입장을 취한다. 앞에서 논증했듯이 위명 저작에 대한 반대 논증과 바울이 저자임을 지지하는 논증이 강력하므로 이 서신들을 바울의 다른 글들이 지닌 맥락에서 보고자 한다. 예를 들어, 바울이

30 Towner, *Letters to Timothy and Titus*, 1.

31 Ehrman, *New Testament*, 408-411.

성별 문제에 대해 목회서신에서 하는 말은, 그가 이 주제에 대해 다른 데서 했던 말(예를 들어, 갈라디아서와 고린도전서)을 알려주어야 한다. 그리고 바울이 목회서신에서 그 주제에 대해 하는 말을 해석할 때, 동일한 주제에 대해 다른 데서 했던 말을 고려해야 한다. 톰 슈라이너(Tom Schreiner)의 주장이 정확하다. "바울은…(내가 보기에는) 열세 편의 편지를 썼다. 따라서 우리는 그의 사상을 정립할 큰 전집을 가지고 있다." 목회서신 사이에 그 책들을 '전집'이라 부를 수 있는 어떤 연관성이 있을지라도, 그러한 연관성 때문에 다른 바울서신과 해석학적인 분리를 해서는 안 된다. 열세 편의 정경인 바울서신은 한 저자에게서 나왔으며 반대의 관점이 아니라 보완적 관점을 제시한다.

디모데전서

ESV 성경 해설 주석

ESV EXPOSITORY COMMENTARY

ESV Expository Commentary

1 Timothy

디모데전서 서론

서론

'목회서신 서론'을 보라

개요

Ⅰ. 하나님의 집에서 거짓 선생들과 맞서기(1:1–20)

A. 서두의 인사(1:1–2)

B. 거짓 선생을 다루는 법(1:3–7)

C. 율법을 적법하게 쓰라(1:8–11)

D. 바울이 지닌 권위의 근거(1:12–17)

E. 선한 싸움을 싸우라(1:18–20)

Ⅱ. 하나님의 집에서 함께 예배하기(2:1-15)

A. 모든 사람을 위해 기도하라(2:1-7)

B. 함께 기도하는 남자들과 여자들(2:8-15)

Ⅲ. 하나님의 집에서 감독과 집사 찾기(3:1-16)

A. 감독의 자격 요건(3:1-7)

B. 집사의 자격 요건(3:8-13)

C. 하나님의 집(3:14-16)

Ⅳ. 하나님의 집에서 진실하게 가르치기(4:1-16)

A. 배교에 맞서라(4:1-5)

B. 그리스도 예수의 좋은 일꾼(4:6-10)

C. 믿는 자에게 본이 되어라(4:11-16)

Ⅴ. 하나님의 집에서 다양한 그룹과 관계 맺기(5:1-6:2a)

A. 늙은이 및 젊은이와 관계 맺기(5:1-2)

B. 과부 돌보기(5:3-16)

C. 장로 대하기(5:17-25)

D. 종에게 권면하기(6:1-2a)

Ⅵ. 하나님의 집에서 참된 선생과 거짓 선생 대조하기(6:2b-21)

A. 거짓 선생의 특성(6:2b-10)

B. "하나님의 사람", 부자들, 그리고 마무리(6:11-21)

1 Timothy
디모데전서
1:1-2

1 우리 구주 하나님과 우리의 소망이신 그리스도 예수의 명령을 따라
그리스도 예수의 사도 된 바울은
2 믿음 안에서 참 아들 된 디모데에게 편지하노니
하나님 아버지와 그리스도 예수 우리 주께로부터 은혜와 긍휼과 평강
이 네게 있을지어다
1 Paul, an apostle of Christ Jesus by command of God our Savior and of
Christ Jesus our hope,
2 To Timothy, my true child in the faith:
Grace, mercy, and peace from God the Father and Christ Jesus our
Lord.

단락 개관

1-2절은 바울이 디모데에게 보내는 편지의 시작 부분이다. 1세기에 쓰인 이런 종류의 다른 편지들처럼 디모데전서는 세 부분으로 구성된 인사로 시작된다. (1) 발신자 언급, (2) 수신자 언급, (3) 문안 인사다. 바울은 모든 서신에서 이 형식을 사용하는데, 여기에서 기독교적 목적에 맞게 자기만의 변화를 준다. 두 절은 구조적 대칭을 보이며, "하나님"과 "그리스도 예수"를 바울의 사도직뿐 아니라 구원의 복("은혜와 긍휼과 평강")의 근원으로 제시한다(표1).

발신자	우리 구주 '하나님'과 우리의 소망이신 '그리스도 예수'의 명령을 따라 그리스도 예수의 사도 된 바울은
수신자	믿음 안에서 참 아들 된 디모데에게 편지하노니
문안 인사	'하나님' 아버지와 '그리스도 예수' 우리 주께로부터 은혜와 긍휼과 평강이 네게 있을지어다

표1. 디모데전서 1:1-2에 세 부분으로 담긴 바울의 인사

다른 바울서신에서 그러하듯 발신자와 수신자를 언급하는 부분에는 그 책의 나머지 부분을 해석하는 데 열쇠가 되는 자료가 담겨 있다. 바울은 표준 인사[카이레인(*chairein*)] 자리에 "은혜와 긍휼과 평강"[카리스(*charis*), 엘레오스(*eleos*), 에이레네(*eirēnē*)]이라는 표현을 써서 인사를 기독교식으로 바꾼다.

단락 개요

I. 하나님의 집에서 거짓 선생들과 맞서기(1:1-20)

A. 서두의 인사(1:1-2)

1. 발신자(1:1)

2. 수신자(1:2a)

3. 인사(1:2b)

주석

1:1 목회서신에서 가장 논란이 되는 단어는 분명 각 책에 첫 번째로 나오는 단어, 곧 "바울"(개역개정에는 1절 끝부분에 나옴)일 것이다. 그렇더라도 우리는 이 서신의 발신자에 대한 언급을 참으로 여긴다(참고. '목회서신 서론'). 이 사람은 사도행전에서 교회를 박해한 바리새인으로 소개된 바로 그 바울이다.

바울은 자신을 "그리스도 예수의 사도"라고 칭한다. '사도'로 번역된 단어는 '전령' 혹은 '대리인'이라는 포괄적인 의미로 사용될 수 있지만(예를 들어, 요 13:16; 고후 8:23; 빌 2:25), 여기에서는 분명 그 이상의 의미를 지닌다. '사도'는 교회의 기반이 된 직책을 가리킨다(엡 2:20). 복음서에서는 예수님이 그분의 메시지를 전파하라고 보내신 특별한 제자 그룹에게 주어진 명칭이다. 이 단어는 구체적으로 예수님이 그 나라의 복음을 전파하도록 위임하신 열두 명을 가리킨다(예를 들어, 마 10:2; 막 3:14; 눅 6:13). 요한복음의 다락방 강화를 보면, 유다가 예수님을 넘겨주려고 자리를 뜨고 나서 예수님은 그들에게 자신이 떠난 이후에 그들에 대해 계획하셨던 바를 알려주신다. 성령을 보내어 그들을 가르치고, 예수님이 이전에 가르쳐주신 것을 모두 일깨우며, 그들을 모든 진리 가운데로 인도하게 하겠다고 약속하신다(요 14:26; 16:13). 다시 말해, 그들이 예수님의 가르침과 하나님의 진리에 대한 권위 있는 대리인이 되도록 특별한 신적 권능을 약속하신다.

예수님이 승천하신 후 사도들은 배반자 유다로 인해 공석이 된 자리를 채우려 한다. 그러면서 사도의 열두 번째 자리를 채울 사람의 두 가지 주요 자격 요건을 정한다. (1) 그는 반드시 예수님의 부활을 목격했어야 하고, (2) 복음을 전파하도록 예수님이 직접 위임하셨어야 한다(행 1:21-22a, "우리 가운데서 올려져 가신 날까지 주 예수께서 우리 가운데 출입하실 때에 항상 우리와 함께 다니던 사람 중에 하나." 참고. 눅 10:1). 사도행전 1:26을 보면, 그들은 결국 맛디아를 뽑아 새로운 열두 번째 제자가 되게 한다. 그러나 사도행전 뒷부분을 보면 예수님이 직접 다소의 사울에게 나타나 그에게 복음 전파의 사역을 위임하신다. 사울은 다메섹의 그리스도인들을 박해하러 가는 길에 부활하신 그리스도의 증인이 되어(행 9:3-4) 이후에 "내 이름을 이방인과 임금들과 이스라엘 자손들에게 전하기 위하여 택한 나의 그릇"이 되도록 예수님의 위임을 받는다(행 9:15). 예수님이 직접 바울에게 사도의 직책을 주신 것이다. 이 때문에 디모데전서 1:1에서 바울은 자신을 "그리스도 예수의 사도"라고 칭한다. 그는 권위 있는 복음 전달자이며 그리스도 예수에게 직접 위임을 받았다.

바울이 "그리스도"라는 단어를 예수님과 연관지어 사용하는 것을 주목하라. 이는 우연이나 별 뜻 없이 한 일이 아니다. 그리스도는 헬라어 크리스토스(*christos*)에서 왔으며, 이는 70인역에서 '기름부음을 받은 자', 즉 메시아에 해당하는 히브리어 단어의 헬라어 번역이다. 그는 오랫동안 기다려온 다윗 계열의 왕으로 세상에 오셔서 통치자이자 구세주의 자리에 앉으실 분이다(참고. 70인역 삼하 19:22; 22:51; 23:1; 시 2:2; 17:51; 131:17; 단 9:25-26). 바울은 '그리스도'를 왕의 호칭으로 쓰면서 메시아에 대한 구약의 기대가 예수님에게서 성취되었음을 나타낸다. 따라서 바울이 썼던 "그리스도 예수"라는 말은 사실상 "왕 예수"와 동등하다. 바울을 사도로 보내신 분이 바로 이 세상의 정당한 통치자 왕 예수시다. "그리스도 예수의 사도"가 된다는 것은 예수님의 권위가 담긴 메시지로 선교에 임한다는 뜻이다.

바울은 자신이 "우리 구주 하나님과 우리의 소망이신 그리스도 예수의 명령을 따라" 그리스도 예수의 사도가 되었다고 말한다. 이는 예수님의 위임이 신의 위임임을 명확히 하는 바울의 방식이다. "하나님"으로 번역된 단어는 테오스(*theos*)로서 삼위일체의 제1위격을 가리키는 바울 특유의 단어다. 실제로 바로 다음 절에서 그는 명확하게 그분을 "하나님 아버지"로 부른다. 이곳에서 바울의 표현은 분명 니케아 이전의 것이지만 철저히 삼위일체적이다. 적어도 신성의 제1위격과 제2위격에 대한 심원한 무언가를 암시한다. 하나님 아버지와 그리스도 예수는 별개의 위격이지만 바울의 사도직에 대한 그분들의 "명령"은 단일하다. 예수님의 뜻과 아버지의 뜻에 차이가 없다. 사실 그분들은 하나님으로서 동일한 뜻을 공유하신다. 이것은 니케아의 공식 표현은 아니지만 이후에 발전된 형태의 실체를 반영한다. 바울은 자신의 사도직이 하나님의 뜻에서 나왔음을 분명히 한다. 이보다 더 사도로서 바울이 지닌 권위를 강력하게 선언할 수는 없을 것이다.

"우리 구주 하나님"은 이스라엘의 구원자이신 하나님과 그분의 기름부음 받은 왕에 대한 구약의 묘사를 상기시킨다(예를 들어, 70인역 삼상 10:19; 시 24:5). 이는 구약에서 하나님의 구원하고자 하시는 뜻이 이제 그리스도의 구원 사역에서 절정에 이르렀음을 상기시킨다. "우리의 소망이신 그리스도 예수"는 그리스도인들이 그들의 최종 구원, 곧 몸의 부활을 보증하시는 분으로서 그리스도만 바라봄을 상기시킨다. 바울의 글에서 "소망"은 그저 희망 사항이 아니다("누군가 내게 큰돈을 주면 좋겠어"와 같은). 바울은 하나님께서 때가 되면 그분의 말씀을 이루실 것이라는 확신에 찬 기대를 가리키기 위해(예를 들어, 롬 8:24-25) "소망"이라는 단어를 쓴다. 바울은 그리스도를 소망의 실체로 표현함으로써 신자의 운명이 예수님과 확실하게 묶여 있음을 보여준다. 또한 우리 구원의 확실성을 그리스도 부활의 확실성과 묶는다. 바울을 비롯해 많은 증인이 예수님의 부활을 증언하고 있다(고전 15:3-8).

1:2 바울은 이 편지를 "믿음 안에서 참 아들"인 디모데에게 보낸다. "참" 아들은 "한 가정의 합법적인 일원으로 여겨지는 사람"이다.[1] "믿음 안에서 참 아들"은 바울의 아버지 됨이 혈연관계가 아니라 영적 관계임을 나타낸다. 그럼에도 바울은 디모데와의 가족 관계를 법적이거나 영적인 것으로 보지 않고 진정한 유대, 아마도 혈연관계보다 훨씬 더 심원한 유대로 본다.

누가는 사도행전 16:1에서 디모데를 유대 여인과 이방인 아버지 사이에서 난 아들로 소개한다. 디모데는 바울과 함께 여행하면서 그의 지도를 받으며 그리스도의 신실한 종임을 스스로 입증했다. 둘의 관계가 아주 친밀해졌기 때문에 바울은 그를 '나의 적법한/참 아들'이라고 부른다. 바울은 비록 디모데를 믿음으로 처음 이끈 사람은 아니었지만, 그에게 복음 사역의 비결을 보여주었다는 점에서 영적 아버지였다. 디모데는 바울과 함께 로마 세계 전역을 다니며 그를 도와서 복음을 전했고, 마침내 바울은 디모데가 에베소 교회를 이끌도록 그를 그곳에 남겨두고 떠났다.

디모데전·후서의 인사는 똑같다. "하나님 아버지와 그리스도 예수 우리 주께로부터 은혜와 긍휼과 평강이 네게 있을지어다." 2절에서 은혜와 긍휼과 평강의 근원은 1절에서 바울이 지닌 사도직의 근원과 같다. 곧 "하나님"과 "그리스도 예수"시다. 그러나 2절에서는 삼위일체의 특성이 강조된다. 이러한 영적 복을 주시는 분은 "하나님 아버지"와 "그리스도 예수 우리 주" 두 분이시다. "아버지"는 삼위일체의 제1위격과 그 아들의 독특한 관계를 표현한다. 아들이라는 단어 자체에 메시아가 하나님의 아들일 것이라는 구약의 기대가 담겨 있다(예를 들어, 삼하 7:14).

1 BDAG, s.v. γνήσιος

응답

사도로서 바울이 지닌 권위는 디모데에게만(혹은 에베소 회중에게만) 적용되지는 않는다. 사도인 바울은 그리스도의 대변인이다. 따라서 신실한 그리스도인들은 예수님의 권위가 있는 그의 말에 주의를 기울여야 한다. 이 서신의 독자들은 바울이 전하는 하나님의 진리를 받아들이고 그대로 살기 위해 열린 마음으로 그 말씀에 다가가야 한다.

1 Timothy
디모데전서
1:3-7

3 내가 마게도냐로 갈 때에 너를 권하여 에베소에 머물라 한 것은 어
떤 사람들을 명하여 다른 교훈을 가르치지 말며 4 신화와 끝없는 족보
에 몰두하지 말게 하려 함이라 이런 것은 믿음 안에 있는 하나님의 경
륜을 이룸보다 도리어 변론을 내는 것이라 5 이 교훈의 목적은 청결한
마음과 선한 양심과 거짓이 없는 믿음에서 나오는 사랑이거늘 6 사람
들이 이에서 벗어나 헛된 말에 빠져 7 율법의 선생이 되려 하나 자기
가 말하는 것이나 자기가 확증하는 것도 깨닫지 못하는도다

3 As I urged you when I was going to Macedonia, remain at Ephesus so
that you may charge certain persons not to teach any different doctrine,
4 nor to devote themselves to myths and endless genealogies, which
promote speculations rather than the stewardship[1] from God that is by
faith. 5 The aim of our charge is love that issues from a pure heart and
a good conscience and a sincere faith. 6 Certain persons, by swerving
from these, have wandered away into vain discussion, 7 desiring to be
teachers of the law, without understanding either what they are saying
or the things about which they make confident assertions.

1 Or *good order*

단락 개관

바울은 에베소 회중을 목양하도록 디모데를 그곳에 남겨두고 떠났고, 디모데는 도전에 직면해 있음이 분명하다. 거짓 선생들이 교회에 잠입했고, 바울은 디모데에게 그들을 물리치라는 구체적인 과제를 준다.

단락 개요

Ⅰ. 하나님의 집에서 거짓 선생들과 맞서기(1:1-20)
 B. 거짓 선생을 다루는 법(1:3-7)
  1. 거짓 선생들과 맞서라(1:3-4)
  2. 거짓 선생들을 설득하라(1:5)
  3. 거짓 선생들을 이해하라(1:6-7)

주석

1:3 이 절의 시작 부분은 당시 이런 말을 하는 바울이 역사적으로 어떤 정황에 처해 있는지 알려준다. '목회서신 서론'에서 말했듯이, 바울은 사도행전에 기록된 사건들 이후에 디모데전서를 썼다. 바울은 목회를 이유로 디모데에게 에베소에 머무르라고 지시했다. 아마도 하나님의 백성에게 "다른 교훈"을 가르치기 시작한 "어떤 사람들"이 교회 내에 있었던 것 같다. 일부 번역본은 그 어구를 "거짓 교훈"으로 번역하지만, 이는 그 의미를 온전히 포착해내지 못한다. 그 가르침은 실제로 거짓이었지만, 거짓됨은 그것이 "다른" 데 있었다. 그것은 기이하다기보다는 표준에서 벗어났다는

의미에서 달랐다. 그런데 거짓 교훈은 어떤 표준에서 벗어났는가?

이 질문의 답이 6:3에 명백하게 나온다. 거기서 바울은 같은 단어[헤테로디다스칼레이(*heterodidaskalei*)]를 쓴다. 바울은 "다른 교훈"을 "바른 말 곧 우리 주 예수 그리스도의 말씀"과 "경건에 관한 교훈"에서 벗어난 것으로 정의한다. 다시 말해, "다른 교훈"은 사도 전승에 보존된 예수님의 가르침과 모순된다.

이 거짓 교훈의 근본적인 특성은 "바른 말 곧 우리 주 예수 그리스도의 말씀"에 동의하지 않는 것이다. 이 어구는 바울은 그의 복음이 예수님에게서 나온다는 사실을 믿었음을 나타낸다(참고. 갈 1:11-12). 바울은 사도이므로 자신의 가르침이 곧 그리스도가 자신을 통해 말씀하시는 것이라고 이해한다(고후 13:3). 따라서 "바른" 교훈이란 그리스도의 말씀을 기준으로 따르는 말씀을 가리킨다. 그 말씀은 그리스도가 몸소 바울에게 말하라고 위임하신 것이다(행 9:15; 26:16). 그러므로 사도로서 말할 때 바울은 그리스도의 영이 말씀하시는 바를 표현하는 것이다. "다른 교훈"을 가르친다는 것은 권위 있는 사도의 기준에 맞지 않는 것을 가르친다는 뜻이다.

1:4 4절은 3절의 금지 명령을 이어간다. 디모데는 "어떤 사람들"(3절)에게 "신화와 끝없는 족보"에 몰두하지 말라고 지시해야 한다. "신화"란 소설이나 이야기, 전설 같은 허구적인 이야기를 가리킨다.[2] 여기에서 어떤 이야기들을 염두에 두고 있는지는 확실하지 않으나, 적어도 성경이나 사도의 가르침에 근거를 두지 않은 것임은 알 수 있다(참고. "유대인의 허탄한 이야기", 딛 1:14). 조지 나이트(George Knight)는 신화란 "잘 속는 사람만 믿고 따르는, 아무런 가치 없는 비현실적인 이야기"라고 말한다.[3] 따라서 신화는 교회가 받은 것과 확실히 반대된다.

2 BDAG, s.v. μῦθος

3 George W. Knight III, *The Pastoral Epistles: A Commentary on the Greek Text*, NIGTC (Grand Rapids, MI: Eerdmans, 1992), 73.

BDAG는 "족보"가 두 가지 중 하나로 이해되었다고 언급한다. 그것은 때로 영지주의 가르침을 가리키는 것으로 이해되었다. 암브로시에스터와 제롬까지 거슬러 올라가는 또 다른 해석은 그 배경이 유대교이며 성경 족보에 대한 랍비의 추론을 포함하고 있다고 상정한다. 이것 역시 어떤 해석이 맞는지 알기는 어렵다. 앞서 언급한 "신화"가 사실상 유대적이라면 이곳에서도 랍비의 추론을 염두에 두었을 것 같다. 거짓 선생들이 율법을 가르치고 싶어 한다는 사실(딤전 1:7) 역시 그들의 잘못이 유대적 뿌리에 닿아 있음을 시사한다. 신화와 족보 둘 다 "지겹다"는 점에서 "끝이 없다."[4]

"신화와 끝없는 족보"가 어디서 나왔든 우리는 그것들이 성경이나 사도의 가르침을 참되게 이해한 데서 나오지 않았음을 안다. 이 꾸며낸 이야기들은 하나님의 백성이 진리를 중심으로 결집하지 못하고, 오히려 "믿음 안에 있는 하나님의 경륜"에서 멀어지게 한다. "경륜"으로 번역된 단어는 '관리' 혹은 '계획'으로도 옮길 수 있다. 하나님은 죄인들을 위해 그리스도를 통해 운영하는 구원 계획을 가지고 계시며, 그 계획의 운영은 '믿음으로' 일어난다. 그러므로 신화와 족보는 하나님의 백성을 그분의 구원 계획에서 멀어지게 한다.

1:5 "이 교훈(charge)의 목적"은 3절의 "어떤 사람들을 '명하여' 다른 교훈을 가르치지 말며"의 "명하여"(charge)와 연결된다. 두 절에서 '교훈'과 '명하여'로 번역된 단어는 '명령하다'라는 뜻이다. 디모데는 사람들에게 거짓을 가르치지 말라고 명령해야 하는데(3절), 그렇게 명령하는 목적은 사랑이다(5절). "이 교훈의 목적"은 바울의 전반적인 가르침의 목적을 다루는 것이 아니라 구체적으로 디모데가 다루어야 하는 거짓 선생들과 관련이 있다. 분명 바울은 디모데가 양 떼를 보호하기를 바라지만 거짓 선생들을 바로잡기도 원한다. 잘못된 선생들의 마음속에서 "사랑"이 나오기를 원하

4 BDAG, s.v. ἀπέραντος

는 것이다. 그것은 막연한 사랑이 아니다. 바울은 그것이 아주 구체적인 동기에서 흘러나오는 사랑이기를 바란다. "청결한 마음", "선한 양심", "거짓이 없는 믿음"에서 나오는 사랑이기를 바란다. 청결한 마음이란 성령이 씻어주신 마음이다. 선한 양심은 성령의 행하심을 따른다. 거짓 없는 믿음은 구원받기 위해 예수님만 의지하는 믿음이다.

1:6 6절과 7절은 자신들의 오류를 붙들고 놓지 않는 거짓 선생들을 묘사한다. 바울은 "사람들이 이에서[청결한 마음, 선한 양심, 거짓 없는 믿음에서] 벗어나 헛된 말에 빠져"라고 경고한다. 다시 말해, 거짓 교훈은 불결한 마음, 선하지 않은 양심, 진실하지 못한 믿음에서 나온다. 그러므로 거짓 교훈은 단지 지성의 실패가 아니라 마음의 실패다. 마음은 진리'에서' 벗어날 때 "헛된 말", 즉 선한 목적이나 결과가 없는 분쟁과 추론 '속으로' 빠져든다.

1:7 바울은 거짓 선생들이 "율법", 즉 구약의 모세 율법을 가르치는 것을 목표로 한다고 언급한다. 이 절은 4절의 "신화와 끝없는 족보"에 매료된 것과 연관지어 이해해야 한다. 거짓 선생들은 율법을 읽지만 그것을 올바르게 이해하지 못한다. 그 때문에 그들의 가르침은 하나님의 말씀을 신실하게 해석하기보다 왜곡한다. 그들은 아마도 성경 인물들에 관한 허구적인 이야기와 모세의 글에 나오는 족보에 관한 추론에 말려들었을 것이다. 그들이 오해한 이유가 무엇이든 간에 요지는 거짓 선생들이 대개 성경을 사용한다는 것이다. 사실 거짓 교훈이 사람들의 흥미를 끄는 주된 이유는 비성경적인 오류를 홍보하려고 성경의 수사법을 이용하는 데 있다. 그러나 성경을 그런 식으로 이용할 때, 거짓 선생들은 사실 자신들이 무슨 말을 하는지 알지 못한다. 그들에게 확신은 있을지 모르지만 진리는 없다.

응답

바울이 주장하는 권위는 모든 사도에게 확대된다. 예수님은 사도들에게 성령을 보내어 그들을 진리 가운데로 인도하시고, 그들에게 가르쳐주신 모든 것을 생각나게 하겠다고 약속하셨다(요 14:26; 16:13). 그러므로 사도의 가르침은 진리와 오류를 분별하는 기준이 된다. "우리는 하나님께 속하였으니 하나님을 아는 자는 우리의 말을 듣고 하나님께 속하지 아니한 자는 우리의 말을 듣지 아니하나니 진리의 영과 미혹의 영을 이로써 아느니라"(요일 4:6). 그리스도의 말씀을 알고자 한다면 사도들의 말을 들어야 한다. 바울이 디모데전서를 썼을 때 이 기준은 대부분 구두 형태로 존재했다. 그러나 지금 우리에게 사도의 말씀은 책으로 존재한다. 우리에게 "다른 교훈"이란 성경에 기록된 말씀에 동의하지 않거나 그것과 모순되는 것이다.

"악이 승리하려면 선한 사람들이 아무것도 하지 않으면 된다"라는 말은 전적으로 옳다. 우리는 어디에서 생겨난 것이든 거짓 교훈과 오류를 기꺼이 제압해야 한다. 하지만 하나님께서 거짓 선생들에게 회개를 허락해 주시기를 바라면서 이 문제를 다루어야 한다. 우리는 잘못된 것을 가르치는 이들이 회개하기를 소망하는가? 그들을 위해 기도하는가? 그들을 꾸짖고 있는가?

1 Timothy
디모데전서
1:8-11

8 그러나 율법은 사람이 그것을 적법하게만 쓰면 선한 것임을 우리는
아노라 9 알 것은 이것이니 율법은 옳은 사람을 위하여 세운 것이 아
니요 오직 불법한 자와 복종하지 아니하는 자와 경건하지 아니한 자
와 죄인과 거룩하지 아니한 자와 망령된 자와 아버지를 죽이는 자와
어머니를 죽이는 자와 살인하는 자며 10 음행하는 자와 남색하는 자와
인신매매를 하는 자와 거짓말하는 자와 거짓 맹세하는 자와 기타 [1)]바
른 교훈을 거스르는 자를 위함이니 11 이 교훈은 내게 맡기신바 복되
신 하나님의 영광의 복음을 따름이니라

8 Now we know that the law is good, if one uses it lawfully,
9 understanding this, that the law is not laid down for the just but for the
lawless and disobedient, for the ungodly and sinners, for the unholy and
profane, for those who strike their fathers and mothers, for murderers,
10 the sexually immoral, men who practice homosexuality, enslavers,[1]
liars, perjurers, and whatever else is contrary to sound[2] doctrine, 11 in
accordance with the gospel of the glory of the blessed God with which
I have been entrusted.

1) 헬, 건전한

1 That is, those who take someone captive in order to sell him into slavery *2* Or *healthy*

단락 개관

3-7절에서 바울은 디모데에게 양 떼를 위협하는 거짓 선생들과 맞서라고 지시했다. 그들의 거짓 교훈은 성경에 기반을 두고 있지만, 그들은 모세 율법을 읽을 때 "신화"와 "족보"에만 집중했다. 그 결과 사도의 복음에 이르는 길을 찾지 못하고 오류로 빠졌다. 이는 다음과 같은 질문을 제기한다. 거짓 선생들이 율법을 읽는데도 복음을 부정한다면 율법에 문제가 있는 것이 아닌가? 바울은 그렇지 않음을 보여주기 위해 애쓴다. 문제는 율법을 왜곡하는 이들에게 있다. 율법 자체는 선하다. 경건하지 않은 자들을 밝혀내고 복음을 따르기 때문이다.

단락 개요

Ⅰ. 하나님의 집에서 거짓 선생들과 맞서기(1:1-20)

C. 율법을 적법하게 쓰라(1:8-11)

1. 율법은 선하다(1:8)
2. 율법은 경건하지 않은 이들을 위한 것이다(1:9-10a)
3. 율법은 복음을 따른다(1:10b-11)

주석

1:8 일인칭 복수형("우리는 아노라")을 사용한 것은, 모세 율법에 대한 그의 관점이 "그 주제에 대해 공인된 기독교적 이해, 일반적으로 알고 믿고 받아들이는 것"[5]임을 말하는 바울의 방식이다(참고. 롬 2:2; 3:19; 8:22, 28; 고전 8:1, 4; 고후 5:1; 요일 3:2, 14; 5:18, 19, 20). 그리스도인들은 율법 자체가 선함을 알고 그에 동의한다. 물론 그 율법은 거짓 교훈에 의해 왜곡될 수 있다. 바울의 진술에 대해서는 더 폭넓은 해석학적 함의가 담긴 몇 가지 논평을 할 수 있다.

첫째, 바울은 성경 읽기를 언급하고 있다. "율법"을 언급하며 어떤 막연한 도덕법에 집중하는 것은 아니다. 앞에서 언급한 "신화"와 "족보"는 모세 율법의 내러티브 부분에 집중한 것이므로(딤전 1:4) 그는 분명 명령과 금령이 담긴 부분뿐만 아니라 모세 율법 '전체'를 염두에 두고 있다(창세기부터 신명기까지).

둘째, 바울은 유효한 읽기 전략과 무효한 읽기 전략을 대조하고 있다. 문제는 성경이 아니다. 바울은 율법이 "하나님의 감동으로 된 것"(딤후 3:16)이라고 본다. 그는 모세 율법이 "거룩하고 의로우며 선하[다]"(롬 7:12)고 믿는다. 그러나 성경이 선하고 거룩하다고 해서 그 해석마저 선하고 거룩하다는 의미는 아니다. 어떤 해석은 선한 반면에 어떤 해석은 악하다. 바울과 사도들은 율법을 "적법하게" 읽지만 거짓 선생들은 그러지 않는다.

셋째, 바울은 "율법"(law)을 "적법하게"(lawfully) 사용해야 한다고 말한다. 여기에서 사도는 적절한 해석 방식과 부적절한 해석 방식을 구분한다. 본문을 읽는 올바른 방법은 본문 자체의 성격에 암시되어 있다. 율법은 "적법하게" 사용해야 하는 것이다. 이렇듯 올바른 해석은 본문 속에 내재된 속성의 안내를 받아야 하는데, 그 핵심적인 속성은 하나님의 영감으로 되

5 같은책, 80.

었다(딤후 3:16). 이 때문에 바울은 율법을 "선한" 것이라고 말한다.

넷째, 성경의 영감은 저자의 의도에 초점을 맞춘다. 하워드 마샬이 말했듯이, 바울은 "그것을 사색을 위한 자료보다는 율법으로(원래의 목적대로) 사용하는 데 관심이" 있다.[6] 그러니 율법을 '적법하게' 사용하려면 그것을 원래의 목적대로 읽으면 된다. 그것은 누가 정하는가? 하나님께서 성경을 기록한 인간 저자에게 영향을 미칠 때 그렇게 하셨다. 바울은 다른 데서 성령이 저자의 의도(고전 7:25; 고후 13:3, 참고. 벧후 1:21)와 그 내용을 전달하는 글(딤후 3:16)의 전적인 진실성을 보장하신다고 말한다. 성경 읽기의 목표는 하나님의 사람들이 그들이 쓴 본문을 통해 하는 말을 아는 것이다. 그것이 "율법…을 적법하게…쓰[는]" 것의 의미다.

다섯째, 바울은 독자들의 추론과 본문의 의미 사이에 선을 긋는 것 같다. 그는 거짓 선생들의 읽기 전략을 '추론', 곧 독자가 잘못 이해한 추측에 초점을 맞추는 해석으로 묘사한다. 따라서 바울이 본질적으로 "선한" 것이라고 묘사하는 본문 자체와 독자들이 본문에서 읽어낸 오류가 명확하게 대조된다. 우리는 독자의 반응에 저자의 의도와 같은 권위를 부여하는 전략이 과연 옳은지 진지하게 고민해야 한다.

결론을 내리자면, 율법을 적법하게 사용하는 것이란 그것을 인간 저자(모세)의 뜻에, 궁극적으로는 하나님의 뜻에 맞게 읽는 것을 의미한다.

1:9 "알 것"은 인과관계로 이해해야 한다. 따라서 8절과 9절의 논지는 이렇게 요약할 수 있다. "그는 율법을 무법한 이들을 위한 것으로 이해하므로, 그것을 적법하게 사용하고 있다." 다시 말해, 율법이 의로운 자들이 아니라 죄인들을 위한 것임을 이해하는 사람만이 율법을 적법하게 사용한다. 율법은 경건하지 않은 사람들을 가르치기 위한 것으로 죄인들에게 선악을 구별하는 법을 보여준다.

6 Marshall, *Pastoral Epistles*, 376.

이 지점까지 바울은 모세 율법 전체를 언급하고 있었지만, 9-10절에서는 특별히 십계명에 초점을 맞춘다. 이어지는 악행의 목록은 출애굽기 20장에서 모세가 하나님에게 받은 계명들의 뒤를 바짝 따라간다(표2). 따라서 바울의 목록에 담긴 항목들은 십계명을 위반하는 행동이 무엇인지 구체적으로 제시하려는 의도로 보인다.

출애굽기 20장(십계명)	디모데전서 1:9–10a
1. 나 외에는 다른 신들을 네게 두지 말라…	불법한 자와 복종하지 아니하는 자
2. 너를 위하여 새긴 우상을 만들지 말고…	경건하지 아니한 자와 죄인
3. 너는 네 하나님 여호와의 이름을 망령되게 부르지 말라…	거룩하지 아니한 자
4. 안식일을 기억하여 거룩하게 지키라…	망령된 자
5. 네 부모를 공경하라…	아버지를 죽이는 자와 어머니를 죽이는 자
6. 살인하지 말라…	살인하는 자
7. 간음하지 말라…	음행하는 자와 남색하는 자
8. 도둑질하지 말라…	인신매매를 하는 자
9. 네 이웃에 대하여 거짓 증거하지 말라…	거짓말하는 자와 거짓 맹세하는 자
10. 네 이웃의 집을 탐내지 말라…	기타 바른 교훈을 거스르는 자

표2. 디모데전서 1:9-10a와 십계명

"불법한 자와 복종하지 아니하는 자": "불법한" 자란 하나님의 도덕규범을 어기는 사람이다. "복종하지 아니하는" 자는 하나님의 권위에 순복하지 않는 사람이다. 두 유형 모두 "나 외에는 다른 신들을 네게 두지 말라"(출 20:3)는 제1계명을 어기는 것으로 이해할 수 있다.

"경건하지 아니한 자와 죄인": 성경의 다른 곳에서도 이 두 단어가 결합

되어 나온다(참고. 시 1:1, 5; 롬 5:6, 8). "경건하지 아니한"으로 번역된 단어는 "우상숭배 행위"를 묘사하는 것일 수 있다.[7] 그러므로 두 유형을 합치면 제2계명 "너를 위하여 새긴 우상을 만들지 말[라]"(출 20:4)를 어기는 죄에 대한 일반적인 표현으로 해석할 수 있다.

"거룩하지 아니한 자와 망령된 자": "거룩하지 아니한" 자는 하나님의 이름을 '거룩하게 여기지 아니한' 자인 듯하다. "너는 네 하나님 여호와의 이름을 망령되게 부르지 말라"(출 20:7)는 제3계명은 그들을 겨냥하고 있다. "망령된" 자는 속된 마음과 통속적인 모습이 두드러지는 이들을 가리키는 듯하다. 이들은 "안식일을 기억하여 거룩하게 지키라"(출 20:8)는 제4계명을 지킬 줄 모른다.

"아버지를 죽이는 자와 어머니를 죽이는 자": 이 어구에 해당하는 두 헬라어 단어는 신약에서 이곳에만 나온다. 표준 신약 헬라어 사전은 이 단어들이 아버지를 살해하는 자와 어머니를 살해하는 자를 가리킨다고 밝힌다.[8] 그러나 여기에서 바울이 이 단어(ESV는 "strike")를 사용하며 하는 말은 아버지 살해와 어머니 살해를 염두에 두지 않는 출애굽기 21:15과 연결될 수 있다. 여기에서 이 단어들은 부모를 "공격하는" 자들을 가리킨다.[9] 어느 경우든지 이 죄인들은 "네 부모를 공경하라"(출 20:12)는 제5계명을 어긴 것이다.

"살인하는 자": 바울은 '살인자'[포뉴신(*phoneusin*)]에 해당하는 더 평범한 단어를 쓸 수 있었음에도 여기에서 덜 평범한 '사람을 죽이는 자'[안드로포노이스(*androphonois*), 70인역과 신약 전체에서 이곳과 마카베오2서 9:28에만 나옴]라는 단어를 쓴다. '사람을 죽이는 자'의 사용은 그의 문체 때문일 수 있고[10] 의도적으로 제6계명의 의미를 묘사한 것일 수도 있다.[11] 어느 쪽이든 이 단어는

7 Towner, *Letters to Timothy and Titus*, 126n18.

8 BDAG, s.v. πατρολῴας 그리고 μητρολῴας

9 Marshall, *Pastoral Epistles*, 85.

10 William D. Mounce, *Pastoral Epistles*, WBC (Grand Rapids, MI: Zondervan, 2016), 38.

"살인하지 말라"(출 20:13)는 제6계명을 어긴 사람을 가리킨다.

1:10 "음행하는 자"와 "남색하는 자": 이는 둘 다 "간음하지 말라"(출 20:14)는 제7계명에서 다루는 넓은 범주의 죄악 된 성행위에 포함된다.

"음행하는 자"는 헬라어 포르노스(*pornos*)를 번역한 것으로 "음행을 행한 사람, '간음자'"(BDAG, 강조는 원문의 것)를 뜻한다. 바울서신의 용례에서 음행[포르네이아(*porneia*)]은 "불법적인 성행위"(BDAG)로 정의된다. 바울은 모세 율법의 규범을 기준으로 '불법적인' 것을 정의한다. 모세 율법은 혼전 성관계, 간음, 동성애 관계, 근친상간, 수간 등을 금한다(레 18:6-23). 요약하자면 "음행"은 결혼 언약 밖에서 일어나는 모든 성행위다. 결혼 언약 밖에서 성행위를 하는 자는 누구든 포르노스로 여겨지며, 그다음 구절이 "음행하는" 자의 한 유형을 명시한다.

"남색하는 자": 이 어구는 하나의 헬라어 단어 아르세노코이타이스(*arsenokoitais*)를 번역한 것이다. 이 헬라어 단어를 그에 상응하는 한 단어로 번역하기는 아주 어렵다. 이 단어는 바울이 고린도전서 6:9(신약에서 유일하게 나오는 다른 곳)에서 쓰기 이전에는 다른 헬라어 문헌 어디에도 나오지 않는다. 일부 학자는 그 단어가 동성 간의 성행위가 아니라 남색 혹은 남창과 같이 착취적인 동성 간의 관계를 가리킨다고 주장한다. 이 관점은 다음 두 가지 이유에서 개연성이 낮은 것 같다.

첫째, 그 단어는 아르센(*arsēn*, '남자')과 코이테(*koitē*, '침대')의 합성어로 문자적 의미는 "'남자'와 '같이 자는' 사람"이다. 이 합성어의 '남자' 부분은 어린 소년이나 남창만 가리킨다기보다 일반적인 남자에 해당한다. 그러므로 '남자'와 같이 자는 것은 모든 동성 간의 성행위를 포함하며 남색 같은 착취적 형태에 한정되지 않는다. 이러한 해석은 그 단어의 어원에 기초한다. 이는 어떤 단어가 이전에 사용된 적이 없어 비교할 단어가 없을 때 학자들

11 Knight, *Pastoral Epistles*, 85.

이 종종 취하는 방법이다. 물론 어원학만으로 항상 어떤 단어의 의미를 온전히 알 수는 없다. 그러나 이 경우 그 단어와 구약의 연관성은 어원학이 함축하는 바를 확증해 준다.

둘째, 바울이 동성 간의 부도덕한 성행위에 해당하는 단어를 만들었다 해도, 이 단어를 레위기 18:22과 20:13의 헬라어 번역에서 가져왔을 가능성이 높다.

> 너는 여자와 동침함같이 '남자'〔아르세노스(*arsenos*)〕와 '동침'〔코이텐(*koitēn*)〕하지 말라 이는 가증한 일이니라"(레 18:22).

> 누구든지 여인과 동침하듯 '남자'〔아르세노스〕와 '동침'〔코이텐〕하면 둘 다 가증한 일을 행함인즉 반드시 죽일지니 자기의 피가 자기에게로 돌아가리라"(레 20:13).

바울의 단어 아르세노코이타이스가 레위기 18:22과 20:13의 강조된 단어의 조합인 듯 보인다는 사실을 어렵지 않게 알 수 있다. 이러한 의견은 바울이 고린도전서 5장에서 근친상간을 정의할 때 레위기 18장을 암시한다는 사실과, 고린도전서 6:9에서 아르세노코이테스(*arsenokoitēs*)를 쓸 때 다시금 레위기 18장에 의지한다는 사실이 뒷받침한다. 레위기는 물론 이후 유대 전통에서도 착취적인 것뿐 아니라 모든 동성 간의 성행위를 금한다. 바울은 레위기 18장의 성 규범이 여전히 그리스도인들의 성 규범임을 확증하고 있다. 그것은 동성 간의 성행위가 그리스도의 법에 반대된다는 의미다.

남아 있는 유일한 질문은 디모데전서 1:10의 아르세노코이타이스를 어떻게 번역하느냐다. NASB와 CSB는 그것을 '동성애자'(homosexuals)로 번역하지만 이는 오해의 소지가 있다. '동성애자'라는 단어는 명확하게 아르세노코이타이스에 포함되지 않는 정체성과 지향의 개념을 함축한다. ESV 외에 다른 현대 번역들은 정확하게도 '행위'에 초점이 있음을 명확히 한다.

"동성애 행위를 하는 남자들"(ESV), "동성애 행위를 하는 이들"(NIV), "동성애 행위를 하는…사람들"(NLT), "동성과 성교를 하는 사람들"(CEB). 그럼에도 ESV의 번역이 가장 좋은 까닭은 이곳에서 '남자' 동성애 행위를 염두에 두고 있다는 사실을 분명히 하기 때문이다.

"인신매매를 하는 자": "인신매매를 하는 자"[안드라포디스타이스(*andrapodistais*)]로 번역된 단어는 성경 헬라어에서는 단 한 번 나온다. 이 단어 역시 '사람'[아네르(*anēr*)]과 '발을 묶다/매다'[포디조(*podizō*)]라는 단어를 합친 합성어다. 이 단어는 강제로나 강압적으로 사람들의 발을 묶는 사람을 가리킨다. 어원학적인 번역은 '사람을 묶는 사람'일 수 있다. KJV는 '유괴범'이라는 단어로 이 번역에 근접한다. 그러나 실제 용례에서 이 단어는 명확히 노예 매매에 연관된 사람, "다른 사람이 쓰게 하려고 사람을 취득하는 사람, '노예 상인', '유괴범'"[12]을 가리킨다. 이 단어는 1세기에 유괴와 노예 매매가 밀접한 관련이 있었다는 사실을 반영한다. 이 때문에 많은 번역본이 이 단어를 '유괴범'(예를 들어, CSB, NASB, NET)이나 '노예 상인'(예를 들어, NIV, NLT, NRSV) 등으로 번역한다. ESV의 번역은 '노예로 만드는 사람'(enslaver)으로 두 개념을 합친다. 어떤 경우든 "인신매매를 하는 자"는 자기 소유가 아닌 것을 취하지 말라고 명하는 제8계명 "도둑질하지 말라"(출 20:15)를 어긴 것이다. 유괴가 노예 신분으로 이어질 수 있었으므로, 이는 이웃의 "남종이나 여종"을 탐내지 말라고 명하는(출 20:17) 제10계명을 암시하는 것일 수도 있다.

"거짓말하는 자와 거짓 맹세하는 자": "거짓말하는 자"는 의도적으로 자기 말로 다른 사람을 속이는 사람이다. "거짓 맹세하는 자"는 선서하고서 거짓말을 하는 사람이다. 두 유형 모두 "네 이웃에 대하여 거짓 증거하지 말라"(출 20:16)는 제9계명을 명백하게 어기는 것이다.

율법은 앞에서 언급한 죄인들만이 아니라 "기타 바른 교훈을 거스르는"

12 BDAG, s.v. ἀνδραποδιστής, 강조는 원문의 것

자들에게도 적용된다. "바른"으로 번역된 단어는 '건강과 생명'(참고. 딤전 1:10 ESV 난외주)을 가져오는 것을 가리킨다. 다시 말해, 사람들에게 생명과 건강을 가져다주는 가르침이 있는가 하면 그렇지 않은 가르침이 있다. 율법의 올바른 사용은 대조를 통해 사람들을 영적으로 병들게 하는 것을 강조할 것이다. 바울은 "바른 교훈"을 복음 및 사도들의 가르침과 일관되는 것으로 정의할 것이다(11절). 사도들이 선포한 복음을 부정하는 것은 정의상 건전하지 못하다. 중요한 것은 바울이 모든 것을 아우르는 표현으로 이 목록을 마무리한다는 점이다. 하나님의 도덕적 요구는 앞의 목록에서 나열한 것보다 훨씬 더 많다. 제10계명은 십계명의 끝부분에서 똑같은 역할을 하는데 죄악 된 '행위'만 문제가 아님을 보여준다. 죄를 지으려는 '욕구'도 똑같이 문제다. 따라서 하나님의 도덕법이 요구하는 바는 근시안적으로 명령 목록에 초점을 맞추며 상상하는 것보다 훨씬 더 광범위하다. 그러한 목록들도 매우 중요하지만 그 이상이 있다. 이것이 제10계명이 보여주는 것이며, 바울의 마지막 어구도 똑같이 보여주고 있다.

1:11 앞에서 언급했듯이 11절은 "바른" 교훈을, "내게 맡기신바 복되신 하나님의 영광의 복음"으로 정의한다. 따라서 바른 교훈은 사도들에게 맡겨진 믿음의 내용이다. 그 믿음의 핵심은 예수 그리스도가 자기 백성의 죗값을 치르기 위해 십자가에 못 박혀 죽으셨다가 살아나심으로 그들에게 영원한 생명을 주셨다는 진리다. 생명과 건강을 가져다주는 교훈은 이 메시지와 일관된다.

응답

율법이 선하다는 바울의 말에 동의하는가? 모든 성경이 선하다는 그의 말에 동의하는가? 아니면 하나님의 율법에 분개하면서 그분의 말씀이 우리 삶에 맞서는 바로 그 지점에서 그분의 말씀을 거부하는가? 이러한 유혹과 싸우는 한 가지 방법은 시편 119편을 읽고 묵상하는 시간을 가지는 것이다. 시편 119편은 하나님의 말씀에 사로잡힌다는 것이 어떤 모습인지를 보여준다. 우리는 시편 119편의 기도를 우리의 기도로 삼아 하나님께 간구해야 한다. 하나님의 말씀에 대해 예수님과 똑같이 생각하고 느껴야 한다. 사람은 떡으로 사는 것이 아니라 하나님의 입에서 나오는 모든 말씀으로 산다(마 4:4).

I Timothy
디모데전서
1:12-17

[12] 나를 능하게 하신 그리스도 예수 우리 주께 내가 감사함은 나를 충
성되이 여겨 내게 직분을 맡기심이니 [13] 내가 전에는 비방자요 박해자
요 폭행자였으나 도리어 긍휼을 입은 것은 내가 믿지 아니할 때에 알
지 못하고 행하였음이라 [14] 우리 주의 은혜가 그리스도 예수 안에 있
는 믿음과 사랑과 함께 넘치도록 풍성하였도다 [15] 미쁘다 모든 사람이
받을 만한 이 말이여 그리스도 예수께서 죄인을 구원하시려고 세상에
임하셨다 하였도다 죄인 중에 내가 괴수니라 [16] 그러나 내가 긍휼을
입은 까닭은 예수 그리스도께서 내게 먼저 일체 오래 참으심을 보이
사 후에 주를 믿어 영생 얻는 자들에게 본이 되게 하려 하심이라 [17] 영
원하신 왕 곧 썩지 아니하고 보이지 아니하고 홀로 하나이신 하나님
께 존귀와 영광이 영원무궁하도록 있을지어다 아멘

[12] I thank him who has given me strength, Christ Jesus our Lord,
because he judged me faithful, appointing me to his service, [13] though
formerly I was a blasphemer, persecutor, and insolent opponent. But
I received mercy because I had acted ignorantly in unbelief, [14] and
the grace of our Lord overflowed for me with the faith and love that

are in Christ Jesus. [15] The saying is trustworthy and deserving of full acceptance, that Christ Jesus came into the world to save sinners, of whom I am the foremost. [16] But I received mercy for this reason, that in me, as the foremost, Jesus Christ might display his perfect patience as an example to those who were to believe in him for eternal life. [17] To the King of the ages, immortal, invisible, the only God, be honor and glory forever and ever.[1] Amen.

1 Greek *to the ages of ages*

단락 개관

사도 바울은 주 예수님이 그의 삶에서 행하신 일에 내내 경탄한다. 바울은 절대 자신을 그리스도인이 될 만한 사람으로 보지 않았다. 하물며 사도는 더더욱 아니었다. 그럼에도 주님이 그를 그리스도인이자 사도로 만들어주셨기에 그는 남은 생애 동안 그의 삶을 변화시킨 그 은혜를 소중히 여기며 살았다. 그는 많은 사람이 이해하기 어려운 열정과 기쁨에 사로잡힌 사람이었다. 또한 그리스도의 복음을 선포하는 일에 지치지 않았으므로 절대로 예배를 멈추지 않았다. 이것이 디모데전서 1:12-17에서 일어나고 있는 일이다. 이 구절을 통해 우리는 하나님의 은혜를 경험한 바울의 완벽한 기쁨을 살짝 엿볼 수 있다. 바울은 모든 그리스도인이 경험해야 하는 그 일을 우리를 위해 써내려갔다. 그것은 자유를 얻은 자가 누리는 기쁨과 환희다.

단락 개요

I. 하나님의 집에서 거짓 선생들과 맞서기(1:1–20
D. 바울이 지닌 권위의 근거(1:12–17)
1. 은혜를 인해 하나님을 예배하라(1:12-14)
2. 복음을 인해 하나님을 예배하라(1:15)
3. 긍휼을 인해 하나님을 예배하라(1:16-17)

주석

1:12 "나를 능하게 하신 그리스도 예수 우리 주께 내가 감사함"은 이 구절 나머지 부분까지 펄럭이는 깃발이다. 이는 명백히 그리스도를 향한 예배의 표현이다. 그리스도가 "나를 능하게 하[셨다]"고 바울이 말할 때, 이는 성화 과정에 임하는 하나님의 계속되는 능력을 가리키는 것이 아니라, 그가 회심하고 사역으로 부르심을 받을 때 하나님께서 주셨던 것을 가리킨다. 기본적으로 하나님께서 선교에 필요한 은사와 능력을 주셨다는 의미에서 그를 "능하게 하[셨다]." 바울은 이전에 믿음의 원수였기 때문에 이 긍휼과 은혜에 놀라워한다.

1:13 "비방자"는 말로 다른 사람을 헐뜯거나 모욕하거나 비하하는 사람이다.[13] "박해자"는 특히 신앙을 이유로 타인을 괴롭히고 학대하는 사람이다.[14] "폭행자"로 번역된 헬라어 단어는 신약에서 다른 곳에 한 번만 더 사

13 BDAG, s.v. βλάσφημος
14 참고. 디오크테스(*diōktēs*), 디오코(*diōkō*)에 대한 BDAG

용되지만(롬 1:30), 동사 형태는 신약에서 여러 번 나오며 보통은 물리적 폭력을 가하며 다른 사람을 학대하는 사람을 가리킨다(참고. 마 22:6; 눅 18:32; 행 14:5; 살전 2:2). 바울은 한때 그리스도의 원수였지만 그리스도의 택함을 받아 사도가 되었다. 이것은 바울에게 경이로운 진리였다. 바울은 마땅히 받아야 하는 죄에 따라 예수님이 자신을 대하지 않으셨음을 알았다. 그래서 자신을 향한 하나님의 긍휼을 이유로 그분을 예배한다.

바울은 자신이 "긍휼을 입은 것은 내가 믿지 아니할 때에 알지 못하고 행하였[기]" 때문임을 안다. 바울의 알지 못함은, 마치 그가 몰랐기 때문에 아무 잘못도 없다는 뜻이 아니다. 바울은 예수님이 십자가에서 "아버지, 저들을 사하여 주옵소서. 자기들이 하는 것을 알지 못함이니이다"(눅 23:34)라고 기도할 때 뜻하셨던 바를 말하고 있다. 예수님을 십자가에 못 박은 사람들은 자신들이 하고 있는 일의 온전한 의미를 이해하지 못했다. 그럼에도 그들은 여전히 유죄이며 용서가 필요했다. 하나님은 죄인들이 자기 죄의 온전한 의미를 이해하지 못한다 해도 그들에게 책임을 물으신다. 바울의 경우도 마찬가지다. 바울은 자신의 알지 못함과 믿지 않음 둘 다를 죄로 여기는 듯하다. 믿지 않음이 그에게 긍휼이 필요함을 입증한 것처럼 알지 못하고 행함도 그에게 긍휼이 필요하다는 증거가 된 듯하다. 바울은 무지와 불신에 갇혀 있었기 때문에 긍휼이 필요했다. 그리고 하나님의 크신 긍휼을 인해 그리스도가 그를 무지와 불신 둘 다에서 벗어나게 해주셨다.

1:14 14절은 바울의 감사와 예배가 "은혜"에 반응하는 것임을 분명히 밝힌다. 이 단어는 하나님의 백성이 하나님을 위해 하는 일이 아니라 하나님이 자기 백성을 위해 하신 일을 묘사한다. 바울은 하나님의 은혜가 믿음과 사랑과 함께 넘치도록 풍성하셨다고 말한다. 다시 말해, 바울은 그리스도에게 나아오기 전까지 믿음과 사랑이 부족했다. 그러나 은혜로 인해 그리스도로 말미암은 믿음과 사랑이 그에게 넘쳐흘렀다. 박해자이자 폭행자가 주 예수님과 그분의 백성을 사랑하는 사람이 되었다. 이 모든 것이 은혜로 그에게 임했다.

1:15 "미쁘다…이 말이여"는 헬라어 구절 피스토스 호 로고스(*pistos ho logos*, 문자적으로는 '믿을 만한 말씀이다')의 번역이다. 이 어구는 목회서신에서만 다섯 번 나올 뿐 신약의 다른 데서는 나오지 않는다(딤전 1:15; 3:1; 4:9; 딤후 2:11; 딛 3:8). 두 번의 경우에는 이 형식에 "모든 사람이 받을 만한"이라는 말이 추가된다(딤전 1:15; 4:9). 타우너는 이 어구가 문장의 의미를 규정한다고 주장한다.[15] 일부 해석자들에 따르면, 이 어구는 연관된 말의 참 됨을 강조하는 역할을 한다. 다른 사람들은 이 어구를 일반적으로 인정받는 사도의 전승에서 인용한 인용구 표시로 이해한다. 아마도 이 어구는 두 가지 역할을 모두 했을 것이다.[16] 나이트의 주장에 따르면, "그 어구는 어떤 말이 인용된다는 사실을 환기시키는 동시에 그 말을 강조하고 추천하는 인용-강조 공식으로 쓰인다."[17]

"미[쁜]" 로고스(*logos*)는 일반적인 "말"이 아니라 사도들이 신실하게 전수한 복음의 메시지를 가리킨다. 사실 동일한 어구가 디도서 1:9에서 사용되는데, 이 구절에서 장로들은 "미쁜 말씀의 가르침을 그대로 지켜야" 하는 이들로 묘사된다. 이는 신뢰할 만하다는 의미를 충실히 나타낸다.

이 어구("미쁘다…이 말이여")는 잘 알려진 복음에 대한 '충실한 서술'을 소개한다. 곧 "그리스도 예수께서 죄인을 구원하시려고 세상에 임하셨다"는 것이다. "그리스도"는 예수님이 왕이심을 나타내는 호칭으로서 그분의 사역과 죽음, 부활의 목적을 알려준다. 그리스도는 죄인들을 구해 내고 죄의 권세와 형벌에서 구원하려고 오셨다. 이 특별한 호칭은 그분의 목표가 '죄인'을 구원하는 데 있음을 강조한다. 여기에서 죄인들은 10-11절에서 법을 어긴 자로 명명된 바로 그 사람들이다. 즉 "불법한 자와 복종하지 아니하는 자", "경건하지 아니한 자와 죄인", "거룩하지 아니한 자와 망령된

15 Towner, *Letters to Timothy and Titus*, 143-145.

16 Knight, *Pastoral Epistles*, 99-100.

17 George W. Knight III, *The Faithful Sayings in the Pastoral Letters* (Kampen: J. H. Kok, 1968), 1.

자", "아버지를 죽이는 자와 어머니를 죽이는 자", "살인하는 자", "음행하는 자", "남색하는 자", "인신매매를 하는 자", "거짓말하는 자", "거짓 맹세하는 자"다. 예수님은 지상 사역을 하는 동안 그들과 같은 이들을 구원하시는 것이 목표였기 때문에 그러한 "죄인"들에게 다가가셨다(예를 들어, 마 9:10-13; 막 2:15-17).

예수님이 그러한 "죄인"을 구원하러 오셨다는 사실로 인해 이 절의 마지막에 쓰인 단어가 더욱 놀랍게 느껴진다. 바울은 그러한 죄인들을 언급하며 자신을 그들 중에 "괴수"라고 공표한다. 나쁜 "죄인"들을 살펴본 후 '자신이' 그들 중에서 최악이라고 말한 것이다. 짐작건대 바울은 그리스도인이 되기 전에 자신이 저지른 죄를(딤전 1:13) 가장 악랄하고 두드러진 것으로 본다. 다시 말해, 바울 자신의 죄와 하나님의 한없는 은혜가 합해져 바울을 겸손하게 만들었다. 그는 자신이 10절의 법을 어긴 자들보다 영적으로 더 자격이 있다고 보지 않는다. 그는 그러한 죄인들을 보고 나서 자신을 보고 "내가 괴수니라"고 반성한다. 바울에게는 도덕적 우월감이 없다. 오직 하나님의 은혜로 말미암은 겸손과 감사, 경탄만 있다.

1:16 "까닭은"은 바울의 삶에 임한 하나님의 긍휼이 목적하는 바를 소개한다. 바울은 자신의 회심을 다른 죄인들을 구원하기 위해 하나님께서 세우신 계획의 일부로 본다. 여기에서 바울의 겸손은 아주 깊다. 그는 자신의 죄가 다른 모든 사람의 죄보다 나쁘다고 확신하기 때문에 오히려 기대에 차 있다. '하나님께서 나를 구원하실 수 있다면 누구든지 구원하실 수 있다!' 사실 그는 바로 이런 이유로 하나님께서 자신을 구원하셨다고 말한다. 죄인들을 향한 그리스도의 완벽한 인내를 보여주는 살아 숨 쉬는 본으로 삼기 위해, 하나님의 은혜가 그에게 임할 만큼 크다면 다른 모든 사람에게도 충분히 임할 수 있음을 알고 격려 받을 수 있게 하기 위해서다. 바울은 하나님의 긍휼이 한 가지 목적, 곧 그리스도를 통해 모든 죄인에게 충분히 임하심을 입증하기 위해 자신에게 임했다고 확신한다. 다른 죄인들은 바울에게 나타난 것과 똑같은 변화를 보고서 "주[그리스도]를 믿어 영

생 얻는" 자가 될 것이다.

1:17 하나님의 긍휼을 맛본 바울에게서 찬양이 터져 나온다. 그의 예배는 찬양받으시는 분으로 시작한다. 그분은 "영원하신 왕 곧 썩지 아니하고 보이지 아니하고 홀로 하나이신 하나님"이시다. 바울은 이 하나님께만 "존귀와 영광이 영원무궁하도록 있을지어다"라고 선포한다. "존귀"는 하나님이 하나님이시기에 마땅히 받으셔야 하는 존경과 경배를 가리킨다. "영광"은 드러나시는 하나님의 모습을 가리킨다. 이런 의미에서 하나님께 '영광을 돌리는' 사람은 하나님께서 그리스도를 통해 자신을 계시하심을 찬미하는 사람이다. 바울의 송영은 그러한 존귀와 영광이 영원토록 하나님께 있기를 소원한다. "아멘"은 보통 그러한 송영을 마무리짓고(참고. 롬 1:25; 11:36; 16:27) 방금 한 말이 진실함에 대한 바울의 확신을 표현한다.[18]

응답

바울은 자신을 모든 죄인 중에서도 최악으로 본다. 바울은 회심하기 전에 전문적으로 율법을 지키는 자이자 아주 확고한 양심을 가지고 있었음에도(빌 3:4-6), 율법을 어기는 다른 사람들(남색하는 자, 음행하는 자 등)을 염두에 두었음에도 불구하고 자신의 죄가 최악이라고 느끼는 것이 확실하다. 자신의 죄 앞에서 바울이 보여준 겸손과 은혜의 필요성에 대한 깨달음은 우리의 양심에도 영향을 미쳐야 한다. 여기에 그리스도 안에서 하나님의 은혜로 구원받은 모든 죄인에게 주는 교훈이 있다. 우리가 실제로 죄인 가운데서 최악이냐 아니냐는 중요하지 않다. 우리의 마음이 실제로 그런 것처럼 느껴야 한다. 다시 말해 우리 죄의 무게와 수치가 다른 사람의 죄보다

18 Knight, *Pastoral Epistles*, 106.

더하다고 느껴야 한다. 하나님께서 우리 죄를 위해 그분의 아들을 보내어 죽게 하셨음이 우리에게 계속 경탄과 놀람의 이유가 되어야 한다. 하나님께서 우리를 구원하기 위해 자신을 낮추신 사실에 진정으로 놀라고 경악해야 한다. 그로 인해 의기소침하거나 우울해지는 것이 아니라 겸손해지고 감사하며 경배해야 한다.

I Timothy
디모데전서
1:18-20

18 아들 디모데야 내가 네게 이 교훈으로써 명하노니 전에 너를 지도
한 예언을 따라 그것으로 선한 싸움을 싸우며 19 믿음과 착한 양심을
가지라 어떤 이들은 이 양심을 버렸고 그 믿음에 관하여는 파선하였
느니라 20 그 가운데 후메내오와 알렉산더가 있으니 내가 사탄에게 내
준 것은 그들로 훈계를 받아 신성을 모독하지 못하게 하려 함이라

18 This charge I entrust to you, Timothy, my child, in accordance with
the prophecies previously made about you, that by them you may wage
the good warfare, 19 holding faith and a good conscience. By rejecting
this, some have made shipwreck of their faith, 20 among whom are
Hymenaeus and Alexander, whom I have handed over to Satan that
they may learn not to blaspheme.

단락 개관

바울은 이 짧은 세 절에서 디모데에게 주는 "교훈"을 되풀이한다. 이 교훈은 거짓 선생들에게 저항하라는 명령이다. 그러한 저항은 신실한 목회 사역에 반드시 필요하다. "믿음"과 "착한 양심"을 버린 이들은 그 믿음이 "파선"할 것이다. 그런 일이 일어난다면(후메내오와 알렉산더가 그랬듯이) 교회는 그들을 징계하는 조치를 취해야 한다.

단락 개요

Ⅰ. 하나님의 집에서 거짓 선생들과 맞서기(1:1-20)
  E. 선한 싸움을 싸우라(1:18-20)
    1. 거짓 교훈과의 목회적 싸움(1:18-19)
    2. 거짓 교훈에 대한 목회적 징계(1:20)

주석

1:18 "이 교훈"이란 바울이 3절과 5절에서 준 교훈을 말한다. "어떤 사람들을 명하여 다른 교훈을 가르치지 [말게 하라]…이 교훈의 목적은 청결한 마음과 선한 양심과 거짓이 없는 믿음에서 나오는 사랑이거늘." 이렇듯 바울은 디모데에게 거짓 선생들과 맞서는 책임을 맡겼다. 디모데를 에베소에 머물게 하여 거짓 선생들에게 다른 교훈을 가르치는 일을 중단시키게 한 것이다. 바울은 "전에 너를 지도한 예언을 따라" 이렇게 한다. 초기 교회에서 사역의 부르심은 때로 예언을 통해 이루어졌다. 예를 들어, 사도행

전 13:1-4에서 성령이 예언을 통해 선교 사역을 위해 바나바와 사울을 따로 세우라고 말씀하신다. 이와 똑같이 디모데도 목회 사역을 위해 따로 세워졌고, 바울은 그에게 거짓 선생들과 맞서는 것이 그가 부름받은 일 중 하나임을 상기시키고 있다. 거짓 교훈에 맞서지 못한다면 신실한 목사가 되는 데 실패하는 것이다.

이 절의 마지막 문장은 바울이 디모데에게 이 교훈을 맡기는 목적을 드러낸다. 목적은 "그것으로 선한 싸움을 싸우[게]" 하기 위해서다. "싸우다"[스트라튜에(*strateuē*)]로 번역된 단어는 "전쟁에 참여하다"라는 뜻이다(BDAG). 모든 전쟁이 나쁜 것은 아니다. 바울은 이것을 "선한 싸움"이라고 말한다. 이 전쟁은 할 만한 가치가 있는 싸움이다. 목사는 인간의 영혼을 위해 싸우는데, 그것이 아주 소중하기 때문이다. 거짓 선생들과의 싸움은 필요악이 아니라 필요선이다. 교훈은 단수지만 예언은 복수로 쓰였다. 이는 "그것으로"(ESV는 "by them")가 선한 싸움을 싸우는 데 격려가 되는 예언임을 가리킨다.

1:19 목사는 어떻게 이 싸움을 계속할까? 19절은 "믿음과 착한 양심을 가지라"고 답한다. '가지다'라는 말은, "믿음"과 "착한 양심"을 소유하는 것이 전쟁하는 방법임을 나타낸다. 디모데가 그 싸움을 준비하는 유일한 방법은 믿음과 착한 양심으로 인내하는 것이다. 이는 그가 그리스도를 신뢰하고("믿음") 그분의 말씀에 순종해야 한다("착한 양심")는 뜻이다. 바울은 착한 양심을 버린 "어떤" 이들이 있다고 말한다. 그 결과로 그들은 "그 믿음에 관하여는 파선"하고, 더 이상 그리스도를 따르지 않게 되었다.

1:20 바울은 특히 신앙을 버린 두 사람의 이름을 밝힌다. 그들은 후메내오와 알렉산더다. 두 사람은 바울이 경고하는 위험에 굴복했다. 믿음이 파선한 것이다. 두 사람이 어떻게 해서 믿음에 관하여 파선했는지는 명확히 묘사하지 않지만 다른 데서 약간의 힌트가 나온다. 디모데후서 2:17-18에서 바울은 후메내오가 부활이 이미 일어났다고 가르치고, 그럼으로써 회

중 가운데 어떤 사람들의 믿음을 무너뜨렸다고 말한다. 디모데후서 4:14-15에서는 바울이 구리 세공업자 알렉산더가 그에게 "해를 많이 입혔[고]" 그의 메시지를 "심히 대적하였[다]"고 말한다. 세부 사항을 모르기는 해도 아마도 두 사람은 모두 거짓 선생이었던 것 같다.

19절에 따르면 이 사람들은 "믿음"과 "착한 양심"을 버렸다. 다시 말해 그들은 믿지도 않았고 올바른 일을 행하지도 않았다. 그들의 반역은 마음과 성품의 실패에 그 원인이 있다.

이제 그들이 신앙을 버렸기 때문에 바울은 "[그들을] 사탄에게 내준 것은 그들로 훈계를 받아 신성을 모독하지 못하게 하려 함이라"(20절)고 말한다. 바울의 설명은 고린도전서 5:5에서 권징을 묘사하는 그의 표현을 반영하고 있다. "이런 자를 사탄에게 내주었으니 이는 육신은 멸하고 영은 주 예수의 날에 구원을 받게 하려 함이라." 고린도전서에서 바울은 그 교회가 계속 음행을 저지르고도 회개하지 않는 명목상의 형제를 사탄에게 내주어야 한다고 말한다. 바울은 고린도 회중에게 그런 범죄자와는 사귀지 말고 같이 먹지도 말라고 말한다(고전 5:9, 11). 다시 말해, "사탄에게 내준 것"은 파문을 가리키는 바울의 표현이다. 바울은 후메내오와 알렉산더를 교회 밖으로 내보내어 사탄과 사탄의 영향력이 미치는 영역으로 돌려보냈다. 왜 그랬는가? 그들이 "신성을 모독하지" 못하도록 가르치기 위해서다. 그들의 거짓 교훈으로 하나님을 비방하고 모독하지 못하도록 가르치기 위해서다. 앞에서 말했듯이 바울이 권징하는 목적은 사랑이다. 곧 그들이 회개하고 회복되는 것이다. 그러나 그들이 회개하려 하지 않는다면 그들을 교회 밖으로 내보내야 한다.

응답

그리스도 몸 안의 죄에 대해서라면 죄에 맞서는 설교가 필요하다. 그러나 오류에 맞서는 설교를 하면서도 오류를 제거하지 않고도 만족한다면, 결국 그 오류가 공동체에 퍼져 전체를 망치고 말 것이다.

존 오웬(John Owen)은 "죄를 죽이라. 그렇지 않으면 죄가 당신을 죽일 것이다"라는 유명한 말을 했다. 이 말이 개인에게 적용된다면 공동체에도 적용된다. 이는 걸핏하면 권징과 파문을 해야 한다는 뜻이 아니다. 오히려 지속적인 개인의 회개가 공동체 안에서 죄를 죽이는 정상적인 방법임을 이해하며 서로 참아야 한다. 우리 각자는 매일 새롭게 죄에서 돌아서야 하는 지속적인 의무가 있다.

1 Timothy

디모데전서

2:1-7

1 그러므로 내가 첫째로 권하노니 모든 사람을 위하여 간구와 기도와
도고와 감사를 하되 2 임금들과 높은 지위에 있는 모든 사람을 위하여
하라 이는 우리가 모든 경건과 단정함으로 고요하고 평안한 생활을
하려 함이라 3 이것이 우리 구주 하나님 앞에 선하고 받으실 만한 것
이니 4 하나님은 모든 사람이 구원을 받으며 [1)]진리를 아는 데에 이르
기를 원하시느니라 5 하나님은 한 분이시요 또 하나님과 사람 사이에
중보자도 한 분이시니 곧 사람이신 그리스도 예수라 6 그가 모든 사람
을 위하여 자기를 대속물로 주셨으니 기약이 이르러 주신 증거니라
7 이를 위하여 내가 전파하는 자와 사도로 세움을 입은 것은 참말이요
거짓말이 아니니 믿음과 진리 안에서 내가 이방인의 스승이 되었노라
1 First of all, then, I urge that supplications, prayers, intercessions, and
thanksgivings be made for all people, 2 for kings and all who are in
high positions, that we may lead a peaceful and quiet life, godly and
dignified in every way. 3 This is good, and it is pleasing in the sight
of God our Savior, 4 who desires all people to be saved and to come
to the knowledge of the truth. 5 For there is one God, and there is one

mediator between God and men, the man[1] Christ Jesus, 6 who gave
himself as a ransom for all, which is the testimony given at the proper
time. 7 For this I was appointed a preacher and an apostle (I am telling
the truth, I am not lying), a teacher of the Gentiles in faith and truth.

1) 헬, 참
1 men and *man* render the same Greek word that is translated *people* in verses 1 and 4

단락 개관

"그러므로"는 거짓 선생들과 맞서야 한다는 앞 단락의 내용과 1-7절을 연결해 준다. 따라서 바울은 거짓 선생들과 맞서야 하는 필요에 비추어, 디모데와 에베소 교회가 두 가지 기도제목을 놓고 모든 사람을 위해 기도해야 한다고 말한다. 첫째, 그들은 교회가 평화롭게 지내도록 기도해야 한다. 둘째, 죄인들이 예수님의 대속 죽음에 관한 진리를 알게 되도록 기도해야 한다.

단락 개요

Ⅱ. 하나님의 집에서 함께 예배하기(2:1–15)
- A. 모든 사람을 위해 기도하라(2:1–7)
  1. 모든 사람이 구원받도록 기도하기(2:1-4)
  2. 모든 사람이 구원받는 하나의 복음(2:5-7)

주석

2:1 바울은 디모데에게 "무엇보다도 먼저"(새번역) 기도하도록 교회를 이끌라고 권면한다. 아주 중요한 문제라고 생각했기에 이 권면을 먼저 한 것이다.

"그러므로"라는 단어는 그저 '따라서'라는 뜻으로서 1:18에서 표현하기 시작한 생각을 이어간다. "내가 너에게 거짓 선생들과 맞서는 목회적 임무를 맡겼으니(1:18), '그러므로' 너는 기도해야 한다(2:1)". 바울은 교회가 거짓 교훈과 싸우는 방법 중 하나가 기도라고 본다.

바울은 네 가지 다른 기도 방식, 즉 간구, 기도, 도고, 감사를 언급한다. 여러 가지 기도 방식을 정확히 서술하려는 의도라기보다는 교회가 모든 사람을 위해 모든 종류의 기도를 드려야 한다는 뜻인 것 같다. 어떤 방식으로 기도하느냐는 대개 그 순간의 필요에 따른다.

바울은 디모데에게 회중이 기도해야 한다고 말할 뿐 아니라 누구를 위해 기도해야 하는지도 밝힌다. 바로 "모든 사람을 위하여"다. "모든 사람"에는 교회 내에 오류를 퍼뜨리고 있는 사람도 포함된다. 교회는 그들을 위해, 즉 하나님께서 그들에게 회개를 허락하시도록 기도해야 한다(딤후 2:25). 또한 "모든 사람"을 위해서도 기도해야 하는데, 이는 2절에 이어서 나오는 설명으로 보건대 모든 '종류의' 사람들을 뜻할 것이다.[19]

2:2 바울은 디모데와 회중이 기도해주기를 바라는 한 부류를 명시한다. 바로 "임금들과 높은 지위에 있는 모든 사람"이다. 이 어구는 로마 제국에서 통치 권한을 가진 이들을 가리킨다. "임금들"은 황제를 포함할 수 있으나 로마의 분봉왕을 가리킬 수도 있다.[20] 바울은 그리스도인들에게 이 통치

19 같은책, 115.

20 Marshall, *Pastoral Epistles*, 421.

자들을 위해 기도하라고 명령한다. 그리스도인들을 보호하거나 아니면 부당한 취급의 표적으로 삼을 법과 정책을 제정할 권한이 왕과 총독에게 있기 때문이다. 그러므로 "우리가 모든 경건과 단정함으로 고요하고 평안한 생활을 [할 수 있도록]" 그들을 위해서 기도해야 한다.

"평안한"으로 번역된 단어는 조용하고 평온한, "외부 상황으로 마음이 흔들리지 않는"[21] 상태를 뜻한다. 이러한 기도는 통치 권한을 가진 이들이 교회를 학대로부터 안전하게 지키는 방향으로 행동하도록 구하는 것이다. 고난과 박해 등은 신자들이 그리스도께 신실하지 못하도록 유혹할 것이기 때문이다. 그러나 평안과 고요함은 궁극적인 목표가 아니라 끝에서 두 번째 정도에 해당하는 목표다. 궁극적인 목표는 교회가 "모든 경건과 단정함으로" 살아가는 것이다. "경건"은 모든 사람이 하나님께 드리는 "엄청난 경의"를 말한다.[22] "단정함"(dignity, 새번역은 "품위")은 "외적인 품행뿐 아니라 내적 의도에도 영향을 미치는 도덕적 열심을 암시한다."[23] 따라서 "경건"은 하나님을 향한 경배의 시각을 나타내는 반면, "단정함"은 인간을 향한 윤리의 시각을 나타낸다. "경건"은 하나님께 영광을 돌리는 의무를 염두에 두는 반면, "단정함"은 이웃 앞에서 하나님께 영광을 돌리는 의무에 초점을 맞춘다.

2:3 고요하고 평안한 생활을 위해 하나님께 간청하는 기도는 "선하고" 하나님이 "받으실 만[하다]." "선하고"로 번역된 단어는 그러한 기도가 도덕적으로 칭찬할 만함을 나타낸다. 하나님께서 그러한 기도를 권하신 이유 중 하나는, 그것이 곧 하나님의 도덕 기준이 지켜지기를 기도하는 것이기 때문이다. 다시 말해, 그분의 백성이 학대받지 않고 아무 간섭 없이 그분께

21 Knight, *Pastoral Epistles*, 117.

22 BDAG, s.v. εὐσέβεια

23 같은 책, 118, J. N. D. Kelly에서 인용.

순종할 수 있게 되기를 기도하는 것이다. 그러한 기도는 "환영"받는다는 의미에서 하나님이 "받으실 만[하다]."[24] 하나님은 그분의 백성이 공정하고 정의롭게 대우받도록 기도하는 것을 환영하신다.

2:4 1-3절은 "모든 사람"을 위한 기도가 선하고 "우리 구주 하나님" 앞에 받으실 만한 것이라고 말했다. "우리 구주 하나님"이라는 어구는 4절과 연결된다. 하나님은 "모든 사람이 구원을 받으며 진리를 아는 데에 이르기를 원하시[는]" 구주시다. 하나님의 백성은 그저 고요하고 평안한 생활을 위해서만 기도하지 않는다. 개인의 경건을 위해서만 기도하지 않는다. 그들은 모든 사람이 그리스도를 통해 구원을 경험하기를 기도한다.

보편구원론은 하나님께서 모든 사람을 구원하신다고 가르치는데, 이 구절에서는 "모든 사람"이 구원받는 것이 하나님의 뜻이라고 확실하게 말하고 있다. 그렇다면 원하든 원하지 않든 모든 사람이 구원을 받는다는 말인가?

간단하게 답하자면 그렇지 않다. 이 절에서든 다른 어떤 절에서든 그리스도를 믿느냐 아니냐와 상관없이 모든 사람이 구원받는다고 가르치지 않는다. 그렇다면 하나님은 모든 사람이 구원받기를 원하신다 혹은 뜻하신다는 말은 무슨 의미인가? 결국 모든 사람이 구원받지는 '않을' 것이라는 사실에 비추어 볼 때, 이 절은 어떤 의미를 갖는가?

일부 해석자는 하나님께서 어떤 일이 일어나기를 원하신다고 해서 그 일이 반드시 일어나지는 않는다고 생각한다. 하나님께서 사람들에게 자유 의지를 주어 그들을 향한 그분의 뜻을 추구할지 말지 결정하게 하신다는 것이다. 그래서 세상에 대한 하나님의 계획에는 우연성이 있으며, 그분의 뜻은 죄인들의 자유 의지에 달려 있다. 이것은 폭넓게 수용되는 견해이기는 하지만, 바울이 이 본문에서 말하는 바는 아닐 가능성이 높다.

이 본문을 이해하는 열쇠는 성경이 하나님의 뜻/바람을 두 가지 다른 방

24 BDAG, s.v. ἀπόδεκτος

식으로 이야기하심을 인지하는 데 있다. 하나님은 한편으로 어긋날 수 없는 섭리적 뜻을 가지고 계시지만, 또 다른 한편으로는 어긋날 수도 있는 도덕적 뜻을 가지고 계신다.[25]

하나님의 '섭리적' 뜻은 세상과 우리 삶 전체에 대한 그분의 주권적인 계획을 가리킨다. 하나님이 "모든 일을 그의 뜻의 결정대로 일하시는"(엡 1:11) 분이라고 말할 때, 바울은 훼손될 수 없는 하나님의 섭리적 뜻을 언급하고 있다. 이는 바울이 로마서 8:28에서 언급하는 바이기도 하다. "하나님을 사랑하는 자 곧 그의 뜻대로 부르심을 입은 자들에게는 모든 것이 합력하여 선을 이루느니라." 이런 의미에서 우리는 어떤 일이 일어나기 전까지는 하나님의 뜻이 무엇인지 알 수 없다. 그 일은 성경에 계시되지 않고 역사 속에서 펼쳐진다. 하나님의 섭리적 뜻은 대체로 우리에게 비밀이다. 우리는 돌이켜 생각해 볼 때 비로소 그 뜻을 알 수 있다.

하나님의 '도덕적'인 뜻은 그분의 거룩하심과 선하심을 가리킨다. 그것은 "살인하지 말라", "도둑질하지 말라", "하늘에 계신 너희 아버지의 온전하심과 같이 너희도 온전하라" 같은 그분의 명령에 반영되어 있다. 이 명령들은 하나님의 도덕적 뜻을 나타내고, 인간은 그 뜻을 '거역할 수 있다.' 사실 성경에 계시된 하나님의 뜻을 거역하는 것이 죄다. 바울은 데살로니가전서 4:3에서 "하나님의 뜻은 이것이니 너희의 거룩함이라"고 말할 때, 하나님의 도덕적 뜻을 언급하고 있다. 사람들은 그 뜻을 매번 어긴다.

성경은 문맥에 따라 두 가지 방식 중 하나로 하나님의 뜻을 언급한다. 그 때문에 이사야는 "여호와께서 그에게 상함을 받게 하시기를 원하사"(사 53:10)라고 말하며 예수님의 죽음에 관해 예언할 수 있었다. 이것은 로마 군인들의 손에 예수님이 죽는 것을 하나님께서 기뻐하신다는 뜻인가? 물론 아니다. 로마 군인들은 예수님을 죽이는 죄를 지었다. 그들은 하나님의

25 John Piper, *The Pleasures of God: Meditations on God's Delight in Being God* (Sisters, OR: Multnomah, 2000), 313-340에서 "Are There Two Wills in God? Divine Election and God's Desire for All to Be Saved"라는 제목의 부록을 보라. 《하나님의 기쁨》(두란노).

도덕적 뜻을 어겼다. 그렇다면 예수님이 죽임을 당하시는 것은 어떤 의미에서 '하나님의 뜻'이었을까? 하나님의 아들이 죄인들을 위해 죽어야 한다는 것, 그것이 하나님의 섭리적 뜻이자 계획이었다.

그렇다면 바울이 디모데전서 2:4에서 하나님은 모든 사람이 구원받기를 "원하[신다]"고 쓸 때, 그는 하나님의 어떤 뜻을 언급하고 있는가? 섭리적 뜻인가, 아니면 도덕적 뜻인가? 그는 모든 곳에 있는 모든 사람이 회개하고 구원받아야 한다는 하나님의 도덕적 뜻을 언급하고 있다. 그렇다. 모든 사람이 구원받는 것은 하나님의 도덕적 뜻이지 섭리적 뜻은 아니다. 구원은 믿는 "모든 사람"에게만 임할 것이다.

그렇다면 "모든" 사람이 구원받는 것이 하나님의 뜻이라고 말할 때 바울의 요지는 무엇인가? 하나님은 그분의 백성에게 복음을 주어 모든 민족에게 전하도록 하셨다. 지구상에 있는 모든 사람을 향한 하나님의 뜻은 그들이 회개하고 복음을 믿는 것이다. 일부는 은혜로 응답할 것이고, 일부는 응답하지 않을 것이다. 하나님의 백성은 누가 이 메시지에 응답할지 않을지 미리 알 수 없다. 하나님의 백성은 다만 기도하며 모든 사람을 향한 하나님의 뜻, 곧 그들이 회개하고 믿고 구원받기를 원하신다는 뜻을 그들에게 전해야 한다. 그 증언의 결과는 하나님께 달려 있다.

2:5 하나님은 모든 사람이 구원받기를 원하시며, 이 절은 그들이 구원받는 유일한 한 가지 길이 있다고 설명한다. 유일하신 한 하나님이 계시는데, 이는 유일한 한 가지 구원 계획, 즉 그분의 계획이 있다는 뜻이다. 하나님은 그분의 아들 예수를 하나님 자신과 죄인들 사이의 "중보자"로 삼으셨다. 예수님은 거룩하신 하나님과 죄악 된 인간을 화해시키기 위해 십자가에서 죽으시고 죽은 자들 가운데서 부활하셨다. 그렇게 "사람이신 그리스도 예수"가 하나님과 인간 사이에 화해를 이루신다.

2:6 "자기를…주셨으니"는 누구도 예수님의 생명을 빼앗지 못함을 뜻한다(요 10:18). 그 반대로 예수님이 십자가에서 자유의사로 자신을 "대속물"

로 내주셨다. 이는 그분이 죄인들 대신에 그들이 갚아야 하는 죄의 대가를 치르기 위해 죽으셨다는 의미다.[26] 이 말은 예수님이 대속물로 자신이 죽으신 일에 관해 직접 하신 말씀을 다르게 표현한 듯하다(막 10:45; 마 20:28). 그 몸값은 죽음의 형벌이었다(참고. 창 2:17; 롬 6:23). 죄는 마땅히 심판을 받아야 하는데, 예수님이 십자가에서 죽으심으로 자신에게 그 심판을 행하셨다. 자신의 죽음으로 죄를 사하신 것이다. 그분은 자신의 부활로 영생도 주신다. 그분은 "모든 사람을 위[한]" 대속물이 되셨다. 이 대속은 그리스도를 믿는 사람들에게만 유효하다. 그럼에도 "모든 사람을 위하여" 자신을 주신 것은 "기약이 이르러 주신 증거"다. 여기에서 "증거"란 법정 같은 데서 증거물 역할을 하는 증언을 말한다.[27] 분명 하나님이 이 증거를 주시는 분이다. 어떤 의미에서 그리스도의 대속은 그리스도가 죄인들을 위해 자신을 내주셨다는 하나님의 증거다.

2:7 복음(5-6절에 대략적으로 서술된 복음) 전파에 대한 바울의 소명은 하나님이 그에게 위임하신 것이다. 바울은 "이를 위하여 내가…세움을 입은 것은"이라고 말한다. 하나님께서 "전파하는 자"(복음 메시지를 알리는 사람)와 "사도"(부활하신 그리스도가 그 일을 위해 특별히 위임하신 사람)로 바울을 세우셨다. 바울은 그리스도가 그를 "믿음과 진리 안에서…이방인의 스승"으로 삼으셨다고 말한다. 이는 바울의 사역에 관해 예수님이 하신 말씀을 연상시킨다(행 9:15). 그는 "믿음과 진리 안에서" 복음을 전파하는데, 이는 복음에 대한 충성과 하나님의 계시가 진실함을 나타낸다.

26 Leon Morris, *The Apostolic Preaching of the Cross*, 3rd ed. (Grand Rapids, MI: Eerdmans, 1965), 51-53에서 '대속물'이라는 용어에 관한 논의를 보라. 모리스는 그 헬라어의 근저에 대리자의 의미가 있다고 주장한다.

27 BDAG, s.v. μαρτύριον

응답

그리스도인들은 통치 권한을 가진 자들이 고요하고 평안한 삶을 제공하도록, 그래서 자신들이 외부인들의 학대를 받지 않도록 기도해야 한다. 세상 곳곳에서 박해받는 우리 형제자매들이 하나님께 구해 달라고 부르짖고 있으므로 우리 역시 그들의 구조를 위해 기도해야 한다. 왕과 모든 권세자가 더 이상 신자들을 박해하지 않도록, 그런 박해를 더 이상 사람들이 허용하지 않도록 기도해야 한다. 신자들이 고요하고 평안한 삶과 경건하고 거룩한 삶의 자유를 누릴 수 있도록 기도해야 한다. 또한 우리 자신을 위해서도 똑같이 기도해야 한다. 그리스도를 배반하도록 강요하는 외부의 힘에 맞서 기도해야 한다. 주 예수님이 직접 이렇게 기도하라고 가르치셨다. "우리를 시험에 들게 하지 마시옵고 다만 악에서 구하시옵소서"(마 6:13).

I Timothy
디모데전서
2:8-15

[8] 그러므로 각처에서 남자들이 분노와 다툼이 없이 거룩한 손을 들어
기도하기를 원하노라 [9] 또 이와 같이 여자들도 단정하게 옷을 입으며
소박함과 정절로써 자기를 단장하고 땋은 머리와 금이나 진주나 값진
옷으로 하지 말고 [10] 오직 선행으로 하기를 원하노라 이것이 하나님을
경외한다 하는 자들에게 마땅한 것이니라 [11] 여자는 일체 순종함으로
조용히 배우라 [12] 여자가 가르치는 것과 남자를 주관하는 것을 허락하
지 아니하노니 오직 조용할지니라 [13] 이는 아담이 먼저 지음을 받고
하와가 그 후며 [14] 아담이 속은 것이 아니고 여자가 속아 죄에 빠졌음
이라 [15] 그러나 여자들이 만일 정숙함으로써 믿음과 사랑과 거룩함에
거하면 그의 해산함으로 구원을 얻으리라

[8] I desire then that in every place the men should pray, lifting holy
hands without anger or quarreling; [9] likewise also that women should
adorn themselves in respectable apparel, with modesty and self-control,
not with braided hair and gold or pearls or costly attire, [10] but with
what is proper for women who profess godliness—with good works.
[11] Let a woman learn quietly with all submissiveness. [12] I do not permit

a woman to teach or to exercise authority over a man; rather, she is to
remain quiet. 13 For Adam was formed first, then Eve; 14 and Adam was
not deceived, but the woman was deceived and became a transgressor.
15 Yet she will be saved through childbearing—if they continue in faith
and love and holiness, with self-control.

단락 개관

이 단락은 바울이 디모데에게 신자들이 어떻게 기도해야 하는지 가르치는 더 긴 단락 안에 있다. 간단히 말하면, 바울은 하나님의 백성이 고요하고 평안하게 살기를 바랐기 때문에 "임금들"과 "높은 지위에 있는 모든 사람"을 위해 기도하라고 명령했다. 궁극적으로 바울은 복음 전도와 거룩한 삶에 유익한 상황이 유지되기를 바란다. 그런 다음 이제 8-15절에서는 특히 남자와 여자가 교회 내에서 어떻게 행동해야 하는지 설명한다. 여기에서 바울이 이 편지를 쓰는 주요한 이유가 나온다. 사람들이 "살아 계신 하나님의 교회"인 "하나님의 집에서"(딤전 3:15) 어떻게 행동해야 할지 디모데에게 알려주는 것이다. 바울은 특히 남자와 여자가 공예배로 함께 모일 때 어떻게 행동해야 하는지에 관심이 있다.

단락 개요

Ⅱ. 하나님의 집에서 함께 예배하기(2:1-15)
 B. 함께 기도하는 남자들과 여자들(2:8-15)
  1. 거룩한 남자들이 인도하는 공예배(2:8)
  2. 소박한 여자들이 거하는 공예배(2:9-10)
  3. 성경의 성규범을 따르는 공예배(2:11-15)

주석

2:8 바울이 9절에서 여자들을 다루기 전에 8절에서 남자들을 다룬다는 사실은 의미가 깊다. 바울은 남자들을 가정의 리더로, 또 그들 중 일부는 교회의 리더로 여긴다. 그는 그들이 에베소를 포함해 교회가 모이는 "각처에서" 감당할 특별한 역할이 있음을 분명히 한다. 남자들은 기도해야 한다. 바울은 그들이 무엇을 위해 기도하기를 원하는지 이미 분명히 밝혔다(참고. 2:1-7). 이제 그는 '어떻게' 기도하느냐에 초점을 맞추며 두 가지 방법을 드는데, 하나는 적극적이고 다른 하나는 소극적이다.

적극적인 측면에서 그들은 "거룩한 손을 들어" 기도해야 한다. 이는 구약에서 흔한 기도 자세다(왕상 8:22; 시 28:2; 63:4). 예수님도 손을 들고 기도하셨다(눅 24:50). 손을 드는 것에 관한 이사야서의 언급에서 디모데전서 2:8에 담긴 바울의 말을 이해하는 데 필요한 정보를 얻을 수 있다.

> 너희가 손을 펼 때에 내가 내 눈을 너희에게서 가리고 너희가 많이 기도할지라도 내가 듣지 아니하리니 이는 너희의 손에 피가 가득함이라 너희는 스스로 씻으며 스스로 깨끗하게 하여 내 목전에서 너

희 악한 행실을 버리며 행악을 그치고(사 1:15-16).

이사야는 손을 드는 것이 단순한 기도 자세가 아님을 분명히 한다. 사람의 손은 그의 행동을 나타내는 것으로 깨끗할 수도 있고 더러울 수도 있다. 이사야서 본문에서 그의 청중은 "손"에 피가 가득하기 때문에 하나님이 그들의 기도를 듣지 않으실 것이다.

그 때문에 바울은 이 남자들에게 "거룩한 손"을 들어 기도하라고 요청한다. 예배의 공적 표현은 거룩함이 특징인 삶에서 흘러나와야 한다. 다시 말해, 하나님은 위선이 아니라 영과 진리로 예배할 사람을 찾고 계신다. 하나님은 평소 다른 데서는 마귀처럼 사는 사람이 예배 때 보이는 종교 행위에 관심이 없으시다. 그래서 바울은 남자들이 "거룩한 손"을 들어야 한다고 말한다.

소극적인 측면에서, 바울은 예배의 공적 표현이 "분노"와 "다툼"이 없는 삶에서 나와야 한다고 주장한다. 분노와 다툼은 남자의 "손"을 거룩하지 못하게 만드는 구체적인 죄를 염두에 둔 것이다. "분노"는 격노하고 분개하는 내적 성향을 가리키는 반면, "다툼"은 화난 마음이 낳는 거룩하지 못한 분쟁과 논쟁을 가리킨다. "거룩한 손"을 든다는 것은 마음과 행동 둘 다의 변화를 요구한다.

2:9-10 "이와 같이"는 바울이 8절에서 남자들에게 주는 권면과 9절에서 여자들에게 주는 권면의 연관성을 나타낸다. 조지 나이트는 그 연관성을 이렇게 설명한다. "그리스도인 남자들이 활력과 논의에 대한 관심이 갈등과 불화를 낳아서는 안 된다는 경고를 받아야 했듯이(8절), 그리스도인 여자들은 아름다움과 꾸밈에 대한 관심이 단정하지 못함과 무분별함을 낳아서는 안 된다는 경고를 받아야 한다."[28]

28 Knight, *Pastoral Epistles*, 136.

해 아래 새로운 것은 없다. 바울 당시 여자들도 오늘날 일부 여자들처럼 외모에 관심이 있었다. 고대로부터 이러한 특별한 꾸밈, 곧 땋은 머리, 금, 진주, 값진 옷 등은 그 자체로 악은 아니지만 죄악 된 동기의 흔적일 수 있다. "바울이 금하는 것은 땋은 머리나 금, 진주, 값진 옷 자체가 아니라 그런 것들이 함축하는 과도함과 관능성이다(참고. 약 5:1-6)."[29] 모든 땋은 머리와 금과 진주와 옷이 나쁜 것은 아니다. 유혹이나 과시의 표현일 때만 나쁘다(참고. 벧전 3:3-4, 여기에서 베드로는 "옷" 자체의 착용을 금하지 않는다).

2:11 1세기의 유대인 남자들은 일반적으로 여자들에게 배움을 권하지 않았지만, 바울은 가부장적인 규범에도 불구하고 여자들이 "배우[기]"를(신앙에 대해 가르침 받기를) 바란다고 에베소 신자들에게 말한다. 여자들에게 "배우라"고 한 이 명령은 이 본문 전체에서 유일한 명령문이다. 그러나 강조점은 명령 자체에 있지 않고(바울은 여자들이 배울 것이라고 전제하고 있는 듯하다) 배우는 여자들의 태도에 있다. 그들은 문자 그대로 "조용히", "일체 순종함으로" 배워야 한다.

첫째, "조용히"는 여자들이 교회에서 예배드릴 때 한마디도 해서는 안 된다는 말이 아니다. 이는 바울이 고린도전서 11장에서 여자들에 대해 하는 말과 완벽하게 모순된다. 거기에서 그는 여자들에게 교회에서 기도하고 예언하는 법을 알려준다. 여자들이 기도하고 예언할 것임을 전제하고 있다. 이는 여자들이 교회 예배 시간에 말할 것임을 전제한다는 의미다. 우리는 11절의 "조용히"라는 단어가 2절의 "고요하고"라는 단어와 유사함에 주목할 수 있다. 그리스도인이 "고요하고 평안한 생활"을 위해 기도하라는 명령을 받을 때, 그 말은 아무 말도 하지 않는 삶을 뜻하지 않는다. 그보다 그 목표는 "마음의 동요가 없는 삶"[30]이다. 마찬가지로 이곳에서도 "조

29 같은 책.

30 참고. BDAG, s.v. ἡσυχία

용히"는 완벽한 침묵을 뜻하지 않는다. 그보다는 여자들이 "마음의 동요가 없어야" 한다는 뜻이다. 이 단어는 여자들이 "따지려 들기보다는 평온한 태도와 마음"을 가질 것을 요구한다.[31]

둘째, 여자들은 "일체 순종함으로" 배워야 한다. 이 표현은 바울이 에베소서 5장에서 쓴 표현과 관계가 있다. 그는 그곳에서 아내가 남편에게 순종해야 한다고 가르친다. 그러나 디모데전서 이 부분에서는 좁게 남편에 대한 순종을 이야기하지 않고, 교회에서 올바르게 가르치는 권위를 가진 장로들에게 순종함을 다루고 있다. 그는 여자들에게 장로들의 역할을 놓고 논쟁을 벌이지 말고 그 역할을 빼앗지 말라고 가르친다. 이런 의미에서 그리스도인 여자의 의무는 그리스도인 남자의 의무와 다르지 않다. 남자와 여자 모두 하나님께서 교회에 두신 권위에 순종해야 한다(예를 들어, 히 13:17). 여자들만 장로들의 권위에 순종해야 하는 것은 아니다. 여자들만의 역할은 12절에 분명히 나온다.

2:12 이 절은 신약 전체에서 가장 논란이 많은 본문 가운데 하나다. 이유는 주로 바울이 인정하지 않는 것이 무엇인가에 대한 의견 차이 때문이다. 이 절에 관한 문헌은 아주 방대해 대립하는 모든 해석을 판단한다면 본 주석의 범위를 넘어서는 일이 될 것이다.[32] 그럼에도 가능한 해석들을 두 부류로 나누어 논의를 간소화해 볼 수 있다.

한 가지 해석의 흐름은, 바울이 한 가지 일 곧 어떤 한 종류의 가르침을 금하고 있다고 상정한다. 이 견해에서 해석자들은 그 말을 "나는 여자가 권위를 가지고 가르치는 것을 허용하지 않는다" 혹은 "나는 여자가 군림

31 Thomas R. Schreiner, "An Interpretation of 1 Timothy 2:9-15: A Dialogue with Scholarship", in *Women in the Church: An Interpretation and Application of 1 Timothy 2:9-15*, ed. Andreas J. Köstenberger and Thomas R. Schreiner, 3rd ed. (Wheaton, IL: Crossway, 2016), 186.

32 영어 성경에서 이 절에 관한 자세한 논의로는, Denny Burk, "New and Old Departures in the Translation of Αὐθεντεῖν", in *Women in the Church: An Interpretation and Application of 1 Timothy 2:9-15*, 3rd ed. (Wheaton, IL: Crossway, 2016), 279-296을 보라.

하려는 의도로 가르치는 것을 허용하지 않는다"로 번역한다. 어느 쪽이든 바울이 금하는 것은 어떤 한 종류의 가르침뿐이다. 여자들이 권위를 가지고 가르치지 않는 한, 즉 목회자의 권위를 가지고 가르치지 않는 한, 교회 모임에서 남자들을 가르칠 수 있다는 것이다. 혹은 여성 교사들이 군림하려 하지 않는 한, 그들은 하나님 백성들의 모임에서 가르치는 것이 허용된다. 바울은 여자들을 교회의 모든 가르침이 아니라 어떤 한 종류의 가르침에서만 배제시킨다. 부당하게 권한을 쥐거나 냉혹하거나 죄악 된 방식으로 권위를 행사하는 경우다.

그러나 이러한 해석 중 어느 것도 본문의 실제 표현을 이해하지 못하고 있다. 그래서 나온 또 다른 해석의 흐름은, 바울이 한 가지가 아니라 '두 가지'를 금하고 있다고 생각한다.[33] 이 견해에 따르면 바울은 여자들이 교회 모임에서 가르치거나 '혹은' 권위를 행사해서는 안 된다고 말하고 있다. 바울은 두 가지 행동을 모두 금한다. 마치 여자는 기하학이나 과학 같은 과목을 가르치는 일을 삼가야 한다는 듯이 여성들의 가르침을 '모두' 금하고 있지는 않다. "가르치[다]"로 번역된 단어는 구체적으로 기독교 교리를 가르치는 것을 가리킨다. 따라서 이 금지는 좁게는 성경을 가르치고 설교하는 이들에게 적용된다.

바울은 여자가 재능 있는 성경 교사가 될 수 없다고 말하지 않는다. 재능이 탁월한 여자 교사들도 많이 있다. 바울은 단지 그러한 은사가 어느 한도 내에서 발휘되어야 한다고 말한다. 즉 여자들이 남자들을 가르치는 것은 허용되지 않는다. "주관하는" 것(권위 행사)도 허용되지 않는다. 이는 여자들이 목사가 되어서는 안 된다는 의미다.[34] 디모데전서의 이어지는 장

33 Andreas J. Köstenberger, "A Complex Sentence: The Syntax of 1 Timothy 2:12", in *Women in the Church: An Interpretation and Application of 1 Timothy 2:9-15*, ed. Andreas J. Köstenberger and Thomas R. Schreiner, 3rd ed. (Wheaton, IL: Crossway, 2016), 117-161.

34 '권위'에는 본래 부정적인 함의가 없다. Al Wolters, "The Meaning of Αὐθεντέω", in *Women in the Church: An Interpretation and Application of 1 Timothy 2:9-15*, ed. Andreas J. Köstenberger and Thomas R. Schreiner, 3rd ed. (Wheaton, IL: Crossway, 2016), 65-115을 보라.

에서 분명히 보듯이 목사직은 자격이 있는 남자들에게만 주어진다. 모든 남자가 아니라 일정한 자격 요건을 갖춘 이들이며, 이들은 교회의 나머지 사람들에게 장로로 인정받은 자들이다.

이 대목에서 현대의 감수성을 가진 보통 사람이라면 거부감이 들기 시작할 것이다. "왜 바울은 가르치고 장로가 될 수 있는 사람에게 성별 제한을 두는가?" 바울은 이러한 거부감을 예상했다는 듯이 다음 절에서 이 질문에 답한다.

2:13-14 "이는"이라는 단어는 12절에 나온 금지 명령의 이유를 알려준다. "이는 아담이 먼저 지음을 받고 하와가 그 후며." 이 구절은 분명 창세기 2장의 창조 기사를 언급하고 있다. 창세기 2장에서 하나님은 흙으로 아담을 지으시고, 그 후에 아담의 갈빗대를 취하여 하와를 만드신다. 바울은 그 금지 규정의 이유가 하나님께서 최초의 남자와 여자를 만드신 방법과 관련이 있다고 가르친다.

일부 해석자들은 최초의 여자가 최초의 남자보다 지성과 분별력에서 열등했다고 말한다. 여자가 지적으로 '기준' 미달이기 때문에 가르치는 것을 금했다는 주장이다. 그러나 이러한 해석은 몇 가지 이유에서 설득력을 잃는다. 우선, 바울은 여자에게 다른 여자를 가르치라고 요청한다(딛 2:3-5). 여자가 남자보다 지적으로 열등하다면 어떤 식으로든 가르치는 것을 허용하지 않았을 것이다. 교회에서 여자가 다른 여자를 가르치기를 바란다는 것은 적어도 일부 여자에게는 그만한 역량이 있다고 본 것이다. 둘째, 본문은 여자가 남자보다 잘 속기 때문에 가르치는 것을 금한다고 말하지 않는다. 13절에서 바울이 남자와 여자의 창조 순서를 강조하기 위해 "먼저"라는 단어를 사용한 것에 주목하라. "아담이 먼저 지음을 받고 하와가 그 후며." 이는 12절의 금지 규정의 이유가 창조 순서에 있다는 의미다.

또 13절과 14절에 수동태 동사가 쓰인 것에 주목하라. "아담이 먼저 지음을 받고(was formed) 하와가 그 후며 아담이 속은(was deceived) 것이 아니고 여자가 속아(was deceived) 죄에 빠졌음이라." 암시된 행위자는 13절에서는 하나님이고, 14절에서는 사탄이다. 바울은 이런 식으로 아담과 하와가 동산에서 했던 일이 아니라 그들'에게' 행해진 일을 강조한다. 13절은 하나님이 아담을 '먼저' 짓고, 그다음 하와를 지으셨음을 명시한다. 이에 반해 14절은 사탄이 아담이 아니라 하와를 먼저 속였다고 명시한다. 창조의 원래 질서에서는 하나님께서 아담에게 말씀하시고, 아담이 하와에게 하나님의 말씀을 전하고, 아담과 하와가 함께 땅의 동물을 다스려야 했다. 그런데 타락에서는 뱀이 하와에게 말하고, 하와가 자신을 따르도록 아담에게 영향을 미치고, 아담과 하와 둘 다 하나님을 피했다. 따라서 13절은 하나님께서 하신 일을 말하고, 14절은 사탄이 한 일을 말한다. 하나님은 창조 질서를 세우셨고, 사탄은 그 질서를 전복시켰다(표3).

창조의 질서	타락의 질서
창조주 하나님	뱀
↓	↓
아담	하와
↓	↓
하와	아담
↓	↓
땅의 동물	하나님

표3. 창조와 타락의 행위자와 질서

바울은 최초의 결혼에서 아담의 리더십이 부분적으로 하나님께서 그를 먼저 창조하심을 기반으로 세워졌음을 보여주기 위해 창조와 타락의 행위자와 질서에 호소한다. 이는 고대 세계에서 아주 흔한 장자 상속권의 원리다. 이러한 순서는 하나님께서 처음 창조하신 일의 한 측면이고 스스로 그것을 '좋다'고 여기셨으므로, 바울은 그것을 모든 결혼이 따라야 하는 전형으로 본다. 하나님은 남편-아내 관계에서 어떤 질서를 의도하신다. 창조 질서는 최초의 결혼과 뒤이은 모든 결혼에서 남편을 리더로 세운다.

결혼의 질서는 확대되어 교회의 리더십에도 영향을 미친다. 이것이 바울이 디모데전서 2:12 이하에서 주장하는 요지다. 바울은 교회 내 리더십 문제를 정리하기 위해 결혼의 본질에 호소한다. 이는 우연이 아니며 바울이 고린도전서 11:3-16에서 결혼, '머리 됨', 교회 모임 내 질서에 관해 하는 말과 부합한다. 결혼 관계의 리더십 모형이 모든 남성 장로직의 기반이 된다. 장로직의 성별 규범은 결혼 관계의 성별 규범을 따라야 한다. 그렇지 않다면 교회의 리더십 구조는 하나님께서 교회 내 결혼 관계에서 세우신 리더십 구조와 상충한다.

뱀이 하나님의 질서를 공격하려 했을 때 죄가 세상에 들어왔다. 마찬가지로 하나님께서 최초에 세우신 머리 됨의 원리를 전복시키는 것은 그분의 설계를 전복시키는 일이 될 것이다. 그 때문에 바울은 여성이 교회 모임 내에서 가르치는 것과 권위를 행사하는 것을 금한다. 여자에게 지적 능력이 부족해서 그런 금지 규정을 둔 것이 아니다. 에베소 교회만의 정황 때문도 아니다. 이 금지 규정은 창조 질서에 근거하기 때문에 모든 시대와 세대가 지켜야 할 초문화적인 원리다. 결혼 관계에서 남자의 머리 됨은 타락의 결과가 아니라 창조 질서의 일부다. 교회에서 남자의 장로직도 마찬가지다.

2:15 15절의 해석도 주석가들 사이에서 큰 논란이 있다. 이 절의 의미에 대한 혼란스러움은 다양한 영어 성경 번역에서 나타난다. 예를 들어, NASB는 '여자들이 보존되리라'고 말하는 반면, ESV는 '여자들이 구원을 얻으리라'고 말한다. NASB는 바울이 그저 신실한 그리스도인 여자가 해산할 때 육체적으로 보호받을 것임을 말하고 있다는 견해를 반영한다. 그러나 이는 타당해 보이지 않는다. 신실한 그리스도인 여자라고 해서 모두 무사히 출산하는 것은 아니기 때문이다. 그런 점에서 ESV의 번역이 좀 더 정확하다. 이 특별한 헬라어 단어는 목회서신이 아닌 다른 데서는 항상 영적 구원을 가리키므로 여기에서만 다르게 사용되고 있다고 생각할 이유가 없다.

그렇다면 바울은 여자가 출산함으로써 구원받는다고 주장하는 것인가? 이는 행위가 아닌 믿음을 통해 은혜로 구원받는다는 바울의 가르침(예를 들어, 엡 2:8)과 모순되는 듯 보인다. 고대의 해석은 이 말이 일반적인 출산이 아니라 메시아 예수의 출산을 가리킨다고 생각함으로써 이 질문을 피해 간다. 이 해석은 창세기 3:15을 상기시킨다. 여자의 후손이 뱀의 머리를 상하게 할 것이라고 말하는데, 이는 마귀의 일을 멸하시는 그리스도의 탄생 때 궁극적으로 성취된 예언이다. 따라서 여자는 그리스도의 탄생으로 구원받는다. 그러나 이 해석은 문맥상 이치에 맞지 않는다.

바울은 출산을 제유법으로 알려진 비유적 표현으로 사용했을 가능성이 높다.[35] 제유법이란 부분이 전체를 나타내는 비유법이다. 출산은 더 큰 전체, 곧 가정을 돌보는 여자의 광범위한 역할의 일부다. 이는 바울이 디도서 2:4-5에서 묘사하는 것과 같은 역할이다. "그들로 젊은 여자들을 교훈하되 그 남편과 자녀를 사랑하며 신중하며 순전하며 집안일을 하며 선하며 자기 남편에게 복종하게 하라 이는 하나님의 말씀이 비방을 받지 않게 하려 함이라."

따라서 디모데전서 2장과 디도서 2장 둘 다에서 바울은 아내들에게 자녀와 가정을 돌보는 것처럼 하나님께서 정하신 역할이 있다고 선언한다. 이는 여자가 구원받기 위해 아이가 있어야 한다는 주장이 아니다. 여자가 구원받기 위해 결혼해야 한다는 가르침도 아니다. 그러나 하나님은 결혼한 여자들에게 가정을 돌보는 특별한 책임을 맡기신다.

이러한 역할 완수는 아내가 믿음 안에서 인내한 증거 중 하나가 될 것이다. 이 절에서 구원은 미래 시제다. "구원을 얻으리라." 따라서 여기에서 염두에 둔 것은 구원에 들어가는 것이 아니라 장차 이루어질 구원의 완성이다. 하나님께서 정하신 역할을 받아들이면서 "정숙함으로써 믿음과 사랑과 거룩함"이라는 그리스도인의 덕목을 계속 유지하는 여자는 마지막 날에 구원을 받을 것이다(참고. "집안일"에 관한 딛 2:5 주석).

35 Schreiner, "An Interpretation of 1 Timothy 2:9-15", 222.

응답

여성 독자들은 제자 됨에 관한 자신의 생각이 바울의 생각과 맥을 같이하는지 검토해 볼지도 모르겠다. 철저한 성경 연구와 신학이 남자의 전유물이라는 생각은 비성경적이고 건강하지 못하다. 그것은 바울이 가르치는 바가 아니다. 그리스도인 여자들이 교회로 함께 모일 때, 그들은 남자들처럼 말씀을 배우고 훈련을 받아야 한다. 모든 사람이 하나님의 깊은 것을 배워야 한다.

하나님께서 정하신 교회의 질서에는 가르치는 권위가 목사(장로)에게 있다. 회중은 이 자리에 합당한 자격이 있는 사람을 알아보고 제안한다. 그리고 여자들은 이 질서 안에서 조용히 순종하며 배워야 한다.

하나님께서 이런 식으로 교회의 직책을 정하신 데는 이유가 있다. 그리고 사탄은 그 이유를 싫어한다. 하나님은 남성 장로직이 창조 때 세우신, 남자가 머리가 되어야 한다는 원리를 반영하기를 원하신다. 결혼 관계에서 남자의 머리 됨이, 그리스도가 신부인 교회를 사랑하시는 머리 됨이 나타나기를 원하신다. 이는 머리 됨의 원리가 하나님의 백성에게 짐처럼 부과되는 것이 아니라는 뜻이다. 그것은 하나님의 백성에게도 세상에게도 비길 데 없이 아름다운 그리스도의 구원 사역을 상징한다.

1 Timothy
디모데전서
3:1-7

3장

1 미쁘다 이 말이여, 곧 사람이 감독의 직분을 얻으려 함은 선한 일을
사모하는 것이라 함이로다 2 그러므로 감독은 책망할 것이 없으며 한
아내의 남편이 되며 절제하며 신중하며 단정하며 나그네를 대접하며
가르치기를 잘하며 3 술을 즐기지 아니하며 구타하지 아니하며 오직
관용하며 다투지 아니하며 돈을 사랑하지 아니하며 4 자기 집을 잘 다
스려 자녀들로 모든 공손함으로 복종하게 하는 자라야 할지며 5 (사
람이 자기 집을 다스릴 줄 알지 못하면 어찌 하나님의 교회를 돌보리
요) 6 새로 입교한 자도 말지니 교만하여져서 마귀를 정죄하는 그 정
죄에 빠질까 함이요 7 또한 외인에게서도 선한 증거를 얻은 자라야 할
지니 비방과 마귀의 올무에 빠질까 염려하라

1 The saying is trustworthy: If anyone aspires to the office of overseer,
he desires a noble task. 2 Therefore an overseer[1] must be above
reproach, the husband of one wife,[2] sober-minded, self-controlled,
respectable, hospitable, able to teach, 3 not a drunkard, not violent but
gentle, not quarrelsome, not a lover of money. 4 He must manage his
own household well, with all dignity keeping his children submissive,
5 for if someone does not know how to manage his own household, how

will he care for God's church? [6] He must not be a recent convert, or he may become puffed up with conceit and fall into the condemnation of the devil. [7] Moreover, he must be well thought of by outsiders, so that he may not fall into disgrace, into a snare of the devil.

1 Or *bishop*; Greek *episkopos*; a similar term occurs in verse 1 *2* Or *a man of one woman*; also verse 12

단락 개관

교회에서 거짓 교훈에 맞서는 주요한 방어벽은 신실하게 믿음을 위해 싸우는 지도자들이다. 바울은 그러한 지도자를 "감독"[에피스코포스(*episkopos*), 때로는 '주교'로 번역됨]이라 지칭한다. 바울은 디모데에게 감독의 자격 요건에 관해 가르친다. 그는 그들의 믿음이 성숙하고 성품과 가정생활에서 본이 되어야 한다고 말한다. 또한 그들은 그 믿음을 가르칠 수 있어야 한다. 이 모든 특성이 함께 신실한 목회 사역에 적합한 자격을 묘사해 준다.

단락 개요

Ⅲ. 하나님의 집에서 감독과 집사 찾기(3:1-16)
  A. 감독의 자격 요건(3:1-7)
    1. 목사의 사모함(3:1)
    2. 목사의 성품(3:2-5)
    3. 목사의 인내(3:6-7)

주석

3:1 "미쁘다 이 말이여"(참고. 1:15 주석)는 이어지는 말을 가리킬 가능성이 높다. 따라서 '신뢰할 만한 말'은 교회에서 "감독"이 되고자 하는 이들에 관한 말이다. "감독의 직분"은 에피스코페스(*episkopēs*)라는 한 단어를 번역한 것이다. BDAG에 따르면, 에피스코페스는 에피스코포스(2절에서 언급되며 "감독"이라고 번역됨)의 임무, "관리에 참여하는, '지휘'"(강조는 원문의 것)의 임무를 강조한다. 이 단어는 교회를 이끄는 이의 직책을 가리키는 말로 사용되었다. 그러한 직책을 열망하는 사람은 "훌륭[하고]"(새번역) 선한 일을 사모하는 것이다.

KJV 같은 일부 번역본은 에피스코페스를 '주교의 직분'으로 번역한다. 많은 독자가 '주교'를 교회 지도층의 계급을 암시한다고 이해한다. 예를 들어, 로마가톨릭은 주교가 장로보다 더 높은 직책이며 권위를 갖고 있다고 믿는다. 그러나 이 단어 및 연관된 단어들을 세심하게 들여다 보면, 이 단어가 교회 장로들에게 권위를 행사하는 직책을 가리킨다고 보는 것은 맞지 않다. 이는 주로 바울과 다른 신약의 저자들이 '감독'과 '장로'라는 단어를 서로 호환하여 사용하고 있기 때문이다. 예를 들어, 디도서 1:5-7을 살펴보라.

> 내가 너를 그레데에 남겨둔 이유는 남은 일을 정리하고 내가 명한 대로 각 성에 '장로들'을 세우게 하려 함이니…'감독'은 하나님의 청지기로서 책망할 것이 없고(딛 1:5, 7).

이곳에서 '장로'와 '감독'은 분명 서로 호환하여 사용된다. 마찬가지로 디모데전서 5:17에서도 바울은 독자들이 '감독'을 예상하는 자리에 '장로'라는 용어를 쓴다. 그렇게 함으로써 '감독'과 '장로'가 같은 직책을 지칭하는 두 가지 방식임을 드러낸다.

이렇게 말하는 신약의 저자는 바울만이 아니다. 베드로전서 5:1-2에서 베드로 사도는 "장로들"에게 '잘 감독함'[에피스코페오(*episkopeō*), "감독"으로 번역된 단어의 동사형]으로써 교회의 "양 무리를 치[라]"고 권한다. 베드로는 세 번째 개념도 끌어온다. 그것은 '양 무리를 치다'[포이마이노(*poimainō*)]인데, 이는 "목사"[포이멘(*poimēn*), 참고. 엡. 4:11]를 가리키는 명사의 동사 형태다. 베드로는 두 절에서 교회 리더십이라는 한 직책과 관련해 '감독', '목사', '장로'라는 세 가지 다른 단어를 사용한다. 베드로는 이 단어들이 신약 전체에서 적용되고 있음을 반영한다. 성경의 저자들은 한 직책을 가리키는 데 이 세 단어를 쓴다.

또 다른 본문도 이 단어들의 상호 호환성을 확증한다. 누가는 바울과 에베소 교회 장로들의 마지막 만남에서(행 20:17-38), 바울이 "장로들"을 불러 모아 그들을 "감독"이라 부르며 에베소 교회를 "보살피[라]"(문자적으로 "양 무리를 치라")고 권했다고 쓴다(행 20:17, 28). 누가 역시 한 직책을 가리키기 위해 이 한 장에서 세 단어를 모두 사용한다.

그러므로 바울은 감독의 직책을 열망하는 사람이 선한 일을 사모한다고 단언할 때, 교회 내 리더십의 한 직책, 곧 '목사/장로/감독'을 언급하고 있는 것이다.

3:2 바울은 "감독은 책망할 것이 없으며"라고 쓰는데, 이는 "교회에 명예가 될 만한 외부의 개인적 평판"을 가리킨다.[36] 많은 주석가가 이 첫 번째 자격 요건은 좋은 성품에 관한 전반적인 진술이고, 목록의 나머지 부분이 "책망할 것이 없[는]" 것이 무엇인지 구체적으로 명시하고 있다는 데 동의한다. 따라서 목록의 초점은 재능이 아니라 성품에 있다. 재능도 분명 고려 대상이지만("가르치기를 잘하며"), 바울이 감독에게서 찾는 것은 그것이 전부가 아니며 주된 것은 더더욱 아니다.

첫 번째 자격 요건은 장로가 "한 아내의 남편"이어야 한다는 것이다. 여

36 Mounce, *Pastoral Epistles*, 170.

기에서 “한 아내의 남편”이 의미하는 바에 대해서는 적어도 네 가지 다른 견해가 있다.

(1) 일부 학자는 이것을 그저 장로들이 결혼해야 한다는 의미로 생각하지만 이 해석은 개연성이 낮다. 바울은 장로에게 순종적인 자녀가 있어야 한다고 말하지만(4절) 자녀가 없다고 해서 장로직을 박탈하지 않는 것이 분명하기 때문이다. ‘만약’ 장로에게 자녀가 있다면, 그 자녀들은 그의 권위에 순복해야 한다. 마찬가지로 여기에서 그 의미는 ‘만약’ 장로에게 아내가 있다면, 그 아내에게 신실해야 한다는 것이다. 더 나아가 바울과 예수님은 둘 다 결혼하지 않았으므로 목사로서 섬길 자격이 없다는 식으로 이 어구를 해석하는 것은 옳지 않다. 따라서 이 해석은 개연성이 없다.

(2) 감독은 일부다처주의자여서는 안 된다는 의미라고 생각하는 학자들도 있다. 1세기 유대인들 중에 일부다처주의자가 있기는 했지만 그러한 관행은 로마법에 위배되었다. 더욱이 일부일처제는 당시 아시아 유대인과 그리스도인 모두의 규범이었다.[37] 당시 바울이 청중에게 문제되지 않는 사안을 다루었을 이유가 없다. 더 나아가 “한 남편의 아내”라는 말이 5:9에 나오지만, 누구도 바울이 그 구절에서 일부다처제를 언급하고 있다고 생각하지 않는다. 따라서 여기 3:2에서도 일부다처제에 대해 말하고 있지 않다는 결론을 끌어낼 수 있다.

(3) 반면 어떤 학자들은 이 자격 요건이 감독에게 평생 한 아내만 둘 것을 요구한다고 믿는다. 이러한 해석을 따르면 이혼한 남자나 홀아비는 목사 후보에서 배제될 것이다. 이러한 시각 역시 개연성이 없다. 이혼은 한 사람의 사역 적합성에 관한 질문과 관련이 있다. 목회 사역과 관련해 누군가를 평가할 때는 이혼 시기와 정황을 고려해야 할 것이다. 그러나 이는 바울이 이 어구로 다루고자 하는 사안은 아니라고 본다. 바울은 다른 데서 과부와 홀아비가 원한다면 재혼을 허용한다고 말하고(고전 7:9) 젊은 과

37 Craig S. Keener, *And Marries Another: Divorce and Remarriage in the Teaching of the New Testament* (Grand Rapids, MI: Baker Academic, 1991), 87-88.

부에게는 재혼을 권한다(딤전 5:14). 그렇다고 해서 그들이 "한 남편의 아내"(그가 5:9에서 표현한 대로)가 되지 않는 것은 아니다. "한 아내의 남편"이란 '단 한 번만 결혼한 남자'라는 뜻은 아니다.

(4) 마지막 주석가 그룹은 바울이 감독은 아내에게 신실해야 한다는 가르침을 주고 있다고 믿는다. 본문은 문자적으로 목사가 '한 여자의 남자'여야 한다고 말한다(참고. ESV 난외주). 장로는 일부일처의 관계에서 아내에게 신실해야 한다. '한 여자의 남자'가 되기 위해서는 난잡한 성행위와 동성애 행위를 하면 안 된다. 장로는 아내에게만 한결같은 존중과 사랑과 헌신을 분명히 보여야 한다.[38]

그다음 자격 기준은 장로가 "절제[해야]" 한다는 것이다. 목사는 술고래여서는 안 되고 정신이 맑고 판단력이 좋아야 한다.

장로는 또한 "신중[해야]" 한다. 헬라어 단어는 소프로나(*sōphrona*)로, "평정을 잃지 않는 것, '신중한', '사려 깊은'"(BDAG, 강조는 원문의 것)이라는 뜻이다. 이는 욕정이나 성욕, 우상숭배의 지배를 받지 않고 성령의 지배를 받는 사람을 가리킨다. 이 단어는 성적 품위의 뉘앙스도 갖고 있을 수 있다.[39]

"단정하며"라는 자격 요건은 "감탄이나 기쁨을 불러일으키는 자질들"[40]을 나타낸다. 이 자질들이 그러한 효과를 낼 수 있는데, 이는 "사람의 외적인 품행"[41]을 가리키기 때문이다.

장로가 "나그네를 대접[해야]" 한다는 것은, 감독의 집이 다른 사람들의 필요를 보살피는 데 열려 있어야 한다는 뜻이다. 물질의 도움이 필요한 이들 누구든 그 집에 드나들 수 있다.

"가르치기를 잘하며"로 번역된 형용사는 헬라어 신약성경에서 다른 한

38 Benjamin L. Merkle, *40 Questions about Elders and Deacons*, 40 Questions Series (Grand Rapids, MI: Kregel, 2008), 128.

39 Mounce, *Pastoral Epistles*, 173.

40 BDAG, s.v. κόσμιος

41 같은 책.

군데에 더 나온다(딤후 2:24). 두 경우 모두 이 표현은 기독교 교리를 가르치는 일에 숙련된 사람을 묘사한다.[42] 디도서 1:9에 나오는 유사한 표현은 이 기량이 실제에서 어떤 모습인지 명시한다.[43] 이는 "바른 교훈으로 권면하고 거슬러 말하는 자들을 책망"하는 능력을 포함한다(딛 1:9). 마찬가지로 이 단어의 의미는 디모데후서 2:25에도 나온다. 그곳에서 가르치는 기량은 "거역하는 자를 온유함으로 훈계"하는 것을 포함한다. 따라서 가르치기를 잘하려면 사도의 교리를 신실하게 가르쳐야 할 뿐 아니라 거짓 교리에 충실하게 맞서야 한다.

3:3 장로는 "술을 즐기지 아니[해야]" 한다. 이는 "술을 너무 많이 마시는 버릇이" 없는 것을 뜻한다.[44] 2절의 "신중하며"라는 표현이 추구해야 하는 것을 가리킨다면, "술을 즐기지 아니하며"는 피해야 할 것을 묘사한다. 술에 취한 상태에서는 성령의 다스림을 받을 수 없다.

바울은 더 나아가 장로는 "구타하지 아니[해야]" 한다고 말한다. "구타"는 싸움을 좋아하는 사람을 묘사한다.[45] 따라서 약자를 괴롭히거나 학대하는 사람으로 알려진 이는 목사직에 뽑힐 자격이 없다.

장로는 "관용[해야]" 한다. 이는 "법이나 관습이라는 글자에 담긴 모든 권리를 주장하지 않는 것, '유연한', '온화한', '친절한', '공손한', '아량 있는'"[46]이라는 의미다. 다시 말해, "자애로운, 관대한"이라는 의미다.[47] 이는 죄를 못 본 체하거나 높이는 사람을 말하지 않는다. 오히려 이러한 사람은 죄

42 BDAG, s.v. διδακτικός

43 Knight, *Pastoral Epistles*, 159.

44 BDAG, s.v. πάροινος

45 Mounce, *Pastoral Epistles*, 176.

46 BDAG, s.v. ἐπιεικής, 강조는 원문의 것

47 J. P. Louw and Eugene Nida, *Greek-English Lexicon of the New Testament: Based on Semantic Domains* (New York: United Bible Societies, 1989), §88.63.

에 냉철하고 공의롭다. 그럼에도 비판적이거나 독선적으로 보이지 않는다.

"다투지 아니하며"라는 표현은 문자적으로 "싸움이 없는" 상태를 의미한다. 이는 "싸움을 꺼리는, 평화를 사랑하는" 그리고 "논쟁을 좋아하지 않는 사람"을 묘사한다.[48]

장로는 또한 "돈을 사랑하지 아니[해야]" 한다. 이는 "말세에" "돈을 사랑하[는]" 이들과 대조된다(딤후 3:1-2; 참고. 눅 16:14). 그런 의미에서 돈을 사랑하는 자는 책망을 받는다. "돈을 사랑함이 일만 악의 뿌리"이기 때문이며, 특히 이들은 믿음에서 떠난다(딤전 6:10). 이 때문에 돈을 사랑함이 감독의 마음을 차지해서는 안 된다.

3:4 "자기 집을 잘 다스려"란 감독이 자기 집안을 잘 돌보아야 한다는 뜻이다. 목사의 가정은 본이 되어야 한다. 이는 모든 것이 항상 완벽하거나 모든 자녀가 반드시 그리스도인이야 한다는 뜻은 아니다. 오히려 신실한 목사는 가정을 이끄는 사람이자 자녀를 부지런히 훈육하는 사람일 테고, 훈육에 대한 관심이 어느 정도는 자녀의 행동에 반영될 것이다. "자녀들로 모든 공손함으로 복종하게 하는." 버릇없는 자녀는 대체로 가정에서 사랑의 훈육과 관리가 부족하다는 표시다. 자녀들에게 그러한 요소가 없다면 책임은 가장에게 있다. 가장은 가정에 반드시 정의가 있도록 먼저 책임을 지고 이끌어야 하는데, 감독은 이런 점에서 본이 되어야 한다.

3:5 가정은 교회에서 리더십의 잠재력을 시험하는 장이다. 바울은 수사적인 질문을 한다. "사람이 자기 집을 다스릴 줄 알지 못하면 어찌 하나님의 교회를 돌보리요." 답은 '그럴 수 없다'이며, 앞으로도 그럴 수 없을 것이다. 자기 집에서 질서와 규율을 유지할 수 없다면 교회 안에서 더 잘할 것이라고 기대할 수 없다.

48 LSJ, s.v. ἄμαχος

3장

3:6 감독은 "새로 입교한 자"여서는 안 된다. 바울은 어느 정도가 '새로' 인지는 명시하지 않는다. 설령 구체적인 최소 시간을 염두에 두었을지언정 알리지는 않는다. 다만 감독은 성품이 좋아야 한다고 말한다. 앞에서 언급했듯이, 감독을 나타내는 데 바울이 쓴 또 하나의 용어는 '장로'인데(참고. 5:17), 이는 성숙함을 강조하는 용어다. 목사는 성품을 입증해야 하고, 정말 자신이 말하는 그런 사람임을 입증하려면 충분한 시간이 필요하다. 시간이 성숙의 증거를 제시해야 하며, 그러지 못하면 자격 요건을 충족시키지 못한 것이다. 반면, 오랜 시간의 신실함과 좋은 성품은 증거가 된다. 이러한 인내의 증거가 부족할 때, 감독은 자기 자리에 대해 교만해질 수 있으며, 그의 믿음조차 의심스러워질 위험이 있다.

3:7 신실한 목사는 "외인에게서도 선한 증거를 얻은 자"라야 한다. 다시 말해, 교회 밖에 있는 사람에게도 호평을 받아야 한다. 교회 밖에서 평판이 좋지 않다면 교회 전체의 증언이 피해를 입는다. 전반적으로 성품이 일관되어야 한다. "리더가 한 가지 이상의 자격 요건을 충족시키지 못하면 불명예를 당할 수 있고…마귀의 영향력 아래 있다는 증거이자 그런 결과에 이를 수 있다."[49]

49 Marshall, *Pastoral Epistles*, 484.

응답

"책망할 것이 없으며"란, 목사가 된다는 것은 그저 청중을 열광시키는 연사가 되는 것을 훨씬 넘어서는 일임을 의미한다. 자신이 강력한 연사임을 드러내려는 사람들이 많다. 그러나 이 본문은 교회에 정말 필요한 사람은 강력한 거룩함을 지닌 사람이라는 점을 분명히 한다. 목사는 자신이 행하지 못하는 것을 가르쳐서는 안 된다. 하나님께서 그들에게 원하시는 바를 하지 못한다면, 그들은 진실성 있게 하나님의 백성 앞에 서서 그들이 어떤 사람이 되어야 하고 어떤 일을 해야 하는지 말할 수 없다. 그러므로 목사직의 기본 자격 요건은 본이 되는 성품이다.

1 Timothy
디모데전서
3:8-13

8 이와 같이 집사들도 정중하고 일구이언을 하지 아니하고 술에 인박
이지 아니하고 더러운 이를 탐하지 아니하고 9 깨끗한 양심에 믿음의
비밀을 가진 자라야 할지니 10 이에 이 사람들을 먼저 시험하여 보고
그 후에 책망할 것이 없으면 집사의 직분을 맡게 할 것이요 11 여자들
도 이와 같이 정숙하고 모함하지 아니하며 절제하며 모든 일에 충성
된 자라야 할지니라 12 집사들은 한 아내의 남편이 되어 자녀와 자기
집을 잘 다스리는 자일지니 13 집사의 직분을 잘한 자들은 아름다운
지위와 그리스도 예수 안에 있는 믿음에 큰 담력을 얻느니라

8 Deacons likewise must be dignified, not double-tongued,[1] not
addicted to much wine, not greedy for dishonest gain. 9 They must hold
the mystery of the faith with a clear conscience. 10 And let them also
be tested first; then let them serve as deacons if they prove themselves
blameless. 11 Their wives likewise[2] must be dignified, not slanderers,
but sober-minded, faithful in all things. 12 Let deacons each be the
husband of one wife, managing their children and their own households
well. 13 For those who serve well as deacons gain a good standing for

themselves and also great confidence in the faith that is in Christ Jesus.

1 Or *devious in speech* *2* Or *Wives likewise*, or *Women likewise*

단락 개관

바울은 3장 첫 부분에서 교회 '지도자들'의 자격 요건을 디모데에게 설명했다. 이 단락에서는 교회의 공인된 '일꾼들'이 갖춰야 할 자격 요건을 제시한다. 교회에는 두 가지 공인된 직책으로 집사와 장로가 있는데, 이 일꾼들은 '집사들'이라고 불린다. 집사의 자격 요건은 장로의 자격 요건과 거의 동일하다. 주요한 차이는 집사는 가르치기를 잘할 필요가 없는 반면, 장로는 가르치기를 잘해야 한다는 것이다. 집사의 임무는 교회를 이끄는 것이 아니라 섬기는 것이다.

단락 개요

Ⅲ. 하나님의 집에서 감독과 집사 찾기(3:1-16)
  B. 집사의 자격 요건(3:8-13)
    1. 집사의 성품(3:8-10)
    2. 집사의 가정(3:11-12)
    3. 집사의 직분(3:13)

주석

3:8-9 우리는 이 본문과 다른 본문들을 통해 성경이 교회 내의 두 가지 직책을 모두 인지하고 있음을 알게 된다. 그것은 장로와 집사다(참고. 빌 1:1). 바울은 장로의 자격 요건을 제시한 다음 이제 집사의 자격 요건을 제시한다. "집사"로 번역된 단어는 그저 '일꾼'(servant)이라는 뜻이다. 따라서 이 직책은 그들이 하는 일인 '섬김'(serve)에 맞게 이름을 붙인 것이다. 이 섬김의 원형은 사도행전 6:1-6에 나온다. 거기에서는 과부들에게 음식을 나누어 주는 일 때문에 사도의 사역이 방해를 받았다. 과부들은 먹을 것이 필요하고, 사도들은 말씀을 선포해야 한다. 그런데 사도들이 과부들을 위한 구호 음식을 나누어 주느라 시간을 전부 쓴다면 언제 말씀을 선포하겠는가?

사도들은 섬김의 필요 때문에 말씀 사역이 지나치게 지장을 받을 때 어떻게 할지 보여주는 선례를 만들었다. 사도들은 하나의 의무를 다하느라 다른 하나를 무시하지 않는다. 말씀도 과부도 경시되어서는 안 된다. 그래서 사도들은 성령과 지혜가 충만한 일곱 사람을 일꾼으로("집사", 사도행전 6장에서는 이 단어로 언급되지 않지만) 임명한다. 이들은 사도들이 기도와 말씀 사역에 전념할 수 있도록 과부를 섬기는 이들이다. 집사들은 성품이 좋은 일꾼들로서 다른 사람들을 섬김으로 하나님을 섬기는 것이 무슨 뜻인지 보여준다.

사도행전 6장에서 사도들은 일꾼들이 필요함을 인정했다. 마찬가지로 바울도 에베소 교회에 일꾼들이 필요함을 인정하고, 집사들도 "이와 같이" 교회에서 모범적인 성품을 갖추어야 하는 한 역할을 맡아야 한다고 디모데에게 가르친다. 장로들이 일정한 성품 요건을 충족해야 하듯이 집사들도 그래야 한다. 그 자격 요건은 장로들의 자격 요건과 비슷하지만 똑같지는 않다. 집사들은 다음과 같은 성품을 가져야 한다.

(1) "정중하고." 즉 "존경/존중을 받을 만하고, 고결하고, 위엄 있고, 진지한."[50] 집사는 아무도 중요하게 여기지 않는 사람이어서는 안 된다. 그는

존경과 감탄을 불러일으키는 성품의 소유자여야 한다.

(2) "일구이언을 하지 아니하고." 집사는 진실하지 않은 위선적인 말을 해서는 안 된다. 진실을 말하는 자여야 하고, 말로 사람의 비위를 맞추어서는 안 된다.

(3) "술에 인박이지 아니하고." "인박이지"로 번역된 헬라어 단어는 다른 데서 '몰두한'으로 번역되어 집사는 술에 취해서는 안 됨을 나타낸다.[51] "포도주를 마시기에 용감"(사 5:22)하지만 술 취하지 않는 데 실패하면 집사가 될 수 없다(참고. 엡 5:18).

(4) "더러운[비도덕적인] 이를 탐하지 아니하고." 집사는 돈을 사랑해서는 안 된다. 하나님보다 돈을 사랑하는 사람은 집사는 말할 것도 없고 예수님의 제자도 될 수 없다(마 6:24).

(5) "믿음의 비밀을 가진" 자. 장로는 "가르치기를 잘[해야]" 하지만, 집사에게는 그러한 책임이 없다. 그렇기는 하지만 집사는 "깨끗한 양심에 믿음의 비밀을 가진 자"여야 한다. '비밀'은 바울의 글에서, 한때 감추어졌다가 이제는 복음 안에서 나타난 것을 가리키는 전문 용어다. 간단히 말해, 믿음의 비밀은 죄인들을 위해 십자가에 못 박히고 부활하신 예수 그리스도에 관한 복음이다. 그 메시지를 놓치면 모든 것을 놓치게 되므로 집사는 그 메시지를 알고 믿어야 한다. 요행을 바라며 그렇게 할 수는 없다. 그는 "깨끗한 양심"으로 그것을 붙들어야 한다.

3:10 바울은 집사들을 "시험"해 봐야 한다고 말한다. 교회는 그저 피상적인 이유로 누군가를 집사로 뽑아서는 안 된다. 반대로 그의 신실함이 입증되어야 한다. 집사 후보자가 "책망할 것이 없[다]"고 입증될 때까지 충분한 시간을 가져야 한다.

50 BDAG, s.v. σεμνός

51 BDAG, s.v. προσέχω

3:11 11절에서 바울은 "여자들"[귀나이카스(*gynaikas*), ESV는 "wives"]에게 초점을 맞춘다. 바울은 왜 집사에 관한 이 단락에서 "여자들"을 언급하는가? 일부 학자는 바울이 여기에서 아내가 아니라 여자 집사를 암시하고 있다고 믿는다. 어쨌든 이 여자들에 대한 자격 요건들은 집사들의 자격 요건, 심지어 장로들의 자격 요건과도 아주 유사하다. 여자들을 위한 직책을 염두에 두지 않았다면 바울이 왜 그 자리에 그러한 자격 요건을 명시하겠는가? 또한 뵈뵈라는 여자가 로마서 16:1에서 "일꾼"(servant, 여기에서 "집사"로 번역된 것과 같은 단어를 사용함)으로 불린다. 바울은 로마서 16:1에 나오는 뵈뵈가 맡았다고 알려진 같은 직책을 언급하는 것인가? 이는 "여자들"을 여성 집사로 언급한다고 이해하는 이들이 제시하는 논증이다.

그러나 이러한 추론 방식은 설득력이 없다. 기저에 있는 단어는 '여자' 혹은 '아내'에 해당하는 전형적인 헬라어다. 같은 단어가 바로 다음 절에서 사용되는데, 거기에서는 분명 '아내'를 가리킨다. 더 나아가 "이와 같이"라는 단어는 유사하지만 집사직과 구분되는 집단을 암시한다(8절의 "이와 같이"라는 단어가 집사가 장로와 유사하지만 구분됨을 암시하는 것과 같다). 11절 이전과 이후에 나오는 바울의 가르침이 집사에 초점을 두고 있으므로, 11절도 어쨌든 집사의 자격 요건과 관련이 있다고 보는 것이 타당하다.

뵈뵈가 디아코노스(*diakonos*, "일꾼" 혹은 "집사")로 불리는 것은 여자 집사에 대한 설득력 있는 증거가 아니다. 디아코노스에는 다양한 의미가 있고, 이 단어가 사용된 모든 곳에서 그것이 교회의 한 직책을 나타내지는 않는다(예를 들어, 고전 3:5; 고후 6:4). 특정 교회의 누군가와 관련해 디아코노스라는 단어가 사용되었다는 것만으로 그 사람이 집사였다고 확신할 수는 없다. 뵈뵈와 관련해 필자는 로마서 16:1에 대한 NET 성경의 주에서 권하는 주의 사항에 동의한다. "에바브라는 골로새 교회와 관련이 있고 골로새서 1:7에서 디아코노스로 불리지만, 현대어 번역은 그를 집사로 보지 않는다. 디모데전서 4:6에서 바울은 디모데를 디아코노스라고 부르는데, 디모데는 에베소 교회와 관련이 있지만 집사는 분명 아니었다. 더욱이 사전의 증거가 이 견해에 등을 돌린다. 신약에서 '디아콘'으로 시작하는 단어 그룹은 전문적인 어감을 거의 주지 않는다. 어쨌든 증거는 어느 쪽이든 강력하지 않다." 아무리 높게 잡아도 집사로서 뵈뵈의 지위가 덜 명확한 정도이므로 디모데전서 3:11을 여자 집사의 사례로 보기는 어렵다. '그들의 아내'(즉 '집사의 아내')라는 ESV의 번역이 그 단어의 정확한 의미를 포착하고 있다.

따라서 바울은 집사 아내의 행동이 본이 되어야 한다고 가르치고 있을 가능성이 높다(3:4에서 복종하는 자녀가 장로가 집을 잘 다스린다는 증거인 것과 같다). 이 여자들은 직책을 맡았든 맡지 않았든 다른 사람들을 섬기는 책임을 가진다. 이 때문에 그들은 일꾼에게 적합한 성품을 갖추어야 한다. 바울은 다음 네 가지 성품을 열거한다.

(1) "정숙하고"는 "존경/존중을 받을 만하고 고결하고 위엄 있고 진지한"[52] 사람을 가리킨다. 이런 여자는 그녀를 만나는 사람들의 존경을 받아야 한다.

(2) "모함하지 아니하며." 이들은 악의적인 험담을 해서는 안 된다.

(3) "절제하며." 이 단어는 2절에 나오는 장로들에게 적용되었다. 이는 이 여자들이 술에 취해서는 안 되고 정신이 맑고 현명한 판단을 해야 한다는 뜻이다.

(4) "모든 일에 충성된 자." 바울은 분명 완벽함을 요구하고 있지 않다. 그러나 이 여자들은 "'신뢰할 만하고', '신실하고', '믿을 수 있어야'"[53] 한다.

3:12 장로들처럼 집사도 "한 아내의 남편"이어야 한다(참고. 3:2 주석). 집사는 아내에게, 더 나아가 나머지 가족들에게도 신실함으로 자신의 성품을 입증해야 한다. 남자가 아내를 사랑하고 자녀를 잘 훈육하고 가정을 잘 이끌면, 그것은 그가 성령이 충만하다는 증거다. 이곳에서 다시 가정이 사역을 시험하는 장이 된다.

52 BDAG, s.v. σεμνός

53 DAG, s.v. πιστός, 강조는 원문의 것

3:13 "직분을 잘한" 자들이란 집사로서 공식 역할을 잘하는 사람이다. 그들은 교회에서 "아름다운 지위" 혹은 신분을 얻는다. 그 지위는 공식 계급일 필요가 없다. 그저 이 사람이 신실함의 본을 보였다고 회중이 인정하면 된다. 신실함의 본은 그의 영향력이 커지는 결과를 낳고, 그로 인해 그는 더 많은 섬김과 리더십의 기회를 얻을 수 있다. 직사 직분을 잘 수행하는 사람은 또한 "그리스도 예수 안에 있는 믿음에 큰 담력을" 얻는다. "담력"으로 번역된 단어는 말할 때의 자유로움과 담대함을 나타낸다.[54] 영웅적인 순교를 한 스데반처럼(행 6:10; 7:1-53) 집사들은 섬김을 통해 그들에게 증언할 기회가 주어졌음을 알게 될 것이다. 신실하게 섬기다보면 그리스도와 그분의 복음에 대해 말할 수 있는 좋은 평판과 담력을 얻게 된다. 더 잘 섬긴다는 것은 그리스도 예수에 대한 "믿음"이 커졌다는 뜻이다.

응답

여자는 집사로 섬길 수 있는가? 앞에서 논의했듯이 여자 집사를 지지하는 성경의 증거는 아무리 끌어 모아도 결정적이지 못하다. 여자 집사를 인정하는 교회들은 교회에서 남자의 머리됨과 자격을 갖춘 남성 지도자들에 대한 성경의 가르침을 부정하는 것인가? 이 질문에는 "반드시 그렇지는 않지만 그럴 수도 있다"고 대답할 수 있다. 집사로 인정받은 여자들은 남자들에게 지휘 권한이 있는 한 그 머리 됨을 침해하지 않을 것이다. 그러나 많은 교회에서 집사들은 목양은 하지 않는 리더 역할을 한다. 집사로 불리기는 하지만 암시적 혹은 명시적 권위를 가진다. 그러한 교회에서 여자 집사는 성경적인 머리 됨을 약화시킨다. 집사가 실제 장로는 아니지만 사실상 장로 역할을 하기 때문이다.

54 Knight, *Pastoral Epistles*, 174.

이는 집사직을 성경적으로 이해하지 못한 결과다. 그럴 때 집사들의 역할은 성경이 그들에게 부여한 권한과 모순되고 교회는 건강하게 자랄 수 없다. 교회에 집사라 불리는 지도자 위원회는 필요하지 않다. 다만 장로라 불리는 목자 위원회가 필요하다. 또한 성령 충만하고 섬김으로 말씀 사역을 용이하게 해주는 집사들이 필요하다.

I Timothy
디모데전서
3:14-16

14 내가 속히 네게 가기를 바라나 이것을 네게 쓰는 것은 15 만일 내가
지체하면 너로 하여금 하나님의 집에서 어떻게 행하여야 할지를 알게
하려 함이니 이 집은 살아 계신 하나님의 교회요 진리의 기둥과 터니
라 16 크도다 경건의 비밀이여, 그렇지 않다 하는 이 없도다
그는 육신으로 나타난바 되시고 영으로 의롭다 하심을 받으시고 천사들에게 보이시고
만국에서 전파되시고 세상에서 믿은바 되시고 영광 가운데서 올려지셨느니라

14 I hope to come to you soon, but I am writing these things to you
so that, 15 if I delay, you may know how one ought to behave in the
household of God, which is the church of the living God, a pillar and
buttress of the truth. 16 Great indeed, we confess, is the mystery of
godliness:

He[1] was manifested in the flesh,
vindicated[2] by the Spirit,[3]
seen by angels,

proclaimed among the nations,

believed on in the world,

taken up in glory.

1 Greek *Who*; some manuscripts *God*; others *Which* *2* Or *justified* *3* Or *vindicated in spirit*

단락 개관

바울은 이제 이 편지를 쓰는 목적을 설명한다. 그것은 디모데와 에베소 그리스도인들에게 교회로서 어떻게 행동해야 하는지 가르치는 것이다. 앞서 말한 예배 중 남자와 여자에 관한 가르침과 장로와 집사에 관한 모든 가르침은 하나님의 집의 질서를 올바로 잡는 것이 그 목표다. 이 짧은 단락은 그 집과 그 집의 기초가 되는 메시지가 무엇인지 설명한다.

단락 개요

III. 하나님의 집에서 감독과 집사 찾기(3:1–16)
  C. 하나님의 집(3:14–16)
    1. 편지를 쓰는 목적(3:14-15)
    2. 경건의 비밀(3:16)

주석

3장

3:14 바울은 디모데뿐 아니라 디모데의 회중도 사랑했다(행 20:31). 그러니 바울이 이 중요한 메시지를 직접 전달하기 위해 그들에게 가고 싶어 한 것이 당연하다. 그러나 그들과 함께할 수 없었기에 그들의 믿음이 잘 자라는 데 필수적인 것을 전하기 위해 "이것"을 쓰고 있다. "이것"은 바울이 거짓 선생들과, 예배하러 모인 남자와 여자 그리고 장로와 집사에 관해 지금까지 쓴 모든 것을 가리킨다. 그는 다음 절에서 선언할 목적을 위해 "이것"을 쓰고 있다.

3:15 바울은 하나님의 백성이 하나님의 집에서 어떻게 행동해야 하는지 설명하기 위해 편지를 쓰고 있다. 그런데 그들은 먼저 교회가 '그들의' 집이 아니라 '하나님의' 집이라는 사실을 알아야 한다. 이 절에 나오는 세 어구에 대한 논평이 하나님의 백성에게 기대되는 바를 설명하는 데 도움이 될 것이다.

(1) "하나님의 집." 대개 집에서 남편이 이끌고 아내가 돕고 자녀가 순종하는 것과 같은 질서가 있듯이 하나님의 집에도 질서가 있어야 한다. 그곳에는 장로와 집사, 그리고 구성원들이 있다. 이는 하나님의 집이므로 하나님이 교회의 직책 및 각 직책의 역할과 책임을 규정하신다. 그것은 우리가 활동하면서 직접 정하는 것이 아니다. 그것이 하나님의 집, 하나님의 질서, 하나님께서 일하시는 방식이다.

(2) "살아 계신 하나님의 교회." 바울은 이곳이 '교회', 곧 예수님이 세운다고 말씀하신 실체(마 16:18-19)라는 것에 주의를 집중시킨다. 또한 이 교회가 "살아 계신 하나님"의 소유라는 사실을 환기시킨다. 이 표현은 구약에서 참 하나님과 죽은 우상을 구별할 때 흔히 쓰는 방법이다(참고. 수 3:10; 시 42:2).

(3) "진리의 기둥과 터." 바울은 교회가 무엇인지 설명하기 위해 건물의 이미지를 사용한다. 교회에게 진리는 건물의 버팀목이자 토대와 같다. 예

수 그리스도의 교회는 흔들리지 않고 확고한 증언을 통해 세상에서 진리를 위한 토대이자 버팀목으로 존재한다. 세상과 그 문화는 변할지 모르지만 하나님의 진리를 전달하는 이들은 절대 변해서는 안 된다. 무슨 일이 일어나더라도 하나님의 계시를 끈질기게 붙들어야 한다. 이렇게 할 수 있는 유일한 교회는 질서가 바로잡힌 교회, 즉 장로와 집사가 인도하고 섬기되 장로는 말씀을 선포하고 하나님의 백성을 목양하며, 집사는 섬기며 그 사역을 할 수 있게 하고, 회중은 그러한 본이 되는 리더십을 따르는 교회다. 이러한 교회는 변화의 바람이 아무리 거세게 불어도 오류에 맞서는 방어벽이 될 것이다.

3:16 이 절은 교회가 어떤 진리를 위해서 싸우고 선포해야 하는지 요약한다. 이 절의 구성은 이것이 교회가 선포한 복음 진리의 요약이 담긴 초기 사도신경이나 찬송임을 암시한다.

"비밀"은 바울의 글에서 쓰이는 일종의 전문 용어다(참고. 3:8-9 주석). 그것은 현재 숨겨진 어떤 것이 아니라 이전에 숨겨졌으나 지금은 그리스도와 그분의 복음으로 드러난 것을 가리킨다(참고. 고전 2:7, 10; 엡 1:9; 3:3; 골 1:26). "경건"은 믿을 뿐 아니라 올바르게 살아간다는 점에서 인간이 하나님께 지는 의무를 나타낸다(참고. 딤전 2:2; 4:7; 6:11). 그러므로 경건의 비밀은 인간이 하나님께 지는 의무에 대한 계시다. 이 의무는 다름 아닌 죄인들을 위한 예수님의 삶과 사역과 일에서 완벽하게 계시되었다. 그리고 그 삶과 사역과 일이 이어지는 고백에 요약되어 있다.[55]

혹시 바울의 이 말에서 타우너가 에베소의 아데미 신전 구호에 대해 "전복적 반향"(subversive echo)이라 부른 것을 감지했을지도 모르겠다(참고. 행 19:28, 34).[56] 16절에서 바울이 한 말의 문자적 번역을 사도행전에 나오는

55 Mounce, *Pastoral Epistles*, 227.

56 Towner, *Letters to Timothy and Titus*, 277.

이 구호와 비교해보자.

디모데전서 3:16	사도행전 19:28, 34, 36
그렇지 않다 하는 이 없도다	그렇지 않다 할 수 없으니
크도다	크다
비밀	아데미
경건의	에베소 사람의

표4. 아데미 숭배에 대한 "전복적인 반향"으로 본 디모데전서 3:16

필자가 공식 문헌에 의지하여 이러한 병행을 설명하는 것은 아니다. 그러나 바울과 누가 둘 다 사도행전 19장에 묘사된 사건들을 알았으므로 사도행전 기사의 역사성을 부인하지 않는다면, 에베소 독자들이 아데미 신전 추종자들에게 들었을 법한 외침에 대한 안성맞춤의 반박으로 바울이 이 고백을 사용하는 듯 보인다. 에베소인들은 아데미가 "크다"라고 주장한다. 바울은 예수 그리스도의 계시가 "크도다"라고 주장한다. 에베소인들은 아데미의 위대함은 "그렇지 않다 할 수 없[다]"고 주장한다. 바울은 그리스도의 위대하심을 "그렇지 않다 하는 이 없도다"[호몰로구메노스(*homologoumenōs*), ESV는 "we confess"]라고 주장한다. 에베소인들은 아데미 신상이 '하늘에서 내려왔다'고 주장한다. 바울은 예수 그리스도가 "육신으로 나타난바" 되셨다는 의미에서 하늘에서 내려오셨다고 주장한다. 그러나 아데미는 그저 '내려왔을' 뿐이지만, 그리스도는 "영광 가운데서 올려지셨[다]." 아데미는 "에베소 사람"의 것인 반면에 그리스도는 "만국에서 전파되[셨다]." 요약하자면 예수 그리스도의 복음이 진짜이고 더 위대한 이야기다. 아데미 신화는 그저 한 지역의 신화에 불과하다.

"육신으로 나타난바 되시고"는 예수님의 성육신을 가리킨다. "영으로 의롭다 하심을 받으시고"는 부활을 가리킨다. 하나님의 영이 예수님을 죽은 자 가운데서 일으키는 일을 하셨기 때문이다(참고. 롬 8:11). "천사들에게 보이시고"는 예수님의 부활을 본 하늘의 증인들이 있다는 사실을 가리킨다. "만국에서 전파되시고"는 복음이 세상에 전파되는 것을 가리키고, "세상에서 믿은바 되시고"는 그 복음에 대한 만국의 반응을 가리킨다. "영광 가운데서 올려지셨느니라"는 표현은 아마도 예수님이 승천하심을 가리키는 것 같다. 그분은 언젠가 그 하늘로부터 다시 오실 것이다. 그리스도의 구속 사역에 대한 이 위대한 계시는 아데미 신전이나 여타의 종교가 제공하는 것보다 훨씬 뛰어나다.

응답

하나님은 모든 각 지역 교회를 불러서 진리로부터 떠나고 있는 세상에서 진리의 기둥과 버팀목이 되게 하셨다. 그런데 너무 많은 교회가 점점 그 진리로부터 멀어지고 세상에 영합하고 있다. 그것은 하나님께서 교회에 명하신 일이 아니다. 교회는 신실한 장로와 집사가 없더라도 잠시는 운영될 수 있다. 그러나 그것은 살아남을 수 있는 장기적 전략이 아니다. 하나님의 집에서 그분의 질서가 회복되고 유지될 때까지 버티는 단기적 상황일 뿐이다. 하나님의 집의 질서를 유지하려면 자격을 갖추고 이끄는 장로, 자격을 갖추고 섬기는 집사, 경건의 비밀을 꼭 붙들고 있는 믿는 회중이 필요하다.

I Timothy
디모데전서
4:1-5

1 그러나 성령이 밝히 말씀하시기를 후일에 어떤 사람들이 믿음에서
떠나 미혹하는 영과 귀신의 가르침을 따르리라 하셨으니 2 자기 양심
이 화인을 맞아서 외식함으로 거짓말하는 자들이라 3 혼인을 금하고
어떤 음식물은 먹지 말라고 할 터이나 음식물은 하나님이 지으신 바
니 믿는 자들과 진리를 아는 자들이 감사함으로 받을 것이니라 4 하나
님께서 지으신 모든 것이 선하매 감사함으로 받으면 버릴 것이 없나
니 5 하나님의 말씀과 기도로 거룩하여짐이라

1 Now the Spirit expressly says that in later times some will depart
from the faith by devoting themselves to deceitful spirits and teachings
of demons, 2 through the insincerity of liars whose consciences are
seared, 3 who forbid marriage and require abstinence from foods that
God created to be received with thanksgiving by those who believe and
know the truth. 4 For everything created by God is good, and nothing is
to be rejected if it is received with thanksgiving, 5 for it is made holy by
the word of God and prayer.

단락 개관

바울은 3:16에서 간결한 신앙고백을 약술한 다음, 이제 그 믿음에서 떠나는 이들에게 관심을 돌린다. 그는 이 말세에 일부 그리스도인이 실제로 한때 고백했던 신앙에서 떠날 것이라고 경고한다. 그들은 잘못된 선생들의 인도를 받아 그렇게 될 것이다. 거짓 선생들은 복음 진리를 거짓 교훈으로 대체한다. 그들은 결혼이나 어떤 종류의 음식을 금하는 불필요한 요구를 한다. 그러나 구약은 결혼과 음식 둘 다 선하며, 즐기고 생명을 유지하도록 하나님의 백성에게 주어진 것이라고 가르친다.

단락 개요

IV. 하나님의 집에서 진실하게 가르치기(4:1–16)
 A. 배교에 맞서라(4:1–5)
  1. 배교자는 어떻게 잘못된 길로 빠지는가(4:1)
  2. 누가 배교자를 잘못된 길로 이끄는가(4:2)
  3. 배교자는 어떤 잘못된 길로 빠지는가(4:3–5)

주석

4:1 바울이 성령의 말씀하심을 언급할 때, 성령이 그에게 직접 무언가를 계시하신 것인지, 아니면 성령이 당시 교회 안의 다른 그리스도인 예언자를 통해 말씀하신 것을 그가 가져온 것인지 분명하지 않다(바울이 구약 예언자들을 언급했을 가능성도 배제할 수 없다. 참고. 벧후 2:1). 분명한 것은 그 말씀을 한

이와 내용이다. 즉 성령이 하나님의 백성에게 어떤 사람들이 믿음에서 떠날 것이라고 경고하고 계신다. 그들은 이제 그리스도를 따르지 않을 것이다. 영어 단어 apostasy(배교)는 바울이 이곳에서 사용하는 "떠나[다]"[아포스테손타이(*apostēsontai*)]에 해당하는 헬라어 단어에서 파생했다.

바울이 보기에 '말세'는 그리스도의 오심으로 시작되었고, 성령이 하나님의 백성 가운데 임재하시는 것이 특징이며, 그리스도가 영광 가운데 다시 오실 때 절정에 이를 것이다.[57] 그래서 바울은 자신이 말세에, 즉 세상에 하나님을 믿지 않는 이들이 넘쳐날 때에 사역하고 있다고 믿는다(참고. 딤후 3:1-5). 예수님도 하나님을 믿지 않음과 배교가 말세의 표지라고 예언하셨다(마 24:10-13). 이런 식으로 그분은 사람들이 거짓 교훈에 귀를 기울이고 그분을 떠나는 때를 대비해 그분의 교회를 준비시키셨다. 바울은 사도행전 20:28-30에서 에베소 교회를 향해 같은 우려를 표현한다.

예수님과 바울의 경고 모두 배교가 어떻게 생기는지 설명해 준다. 대개는 거짓 교훈에 귀를 기울이는 것으로 시작하고 그로 인해 믿음이 무너지고 만다. 배교자들은 그리스도의 말씀에서 돌아섰기 때문에 그리스도에게서 돌아선다. 그들은 악마적인 시대의 영에 귀 기울이기 위해 그분의 말씀을 버린다.

4:2 바울은 "거짓말하는 자들"의 "외식함"을 통해 거짓 교훈이 교회에 들어온다고 말한다. "외식함"은 위선을 가리킨다.[58] 거짓 선생들은 대중에게 그들의 실제 모습과 상충되는 인상을 심어준다. 그들은 신실한 그리스도인이라는 인상을 준다. 교회 내에서 능숙하게 말하고 알아듣고 움직인다. 심지어 일정 수준의 신앙을 가지고 있다는 평판을 얻을 수도 있다. 아마도 그들은 재능 있는 의사소통자일 것이다. 그들은 대중적인 인상으로 회중

57 Knight, *Pastoral Epistles*, 188.

58 BDAG, s.v. ὑπόκρισις

을 편안하게 하고 끌어당긴다. 그러나 그들은 겉으로 보이는 모습과 다르다. 그리스도인 교사처럼 보이고 그렇게 말할지 모르지만 실은 그렇지 않다. 그 때문에 그들은 아주 위험하다.

4:3-4 에베소 거짓 선생들이 정확히 어떤 믿음을 가졌는지는 확실하지 않다. 그러나 이 절을 보면, 거짓 선생들은 하나님의 백성에게 결혼해서는 안 되며, 어떤 음식은 먹어서는 안 된다고 말한다. 왜 이런 것들을 금했는지는 확실히 알 수 없다. 어떤 음식을 금하는 것은 구약과 관련된 오류처럼 들리지만 결혼 금지는 설명이 안 된다. 우리가 확신할 수 있는 것은 바울이 여기에서 말한 것뿐이다.

바울은 성경에 호소함으로써 이러한 금령을 물리친다. 하나님은 우리가 감사하며 즐기도록 결혼과 음식을 만드셨다. 거짓 선생들의 금령은 창세기 1-2장에서 가르치는 창조 교리와 모순된다. 창세기 1-2장은 하나님께서 모든 것을 창조하시고 창조하신 것을 보며 "좋다"고 하셨다고 선언한다. "좋지 않다"고 평가하신 것은 남자가 홀로 있는 것을 보셨을 때뿐이다. 이에 하나님은 여자를 만드시고 결혼을 통해 그 여자를 남자에게 주신다. 따라서 바울은 창세기의 창조 기사를 에베소에서 전파되고 있던 오류에 대비시킨다. 그 대비는 적나라하다. 거짓 선생들은 결혼과 어떤 종류의 음식이 나쁘다고 주장하지만, 성경은 결혼과 음식 둘 다 선하다고 명백하게 말한다. 그리스도인들은 평가의 근거를 거짓 선생들의 주장이 아니라 하나님의 말씀에 두어야 한다.

그런 다음 바울은 결혼과 음식을 죄악 된 방식으로 추구할 수도 있음을 명확히 한다. 성관계와 음식을 주님을 위해서가 아니라 자신을 위해 즐기는 식으로 우상화할 수 있다는 것이다. 그래서 바울은 "감사함으로 받으면" 하나님께서 창조하신 모든 것이 선하다고 확언한다. 하나님의 선한 선물을 받고도 감사하지 않은 채 즐기는 자들은 죄를 짓는 것이다. 선물 자체가 나쁘기 때문이 아니라 선물을 받은 사람이 선물을 우상으로 숭배했기 때문이다.

4:5 바울은 이제 지금까지의 추론을 요약한다. 이 문맥에서 "거룩하여[지다]"란 용도에 적합하다는 뜻이다.[59] 결혼과 음식은 하나님의 말씀으로(그분이 말씀으로 그것을 존재하게 하셨고, 좋다고 선언하셨으므로), 또 우리의 감사 기도로(감사함으로써 우리는 선물이 아니라 선물을 주신 분을 예배한다) 합당한 것이 된다.

거짓 선생들은 에베소 그리스도인들을 선한 것에서 떠나도록 유인하고 있다. 그들은 풍족한 삶을 약속하고 있을지 모르지만 그것은 거짓말이다. 그들은 하나님께서 자기 백성에게 주신 말씀과 좋은 선물을 제거하고 있다.

응답

거짓 선생들이 양들을 능숙하게 잘못된 길로 이끄는 까닭은 그들이 양처럼 보이기 때문이다. 대개 그들은 아주 뛰어난 양의 모습을 하고 있다. 사탄은 빛의 천사로 위장하고, 늑대는 양으로 위장한다. 따라서 우리는 거짓 선생들이 만들어낸 대중적 이미지에서는 어떤 단서도 잡을 수 없다. 그들이 과연 성경의 규범을 따르고 있는지 아닌지 보려면 그들의 열매와 가르침을 보아야 한다.

거짓 선생은 아무리 성실해도 여전히 거짓 선생이다. 거짓 선생들의 양심은 "화인을 맞[았음]"(2절)을 주목하라. 그들은 더 이상 옳고 그름의 차이를 감지하지 못한다. 아무리 그들이 오류에 진심이라 할지라도 그것도 오류에 지나지 않는다. 신앙에 덜 위협이 되는 것도 아니다. 사실 그러한 성실함이 상황을 더 위험하게 만들 수 있다.

59 BDAG, s.v. ἁγιάζω

I Timothy
디모데전서
4:6-10

6 네가 이것으로 형제를 깨우치면 그리스도 예수의 좋은 일꾼이 되어
믿음의 말씀과 네가 따르는 좋은 교훈으로 양육을 받으리라 7 망령되
고 허탄한 신화를 버리고 경건에 이르도록 네 자신을 연단하라 8 육체
의 연단은 약간의 유익이 있으나 경건은 범사에 유익하니 금생과 내
생에 약속이 있느니라 9 미쁘다 이 말이여 모든 사람들이 받을만하도
다 10 이를 위하여 우리가 수고하고 힘쓰는 것은 우리 소망을 살아 계
신 하나님께 둠이니 곧 모든 사람 특히 믿는 자들의 구주시라

6 If you put these things before the brothers,[1] you will be a good servant
of Christ Jesus, being trained in the words of the faith and of the good
doctrine that you have followed. 7 Have nothing to do with irreverent,
silly myths. Rather train yourself for godliness; 8 for while bodily
training is of some value, godliness is of value in every way, as it holds
promise for the present life and also for the life to come. 9 The saying is
trustworthy and deserving of full acceptance. 10 For to this end we toil
and strive,[2] because we have our hope set on the living God, who is the
Savior of all people, especially of those who believe.

1 Or *brothers and sisters*. In New Testament usage, depending on the context, the plural Greek word *adelphoi* (translated "brothers") may refer either to *brothers* or to *brothers and sisters* *2* Some manuscripts *and suffer reproach*

단락 개관

바울은 3장에서 감독의 자격 요건을 대략적으로 설명하고, 4장에서는 감독의 직무 기술서를 약술한다. 감독은 믿음의 말씀으로 양육받고, 거짓 교훈을 피하고, 경건에 이르도록 자신을 연단하고, 살아 계신 하나님께 소망을 둠으로써 "그리스도 예수의 좋은 일꾼"이 되어야 한다.

단락 개요

Ⅳ. 하나님의 집에서 진실하게 가르치기(4:1-16)
  B. 그리스도 예수의 좋은 일꾼(4:6-10)
    1. 좋은 일꾼은 말씀으로 양육받는다(4:6-7a)
    2. 좋은 일꾼은 경건에 이르도록 연단해야 한다(4:7b-9)
    3. 좋은 일꾼은 살아 계신 하나님께 소망을 둔다(4:10)

주석

4:6 "좋은 일꾼"은 신실한 감독을 가리킨다. 바울은 이 편지를 디모데 개인에게 쓰고 있기는 하지만, 그의 가르침은 이 편지에서 대략적으로 서술된 장로 역할을 하며 교회를 이끄는 모든 사람에게 확대 적용된다. "이것"은 창세기 1-2장에서 가르치는 창조 세계의 선함에 관해 바울이 앞 절들에서 언급한 내용을 가리킨다. 따라서 그리스도 예수의 좋은 일꾼은 하나님의 말씀에 헌신해야 한다. 바울은 감독이 헌신되어 있음을 입증하는 세 가지 길을 명시한다.

첫째, 감독은 말씀을 가르쳐야 한다(6a절). 이는 바울이 "이것으로 형제를 깨우치[라]"는 명령을 할 때 의도한 바다. "좋은 일꾼"이란 본질적으로 성경의 진리로 거짓 교훈에 맞서는 사람이다. "이것으로…깨우치[는]" 것이란, 성경이 말하는 바를 가르칠 뿐 아니라 성경이 말하는 바를 부정하는 사상을 논박하는 것과도 관련된다. 그것은 둘 다를 포함해야 한다.

둘째, 감독은 말씀대로 살아야 한다(6b절). 이 점에서 바울은 세심하게도 좋은 일꾼은 "믿음의 말씀과 네가 따르는 좋은 교훈으로 양육을 받[아야]" 함을 지적한다. "양육을 받[다]"란, 헬라어 어근에서 음식을 공급받는 것, 영양분을 공급받는 것을 의미한다.[60] 신실한 목사에게 성경은 음식과 같다. 예수님도 신명기에서 "사람이 떡으로만 살 것이 아니요 하나님의 입으로부터 나오는 말씀으로 살 것이라"(마 4:4)고 인용하신다. 하나님의 말씀으로 양육받는 것이란 그 말씀을 배울 뿐만 아니라 따르는 것이기도 하다.

4:7 셋째, 감독은 말씀에 반대하는 것을 거부해야 한다(7a절). 바울은 그 오류를 "망령되고 허탄한 신화"로 묘사한다. "신화"는 오류의 허위성을 강조한다. 그러나 그 오류는 신화 정도에서 끝나지 않고 망령되고 허탄하다.

60 Louw and Nida, *Greek-English Lexicon of the New Testament*, §33.242.

즉 하나님을 믿지 않고 저속하며 명백한 거짓이다. 문자적으로 그것은 '노파에게나 어울린다'(NASB). 이는 '실없는 이야기'(old wives' tales)라는 영어 표현과 유사한 관용구다. 그리스도 예수의 좋은 일꾼은 망령되고 허탄한 신화에 휩쓸리지 않는다.

어리석고 허탄한 신화에 정신이 팔리지 않으려면 "경건에 이르도록 네 자신을 연단[해야]" 한다. "연단"[귐나조(*gymnazō*)]은 체력 단련이나 시합에서 승리를 거두기 위한 훈련 등 운동 경기의 이미지와 연관된다. 여기에서 말하는 훈련의 목적은 경건, 즉 하나님을 향한 열심 혹은 독실함이다(BDAG). 따라서 연단의 노력과 결심은 육체적 향상과는 전혀 관계가 없고 대신 영적 향상에 초점을 맞추고 있다. 운동선수는 시합을 앞두고 훈련할 때 자신을 더 작게, 느리게, 약하게 하는 훈련은 피하고 자신을 더 크게, 빠르게, 강하게 하는 훈련을 추구한다. 마찬가지로 경건에 이르기 위해 연단하는 사람은 자신을 덜 거룩하게, 그리스도를 닮지 못하게 만드는 모든 것은 피하면서 자신을 더 거룩하게, 그리스도를 닮게 하는 것을 추구한다. "믿음의 말씀과…좋은 교훈"(4:6)은 디모데를 더 강하게 하는 반면, "망령되고 허탄한 신화"는 그를 더 약하게 만들 뿐이다. 경건에 이르는 연단은 날마다 한결같이 하나는 추구하고 다른 하나는 피하는 것이다. 바울은 연단이 필요한 생활방식을 요청한다. 세상과 육신은 허탄한 신화를 추구하고 하나님의 말씀을 피하려 하기 때문이다.

4:8 바울은 왜 "좋은 일꾼"이 이렇듯 흔치 않고 영적인 방법으로 자신을 연단해야 하는지 설명한다. 흔히 하는 육체적 훈련은 이생에서만 가치가 있는 반면, 흔치 않은 훈련 방식, 즉 영적 훈련은 이생뿐 아니라 오는 세상에서도 가치가 있다.

그러나 바울이 육체적 훈련이 '무가치하다'고 말하지 않았음을 주목하라. 육체적 훈련도 "약간의 유익"이 있으며 이득을 가져다준다. 우리는 육체적 훈련을 통해 더 건강해지고 더 오래 살 수 있다. 그러므로 지혜로운 사람은 그것을 피해서는 안 된다. 하지만 육체적 훈련은 결국 약간의 혜택만 줄 뿐이다. 죽음은 피할 수 없기 때문이다. 체력 단련은 결국 바람과 함께 사라질 것이다. 생명이 몸을 떠나고 몸은 흙으로 돌아가며 시신은 분해될 것이다.

그러나 경건은 영원한 가치가 있다. "금생과 내생에 약속"이 있기 때문이다. 경건은 하나님께서 사람의 죽은 몸에 육체적 훈련이 절대 할 수 없는 일을 하실 것이라고 가르친다. 그분은 그 죽은 몸을 살려서 새롭고 죽지 않는 영광스러운 것으로 만드실 것이다. 바울은 디모데에게 경건을 위해 스스로를 연단하라고 요청한다. 그럴 때 우리는 잠시 있다 사라질 이 시대보다 오는 시대를 위해 보물을 쌓는 법을 알게 될 것이다.

4:9 "미쁘다 이 말이여"에 대해서는 1:15의 주석을 보라. 일부 주석가들은 "미쁘다"라는 말이 10절에서 이어지는 내용을 가리킨다고 생각하지만, 앞 절에서 바울이 경건에 대해 하는 말을 가리킬 가능성이 높다. "모든 사람들이 받을 만하도다"라는 어구는 바울이 "미쁘다"라는 말을 쓸 때 두 번 덧붙는데(딤전 1:15; 4:9), 이는 모든 사람이 가르침을 믿고 순종함으로 응답해야 한다는 점을 강조한다.

4:10 바울은 어떤 목적을 위해 "수고하고 힘[쓴다]." 그는 사라질 것이 아니라 지속될 것을 목표로 삼는다. 지속되는 것은 하나님께서 구속하시는 것이다. 바울은 우리가 경건을 위해 "수고하고 힘[쓴다]"고 말한다. 경건은 생명, 즉 일시적이며 언젠가는 죽을 생명이 아니라 영원한 생명을 낳기 때문이다. 바울이 이생에서 힘쓰고 분투하고 모든 것을 잃을 수 있는 까닭은, 그 모든 것을 돌려받을 것이고 일부는 내세에서 돌려받을 것을 알기 때문이다. 바울은 자신이 왜 사역을 하며 수고하고 고뇌하는지에 대해 설명한다. "우리 소망을 살아 계신 하나님께 둠이니 곧 모든 사람 특히 믿는 자들의 구주시라."

"살아 계신 하나님"이란 표현은 구약에서 죽은 우상과 대조하여 하나님을 언급하는 방식이다(예를 들어, 신 5:26; 수 3:10). 하나님은 살아 계시고 생명을 주신다. 이 하나님이 바로 모든 사람의 구주시다. 이는 하나님께서 누구든지 죽은 자 가운데서 일으키실 수 있다는 의미다.

하나님이 모든 사람의 구주시라는 말은 무슨 의미인가? 모든 사람이 구원받는 것은 아닌데 어떻게 이 말이 사실일 수 있는가? 하나님이 "특히" 믿는 자를 구원하신다는 것은 무슨 의미인가? 일부 믿는 자는 '특별한' 방법으로 구원받는 반면에 다른 이들은 다르게 구원받는다는 말인가?

바울은 다른 데서도 "모든 사람"이라는 표현을 쓰는데, 그때마다 예외 없이 "모든 사람"을 의미하지는 않은 것이 분명하다. 디모데전서 2:1과 2:4에서 바울은 "모든 사람"을 위해 기도해야 하며 하나님은 "모든 사람"이 구원받기를 원하신다고 말한다. 4:10에서는 하나님이 "모든 사람"의 구주시라고 말한다. 그러나 바울이 4장에서 예외 없이 "모든 사람"이 구원받는다고 말하지 않은 것은 2장에서 그렇게 말하지 않은 것과 같다. 우리는 바울이 부분적으로 예외 없이 "모든 사람"을 의미하지 않는다는 것을 알고 있다. 이는 아마도 마지막 구절이 "특히 믿는 자들"보다는 "다시 말해 믿는 자들"로 번역되어야 하기 때문이다.[61] 바울의 논리는 이렇게 흘러간다. "우리가 힘쓰고 분투하는 까닭은 하나님께서 믿는 우리를 위해 이루실 일을 알기 때문이다." 그래서 바울은 그가 분투하며 무엇을 잃든 오는 시대에 하나님의 구원이 완성될 때 되찾으리라는 확신을 표현한다.

61 '특히'로 번역된 단어는 '다시 말해'를 의미할 수도 있다. T. C. Skeat, "'Especially the Parchments': A Note on 2 Timothy IV.13", *Journal of Theological Studies* 30/1 (1979): 173-177을 보라.

응답

일부 설교자는 개념 설명은 탁월하지만 회중석에 앉은 사람과의 연관성은 부족한 신학적 설교를 유창하게 하면서 자신이 사람들을 섬기고 있다고 생각한다. 그들이 하는 말은 모두 진실이지만 회중은 이해하지 못할 것이다. 찰스 해돈 스펄전(Charles Haddon Spurgeon)은 재치 있는 말로 이 문제에 정면으로 맞섰다.

> 그리스도는 "내 양을 먹이라…내 어린 양을 먹이라"고 말씀하셨다. 그런데 일부 설교자는 어린 양이든 양이든 닿을 수 없게 음식을 너무 높은 데 두었다. 그들은 그 본문을 "내 기린을 먹이라"고 읽은 듯하다.[62]

스펄전은 여기에서 가볍게 접근하지만 진지한 주장을 하고 있다. 설교자는 의사나 배관공이나 변호사나 주부나 직공이 모두 이해할 수 있도록 "그 형제들 앞에 이것들을 두어야" 할 책임이 있다. 설교자의 일은 간단한 것을 복잡하게가 아니라 복잡한 것을 간단하게 만드는 것이다. 불행히도 너무 많은 사람이 전자의 일을 한다. 그리스도 예수의 좋은 일꾼은 사람들과 이어지는 방식으로 말씀을 선포한다.

여기에서 목사들에 관한 속담을 한 번 더 언급할 만하다. "받아들이는 것보다 내보내는 것이 많으면 소진하게 마련이다." 목사 자신은 하지 않는 일을 다른 사람에게 권면한다면 표리부동한 것이다. 그러한 위선은 무기한으로 유지할 수 없다. 결국은 발각되고 신임을 잃는다. 그리스도 예수의 좋은 일꾼은 말씀을 가르치기만 하지 않는다. 그는 믿음과 말씀과 건전한 교리로 계속 자신에게 영양분을 공급하며 그 말씀대로 '살아간다.'

62 William Williams, *Personal Reminiscences of Charles Haddon Spurgeon*, 2nd ed. (London: Religious Tract Society, 1895), 145.

I Timothy
디모데전서
4:11-16

4장

11 너는 이것들을 명하고 가르치라 12 누구든지 네 연소함을 업신여기
지 못하게 하고 오직 말과 행실과 사랑과 믿음과 정절에 있어서 믿는
자에게 본이 되어 13 내가 이를 때까지 읽는 것과 권하는 것과 가르치
는 것에 전념하라 14 네 속에 있는 은사 곧 장로의 회에서 안수 받을
때에 예언을 통하여 받은 것을 가볍게 여기지 말며 15 이 모든 일에 전
심전력하여 너의 성숙함을 모든 사람에게 나타나게 하라 16 네가 네
자신과 가르침을 살펴 이 일을 계속하라 이것을 행함으로 네 자신과
네게 듣는 자를 구원하리라

11 Command and teach these things. 12 Let no one despise you for your
youth, but set the believers an example in speech, in conduct, in love,
in faith, in purity. 13 Until I come, devote yourself to the public reading
of Scripture, to exhortation, to teaching. 14 Do not neglect the gift you
have, which was given you by prophecy when the council of elders laid
their hands on you. 15 Practice these things, immerse yourself in them,[1]
so that all may see your progress. 16 Keep a close watch on yourself

and on the teaching. Persist in this, for by so doing you will save both yourself and your hearers.

1 Greek *be in them*

단락 개관

3장에서 바울은 감독의 자격 요건을 설명하고, 4장에서는 감독의 직무 기술서를 제시하며 디모데에게 그것을 삶에 적용하라고 권한다. 그래서 4장 전반부에서는(1-10절) 그리스도의 "좋은 일꾼"이 어떤 모습인지 설명하고, 이 마지막 단락에서는(11-16절) 신실한 감독은 자기 사람들에게 본이 되어야 한다고 말하며 이야기를 마무리한다. 감독은 신실하게 예수님과 함께 걷는 일에 본이 되어야 한다.

단락 개요

IV. 하나님의 집에서 진실하게 가르치기(4:1–16)
- C. 믿는 자에게 본이 되어라(4:11–16)
  1. 목사의 모범적인 삶(4:11–12)
  2. 목사의 모범적인 사역(4:13–15)
  3. 목사의 모범적인 인내(4:16)

주석

4:11 "명하고 가르치라"는 표현은 목사의 일상적인 일을 가리킨다. 그것은 사람들이 모인 집회에서든 개인적인 만남에서든 하나님의 백성에게 하나님의 말씀을 선포하는 것이다. 바울은 디모데에게 "이것들", 즉 앞 단락에서 강조했던 모든 것을 권하고 선포하라고 명령한다. 따라서 디모데는 하나님의 백성에게 하나님의 말씀을 가리켜 보이고, 그 말씀에 반대되는 가르침이나 실천을 조심하라고 권고해야 한다. 이것이 신실한 일꾼이 하는 일이다. 앞 단락에서 바울은 또한 육체적 단련은 약간의 유익이 있는 반면 경건은 영생의 보장이 따르기 때문에(8-10절) 모든 면에서 유익하다고 설명했다. 이제 바울은 디모데에게 "이것들을 명하고 가르치라"고 지시한다. 설교는 명령법이어야 한다. 설교는 추상적인 신학 연구가 아니라 그리스도의 말씀을 믿고 순종하라는 구체적인 명령을 포함한다.

4:12 바울은 디모데의 사역에서 한 가지 문제를 예상한다. 디모데가 상대적으로 젊기 때문에 사람들이 그를 업신여길 수도 있다는 것이다. "연소함"이라는 단어는 70인역에서 결혼한 성인을 가리킨다(잠 5:18). 따라서 여기에서 이 표현은 디모데가 어린아이임을 암시하지 않는다. 그는 이때 30대였을 것이다.[63] 그렇기는 하지만 나이가 더 많은 일부 신자는 디모데가 연소하다는 이유로 그를 업신여기고 싶었을 것이고, 그래서 그의 가르침을 묵살했을지도 모른다. 그들은 이렇게 말했을 수 있다. "무슨 권리로 우리에게 이래라 저래라 하는가? 결혼에 관해 무얼 아는가? 결혼생활은 내가 훨씬 오래했는데 무얼 안다는 말인가?"

바울은 사실상 "그들이 너를 이런 식으로 대하지 못하게 하라"고 말하고 있다. 디모데가 세속적인 시각으로 움직였다면 자신의 합법적인 권위

63 Knight, *Pastoral Epistles*, 205.

를 주장하며 그 문제를 강제로 처리하려 했을 것이다(히 13:17). 그러나 이렇게 접근해서는 사람들의 존경을 받기 어렵다. 디모데는 존경을 강요하지 않고 자신이 먼저 존경받을 만하게 되어 존경받을 것이다. 회중이 목사를 업신여긴다면 목사가 오히려 그들에게 우러러볼 만한 존재가 되어야 문제가 해결된다. 그래서 바울은 "믿는 자에게 본이 되[라]"고 쓴다. 회중 앞에서 쇼를 하는 게 아니라 사람들이 본받고 싶은 성품을 보여야 한다(참고. 빌 3:17; 딛 2:7; 벧전 5:2-3).

바울은 디모데가 어떤 본을 보여야 하는지 아주 명확하게 설명한다. 바로 "말과 행실과 사랑과 믿음과 정절"이다. 처음 두 항목은 행동의 '영역', 즉 그가 말하는 것(말)과 행하는 것(행실)이다. 디모데는 말하고 행하는 모든 것에서 본이 되어야 한다. 다음 세 가지는 디모데가 어떻게 말하고 행해야 하는지 규정하는 '자질'이다.

(1) "말." 본이 되는 말은 참되고(엡 4:25), 덕을 세우고(엡 4:29), 정결하며, 감사하는(엡 5:4) 특징을 보인다.

(2) "행실"은 한 사람의 "생활방식"을 가리킨다.[64] 같은 단어가 베드로전서 1:14-15에 나오는데 거기에서는 거룩한 행실을 요청한다. 이런 의미에서 행실은 사람들이 지켜볼 수 있으므로(벧전 2:12) 바울은 디모데에게 그의 행실이 모범이 되어야 한다고 말한다. 다른 사람들이 보고 본받을 수 있어야 한다는 것이다. 그것이 어떤 행실인지는 다음 세 항목에서 말한다.

(3) "사랑"은 갈라디아서 5:22에 언급된 성령의 첫 번째 열매다. 이는 그리스도인의 본질을 규정하는 덕목이다. 사랑이 없다면 신자가 아니다(요일 4:8). 바울은 고린도전서 13:4-7에서 사랑의 본질을 분명히 밝힌다.

(4) "믿음"은 갈라디아서 5:22에 열거된 성령의 또 다른 열매다(개역개정은 "충성", 새번역은 "신실"). 이는 성령이 내주하는 모든 사람 안에 믿음이 어느 정도 나타날 것이라는 의미다. 그러나 디모데는 더 나아가 주 예수님을 신

64 BDAG, s.v. ἀναστροφή

뢰하는 데 모범이 되어야 한다.

(5) "정절"은 신약에서 디모데전서 5:2에서 딱 한 번 더 나온다. 거기에서 바울은 디모데에게 "젊은 여자에게는 온전히 깨끗함으로 자매에게 하듯 하라"고 말한다. 따라서 이 단어의 배후에 있는 개념은 일반적인 도덕적 정절이 아니라 구체적인 성적 정절이다.[65] 실제로 이 단어는 "순결"[66]로도 번역할 수 있다. 디모데는 성적 정절에서 모범이 되어야 한다.

4:13 바울은 "읽는 것…에 전념하라"고 말한다. "전념"이란 "…에 마음을 기울이는" 것 혹은 "몰두하는" 것이다.[67] 바울은 믿음에서 떠난 거짓 선생들에 대해 똑같은 단어를 쓴다. 그들은 "미혹하는 영과 귀신의 가르침"(4:1)에 주의를 기울인다. 그러나 디모데는 그래서는 안 된다. 그는 성경을 읽고 해설하고 권하는 데 마음을 기울여야 한다.

"읽는 것"(ESV는 "public reading of Scripture")은 사실 헬라어에서는 한 단어이며, 문자적으로 '낭독'을 말한다. 이는 유대인 회당 예배에서 일어나는 일, 곧 성경 '낭독'을 가리키기 위해 신약에서 사용하는 전문 용어다(참고. 행 13:15; 고후 3:14). 회당 예배의 이러한 특징은 이제 기독교 교회의 삶으로까지 이어진다. 교회는 모일 때마다 "읽는 것"이 있어야 한다.

이 단어는 바울이 디모데 개인의 성품에서 교회가 모일 때의 공적 사역으로 이야기를 옮겨가고 있음을 알려준다. "읽는 것"에 더하여 "권하는 것"과 "가르치는 것"도 있어야 한다. "가르치는 것"은 본문이 무슨 의미인지, 본문이 성경 나머지 부분에서 말하는 것이나 사도들의 가르침과 어떻게 조화를 이루는지 회중에서 알려주는 일을 포함한다. "권하는 것"은 읽고 가르친 말씀에 순종할 것을 청중에게 요청한다.

65 Towner, *Letters to Timothy and Titus*, 316.

66 BDAG, s.v. ἁγνεία

67 Knight, *Pastoral Epistles*, 207.

4:14 디모데는 은혜로 권하고 가르치는 은사를 받았다. "예언"과 "장로의 회에서 [받은] 안수"는 디모데의 목회 사역을 공적으로 인증한 것이다. 누군가 예언을 통해 디모데의 부르심을 확증했고, 장로 전체가 그에게 안수하며 그를 인정했다. 진정한 목회 사역으로의 부르심은 단순히 주관적인 느낌이 아니며 교회의 객관적인 인정도 있어야 한다. 바울은 디모데에게 객관적으로 인정받은 그 은사를 가볍게 여기지 말라고 말한다. 그는 하나님께 받은바 목양하고 가르치는 은사를 개발하기 위해 힘써야 한다.

4:15 목사는 성장에 힘써야 한다. 하나님의 말씀에 전적으로 몰두하며 성경을 배우고 순종하기를 애써야 한다. 디모데는 모든 회중이 보고 따를 수 있도록 자신의 "성숙함을 모든 사람에게 나타나게"해야 한다.

4:16 이 절의 첫 어구는 바울이 4장에서 했던 모든 말을 요약해 준다. 디모데는 자신과("네 자신을 연단하라", 7절), 그의 가르침(예를 들어, "이 모든 일에 전심전력하여", 15절)을 "살펴[야]" 한다. 다시 말해, 자신의 행동과 교리에 일관성을 가져야 한다. 그런 다음 바울은 중요한 요소를 덧붙인다. 디모데는 "이 일"을 할 뿐 아니라 "계속"해야 한다. "계속하[다]"란 어떤 장애물이 있어도 꾸준히 하는 것이다.

바울은 디모데에게 개인적 거룩함뿐 아니라 공적 사역에서도 꾸준하기를 요청한다. 그는 꾸준히 성경을 읽고, 성경을 설명하며, 성경에 순종하도록 권해야 한다. 그는 이런 일을 포기해서는 안 된다. 그다음 어구는 왜 이러한 꾸준함이 중요한지 설명한다. "이것을 행함으로 네 자신과 네게 듣는 자를 구원하리라." 목사가 자신의 설교를 듣는 사람들을 "구원"할 수 있다는 말은 이상하게 들릴지 모른다. 사실 어떤 주석가들은 여기에 나온 "구원"이 영원한 구원이 아닌 다른 것을 가리킨다는 제안을 하기도 한다. 그러나 성경 다른 데서도 사람이 다른 사람을 '구원하는' 경우를 찾아볼 수 있다. 문맥에서 이 단어는 "하나님의 구원의 중재자"[68]인 사람을 가리킨다(참고. 롬 11:13-14; 고전 7:16; 9:22; 약 5:20; 유 1:23). 바울은 이런 식으로 말할 때, 그 사람이 누군가 구원받는 일의 궁극적인 원인이라고 주장하지 않는다. 그는 단지 디모데가 하나님께서 사람들을 구원하는 데 쓰시는 '도구'라고 말하고 있다. 구원은 하나님의 주권에 속한 일이지만 그렇다고 구원의 도구가 쓰이지 않는 것은 아니다. 하나님은 그분의 백성을 사용하여 죄인들에게 말씀을 전하기로 하셨고, 신실한 설교자는 하나님의 계획에서 매우 중요한 위치에 있다.

응답

바울은 방금 말씀 사역이 어떤 모습이어야 하는지 정의를 내렸다. 목사의 공적인 말씀 사역은 성경 읽기, 성경 해설, 성경에 순종할 것을 권면함을 포함해야 한다. 목사가 성경을 읽고 그 의미를 설명하지 않으면 설교하지 않는 것이고, 설교하지 않는 목사는 어떤 권면을 하든지 힘이 없다. 그 권면이 성경의 메시지에서 나오지 않을 것이기 때문이다. 목사는 세 가지 임무, 즉 읽기, 해설하기, 권면하기에 다 힘써야 한다.

목사들에게 끈기는 자신의 구원뿐 아니라 회중의 구원에도 필요하다. 경건한 목사가 꾸준히 사랑과 선한 일을 행할 때, 사람들은 그것을 보고 하늘에 계신 하나님께 영광을 돌린다(참고. 마 5:16). 경건한 목사가 하나님의 말씀을 선포하고 가르칠 때, 사람들은 그것을 듣고 회개하고 믿고 구원받는다. 이것이 하나님의 일이며, 하나님은 목사들을 사용하여 그 일을 하기로 하셨다. 목사는 하나님의 손에 들린 도구다.

68 BDAG, s.v. σῴζω

1 Timothy
디모데전서
5:1-8

1 늙은이를 꾸짖지 말고 권하되 아버지에게 하듯 하며 젊은이에게는
형제에게 하듯 하고 2 늙은 여자에게는 어머니에게 하듯 하며 젊은 여
자에게는 온전히 깨끗함으로 자매에게 하듯 하라

1 Do not rebuke an older man but encourage him as you would a father,
younger men as brothers, 2 older women as mothers, younger women
as sisters, in all purity.

3 참 과부인 과부를 존대하라 4 만일 어떤 과부에게 자녀나 손자들이
있거든 그들로 먼저 자기 집에서 효를 행하여 부모에게 보답하기를
배우게 하라 이것이 하나님 앞에 받으실 만한 것이니라 5 참 과부로서
외로운 자는 하나님께 소망을 두어 주야로 항상 간구와 기도를 하거
니와 6 향락을 좋아하는 자는 살았으나 죽었느니라 7 네가 또한 이것
을 명하여 그들로 책망 받을 것이 없게 하라 8 누구든지 자기 친족 특
히 자기 가족을 돌보지 아니하면 믿음을 배반한 자요 불신자보다 더
악한 자니라

3 Honor widows who are truly widows. 4 But if a widow has children

or grandchildren, let them first learn to show godliness to their own
household and to make some return to their parents, for this is pleasing
in the sight of God. 5 She who is truly a widow, left all alone, has set
her hope on God and continues in supplications and prayers night
and day, 6 but she who is self-indulgent is dead even while she lives.
7 Command these things as well, so that they may be without reproach.
8 But if anyone does not provide for his relatives, and especially for
members of his household, he has denied the faith and is worse than an
unbeliever.

단락 개관

4장에서 바울은 디모데에게 말과 행실과 사랑과 믿음과 정절에서 본이 되라고 권했다. 5장에서는 디모데가 회중과의 관계에서 '어떻게' 경건을 이루어갈지를 설명한다. 디모데는 늑대에 맞서는 동시에 양을 돌보아야 한다. 그의 일은 양을 집어삼키는 것이 아니라 먹이는 것이지만, 건설적으로 양들과 관계를 맺지 못하면 그렇게 할 수 없다. 그래서 바울은 회중 가운데서 늙은 남자, 늙은 여자, 젊은 남자, 젊은 여자를 대하는 법에 관해 디모데를 가르친다. 그리고 과부를 돌보는 법에 대해서도 가르친다.

단락 개요

V. 하나님의 집에서 다양한 그룹과 관계 맺기(5:1-6:2a)
  A. 늙은이 및 젊은이와 관계 맺기(5:1-2)
  B. 과부 돌보기(5:3-16)
    1. 성도들과 관계 맺는 법(5:1-2)
    2. 과부 돌보는 법(5:3-4)
    3. "참" 과부 확인하는 법(5:5-8)…

주석

5:1 처음 두 절은 1절의 두 가지 명령, 곧 "꾸짖지 말고", "권하되"를 중심으로 삼는다. 두 명령은 이어지는 목록에 나오는 모든 사람에게 동등하게 적용되는 것이 분명하다. 생략된 부분을 채워 보면 의미는 다음과 같다.

> 늙은이를 꾸짖지 말고 권하되 아버지에게 하듯 하며
> 젊은이에게는 '꾸짖지 말고 권하되' 형제에게 하듯 하고
> 늙은 여자에게는 '꾸짖지 말고 권하되' 어머니에게 하듯 하며
> 젊은 여자에게는 '꾸짖지 말고 권하되' 온전히 깨끗함으로 자매에게 하듯 하라.

언뜻 보기에 바울이 디모데에게 꾸짖지 말라고 명하는 것이 의아할 수 있다. 바울이 다른 데서 거짓 선생들을 꾸짖어야 할 필요성을 말했던 것(딤전 1:3; 딤후 2:25; 딛 1:9)과 성경이 일반적으로 신실한 꾸짖음을 선하다고 말하는 것(잠 17:10; 27:5; 28:23)과는 모순된 처사 같다.

꾸짖음은 생기를 돋우고 도움이 될 수 있지만, 여기에서 염두에 두는 "꾸짖[음]"은 그렇지 않다. 이 헬라어 단어의 문자적 의미는 주먹으로 무언가나 누군가를 때리는 것이다. 어떤 문맥에서는 물리적 폭력을 암시하지만 '가혹하게 말하다'와 같은 뜻일 수도 있다. 주먹으로든 말로든 학대하는 것이다. 디모데는 말로 회중을 공격해서는 안 된다. 또 신도들을 질책함으로써 그들 위에 군림해서도 안 된다(벧전 5:3, 참고. 마 20:25; 막 10:42).

디모데가 말로 해야 할 것은 완전히 말살시키는 것이 아니라 달래는 것이다. "권하[다]"로 번역된 단어는 보통 누군가에게 강하게 호소하거나 촉구하거나 권면하는 것을 뜻한다. 따라서 바울은 목사가 가르치고 선포하는 사역으로 권면하는 방법을 염두에 둔 것 같다. 또한 이 단어에는 달래는 듯 상냥한 태도로 말한다는 의미가 덧붙어 있다. 여기에서 바울은 이러한 어감을 의도했을 것이다. 목사는 누군가와 정면으로 맞서야 할 때에도 상대를 존중하면서 그렇게 해야 한다. 지혜롭고 용기 있는 목사는 사람들을 권면할 때 항상 솔로몬의 말을 기억할 것이다. "함부로 말하는 사람의 말은 비수 같아도, 지혜로운 사람의 말은 아픈 곳을 낫게 하는 약이다"(잠 12:18, 새번역). 대립하는 상황에서도 목사의 목표는 최후의 일격이 아니라 치유다.

첫째, 바울은 디모데가 "늙은이"에게 가혹하게 말하지 말고 아버지에게 하듯 권해야 한다고 말한다. 디모데는 자기보다 나이 많은 남자에게 얕보는 투로 말하는 것을 삼가야 한다. 나이든 이가 잘못 생각하고 있어 바로잡아야 한다 해도 검을 뽑지 말고 메스를 들어야 한다. 그는 아버지에게 마땅히 가져야 하는 것과 동일한 존경심을 가지고 말해야 한다. 목사가 검을 뽑으면 그 나이든 이를 해칠 수도 있다. 아니면 그 나이든 이가 칼을 뽑을 수도 있고, 뒤이은 말다툼이 분열을 일으켜 순식간에 감당할 수 없는 상황이 될 수도 있다. "유순한 대답은 분노를 쉬게 하여도 과격한 말은 노를 격동하느니라"(잠 15:1).

둘째, 디모데는 "젊은이"에게 가혹하게 말하지 말고 형제에게 하듯 권해야 한다. 젊은이를 대하는 방법은 나이든 이를 대하는 방법과 다르다. 두 경우 모두 존경을 갖추어야 하지만 표현하는 방식이 다르다. 목사는 젊은 이에게 "네, 어르신" "아닙니다, 어르신" 같은 식으로 말하지 않을 테지만 그를 얕보는 투로 말하지도 않을 것이다. 그는 젊은이를 형제처럼 대해야 한다. 젊은이의 나이와 지위에 맞게 그를 존중해야 한다. 그러자면 정직하고 진실하며 관용할 줄 알아야 한다.

5:2 셋째, 디모데는 "늙은 여자"에게 가혹하게 말하지 말고 어머니에게 하듯 권해야 한다. 목사는 연장자인 여자들을 경솔하게 무시하며 대해서는 안 된다. 오히려 그들을 보살피고 어머니에게 하듯 말해야 한다. 나이 많은 남자를 존경으로 대하듯 나이 많은 여자에게도 그렇게 해야 한다. 그런데 여기에는 바울이 강조하고 싶어 하는 역학이 덧붙어 있는 것 같다. 어머니에 대해서라면 사람들에게 내장된 보호의식 같은 것이 있다. 바울은 이 감성에도 호소하며 디모데에게 나이든 여자를 향해 보호의식을 가지라고 요청하는 듯하다.

넷째, 디모데는 "젊은 여자"에게 가혹하게 말하지 말고 "온전히 깨끗함으로" 자매에게 하듯 권해야 한다. 목사는 젊은 여자를 그의 나이와 지위에 맞게 존중하며 대해야 한다. 바울은 여기에 한 가지 요소를 덧붙인다. 그들을 "온전히 깨끗함으로" 대해야 하는 것이다. "깨끗함"(purity)으로 번역된 단어는 신약에서 이곳과 4:12 두 곳에만 나온다. "누구든지 네 연소함을 업신여기지 못하게 하고 오직 말과 행실과 사랑과 믿음과 정절[purity]에 있어서 믿는 자에게 본이 되어." 이 단어는 도덕적인 순결함을 가리키며, 여기에서 젊은 여자와 연결된 것은 바울이 특별히 성적 순결을 염두에 두고 있음을 나타낸다.

바울이 성적 순결에 관한 언급을 덧붙이는 까닭은 특정한 위험 요소가 너무 흔하기 때문이다. 따뜻함과 긍휼의 마음으로 대화하는 기술을 배운 목사는 그러한 관계를 맺어서는 안 되는 여자와 쉽게 정서적 교감을 하는 상황에 처할 수 있다. 그러므로 사역하면서 젊은 여자를 대할 때 부적절한 행동의 암시가 있어서는 안 된다.

바울은 디모데와 젊은 여자의 관계에 두 가지 의무를 부과한다. 그들을 "온전히 깨끗함으로" '그리고' "자매에게 하듯" 대해야 하는 것이다. 한편으로 그는 이 젊은 여자와 "온전히 깨끗함으로" 관계를 맺어야 한다. 젊은 여자를 바라보거나 그들과 이야기 나눌 때, 성적 관심의 가능성을 암시하거나 내비치지 않는 법을 배워야 한다. 결혼한 사이에서만 적합한 정서적 육체적 교감이 있으므로 배우자가 아니라면 금해야 한다. 그야말로 "온전히 깨끗함으로" 관계를 유지해야 한다.

다른 한편으로 디모데는 이 젊은 여자와 "자매" 같은 관계를 가져야 할 의무가 있다. 여자 신도와의 관계를 무조건 피해서도 안 된다. 형제자매 관계는 성적 의도나 가능성 없이 이성에게 따뜻한 형제애를 가질 수 있음을 보여준다. 그래서 바울은 성적 순결에 관한 가르침에서 가족의 유비를 강조한다.

5:3 1-2절에서 바울은 디모데에게 다양한 부류의 성도를 대하는 법을 알려주었다. 그중에서도 나이 많은 여자를 어머니처럼 대하라고 가르친다. 그런데 나이 많은 여자들 중에 남편과 사별한 이들은 어떻게 해야 하는가? 3-8절에서 바울은 디모데에게 교회가 이 과부들을 그들의 어머니처럼 대하도록 가르쳐야 한다고 말한다. 교회가 과부들을 돌봐야 한다는 것이다.

"과부"로 번역된 단어는 남편이 죽은 여자를 가리키지만, 궁핍의 개념도 종종 이 단어와 연관된다(BDAG). 이 단어는 다른 구절에서 또 다른 아주 궁핍한 계층인 "고아"와 짝을 이룬다. 그러므로 어떤 여자가 과부인지는 분명하지만, 그 여자가 아주 '궁핍'한지가 항상 분명한 것은 아니다. "참 과부"란 정말로 궁핍한 과부를 말한다.

디모데는 그러한 과부를 "존대[해야]" 한다. "존대하[다]"(honor)로 번역된 단어는 출애굽기 20:12(70인역)의 제5계명에 나온다. "네 부모를 공경하라[티마(*tima*), honor]." 나이든 과부를 어머니처럼 대한다는 것은 출애굽기에 나오는 명령의 의미에서 그 여자를 '존대한다'는 뜻이다. 단순한 공경과 존경만이 아니라 호노라리움(honorarium)이라는 단어에 담긴 의미에서 존대하는 것이다. 그러한 과부를 존대한다는 것은 필요할 때 물질적인 도움을 제공하는 것을 뜻한다(참고. 막 7:10-12).

5:4 그러나 과부를 부양할 일차적 책임은 교회보다는 과부의 가족에게 있다. 왜 그런가? 존대는 과부의 가족이 그 과부에게 져야 할 '의무'이기 때문이다. 바울이 여기에서 사용하는 어구는 사실 과도하다. 과부의 자녀들은 문자적으로 그 어머니에게 '보답을 되돌려주어야'(개역개정은 "보답하기") 한다는 것이다. 바울의 논리는 과부의 자손이 그 과부의 양육과 보살핌의 은혜를 입었다고 전제한다.

어머니가 준 것에 대해 자녀는 어떻게 보답할 수 있을까? 어머니가 궁핍할 때 보살핌으로써 보답할 수 있다. 어머니에게 받은 좋은 것에 보답하는 것은 자녀의 특권이자 책임이다. 자녀의 그런 행동은 "하나님 앞에 받으실 만한 것"이다. 다시 말해, 하나님은 자녀가 나이든 어머니를 돌보기를 기대하신다. 예수님은 부모를 공경하라는 하나님의 말씀을 제쳐놓은 이들에게 한 치도 양보하지 않으신다(마 15:3-9). 예수님은 부모 공경이 궁핍한 부모를 재정적으로 부양하는 것임을 인정하신다. 예수님은 십자가에서 죽으실 때 어머니 마리아를 공경함으로써 이 우선순위의 본을 보이셨다(요 19:26-27).

5:5 바울은 "참 과부"의 특성을 묘사한다. 교회에서 이 어머니들은 분명하고 진실하게 예수님을 따른다. 어머니들을 서술하는 단어를 보면 확실히 알 수 있다. (1) 참 과부는 하나님께 소망을 둔다. (2) 참 과부는 하나님께 도움을 구한다. (3) 참 과부는 홀로 하나님께 예배드리며 기도한다. (4) 참 과부는 이를 "주야로" 꾸준히 한다. 요컨대 참 과부는 신자이며, 하나님을 향한 경건이 그것을 입증한다.

5:6 이에 반해 "향락을 좋아하는 자"는 "참"(참고. 5절) 과부가 아니다. "향락을 좋아하는"으로 번역된 단어는 "예의범절의 한계를 넘어 탐닉하는 것,

'사치스럽게/관능적으로 사는 것'"[69]을 추구하는 사람을 묘사한다. 에스겔은 소돔의 죄를 묘사할 때 이 단어를 쓴다. "네 아우 소돔의 죄악은 이러하니 그와 그의 딸들에게 [쾌락 가운데 사는] 교만함과 음식물의 풍족함과 태평함이 있음이며 또 그가 가난하고 궁핍한 자를 도와주지 아니하며"(겔 16:49 70인역). 쾌락을 위해 사는 과부는 "살았으나 죽었[다]." 그 과부 안에 하나님의 생명이 없으므로 그는 예수님의 제자가 아니다. 따라서 그녀는 가족의 일부가 아니고 "참" 과부가 아니다. 그러한 여자들은 교회의 후원을 받기에 바람직하지 않다.

5:7-8 일부 해석자는 7절이 과부들의 행동을 겨냥한 것이라고 믿는다. 그러나 그 권면은 과부의 자녀와 손자들을 향한 것일 가능성이 높다. 가족 중 나이든 과부를 돌보는 일과 관련해 가족 구성원은 "책망 받을 것이 없[어야]" 한다(참고. "책망할 것이 없으며", 3:2). 자기 가족의 구성원을 돌보려 하지 않는 이들은 불신자보다 '더 악하게' 행동하는 것이다. 이런 행동은 복음을 명예롭게 하기는커녕 은연 중에 그 신앙을 부인하는 것이다.

69 BDAG, s.v. σπαταλάω, 강조는 원문의 것

응답

신학교에서 한 여학생이 같은 수업을 듣는 한 남학생에게 반갑게 인사했다. 그러자 남학생은 다짜고짜 "나 결혼했어"라고 말한 다음 그 여학생을 외면하고 다녔다. 이는 남학생이 그 여학생을 오해하고는 헛다리를 짚은 것이다. 교회 지도자들은 거룩하기 위해 애써야 하지만, 그런 노력이 젊은 여자 성도를 무조건 밀어내는 모습이 되지 않도록 조심해야 한다. 자기에게 인사하는 여성을 잠재적 가정 파괴범으로 생각하다니 얼마나 오만한가? 목사가 경계를 늦춰서는 안 되지만(참고. 잠 5장) 매사에 부정적이어서 그리스도인 여성과의 일상 대화마저 성적 접근으로 해석해서는 안 된다.

만약 목사가 그리스도인 자매를 그런 식으로 대한다면 어떤 메시지를 전달하는 것일까? 그런 태도는 그의 마음이 잘못된 생각에 사로잡혀 있으며, 자매의 존재가 그의 거룩함에 위협이 된다는 메시지를 전한다. 그가 그녀를 "온전히 깨끗함으로" 자매처럼 생각하지 '않는다'는 뜻이다.

경건한 목사는 자신의 말을 검이 아니라 메스처럼 쓸 것이다. 검과 메스는 둘 다 자르는 도구지만, 검은 살상용인 반면에 메스는 치료용이다. 회중이 자기 말을 이해하지 못하면 더 크게 소리쳐야 한다고 생각하는 목사들이 있다. 그러나 경건한 목사는 말로 사람을 때려서는 안 되며, 그 대신 자신이 사역하는 다양한 사람들에게 세심하게 다가가야 한다. 목사는 회중을 획일적으로 대해서는 안 된다. 그들의 나이와 삶의 정황을 존중하며 대해야 한다. 바울은 디모데에게 다양한 신도 모두를 가족처럼 대하라고 말한다. 그리고 가족 구성원을 대하는 적절한 방법들이 있다.

교회는 참 과부를 돌볼 책임이 있다. 그러나 하나님은 교회가 이들을 후원하기 전에 신자들 각자가 자신의 어머니를 부양하라고 명령하신다. 이제라도 우리는 나이든 부모를 보살피는 계획을 세우고, 부모에게 그러한 뜻을 실천할 수 있다.

I Timothy
디모데전서
5:9-16

9 과부로 명부에 올릴 자는 나이가 육십이 덜 되지 아니하고 한 남편
의 아내였던 자로서 10 선한 행실의 증거가 있어 혹은 자녀를 양육하
며 혹은 나그네를 대접하며 혹은 성도들의 발을 씻으며 혹은 환난 당
한 자들을 구제하며 혹은 모든 선한 일을 행한 자라야 할 것이요 11 젊
은 과부는 올리지 말지니 이는 정욕으로 그리스도를 배반할 때에 시
집가고자 함이니 12 처음 믿음을 저버렸으므로 정죄를 받느니라 13 또
그들은 게으름을 익혀 집집으로 돌아다니고 게으를 뿐 아니라 쓸데없
는 말을 하며 일을 만들며 마땅히 아니할 말을 하나니 14 그러므로 젊
은이는 시집가서 아이를 낳고 집을 다스리고 대적에게 비방할 기회를
조금도 주지 말기를 원하노라 15 이미 사탄에게 돌아간 자들도 있도다
16 만일 믿는 여자에게 과부 친척이 있거든 자기가 도와주고 교회가
짐 지지 않게 하라 이는 참 과부를 도와주게 하려 함이라

9 Let a widow be enrolled if she is not less than sixty years of age,
having been the wife of one husband,[1] 10 and having a reputation for
good works: if she has brought up children, has shown hospitality, has
washed the feet of the saints, has cared for the afflicted, and has devoted

herself to every good work. [11] But refuse to enroll younger widows, for when their passions draw them away from Christ, they desire to marry [12] and so incur condemnation for having abandoned their former faith. [13] Besides that, they learn to be idlers, going about from house to house, and not only idlers, but also gossips and busybodies, saying what they should not. [14] So I would have younger widows marry, bear children, manage their households, and give the adversary no occasion for slander. [15] For some have already strayed after Satan. [16] If any believing woman has relatives who are widows, let her care for them. Let the church not be burdened, so that it may care for those who are truly widows.

1 Or *a woman of one man*

단락 개관

어떤 주석가들은 9-16절을 3-8절의 궁핍한 과부들을 돌보는 법에 관한 추가적인 가르침으로 본다. 그러나 사도가 구호금을 받을 만한 이들에게 엄격한 나이 제한을 두지는 않았을 것 같다. 3-8절은 과부의 필요에 따라 교회가 도움을 제공할지를 결정한다고 전제하는데, 그 필요는 분명 60세 이하인 과부들도 느꼈을 것이다. 따라서 여기에서는 염두에 두는 두 그룹이 있는 것 같다.

더욱이 3-16절은 두 단락으로 나뉘는 듯 보이며, 각 단락은 그 단락의 명령형 동사의 지배를 받는다. 3-8절은 재정적인 지원으로 회중의 "존대"를 받아야 하는 과부들을 다룬다. 9-16절은 주로 "명부에 올릴" 과부들을 다룬다. 첫 번째 그룹의 특징은 빈곤과 궁핍이다. 두 번째 그룹의 특징은 연

장자, 결혼생활에 충실함, 선행에 대한 평판 등 구체적인 자격 요건이다.[70]

본 주석은 9절이 교회 사역에서 더 공식적으로 섬기는 역할을 하는 특별한 그룹의 과부를 소개한다는 입장을 지지한다. 바울이 공식적인 "과부의 서열"을 염두에 두고 있는 것 같다는 일부 주석가들의 견해는 지나친 면이 있기는 하지만,[71] "구체적인 나이 제한을 둔 등록 같은 것"은 있었던 것으로 보인다.[72] 3-8절의 그룹과 9-16절의 그룹 사이에 분명 공통부분이 있을 것이다. 따라서 이 목록은 교회의 지원을 받았을 '수 있는' 여자들 및 과부로 남아 있기로 서약하고 교회 사역 차원에서 특별하게 섬기기도 한 여자들로 구성된다.

바울은 젊은 과부를 명부에 올리는 것을 막고, 대신 그들에게 결혼을 권한다. 마지막으로 그는 젊은 과부들이 어떻게 재혼하고 부양가족인 과부들을 돌봄으로써 신실하게 자기 가정을 섬길 수 있는지 묘사한다.

단락 개요

V. 하나님의 집에서 다양한 그룹과 관계 맺기(5:1-6:2a)
B. 과부 돌보기(5:3-16)
4. 모범적인 과부 존대하기(5:9-10)
5. 젊은 과부 등록 유예하기(5:11-15)
6. 과부 돌봄 요약(5:16)

70 John R. W. Stott, *Guard the Truth: The Message of 1 Timothy and Titus*, The Bible Speaks Today (Downers Grove, IL: InterVarsity, 1996), 129. 《디모데전서·디도서》, BST 성경강해 시리즈(IVP).

71 같은 책, 133.

72 Guthrie, *New Testament Introduction*, 116.

주석

5:9-10 이전 단락(3-8절)은 아무도 돌보지 않는 과부들을 돌봐야 하는 교회의 일반적인 의무를 다루었다. 이 단락은 그 이름이 명단에 있는(즉 "명부에 [오른]") 더 좁은 그룹의 과부들에 대해 이야기한다. "참" 과부라고 해서 모두 명단에 들어가는 게 아니라 일련의 자격 요건을 갖춘 자들만 들어간다. 바울은 세 가지 자격 요건을 나열한다.

(1) "나이가 육십이 덜 되지 아니하고." 명부에 오를 자는 믿음이 성숙하고, 재혼하지 않고 과부로 남겠다는 서약을 해야 한다(참고. 11-12절).

(2) "한 남편의 아내였던 자." 바울은 이를 일처다부제와 반대되는 것으로 명시하지 않는다. 이러한 관행은 바울 시대에 알려지지 않았기 때문이다. 남편이 죽은 후 재혼한 여자를 실격시키지도 않는다. 이어지는 절들을 보면 오히려 젊은 과부들에게 재혼을 권한다. 이 절은 3:2에서 장로들에게 적용되던 "한 아내의 남편"이라는 어구를 이해하는 것과 같은 방식으로 이해하면 가장 좋다. 장로가 "한 아내의 남편"이어야 하듯이 이 명부에 오를 과부도 "한 남편의 아내"였어야 한다. 이 어구는 그 여자가 결혼생활을 하는 동안 남편에게 전적으로 신실했음을 나타낸다.

(3) "선한 행실의 증거." 10절의 나머지 부분은 구체적으로 네 가지 "선한 행실"을 나열한 다음, 그 과부에게는 "모든 선한 일"을 행한 실적이 있어야 한다고 말하며 명부 이야기를 마무리한다. 선한 행실은 다음과 같다.

- 자녀 양육: 자녀를 키우는 것은 어머니의 주된 일이다. 여기에는 고아들을 키우는 것도 포함될 수 있지만 대부분은 직접 자녀를 키웠을 것이다.
- 나그네 대접: 자녀 양육에 더하여 나그네를 대접해야 한다. 이 과부의 가정은 외부인들을 차단하는 요새가 아니라 다른 사람들을 축복하고 그들에게 양식을 공급하는 곳이 되어야 한다.
- "성도들의 발"을 씻김: 이 여자는 종이 되어야 한다. 고대 세계에서

발을 씻기는 것은 가장 하찮은 일 중 하나였다. 사람들이 여행을 갔다 돌아오면 샌들을 신었던 발은 보통 땀투성이에 흙이 잔뜩 묻어 있어 누군가가 그들의 발을 씻기는 미천한 일을 했다. 이는 예수님이 제자들의 발을 씻기며 보이신 본을 상기시킨다. 이 여자는 예수님과 같은 종이다. 그녀는 자신을 하찮은 일보다 위에 있는 존재로 생각하지 않는다.

- "환난 당한 자들"을 돌봄: 이는 박해받는 그리스도인들을 가리킬 수 있다. 그러나 바울은 아마도 야고보서 1:27의 의미에서 "환난 당한" 자를 가리키는 것 같다. 이 여자는 궁핍한 이들을 돌본다.

5장

이 네 가지 선한 행실은 모두 자신이 아니라 다른 사람을 섬기는 데 초점이 있다. 더 나아가 그 여자의 집을 기반으로 한다. 이러한 일들은 어질러진 집이 아니라 잘 정돈된 집에서 일어난다.

명부에 올릴 수 있는 유일한 부류의 여자는 이런 선한 행실의 실적을 입증하는 자다. 이들이 교회 사역의 일부를 맡게 될 것이기 때문이다. 교회는 이제 이 여자들이 뛰어나게 잘하는 선한 일을 교회를 대신해서 하기를 그들에게 요청한다.[73]

이는 교회가 다른 과부들을 돕는 일을 거부하라는 의미가 아니다. 교회는 여전히 "참" 과부(참고. 3-8절)들을 지원할 의무가 있다. 또 이는 바울이 모든 교회에 그러한 사역자 과부 명부를 두라고 명령한다는 뜻도 아니다. 그보다 이는 교회에서 일하는 여성들에 대한 성경적 근거를 제공한다.

5:11-12 명부에 올려서는 안 되는 또 다른 부류의 과부가 있다. 바로 "젊은 과부"다. 결혼할 기회가 있는 그 과부들은 결혼할 마음을 가지고 있어야 한다. 젊은 과부는 다시 결혼하고 싶은 욕구를 느낄 가능성이 높다. 바

73 Knight, *Pastoral Epistles*, 222-223.

울은 그들이 “정욕으로 그리스도를 배반할 때” 결혼을 하고 싶어 할 것이고, “처음 믿음을 저버렸으므로 정죄를 받[는다]”고 말한다. 이는 결혼이 배교에 준하는 것처럼 그 과부들이 지옥으로 넘겨진다는 의미가 아니다. “믿음”에 해당하는 단어는 ‘서약’(참고. NASB)으로도 번역할 수 있다. 명부에 있는 여자들은 분명 재혼하지 않겠다고 하나님께 서약한다. 그런데 나중에 결혼을 결심하면 이 서약이 깨진다. “정죄”로 번역된 단어는 다른 데서 신자들에게 적용되므로 항상 영원한 형벌을 가리키지는 않는다(예를 들어, 고전 11:29, 34; 약 3:1). 이 문맥에서 “정죄”는 ‘견책’의 어감이 있다. 과부들이 재혼하지 않겠다고 서약한 후 마음이 바뀌어 재혼하면, 돌보아야 할 가정이 생겨서 그동안 헌신해오던 사역을 완수할 수 없게 된다. 따라서 그러한 젊은 과부는 처음부터 명부에 올리지 말아야 한다.

5:13 젊은 과부는 서약을 깨뜨릴 가능성 외에도 ‘게으름뱅이’가 될 더 큰 위험에 처할 수 있다. 좋은 성품을 입증하지 못하면 명부에 오른 과부들의 사역을 완수하지 못할 것이다. 교회가 도덕적으로 연약한 여자를 명부에 올리면, 그들은 다른 사람들을 보살피기보다는 친구와 교회 지체들의 집을 돌아다니며 한가한 잡담과 “마땅히 아니할 말을” 하며 시간을 보내려는 유혹을 받을 수 있다. 하나님의 일은 물론 자기 일조차 하지 않고 다른 사람의 일에 참견할 수 있다. 그러한 이들은 그리스도와 동행하고 다른 사람들도 그렇게 하도록 돕는, 지혜롭고 신실한 여자들만 오를 수 있는 명부에 올라서는 안 된다.

5:14-15 2:15에서 “해산함”이 아내의 모든 의무를 대표하듯이, 14절에서 “아이를 낳고”와 “집을 다스리고”도 같은 의미로 볼 수 있다(참고. 2:15 주석). 이와 같이 젊은 과부는 결혼과 결혼에 딸린 모든 의무를 추구해야 한다. 이는 디도서 2:4-5에서 바울이 아내의 의무에 대해 더 자세히 표현한 내용과 다르지 않다. “그들로 젊은 여자들을 교훈하되 그 남편과 자녀를 사랑하며 신중하며 순전하며 집안일을 하며 선하며 자기 남편에게 복종하

게 하라 이는 하나님의 말씀이 비방을 받지 않게 하려 함이라." 젊은 여자는 이러한 의무를 이행함으로써 게으름뱅이와 참견하기 좋아하는 사람이 되려는 유혹을 멀리하고 ("대적" 혹은 어쩌면 '대적 마귀'에게) 비방당할 기회를 조금도 주지 않는다.

5:16 바울은 앞서 말한 내용을 요약하며 이 단락을 마무리한다. 가족들은 과부가 된 어머니와 할머니를 돌보아야 한다. 이는 달리 지원할 수 있는 방법이 있는 경우에 교회의 짐을 덜어주기 위해서다. 교회의 자금은 제한되어 있고, 그것은 "참 과부"(교회 외에 달리 의지할 데가 없는 이들)를 위해 비축해 두어야 한다.

응답

우리 문화는 젊음을 우상화한다. 여자들은 특히 젊고 생기 있고 예쁘면 시선을 끌 기회를 얻는다는 거짓말을 믿고 싶어 한다. 그러나 이 본문은 나이든 과부이기에 다른 사람들은 얻을 수 없는 사역의 기회를 얻는다고 말한다. 또한 좋은 성품을 입증한 사람들만 사역 명부에 오를 수 있다. 여자들은 적절한 나이가 될 때 그러한 사역을 할 수 있는 자격을 얻고자 노력할 것이다.

1 Timothy
디모데전서
5:17-25

17 잘 다스리는 장로들은 배나 존경할 자로 알되 말씀과 가르침에 수
고하는 이들에게는 더욱 그리할 것이니라 18 성경에 일렀으되 곡식을
밟아 떠는 소의 입에 망을 씌우지 말라 하였고 또 일꾼이 그 삯을 받
는 것은 마땅하다 하였느니라 19 장로에 대한 고발은 두세 증인이 없
으면 받지 말 것이요 20 범죄한 자들을 모든 사람 앞에서 꾸짖어 나머
지 사람들로 두려워하게 하라 21 하나님과 그리스도 예수와 택하심을
받은 천사들 앞에서 내가 엄히 명하노니 너는 편견이 없이 이것들을
지켜 아무 일도 불공평하게 하지 말며 22 아무에게나 경솔히 안수하지
말고 다른 사람의 죄에 간섭하지 말며 네 자신을 지켜 정결하게 하라
23 이제부터는 물만 마시지 말고 네 위장과 자주 나는 병을 위하여는
포도주를 조금씩 쓰라 24 어떤 사람들의 죄는 밝히 드러나 먼저 심판
에 나아가고 어떤 사람들의 죄는 그 뒤를 따르나니 25 이와 같이 선행
도 밝히 드러나고 그렇지 아니한 것도 숨길 수 없느니라

17 Let the elders who rule well be considered worthy of double honor,
especially those who labor in preaching and teaching. 18 For the
Scripture says, "You shall not muzzle an ox when it treads out the

grain," and, "The laborer deserves his wages." 19 Do not admit a charge
against an elder except on the evidence of two or three witnesses.
20 As for those who persist in sin, rebuke them in the presence of all, so
that the rest may stand in fear. 21 In the presence of God and of Christ
Jesus and of the elect angels I charge you to keep these rules without
prejudging, doing nothing from partiality. 22 Do not be hasty in the
laying on of hands, nor take part in the sins of others; keep yourself
pure. 23 (No longer drink only water, but use a little wine for the sake of
your stomach and your frequent ailments.) 24 The sins of some people
are conspicuous, going before them to judgment, but the sins of others
appear later. 25 So also good works are conspicuous, and even those that
are not cannot remain hidden.

단락 개관

바울은 5장의 첫 두 절에서 회중 내 다양한 그룹, 즉 늙은이, 젊은이, 늙은 여자, 젊은 여자와 어떻게 관계를 맺어야 하는지 디모데에게 설명했다(1-2절). 3-16절에서는 특히 나이든 과부를 위한 교회의 의무에 집중했다. 여기 17-25절에서 바울은 교회의 장로인 나이들고 성숙한 남자들에게로 주의를 돌린다. 장로에게 보상하는 법, 장로를 징계하는 법, 장로에게 안수하는 법을 디모데와 에베소 전체 회중에게 설명하는 것이 그의 목표다.

단락 개요

V. 하나님의 집에서 다양한 그룹과 관계 맺기(5:1-6:2a)
  C. 장로 대하기(5:17-25)
    1. 장로에게 보상하는 법(5:17-18)
    2. 장로를 징계하는 법(5:19-21)
    3. 장로에게 안수하는 법(5:22-25)

주석

5:17 이 구절은 디모데전서에서 "장로"라는 단어가 세 번째로 나오는 곳이다. 첫 번째와 두 번째는 바울이 늙은이와 늙은 여자를 언급했던 5:1-2에 나온다. 그러나 이 단락은 하나님의 말씀을 선포하고 가르치는 일을 비롯해 일정한 업무를 담당하는 성숙한 남자 그룹을 명시한다.

우리는 3:1-7 주석에서 신약이 교회 리더십이라는 한 직책을 가리키는 데 세 개의 다른 단어를 사용하는 것을 살펴보았다. 그것은 목사, 감독, 장로다. 이어지는 내용은 그중에서 목사 직책과 관계가 있다.

"잘 다스리는[혹은 양 떼를 돌보는] 장로들"은 "배나 존경할" 만하다. "배[의] 존경"은 당연히 '이중의 존경'으로 번역할 수 있다. 이는 교회가 신실한 장로를 존경하는 두 가지 방식이 있다는 의미다. 첫 번째는 장로를 존중하고 존경하는 것이고, 두 번째는 사례비를 지급하는 것이다. 3절에서 과부를 존대하는 것이 그들을 재정적으로 지원함을 의미했듯이, 17절의 존경도 장로들을 재정적으로 지원하는 것을 의미한다. 따라서 교회는 장로들을 존경할 뿐 아니라 보수도 지급해야 한다.[74]

그렇다면 모든 장로가 교회에 고용되어 보수를 받아야 하는가? 답은 '그렇지 않다'인 듯하다. 바울은 어떤 장로가 보수를 받아야 하는지 설명하기 때문이다. "말씀과 가르침에 수고하는 이들에게는…더욱." 일부 학자는 이 마지막 어구를 교회가 서로 다른 두 부류의 장로, 곧 다스리는 장로와 말씀을 선포하는 장로를 두어야 한다는 증거로 삼는다. 두 부류의 장로를 인정하는 교회들에는 대개 교회를 인도하는 데 집중하는 다스리는 장로(관리자 유형, 평신도)와 교회를 가르치는 데 집중하는 다른 이들(교회에 고용된 설교자)이 있다.[74]

그러나 이 본문은 가르치는 장로와 다스리는 장로라는 서로 다른 두 부류의 장로에 대해 가르치지 않는다. 이를 이해하는 열쇠는 "더욱"이라고 번역된 사소한 단어에 있다. 그 헬라어 단어는 말리스타(*malista*)로 보통은 '특히'라는 뜻을 갖는다. 그러나 일부 학자는 목회서신에서 바울이 그 단어를 "즉"이나 "특별히" 혹은 "다시 말해" 등을 의미하는 데 쓴다고 주장한다(참고. 4:10 주석). 따라서 필자는 그 의미가 다음과 같다고 본다. "잘 다스리는 장로들은 두 배로 존경을 받아야 한다. 특별히 말씀을 선포하고 가르치는 일에 수고하는 이들이 그렇다." 이 구절에서는 서로 다른 두 부류의 장로를 염두에 두고 있지 않다. "잘 다스리는 장로들"이 곧 "말씀과 가르침에 수고하는 이들"이라고 본다. 그들은 한 그룹이다.

이는 모든 장로의 목표가 "잘 다스리는" 것이어야 한다는 뜻이다. '잘 다스리는 것'이란 '가르침과 선포'를 잘한다는 뜻이다. 이는 선택된 어떤 그룹이 아니라 모든 장로가 해야 하는 일이다. 말씀을 배우고, 말씀을 전하고, 말씀을 적용하는 일을 못하는 목사는 두 배의 존경을 받을 자격이 없을 것이다. 이는 또한 회중이 어느 정도는 장로들에게 보수를 지불함으로써 그들을 존경해야 한다는 의미이기도 하다.

5:18 바울은 교회가 왜 목사를 존경해야 하는지 설명한다. "성경에 일렀

74 Mounce, *Pastoral Epistles*, 306; Köstenberger, *Commentary on 1-2 Timothy and Titus*, 173.

으되 곡식을 밟아 떠는 소의 입에 망을 씌우지 말라 하였고 또 일꾼이 그 삯을 받는 것은 마땅하다 하였느니라." 이 절의 전반부는 신명기 25:4, "곡식 떠는 소에게 망을 씌우지 말지니라"를 인용한다. 고대 세계에서 탈곡은 밀의 겉껍질에서 낟알을 분리해 내는 과정이었다. 낟알을 분리하기 위해 줄기를 짓이기는 데는 보통 소를 이용했다. 모세 율법은 소가 곡식을 떠는 동안 그 낟알을 먹는 것을 이스라엘이 허용하도록 규정했다. 논리는 간단하다. 소가 노동을 통해 음식을 얻는 것이 허용되듯 목사도 그래야 한다는 것이다(참고. 고전 9:8-12).

"일꾼이 그 삯을 받는 것은 마땅하다"라는 말은 구약이 아닌 예수님의 말씀을 인용한 것이다. 예수님은 72명의 제자들이 각 동네와 지역으로 사역하도록 그들을 보내실 때, 그들에게 메시지를 받아들이는 집에 머물고 "주는 것"을 먹고 마시라고 하며 "일꾼이 그 삯을 받는 것이 마땅하니라"고 말씀하셨다(눅 10:7). 바울은 "성경에 일렀으되"라고 말한 다음, 마치 구약과 예수님이 동등한 권위를 가지고 있는 것처럼 그 말씀을 인용한다. 바울은 예수님의 권위와 하나님 말씀의 권위에 근거하여, 말씀을 선포하고 가르치는 일을 하는 장로들에게 하나님의 백성들이 보상해야 한다고 주장한다. 이는 바울이 예수님의 말씀에 구약성경과 동일한 권위가 있다고 여김을 보여준다.

5:19-20 그다음 바울은 장로에 대한 고발을 받는 법에 관해 디모데에게 지침을 제시한다. 누군가가 장로에게 죄 혐의가 있다고 주장하면 그러한 고발을 적절하게 처리해야 한다. 죄가 있다고 고발당한 장로들을 처리하는 과정으로 바울이 말하는 내용은, 죄 혐의가 있는 형제에 대해 예수님이 행하라고 요구하신 바와 일치한다. 마태복음 18:15-20에서 예수님은 만약 형제가 다른 형제에게 죄를 범하면 처음에는 그 죄를 범한 형제만 상대해야 한다고 말씀하신다. 그 죄를 범한 형제가 회개하지 않으면 다른 사람들과도 대면하게 해서 두세 명의 증인을 데려가 죄를 범한 형제의 혐의를 확증해야 한다. 혐의가 확증되었는데도 형제가 죄를 그만두지 않는다면,

그 문제를 교회 앞으로 가지고 와야 한다. 교회에 죄를 말한 이후에도 죄를 범한 형제가 회개하지 않으면 그를 파문시켜야 한다.

디모데전서 5:19-20에 나오는 장로들에 대해서도 똑같은 과정이 적용된다. 단 이 본문은 두 번째 과정, 곧 증인들 앞에서 혐의를 확증하는 것으로 시작한다. 죄를 범한 목사[ESV는 "those who persist in sin"(죄를 고집하는 이들), 개역개정은 "범죄한 자들"]가 대면에 반응하지 않으면, 마태복음 18장에서 그러하듯이 그 문제는 교회에 제출되고 그는 사람들 앞에서 꾸짖음을 당하고 회개 요청을 받게 된다.

유죄를 확증하고 거짓된 고소를 막기 위해 이 과정이 공식화된다. 교회 지체에 대해 거짓 증언을 하는 것은 심각한 죄다. 장로에 대해 거짓 증언을 하는 것 역시 가증한 일이다. 교회 내에서 근거 없고 악의적인 고발이 용인되거나 확산되어서는 안 된다.

5:20-21 바울은 하늘에 거하는 이들 앞이라는 언급을 하며 자신의 명령에 무게를 더한다. "하나님과 그리스도 예수와 택하심을 받은 천사들 앞에서 내가 엄히 명하노니." 장로를 징계하는 절차는 철저하게 따라야 한다. "편견"이 없다는 것이란, 고발당했다는 이유만으로 피고발인에게 죄가 있다고 상정해서는 안 된다는 의미다. 한쪽 이야기만 듣고 죄가 없다고 상정해서도 안 된다. 증인들이든 교회든 사실을 전달받고 검토하기 전에 죄의 유무를 미리 결정해서는 안 된다(참고. 잠 18:17). "불공평"하지 않게 이 규칙을 지킨다는 것은, 고발당한 자나 고발한 자가 누구든 상관없이 교회가 이 기준들을 시행해야 한다는 의미다. 모든 일을 공정하게, 일관되게, 질서 있게 해야 한다.

5:22 "안수"란 교회가 회중 내에서 어떤 과업이나 사역을 위해 사람을 따로 세우는 것을 가리킨다(참고. 딤전 4:14; 딤후 1:6). 이 명령은 자격이 없는 사람을 장로로 삼아서는 안 된다고 요구한다. 장로의 자격 요건은 3:1-7에서 이미 논의했지만, 자격 요건을 아는 것과 누군가가 그 요건을 충족한다고

확증하는 것은 전혀 다른 일이다. 자격 요건 목록은 즉시 습득할 수 있지만, 그러한 성품을 확증하는 데는 시간이 걸린다. 그 때문에 장로는 "새로 입교한 자"여서는 안 되고(3:6), 신실함을 입증할 만한 실적이 있어야 한다. 어떤 사람을 성급하게 장로로 세웠는데 그가 심각한 죄를 짓는다면, 그를 장로로 승인한 이들도 수치를 당할 것이다. 그들이 파악했어야 하는 성품의 결점들을 간과했다면 말이다. 바울은 그런 의미에서 "다른 사람의 죄에 간섭하지 말며"라고 말한 듯하다. 장로와 회중은 그들이 임명하는 사람에 대해 방심해서는 안 된다. 그래서 바울은 "네 자신을 지켜 정결하게 하라"고 말한다. 디모데는 장로들을 임명할 때 방심하지 않기 때문에 다른 사람의 죄로 인해 수렁에 빠지지 않는다.

5:23 여기에서 물과 포도주의 사용에 관한 바울의 언급은 여담처럼 보이기 쉽다. 그러나 본문에 그렇게 접근하는 것은 옳지 않다. 바울은 방금 디모데에게 자신을 지켜 정결하게 하라고 말했다. 즉 3장에 열거된 장로의 자격 요건에 맞게 살라고 말했는데, 그 요건 중에는 "술을 즐기지 아니하며"(3:3)라는 항목이 있다. 아마도 바울은 술과 관련해 자신을 정결하게 지키겠다는 디모데의 결심을 알았던 것 같다. 또한 디모데가 물만 마신다는 것을 알고 있었을지도 모른다. 바울은 디모데가 술을 완전히 금할 필요는 없다고 말하는 듯하다. 오히려 위장병이 있으니 약으로 술을 조금씩 마셔야 한다고 말하는 듯하다. 그는 디모데에게 금주를 그만두라거나 금주에 대한 확고한 태도를 비난하지 않는다. 특단의 조치가 그에게 도움이 되는 치료를 막는 율법이 되어서는 안 된다고 말할 뿐이다.[75] 이렇게 해석하면 23절은 정결하고자 하는 디모데의 전반적인 노력과 연관된 권면으로서 사고의 흐름에 잘 들어맞는다. 이어지는 두 절은 장로에게 경솔하게 안수하지 말라는 주제로 돌아간다.

75 Knight, *Pastoral Epistles*, 240.

5:24 일부 장로 후보자들의 죄는 마지막 심판 때 폭로되기 전에 밝히 드러난다. 어떤 사람들의 미성숙함과 죄는 금세 파악할 수 있으므로 교회는 그런 사람에게 안수하는 것을 생각조차 해서는 안 된다. 그러나 어떤 장로 후보자들은 죄를 숨기는 데 능숙하다. 그렇더라도 교회는 그러한 사람을 장로로 세우지 말아야 할 책임이 있고, 나중에 죄가 밝혀질 때 그들을 징계할 책임도 있다.

5:25 한 사람의 좋은 성품은 언젠가 빛을 발한다. 선한 사람의 태도가 조용하고 눈에 띄지 않는다 해도 시험을 거치면 그의 성품이 드러나게 마련이다. 좋은 성품을 가지고 있다면 결국 교회가 그 증거를 보게 될 것이다. 교회는 장로 후보자들의 삶에서 그러한 선행의 증거를 확증할 시간을 충분히 가져야 한다.

응답

목사든 회중이든 장로에 대한(혹은 문제에 연루된 어떤 지체에 대한) 경솔하고 입증되지 않은 고발을 받아들여서는 안 된다. 증인들이 확증하지 못하는 고발은 비밀에 부쳐야 한다. 이는 범죄로 피해자가 생겼더라도 증인이 없으면 조용히 있어야 한다는 뜻이 아니다. 바울이 언급한 증인은 범죄의 증인이 아니라 일이 벌어진 후 대면할 때의 증인이다. 그들은 그 고발이 타당한 것인지 확증하는 데 도움이 될 수 있다. 신자들은 근거 없는 고발과 사소한 험담으로부터 서로를 지키는 한편, 타당한 고발이 이루어지고 진척되는 방식도 제시해야 한다.

교회에서 사교적인 남자, 행복하고 상냥해 보이는 남자, 건전한 교리에 헌신한 듯한 남자는 장로의 자격이 있을까? 그의 아내는 조용한 편이지만, 간혹 약간 슬퍼 보일 때라도 누군가 말을 걸면 친절하게 응한다. 그런 사람과 함께라면 아무 문제가 없을 것 같기도 하다. 아니 어쩌면 그는 교회에서는 좋은 사람인 척해도 집에서는 화를 내며 언제 터질지 모르는 시한 폭탄 같은 사람일지도 모른다. 교회는 한 사람의 진실을 볼 시간이 필요하다. 그를 장로로 임명하기 전에 신실함의 증거를 확증할 시간을 충분히 가져야 한다.

1 Timothy
디모데전서
6:1-2a

1 무릇 멍에 아래에 있는 종들은 자기 상전들을 범사에 마땅히 공경할
자로 알지니 이는 하나님의 이름과 교훈으로 비방을 받지 않게 하려
함이라 2a 믿는 상전이 있는 자들은 그 상전을 형제라고 가볍게 여기
지 말고 더 잘 섬기게 하라 이는 유익을 받는 자들이 믿는 자요 사랑
을 받는 자임이라

1 Let all who are under a yoke as bondservants[1] regard their own
masters as worthy of all honor, so that the name of God and the
teaching may not be reviled. 2a Those who have believing masters must
not be disrespectful on the ground that they are brothers; rather they
must serve all the better since those who benefit by their good service
are believers and beloved.

1 For the contextual rendering of the Greek word *doulos*, see ESV Preface

단락 개관

"공경"이라는 주제가 6장의 첫 두 절과 5장을 연결시킨다. 첫 두 절은 바울이 어떤 그룹의 사람들을 존경할 의무에 관해 말하는 단락의 끝부분에 있다. 바울은 5장 전반부에서 교회가 "참 과부"를 존대해야 한다고 썼다. 5장 후반부에서는 어떤 장로가 두 배로 존경을 받을 만한지 교회에 가르쳤다. 그리고 여기 6:1-2에서 종에게 주인을 공경할 의무가 있다고 설명한다. 여기에서 바울이 말하는 공경은 (앞의 두 실례와 달리) 돈과 관련이 없으며, 오히려 종이 권위를 존중하는 데서 나타난다.

단락 개요

V. 하나님의 집에서 다양한 그룹과 관계 맺기(5:1-6:2a)
  D. 종에게 권면하기(6:1-2a)
    1. 믿지 않는 상전 섬기기(6:1)
    2. 그리스도인 상전 섬기기(6:2a)

주석

6:1 바울은 "멍에 아래에" 있고 "상전들"을 모시는 "종들"에게 명령한다. "종"으로 번역된 단어는 신약 곳곳에서 종의 표준 용어로 사용된 헬라어 둘로스(*doulos*)다. 이 특별한 종은 "멍에 아래에" 있다. 멍에는 문자적으로 "일하는 동물을 제어하는 데 사용하는 틀"[76]을 말한다. 그 단어는 이 구절과 성경의 다른 구절들에서 로마 세계 종들의 상태를 묘사하는 듯하다. 종

들은 주인의 소유였고 주인이 시키는 일은 무엇이든 해야 했다. 종이 주인의 명령대로 행하지 못하면, 주인은 그 일을 강요하기 위해 폭력을 행사할 수 있었다. 로마의 노예제도에서 주인은 자기 종에 대해 생사여탈권을 가지고 있었다. 주인은 원하면 종의 목숨을 거둘 수도 있었다. 종은 그가 원하는 대로 처리할 수 있는 그의 소유물이었기 때문이다.[76]

언뜻 보기에 바울은 노예제도를 지지하는 듯하지만 실제로 그렇지 않다(참고. 뒤에 나오는 '보충 설명'). 성경의 다른 구절에서 그는 종들에게 가능하면 자유를 얻기 위해 애써야 한다고 말하고, 자유로운 그리스도인들이 종이 되는 것을 금한다(고전 7:21-23). 바울은 노예제도를 피해야 할 죄악 된 제도라고 여기는 듯하다.

그러나 디모데전서 6:1-2에서 바울은 불의한 제도와 사회적 불평등에 관해 말하고 있지 않다. 노예제도에 대한 도덕적 평가를 하려는 의도도 아니다. 그는 다만 그리스도인 종들에게 그들이 처한 상황에서 어떻게 그리스도를 따라야 하는지 가르치고 있다. 그리스도께 신실하다고 해서 종들이 압제자에 맞서 무장봉기를 하거나 대대적인 노예제도 개혁을 시도해야 하는 것도 아니다. 그리스-로마 세계의 종들은 그러한 기회를 얻을 수 없었으므로, 오늘날 독자들은 민주주의에 입각하여 1세기 종들의 삶을 매도하지 않도록 조심해야 한다. 바울은 회중 가운데 있는 종들에게 힘겨운 상황 속에서도 어떻게 계속 그리스도께 신실할 수 있는지 설명하려고 애쓴다.

바울은 "멍에 아래에" 있는 종들에게 자기 상전들을 "공경[하라]"고 명령한다. 조지 나이트 같은 주석가들은 "멍에 아래에"가 억압적인 상황을 가리키는 것이 맞는다고 본다. 이는 종이 목에 멍에를 쓴 소와 같은 취급을 받는 상황이다.[77] 이러한 표현은 바울이 1절에서 비그리스도인 상전을 모시는 종들에게 말하고 있음을 암시한다.

76 BDAG, s.v. ζυγός

77 같은 책, 245.

이 종들은 그들의 상전을 마땅히 공경할 자로 여겨야 한다. 바울은 상전이 공경을 받을 '만해서'가 아니라, 다만 상전이 그런 자인 양 여기며 이 권위를 대해야 한다고 말한다. 따라서 믿지 않는 권위자 아래 있는 그리스도인이라 하더라도 그 권위자를 공경하며 섬겨야 한다. 상전이 마음에 들지 않는다는 이유로, 혹은 상전이 그리스도인의 신앙을 갖지 않았다는 이유로, 그들을 존경하지 않거나 홀대해서는 안 된다. 그와는 반대로 그리스도인들이 믿지 않는 권위자들을 공경해야 하는 까닭은 이 권위자들이 복음을 믿도록 설득해야 하는 대상이기 때문이다.

그렇다고 종들이 인간의 권위가 시키는 일을 다 순종해야 한다는 뜻은 아니다. 바울이 다른 데서 분명히 말하듯이, 최고의 권위는 인간이 아니라 하나님께 있기 때문이다(롬 13:1-2). 인간의 권위가 하나님께서 금하신 것을 하라고 지시하거나 명하신 것을 못하게 금한다면, 그리스도인은 그 권위에 저항해야 한다. 베드로와 다른 사도들이 "사람보다 하나님께 순종하는 것이 마땅하니라"(행 5:29)고 말하며 맞섰던 것처럼 말이다.

그러나 하나님의 율법을 어기지 않고 인간의 권위를 따를 수 있다면, 그리스도인은 그의 지위를 존중하기 위해 할 수 있는 일을 다 해야 한다. "하나님의 이름과 교훈으로 비방을 받지 않[기]" 위해서다. "하나님의 이름"은 그분의 명성이고 "교훈"은 복음이다. 그리스도인 종들은 믿지 않는 자들이 하나님을 경멸하거나 그분의 복음을 무시할 빌미를 제공해서는 안 된다. 종이 어려운 순종을 할 때, 상전에게 설득력 있는 증인으로서 강력한 메시지를 전하게 된다. 그리스도가 몸소 겪으신 고난의 자취를 따르는 것이다(벧전 2:18-21).

6:2a 2a절에는 복음이 에베소 신자들의 삶에 야기한 사회적 대변동이 반영되어 있다. 복음이 종과 상전의 삶을 모두 바꿔놓았으므로 이제 그들은 교회에서 함께 예배드리고 있다. 그들은 서로 어떻게 관계를 맺어야 했을까? 본문은 그리스도인 상전들을 향해 말하고 있지 않지만, 바울은 다른 데서 그들에게 말한다(예를 들어, 엡 6장; 골 4장). 이 본문에 그 내용이 빠진 것

은, 바울이 에베소에서 믿는 종들 사이에서 일어나고 있던 특정한 문제에 관심을 가지고 있었음을 암시한다.

그 문제는 "그 상전을 형제라고 가볍게 여기지 말[라]"는 바울의 명령에 암시된 듯하다. 상전들이 신자가 되면서 종들 중 일부는 아마도 종의 의무를 수행하기가 곤란했던 것 같다. 그리스도 안에서 서로 형제가 되었으니 상전에 대한 의무도 뒤집어져야 한다고 생각한 것 같다. 뒤에 나오는 '보충 설명'에서 보듯이 기독교는 필연적으로 그리스-로마의 노예제도 규범을 약화시킨다. 복음은 그리스도인 상전들이 종을 위협하거나 학대하는 것을 허용하지 않으며(엡 6:9; 골 4:1) 오히려 종들을 형제로 대할 것을 요구한다(몬 1:16).

이런 식으로 기독교는 그리스-로마 노예제도의 불의하고 억압적인 특징을 급진적으로 약화시켰다. 상하관계에서 강압적인 폭력이 제거되자 그리스도인 종들은 애써 힘든 일을 할 동기를 잃어버렸을 수 있다. 그러나 신자를 섬기게 되었다고 해서 대충 일해도 되는 것은 아니다. 그것은 오히려 더욱 근면하게 일해야 하는 이유가 된다.

응답

그리스도인 노동자는 궁극적으로 그들의 상사가 아니라 주님을 기쁘시게 하려고 한다. 그래서 상사가 신실하지 않더라도 그들은 신실할 수 있다. 그렇다고 신실하지 않은 상사가 시키는 일을 무조건 한다는 뜻은 아니다. 대안이 있다면 다른 방법을 찾아야 한다. 그러나 일하는 동안 상사의 죄에 대해 죄악 된 방식으로 대응해서는 안 된다. 그리스도인 노동자는 그러한 상황을, 예수님이 우리에게 보이신 의로운 고난의 삶을 사는 기회로 바꾸어야 한다.

보충 설명

성경과 노예제도

이 본문에서 바울은 종들에게 상전을 공경하라고 말한다. 그렇다면 그는 노예제도를 지지하는 것일까? 답은 몇 가지 이유에서 '아니요'다.

1. 권위에 순복함이 그 권위를 도덕적으로 인정한다는 뜻은 아니다.

하나님은 바벨론의 악함을 보고 그들을 멸하실 계획이었지만, 이스라엘 백성에게 바벨론의 권위 아래 사는 동안 그 성의 유익을 추구하라고 말씀하셨다. 베드로는 아내들에게 남편의 권위에 순복하라고 말했다. 혹여 남편이 "말씀을 순종하지 않는" 자라도 말이다(벧전 3:1-2). 그는 또한 그리스도인들을 향해 통치자들에게 순복하라고 지시한다. 통치자들이 그리스도인을 박해할지라도 말이다(벧전 2장). 하나님은 그분의 거룩한 뜻에 반하는 권위 행사를 책망하신다. 로마의 노예제도와 미국의 노예제도는 둘 다 하나님의 법에 어긋나는 요소가 많이 있었다. 전능하신 하나님의 형상을 닮은 사람의 존엄성을 인정하지 않고 그를 소유물로 여기는 것은 죄이며 성경 어디에서든 이를 책망한다. 그런데 그것은 로마와 미국의 노예제도 모두의 고질적인 특징이었다. 따라서 어떤 권위에 순복함이 그 권위를 행사하는 이에 대한 지지라고는 볼 수 없다.

2. 성경은 사람들을 노예로 만든 방식을 책망한다.

1세기의 노예제도는 미국 남부에서 그러했듯이 인종을 기반으로 하지 않았다. 사람들은 전쟁, 해적질, 노상강도, 유아 유기, 범죄의 형벌을 비롯해 수많은 방식으로 노예가 되었다. 그중에서도 노예로 삼으려고 사람을 유괴하는 문제가 항상 만연했다. 성경은 유괴에 대해 뭐라고 말하는가?

디모데전서 1:10에서 사도 바울은 납치나 유괴는 하나님의 법을 어기는 것이라고 말한다. 대부분의 해석자는 유괴의 목적이 노예로 삼으려는 데 있었음을 인정한다. 이 때문에 ESV는 그에 상응하는 단어를 '노예로 만드는 사람'(enslaver)으로 번역한다(참고. ESV 난외주). 바울의 명령은 구약 율법을 배경으로 하고 있다. 구약 율법은 "사람을 납치한 자가 그 사람을 팔았든지 자기 수하에 두었든지 그를 반드시 죽일지니라"(출 21:16)고 말한다. 죽여야 할 사람이 누구인가? 사람을 납치하고 '그리고' 소유한 자다. 이는 의미가 깊다. 성경이 노예 매매는 책망하지만 '노예 소유'는 책망하지 않는다고 주장하는 이들이 있기 때문이다.[78] 이 견해가 옳다면 필연적으로 미국 남북전쟁 이전과 전쟁 시기 동안 미국 남부에서 노예를 소유한 그리스도인들에게는 어떤 도덕적 문제도 없을 것이다.

그러나 출애굽기 21:16은 '납치'와 '노예로 삼기' 둘 다 사형에 처해야 하는 범죄라고 말한다. 디모데전서에서 그 문제에 대한 바울의 생각은 바로 이러한 구약의 배경을 가지고 있다. 미국 남부 노예제도의 전체 체계는 아프리카에서 유괴해온 사람들이 기반이 되었다. 노예 상인들이 아프리카인들을 배에 말 그대로 짐짝처럼 실었고, 열악한 환경을 견디지 못하고 항해 중에 죽은 이들만 수천 명에 달했다. 노예무역은 혐오스러운 일이었다. 노예 소유주들은 노예무역에 도덕적으로 연루되지 않았다는 주장도 옳지 않다. 노예무역에 참여했던 이들이나 유괴가 일어나도록 시장을 만들어낸 노예 소유주들 모두 변명의 여지가 없다.

성경은 사람들을 노예로 만든 방식을 분명하게 책망하며, 특히 유괴는 사형감이었다.

78 Douglas Wilson, *Black and Tan: A Collection of Essays and Excursions on Slavery, Culture War, and Scripture in America* (Moscow, ID: Canon Press, 2005), 56.

3. 신약은 그리스도인이 노예에게 강압적 폭력을 사용하지 못하게 한다.

에베소서 6:9은 "상전들아 너희도 그들에게 이와 같이 하고 위협을 그치라. 이는 그들과 너희의 상전이 하늘에 계시고 그에게는 사람을 외모로 취하는 일이 없는 줄 너희가 앎이라"고 말한다. 적어도 이 본문은 신약 시대에 그리스도인 노예 소유주들이 있었음을 확증한다. 그러나 바울은 노예 소유주들이 종들을 무력으로 위협해서는 안 된다고 말한다. 무력으로 위협하지 못하게 했다면 분명 폭력을 행사하는 것도 허용하지 않았을 것이다. 로마법 아래에서는 주인이 종을 학대하거나 심지어 죽일 수도 있었지만, 하나님의 법 아래에서는 그러한 일들이 허용되지 않았다. 아무리 그래도 그 또한 노예제도라고 주장할 수 있을지 모르지만, 어떤 노예제도가 주인에게 폭력으로 노예를 억압하지 못하게 하겠는가? 그것은 결코 로마의 노예제도가 아니었다. 미국 남부의 노예제도와도 달랐다. 과연 노예제도라고 부를 수 있을지 의구심이 드는 다른 것이었다.

4. 신약은 그리스도인들에게 노예를 형제처럼 대하라고 명령한다.

바울은 노예 소유주 빌레몬에게 도망친 그의 노예 오네시모에 대해 편지를 쓸 때, 오네시모를 "이후로는 종과 같이 대하지 아니하고 종 이상으로 곧 사랑받는 형제로" 받아주라고 말한다. "네가 나를 동역자로 알진대 그를 영접하기를 내게 하듯 하고"(몬 1:16-17).

어떤 노예제도가 주인에게 노예를 더이상 협박하지 말고 형제처럼 대하라고 말하겠는가? 다시 말하지만, 이는 로마의 노예제도도 미국 남부의 노예제도도 아니다. 따라서 성경은 그런 유형의 노예제도를 지지하지 않는다. 이는 전혀 다른 것이다. 그러므로 노예제도는 하나님 나라에서 계속될 수 없다. 성경은 노예제도를 규정하는 모든 특징, 즉 유괴, 강압적 폭력, 사람을 하나님의 형상으로 창조된 형제가 아니라 소유물로 취급하는 행태 등을 완전히 허물어트린다.

5. 성경은 노예에게 가능하면 노예 상태에서 벗어나라고 권한다.

고린도전서 7:21은 "네가 종으로 있을 때에 부르심을 받았느냐. 염려하지 말라. 그러나 네가 자유롭게 될 수 있거든 그것을 이용하라"고 말한다. 성경이 노예제도를 지지한다면 노예들에게 자유롭게 될 기회를 잡으라고 말하지 않았을 것이다. 하지만 바울은 정확히 그렇게 말한다.

6. 성경은 그리스도인이 자발적으로 노예가 되는 것을 금한다.

고린도전서 7:23은 "너희는 값으로 사신 것이니 사람들의 종이 되지 말라"고 말한다. 이보다 더 명확한 명령은 없다. 성경이 노예제도를 지지한다면 그리스도인들에게 노예가 되는 것을 금하지 않았을 것이다.

7. 성경은 인종차별을 책망한다.

앞에서 언급했듯이 신약에 나오는 노예제도는 인종을 기반으로 하지 않는다. 그러나 미국 남부의 노예제도는 인종차별을 전제한다. 하나님은 인간을 자신의 형상으로 만드셨다. 백인뿐만 아니라 흑인이든 다른 어떤 인종이든 모두 자신의 형상으로 만드셨다. 이 때문에 일부 사람이 아니라 모든 사람은 전능하신 하나님의 형상을 닮은 자로서 고유의 존엄성과 가치를 갖는다. 이 때문에 인종의 다양성은 폐지해야 할 악이 아니라 찬양해야 할 영광이다. 하나님은 모든 "족속과 방언과 백성과 나라"(계 5:9)로부터 그분을 예배할 자들을 모으실 작정이다. 우리는 그리스도 안에 "헬라인이나 유대인이나 할례파나 무할례파나 야만인이나 스구디아인이나 종이나 자유인이 차별이 있을 수 없나니 오직 그리스도는 만유시요 만유 안에 계[심]"을 안다(골 3:11).

결론을 말하자면, 성경은 노예제도를 지지하지 않고 노예제도 안에 내재된 악도 지지하지 않는다. 그와 반대로 예수님의 이름으로 그것들을 폐한다. 예수 그리스도의 복음은 노예제도를 폐지하기 위해 무기를 들고 폭력 혁명에 나서라고 명령하지 않지만, 언젠가 모든 부당한 권세를 타도할 새 나라를 세상 속으로 가져올 것이다. 우리는 교회로서 다가올 그 나라의 전초기지가 되라는 부르심을 받았다. 교회가 가는 곳마다 노예제도는 사라져야 한다. 그리스도의 나라는 불의한 권세를 따르지 않기 때문이다.

비평가들이 성경을 공격할 때 종종 아주 조금 아는 것을 가지고 확신에 찬 주장을 한다(딤전 1:7). 이 경우 그들은 이른바 성경이 노예제도를 지지한다고 비난하며 성경의 실제 가르침을 왜곡하고 있다. 하나님의 모든 말씀은 우리에게 순전하고 선하고 지혜롭고 올바르다. 그 말씀에는 멍에 아래 있는 자들에 관해 말씀하시는 바도 포함된다.

1 Timothy
디모데전서
6:2b-10

2b 너는 이것들을 가르치고 권하라 3 누구든지 다른 교훈을 하며 [1)]바
른 말 곧 우리 주 예수 그리스도의 말씀과 경건에 관한 교훈을 따르
지 아니하면 4 그는 교만하여 아무것도 알지 못하고 변론과 언쟁을 좋
아하는 자니 이로써 투기와 분쟁과 비방과 악한 생각이 나며 5 마음이
부패하여지고 진리를 잃어 버려 경건을 이익의 방도로 생각하는 자들
의 다툼이 일어나느니라 6 그러나 자족하는 마음이 있으면 경건은 큰
이익이 되느니라 7 우리가 세상에 아무것도 가지고 온 것이 없으매 또
한 아무것도 가지고 가지 못하리니 8 우리가 먹을 것과 입을 것이 있
은즉 족한 줄로 알 것이니라 9 부하려 하는 자들은 시험과 올무와 여
러 가지 어리석고 해로운 욕심에 떨어지나니 곧 사람으로 파멸과 멸
망에 빠지게 하는 것이라 10 돈을 사랑함이 일만 악의 뿌리가 되나니
이것을 탐내는 자들은 미혹을 받아 믿음에서 떠나 많은 근심으로써
자기를 찔렀도다

2b Teach and urge these things. 3 If anyone teaches a different doctrine
and does not agree with the sound[1] words of our Lord Jesus Christ and
the teaching that accords with godliness, 4 he is puffed up with conceit

and understands nothing. He has an unhealthy craving for controversy
and for quarrels about words, which produce envy, dissension, slander,
evil suspicions, 5 and constant friction among people who are depraved
in mind and deprived of the truth, imagining that godliness is a means
of gain. 6 But godliness with contentment is great gain, 7 for we brought
nothing into the world, and[2] we cannot take anything out of the world.
8 But if we have food and clothing, with these we will be content.
9 But those who desire to be rich fall into temptation, into a snare, into
many senseless and harmful desires that plunge people into ruin and
destruction. 10 For the love of money is a root of all kinds of evils. It is
through this craving that some have wandered away from the faith and
pierced themselves with many pangs.

1) 건전한

1 Or *healthy* *2* Greek *for*; some manuscripts insert [it is] *certain* [that]

단락 개관

1장에서 바울은 거짓 선생들에 대해 첫 경고를 했다. 그리고 4장에서 그들과의 대면으로 돌아왔다가 지금 다시 6장에서 그들과 대면한다. 이 단락에서 바울은 에베소 교회 거짓 선생들의 동기를 설명하기 시작한다. 거짓 선생들이 그렇게 행동하는 근원이 마음의 문제라고 본다.

단락 개요

Ⅵ. 하나님의 집에서 참된 선생과 거짓 선생 대조하기(6:2b–21)

A. 거짓 선생의 특성(6:2b–10)

1. 거짓 교훈의 근원(6:2b–5)
2. 만족의 근원(6:6–8)
3. 불만의 근원(6:9–10)

주석

6:2b "이것들을 가르치고 권하라"는 어구는 한 주제에서 다른 주제로의 이동을 나타낸다. 디모데가 "가르치고 권[해야]" 하는 "이것들"은 무엇인가? 거의 동일한 명령이 4:11에 나오는데, 거기에서 "이것들"은 분명 앞의 내용을 가리킨다. 이곳 6:2b에서도 마찬가지다. 디모데는 바울이 지금까지 쓴 모든 내용을 믿고 순종할 것을 회중에게 가르치고 권해야 한다. 그는 가르칠 뿐 아니라 '권하기도' 해야 한다. 디모데는 설교에서 정보만 전달해서는 안 된다. 그는 바울의 사도적 가르침에 기초하여 사람들이 무엇을 믿고 행해야 하는지 명령해야 한다. 그의 설교는 명령형이어야 한다.

6:3 "아니하면"으로 끝나는 절은 논증을 위한 사실로 추정된다.[79] 이 문장은 수사적 장치로서 에베소에 실제로 거짓 선생들이 있었음을 특정하지는 않는다. 그러나 거짓 선생들의 존재는 이미 앞에서 바울이 그들에 대해 언

79 Daniel B. Wallace, *Greek Grammar beyond the Basics* (Grand Rapids, MI: Zondervan, 1997), 690.

급함으로써 확증되었다. 편지의 서두에서 바울은 "다른 교훈"(참고. 1:3)을 가르치는 이들이 교회에 침투했음을 확증했다.

그들의 교리는 "바른 말, 곧 우리 주 예수 그리스도의 말씀"과 "경건에 관한 교훈"에서 벗어났다는 점에 달랐다. "바른"은 건강을 의미하는 헬라어 단어를 번역한 것으로 오류에서 벗어난 상태를 가리키며 비유적으로 확장되었다. 이런 의미에서 바른 말은 건강한 말이다. 이 말은 다음 절에 나오는 "변론…을 [건강하지 못하게] 좋아하는" 것과 대조된다.

이러한 건강한 교훈은 예수 그리스도가 직접 가르치고 실천하신 것과 그분이 성령을 통해 사도들에게 계시한 것을 기초로 삼는다. 바울은 당연히 그리스도의 영이 사도인 그를 통해 말씀하셨다고 믿는다(고후 13:3). 따라서 "다른 교훈"은 지금 사도가 전하는 그리스도의 가르침이라는 표준에서 벗어난 것이다.

그러나 "다른 교훈"은 또한 "경건에 관한 교훈"과 다른 것을 가리키기도 한다. 다시 말해, 경건을 '낳는' 교훈과 다른 것이다. 거짓 교훈은 세속성을 낳지만 바른 교훈은, 바울이 여기에서 염두에 두었듯이, 경건을 낳는다. 이런 식으로 그는 거짓 교훈의 단점을 명확히 말한다. 그것은 예수님의 말씀과 어울리지 않고 경건을 낳지 못한다.

6:4-5 이 절은 3절에서 시작된 조건절의 주절이다. 3절부터 4절까지의 논증은 이렇게 진행된다. 어떤 거짓 선생들이 에베소 회중을 속이려 하고 있다면(실제로 그러하다), 그들의 그릇된 동기가 무엇인지 알아야 한다는 것이다. 4절은 그들의 오류가 정보의 결함이 아니라 '성품'의 결함 때문에 생겼음을 보여준다.

주된 성품의 결함은 거짓 선생들이 "교만"을 드러낸다는 것이다. "교만"이라는 단어는 환상이라는 의미의 명사에서 나왔다. 이를 사람에게 적용하면 "뽐냄, 허영심, 자만심"[80]이라는 의미에서 자신에 대한 환상을 가리킨다. 교만한 사람은 자기기만에 빠져 있기 때문에 자신을 잘못된 시각으로 본다. 자신과 자신의 의견을 마땅한 수준보다 더 높이 평가한다. 헬라어로 볼 때, 이어지는 모든 성품의 결함은 거짓 선생이 교만하다는 사실에서 기인한다.

“아무것도 알지 못하고”는 “교만에 취하여”(ESV는 “puffed up with conceit”)에 딸린 분사를 번역한 것이다. 그런 상태는 분명 교만이 가져온 결과 중 하나일 것이다. “그는 교만의 ‘결과로’ 아무것도 알지 못한다.”

거짓 선생의 교만이 가져온 두 번째 결과는 그가 “변론과 언쟁을 좋아하는 자”라는 것이다. “[건강하지 못하게] 좋아하는”은 질병에 감염되었거나 그로 인해 아픈 상태를 뜻하는 단어를 번역한 것이다. (여기에서 보듯) 비유적인 용법으로는 “마음이 불안하거나 고통스러운”이라는 뜻이다. 이런 의미에서 그것은 무언가를 “병적으로 좋아하는” 것을 가리킨다.[81] 이러한 마음의 병은 3절에서 언급된 그리스도의 말씀과 대조된다. 따라서 거짓 선생의 교만은 그로 하여금 생명과 치유를 가져오는 것은 멀리하고, 영적 질병과 죽음을 가져오는 것을 향해 가게 한다.

거짓 선생은 “변론과 언쟁을” 좋아한다. 변론을 좋아한다는 것은 말싸움을 즐긴다는 뜻이다. 더 나아가 그들은 “언쟁”, 문자적으로 ‘말씀-전쟁’[word-war, 로고마키아스(*logomachias*)]을 좋아한다. 디모데후서 2:14에 나오는 관련 단어와 비교해 보면, ‘말씀-전쟁’은 이런저런 신학적 어감의 미세한 구별을 따지는 정도가 아니다. 의미론을 두고 옥신각신하는 정도도 아니다. 그것은 구체적으로 진리의 말씀에 맞선 전쟁을 가리키는 듯하며, 이것이 바로 거짓 선생이 좋아하는 바다. 그는 싸우기를 원할 뿐 아니라 계시된 하나님의 말씀에 맞서 싸우기를 원한다(참고. 딤후 2:14 주석).

거짓 선생의 ‘말씀-전쟁’에 대한 열망은 교회 내에 분열을 만들어낸다. 특히 “투기와 분쟁과 비방과 악한 생각…다툼”을 일으킨다. 거짓 선생들은 분열을 즐긴다. 말로 맹렬히 비난하고 사람들을 욕한다. 무엇보다 그들은

80 *Brill Dictionary of Ancient Greek* (Leiden: Brill, 2015), 2170.

81 같은 책, 1405.

"악한 생각"을 품는다. 그들은 성경적 근거 없이 하나님의 백성에게 새로운 추측과 의견을 계속해서 소개한다. 그 결과 "마음이 부패하여지고 진리를 잃어버[린]" 사람들 가운데서 "[계속되는] 다툼"이 일어난다. 따라서 '말씀-전사들'의 마음이 도덕적으로 부패하고, 그 결과 진리가 아예 사라진다. 마음이 부패한 이들은 "경건을 이익의 방도로 생각[할]" 것이다. 거짓 선생들은 자기 배를 불리기 위해 할일을 한다.

거짓 선생들이 오류를 유포하는 까닭은 정보가 부족해서가 아니라 마음이 부족해서다. 그들은 하나님께서 원하시는 것을 원하지 않으며, 그들의 가르침에 그러한 슬픈 현실이 반영된다.

6:6-8 거짓 선생들은 "경건"을 물질적 "이익"의 방도로 여긴다. 경건은 사실 "큰 이익"을 얻는 수단이지만 거짓 선생들이 갈망하는 것 같은 이익은 아니다. 참된 경건이 자족하며 하나님께서 주신 것에 만족하는 마음에 연결될 때마다 영적 이익이 따라온다. 하나님께서 적게 주시면, 자족하는 마음은 그 적은 것에 대해 만족하고 감사한다. 하나님께서 풍성하게 주시면, 자족하는 마음은 그 풍성함에 대해 만족하고 감사한다. 자족하는 마음이 큰 이익을 얻는 수단인 까닭은, 만족의 근거가 선물이 아니라 선물을 주시는 분에게 있기 때문이다. 자족하는 마음은 끈질기고 탐욕스럽게 더 많은 것을 추구하지 않는다. 사람이 이 세상에 빈손으로 왔다가 빈손으로 간다는 것을 안다. 그러므로 신자는 물질의 소유가 풍족한 삶의 비결인 듯 행동해서는 안 된다. 풍족한 삶은 더 많은 소유와 재산이 아니라 경건한 자족에 있다.

6:9-10 부자가 되고 싶은 욕망은 결국 악의 유혹으로 이어진다. 이러한 욕망이 "올무"인 까닭은 탐욕스러운 사람을 그들 자신의 욕망이라는 덫에 걸리게 하기 때문이다. 그 욕망이 행동으로 나타나면 "파멸과 멸망"에 빠진다. 그 때문에 바울은 돈을 쓰지 말라고 경고하는 것이 아니라 돈을 향한 불의하고 우상숭배적인 욕망을 경고한다. 돈 자체가 일만 악의 뿌리는

아니다. 돈을 쓰는 것도 마찬가지다. 오히려 인생에 셀 수 없이 많은 악을 불러일으키는 것은 돈에 대한 '사랑'이다. 그래서 바울은 돈을 "탐내는 자들은" 믿음에서 떠나 "헤매기도"(새번역) 한다고 경고한다.

응답

사람들이 하나님을 거역하는 까닭은 궁극적으로 그들이 어떻게 행동해야 하는지 몰라서가 아니다. 그들이 죄를 짓는 까닭은 마땅히 해야 할 일을 할 '마음'이 없기 때문이다. 그들은 하나님보다 소유물이나 독립이나 권력을 더 갖고 싶어 한다. 우리의 보물이 있는 곳에 우리의 마음도 있다. 따라서 우리는 마음의 차원에서 죄에 맞서는 전쟁을 해야 한다.

간혹 진리에 대한 관심이 분열을 초래한다고들 말한다. 바울은 의견이 다르다. 진리가 높임을 받으면 하나님의 백성이 진리를 중심으로 모여든다. 그러나 오류가 높임을 받으면 사람들 사이에 불화가 일어난다. 누군가는 혼란스러워하고 홀리고 미혹을 받기 때문이다. 교회 내 분열의 책임은 신실하게 진리를 따르는 이들이 아니라 오류를 가르치는 이들에게 있다.

I Timothy
디모데전서
6:11-21

11 오직 너 하나님의 사람아 이것들을 피하고 의와 경건과 믿음과 사
랑과 인내와 온유를 따르며 12 믿음의 선한 싸움을 싸우라 영생을 취
하라 이를 위하여 네가 부르심을 받았고 많은 증인 앞에서 선한 증언
을 하였도다 13 만물을 살게 하신 하나님 앞과 본디오 빌라도를 향하
여 선한 증언을 하신 그리스도 예수 앞에서 내가 너를 명하노니 14 우
리 주 예수 그리스도께서 나타나실 때까지 흠도 없고 책망 받을 것도
없이 이 명령을 지키라 15 기약이 이르면 하나님이 그의 나타나심을
보이시리니 하나님은 복되시고 유일하신 주권자이시며 만왕의 왕이
시며 만주의 주시오 16 오직 그에게만 죽지 아니함이 있고 가까이 가
지 못할 빛에 거하시고 어떤 사람도 보지 못하였고 또 볼 수 없는 이
시니 그에게 존귀와 영원한 권능을 돌릴지어다 아멘

11 But as for you, O man of God, flee these things. Pursue righteousness,
godliness, faith, love, steadfastness, gentleness. 12 Fight the good fight
of the faith. Take hold of the eternal life to which you were called and
about which you made the good confession in the presence of many
witnesses. 13 I charge you in the presence of God, who gives life to all
things, and of Christ Jesus, who in his testimony before[1] Pontius Pilate
made the good confession, 14 to keep the commandment unstained

and free from reproach until the appearing of our Lord Jesus Christ,
15 which he will display at the proper time—he who is the blessed and
only Sovereign, the King of kings and Lord of lords, 16 who alone has
immortality, who dwells in unapproachable light, whom no one has
ever seen or can see. To him be honor and eternal dominion. Amen.

6장

17 네가 이 세대에서 부한 자들을 명하여 마음을 높이지 말고 정함이
없는 재물에 소망을 두지 말고 오직 우리에게 모든 것을 후히 주사 누
리게 하시는 하나님께 두며 18 선을 행하고 선한 사업을 많이 하고 나
누어 주기를 좋아하며 너그러운 자가 되게 하라 19 이것이 장래에 자
기를 위하여 좋은 터를 쌓아 참된 생명을 취하는 것이니라
17 As for the rich in this present age, charge them not to be haughty, nor
to set their hopes on the uncertainty of riches, but on God, who richly
provides us with everything to enjoy. 18 They are to do good, to be rich
in good works, to be generous and ready to share, 19 thus storing up
treasure for themselves as a good foundation for the future, so that they
may take hold of that which is truly life.

20 디모데야 망령되고 헛된 말과 거짓된 지식의 반론을 피함으로 네
게 부탁한 것을 지키라 21 이것을 따르는 사람들이 있어 믿음에서 벗
어났느니라
은혜가 너희와 함께 있을지어다
20 O Timothy, guard the deposit entrusted to you. Avoid the irreverent
babble and contradictions of what is falsely called "knowledge," 21 for
by professing it some have swerved from the faith.
Grace be with you.[2]

1 Or *in the time of* *2* The Greek for *you* is plural

단락 개관

디모데전서에서 바울은 디모데에게 진리의 기둥이자 터인(딤전 3:15) 하나님의 집에서 어떻게 행동해야 하는지 설명했다. 거짓 선생들과 맞서는 법, 장로와 집사의 자격 요건, 교회 내 다양한 부류의 사람들을 대하는 법에 대한 지침을 주었다. 마지막 장에서는 거짓 선생들과 맞서는 것으로 돌아갔다(6:2-10). 그리고 이 마지막 단락에서는 "하나님의 사람"에게 요구되는 것과 부자에게 요구되는 것이 무엇인지 설명한다. 마지막으로, 디모데에게 거짓 교훈에 맞서 참된 교훈을 "지키라"는 권면을 한다. 편지는 축도로 마무리된다.

단락 개요

VI. 하나님의 집에서 참된 선생과 거짓 선생 대조하기(6:2b-21)
- B. "하나님의 사람", 부자들, 그리고 마무리(6:11-21)
  1. 하나님의 사람이 지닌 특성(6:11-16)
  2. 교회 내의 부자들 가르치기(6:17-19)
  3. 교훈을 지키라(6:20-21a)
  4. 마무리 축도(6:21b)

주석

6:11 바울은 "하나님의 사람"에게 명령한다. 이는 구체적으로 디모데를 가리키지만 회중 모두에게도 적용된다. 디모데가 믿는 이들 가운데 본이

되어야 하기 때문이다. 디모데를 향한 바울의 권면은 "이것들을 피하[라]"는 것이다. "이것들"이란 앞 단락에서 대략적으로 서술한 거짓 선생들의 악덕을 가리킨다. 곧 그들의 교만과 탐욕, 부자가 되려는 욕망, 돈에 대한 사랑, 믿음에서 떠나 방황하는 것이다. 바울은 디모데에게 "피하[라]"고 말한다. 이는 도피하여 안전을 찾는다는 개념이다(BDAG). 자유로워지는 가장 좋은 방법은 피하는 것이다.

그러나 적극적으로 선을 추구하는 행동이 동반되지 않으면 악을 피해 다닌다 해도 소용없다. 그래서 바울은 디모데에게 여섯 가지 성품적 자질, 곧 의와 경건과 믿음과 사랑과 인내와 온유를 "따르[라]"(ESV는 "pursue")고 말한다.

"의"는 "하나님의 뜻에 부합하고 그분을 기쁘시게 하는 행동"을 가리킨다.[82] "경건"은 의와 밀접한 관련이 있다. 이것은 "사람이 하나님께 져야 하는 의무" 혹은 "독실함"을 나타낼 수 있다.[83] 여기에서 "믿음"은 신실함이 아니라 하나님에 대한 신뢰를 가리킨다. "사랑"은 그리스도의 영이 그분의 제자들 가운데서 일으키시는 서로를 향한 애정을 가리킨다(참고. 요 13:35). "인내"는 사람이 부당한 대우를 당할 때 참고 신뢰하는 태도를 가리킨다. 이러한 태도는 하나님께서 정하신 최종 결과에 대한 믿음과 확신에서 나온다.[84] "온유"는 고압적인 태도와 반대된다.

6:12 그리스도를 믿는 일은 싸움이다. 그것은 실제로 벌어지는 싸움이다. "하나님의 사람"은 그리스도에 대한 믿음을 버리라는 유혹을 많이 받는다. 그러나 하나님의 사람은 믿음을 지키기 위해 싸워야 한다. 평생의 분투가 되겠지만 결국 하나님의 사람은 영생을 취할 기회를 얻을 것이다. 그러므

82 Knight, *Pastoral Epistles*, 261.

83 같은 책.

84 같은 책, 262.

로 이것은 끝까지 인내하라는 부르심이다. "선한 증언"은 그리스도에 대한 디모데의 고백이다. 그가 세례 받을 때나 안수 받을 때 "예수님을 부활하신 주님으로(롬 10:9-10) 공개적으로 시인한 것(마 10:32; 눅 12:8)"이다.[85]

6:13 바울이 창조주 하나님 앞과 그리스도 앞에서 명령한다는 말은 그의 명령에 엄중함과 무게를 더한다. 또한 디모데의 "선한 증언"이 "'네가 유대인의 왕이냐?'는 빌라도의 질문에 그렇다고 대답(마 27:11; 막 15:2; 눅 23:3; 요 18:33-37)"[86] 하신 예수님의 선언과 다르지 않음을 그에게 상기시킨다. 예수님은 대가를 치를 것을 알면서도 그렇다고 대답하셨다. 신실하게 증언하신 것이다. 디모데도 그와 같이 해야 한다.

6:14-16 바울은 디모데에게 "이 명령을 지키라"고 지시한다. 아마도 바울은 기독교 신앙 자체를 일종의 명령, 곧 "윤리적 가르침의 모음"으로 이야기하는 것 같다.[87] 따라서 명령을 지키는 것은 그에게 맡겨진 사도의 가르침을 보호하거나 지키는 것이다.

바울은 "우리 주 예수 그리스도께서 나타나실 때"를 언급하면서 주제에서 벗어나 그리스도를 통해 나타난 하나님의 인격과 사역을 찬양한다. 그리스도가 재림하여 나타나실 때, 그 일은 마지막 때 모든 사건의 시기를 주관하시는 하나님의 주권적 계획을 따를 것이다. 하나님은 비할 데 없으시고 주권자시고 승리하신 "오직 그에게만 죽지 아니함이 있[는]" 왕이시므로 부활 생명과 최종 심판의 근원이 되신다. 그분은 아들로 하여금 의로운 자와 불의한 자의 최종 부활을 주재하게 하셨다(요 5:27-29). 바울은 구약의 주제에 맞추어 하나님이 "가까이 가지 못할 빛에 거하시고 어떤 사람

85 같은 책, 264.

86 같은 책, 266.

87 같은 책, 267.

도 보지 못하였고 또 볼 수 없는 이시니"라고 말한다(참고. 출 33:20). 바울은 그런 하나님께 기쁨의 찬양을 드린다. "그에게 존귀와 영원한 권능을 돌릴지어다 아멘."

6:17 그다음 바울은 디모데에게 "이 세대에서 부한 자들"에 관해 가르친다. 그러한 사람들은 이미 부유한 상태에서 회중의 일원이 되었다. 그들은 9절에서 온갖 그릇된 동기로 부자가 되려 하는 이들과 대조된다. 9절에 나오는 사람은 정말로 하나님을 사랑하지 않기 때문에 시험과 파멸과 멸망에 빠진다. 그들은 돈을 사랑하는데, 하나님과 돈을 겸하여 사랑하기란 불가능하다(마 6:24). 그러나 이 절에서 바울은 하나님을 경외하는 방식으로 재물을 소유할 수 있음을 인정한다. 여기에서도 바울은 부 자체를 문제시하지 않는다. 문제는 잘못된 방식으로 부를 착취하고 사용하는 죄악 된 태도에 있다.

그는 부자들에게 "마음을 높이지" 말라고 명령한다. 그러한 교만은 거짓 선생들이 드러낸 악의 뿌리다(참고. 딤전 6:4-5 주석). 그들은 또 "정함이 없는 재물"에 "소망"을 두지 말아야 한다. 재물이 궁극적인 행복이나 만족을 주리라고 기대해서는 안 된다. 재물은 불확실하며 그것이 제공하는 안전은 환상에 불과하다(잠 18:11; 23:4-5).

부가 안전과 행복을 줄 것이라 믿고 싶은 마음이 있다. 부자들은 그런 마음을 버려야 한다. 안전과 행복도 주실 수 있고, '또한' 그들이 현재 누리는 물질적 부도 주실 수 있는 하나님께 소망을 두어야 한다. 하나님의 선물을 즐기는 것은 죄가 아니다. 선물을 주시는 분보다 선물을 즐기는 것이 죄다.

6:18-19 바울은 재산 소유가 아니라 재산의 잘못된 사용에 대해 경고하며, 재산을 바르게 사용하는 몇 가지 실천 방법을 명시한다.

(1) 재물의 원천을 인식하라. "후히 주사 누리게 하시는"(17절) 분은 바로 하나님이시다.

(2) 재물의 선함을 인식하라. 거짓 선생들은 창조 세계의 선함을 거부한 이들이었다(참고. 4:1-5 주석). 물질적 복과 관련하여 원래 악한 것은 없다.

(3) 하나님께서 뜻하신 바는 그분의 백성이 선물을 누리는 것임을 인식하라. 하나님께서 주신 물질의 복을 사용하고 누리는 것은 아무런 잘못이 없다(참고. 전 2:24-25).

(4) 재물 사용의 우선순위는 다른 사람들에게 은혜를 베푸는 것임을 인식하라. 부자들은 "선을 행하고 선한 사업을 많이 하고 나누어 주기를 좋아하며 너그러운 자가 되[어야]" 한다. 궁핍한 사람에게 인색한 것은 부자의 마음에 우상숭배가 자리하고 있음을 드러낸다.

(5) 진정한 재물이 있는 곳을 인식하라. 예수님의 제자는 소유가 행복을 가져다주지 않음을 안다.

6:20-21 디모데는 "부탁[받은] 것을 지켜야 하는데, 이는 단순히 "다른 사람에게 맡겨진 재산"[88]을 의미한다. 이 경우 디모데에게 지키라고 맡겨진 것은 기독교 신앙 자체다. 신실한 청지기는 이 믿음으로 다음 두 가지 일을 해야 한다. (1) 그 메시지를 그대로 전하고, (2) 위협으로부터 그 메시지를 보호해야 한다.

하나님의 사람은 말씀을 때로는 '전파하고', 때로는 '변호해야' 한다. 바른 교훈으로 권면하는 한편 반박하는 이들에게 논박해야 한다(딛 1:9). 하나님의 사람은 성경에 헌신한다. 성경에 동의한다는 것은 항상 성경보다 더 권위 있게 여기는 것을 두지 않는다는 뜻이다. 따라서 디모데는 "망령되고 헛된 말과 거짓된 지식의 반론을 피[해야]" 한다. 신실한 목사는 영단번에 성도들에게 전달된 믿음에 머물기 위해 자기 마음을 단련해야 하며 다른 메시지에 미혹되지 말아야 한다. 경쟁하는 권위가 있음을 인정하면 하나님의 권위를 거부하게 된다. 그 끝은 반역일 뿐이다. 아니면 바울의 말대로

88 BDAG, s.v. παραθήκη

"믿음에서 벗어[난다]."

서신은 시작한 곳, 곧 은혜로 마무리된다. "은혜가 너희와 함께 있을지어다." 긍휼이 죄인들이 받아 마땅한 것을 받지 '않는' 것이라면, 은혜는 명백히 받을 만하지 '않은' 것을 받는 것이다. 바울은 청중에게 이러한 은혜가 있기를 바라며 편지를 마무리한다. "너희"는 헬라어에서 복수형이다. 이는 바울의 마지막 축도가 디모데뿐만 아니라 교회 전체를 향한 것임을 의미한다. 그것은 또한 그가 이 서신이 회중 앞에서 읽히기를 의도했음을 나타낸다(참고. 골 4:16; 살전 5:27). 바울은 회중 전체가 하나님의 넘치는 은총으로 살아가기를 바란다.

응답

11절에 나오는 덕목들은 갈라디아서 5:22-23에 나오는 성령의 열매인 사랑, 희락, 화평, 오래 참음, 자비, 양선, 충성, 온유, 절제와 약간 유사하다. 갈라디아서에서 이 성품적 자질은 성령이 신자들 가운데서 일하신 결과다. 그러나 디모데전서 6:11은 신자들에게 이러한 것들을 애써서 쌓으라고 적극적으로 요청한다. 어느 쪽이 맞을까? 이 덕목들은 우리가 애써서 쌓아야 하는 것일까, 아니면 성령이 우리 안에 쌓이도록 애쓰고 계시는 것일까? 둘 다 맞다. 우리가 적극적으로 이러한 덕목을 쌓으려고 애쓰는 까닭은, 정확히 성령이 그러한 덕목이 생기도록 우리 안에서 일하고 계시기 때문이다(빌 2:12-13). 하나님께서 성령을 통해 우리 안에서 일하실 때 우리는 손 놓고 수동적으로 있어서는 안 된다. 그와 반대로 성령의 일하심은 우리가 경건을 추구하는 근거다. 두 진리는 상충하지 않는다.

디모데후서

ESV 성경 해설 주석

ESV EXPOSITORY COMMENTARY

ESV Expository Commentary

2 Timothy

디모데후서 서론

서론

'목회서신 서론'을 보라

개요

I. 고난을 맞이하는 목사의 용기(1:1–18)

A. 서두의 인사(1:1–2)

B. 감사(1:3–7)

C. 부끄러움 없이 바울 따르기(1:8–18)

II. 인내를 위한 목사의 용기(2:1–26)

A. 그리스도의 은혜로 강해지라(2:1-13)

B. 부끄러움 없는 그리스도의 일꾼(2:14-26)

III. 적대자에 맞서는 목사의 용기(3:1-17)

A. 고통의 때와 거짓 선생들(3:1-9)

B. 박해와 오래 참음(3:10-15)

C. 모든 성경은 하나님의 감동으로 되었다(3:16-17)

IV. 말씀을 전파하는 목사의 용기(4:1-22)

A. 말씀 전파와 유종의 미(4:1-8)

B. 부탁과 마무리(4:9-22)

2 Timothy
디모데후서
1:1-2

1 하나님의 뜻으로 말미암아 그리스도 예수 안에 있는 생명의 약속대
로 그리스도 예수의 사도 된 바울은
2 사랑하는 아들 디모데에게 편지하노니
하나님 아버지와 그리스도 예수 우리 주께로부터 은혜와 긍휼과 평강
이 네게 있을지어다

1 Paul, an apostle of Christ Jesus by the will of God according to the
promise of the life that is in Christ Jesus,
2 To Timothy, my beloved child:
Grace, mercy, and peace from God the Father and Christ Jesus our
Lord.

단락 개관

디모데전서처럼 디모데후서의 첫 두 절은 서신을 시작하는 인사로 구성되어 있다. 이런 종류의 1세기 서신은 보통 세 부분, 즉 (1) 발신자에 대한 언급, (2) 수신자에 대한 언급, (3) 문안 인사로 시작된다. 바울은 모든 서신에서 이런 형식을 사용하며 디모데후서도 예외가 아니다. 다만 여기에서 바울은 그 형식에 자기만의 변화를 주어 기독교적인 목적에 맞게 각색한다(표1).

발신자	'하나님'의 뜻으로 말미암아 '그리스도 예수' 안에 있는 생명의 약속대로 그리스도 예수의 사도 된 바울은
수신자	사랑하는 아들 디모데에게 편지하노니
문안 인사	'하나님' 아버지와 '그리스도 예수' 우리 주께로부터 은혜와 긍휼과 평강이 네게 있을지어다

표1. 디모데후서 1:1-2에 세 부분으로 담긴 바울의 인사

이 서두에는 책의 나머지 부분을 해석하는데 열쇠가 되는 자료가 담겨 있다. 바울은 표준 인사[카이레인(*chairein*)] 자리에 "은혜와 긍휼과 평강"[카리스(*charis*), 엘레오스(*eleos*), 에이레네(*eirēnē*)]이라는 표현을 써서 인사를 기독교식으로 바꾼다.

단락 개요

I. 고난을 맞이하는 목사의 용기(1:1–18)
A. 서두의 인사(1:1–2)
1. 발신자(1:1)
2. 수신자(1:2a)
3. 인사(1:2b)

주석

1:1 첫 번째 단어 "바울"(개역개정은 1절 끝부분에 나옴)은 이 서신의 발신자이자 저자를 명시하고 있다(참고. '목회서신 서론'의 '저자'에서 저작권에 관한 논의). 다른 서신에서 그러하듯 바울은 사도적 권위를 거듭 드러내기 위해 자신의 이름과 직책을 밝힌다(사도의 직책에 대한 더 자세한 내용은 딤전 1:1 주석을 보라).

바울은 자신이 "하나님의 뜻으로 말미암아…그리스도 예수의 사도"가 되었다고 말한다. 예수님이 오직 하나님의 뜻에 따라 바울에게 사도의 임무를 맡기셨다. 바울의 권위는 하나님 아버지의 뜻에 근거하고, 예수님의 사역으로 공표되었으며, 성령이 그것을 행사할 수 있게 해주셨다(참고. 딤후 1:7, 14). 삼위일체적 권위가 바울의 사역에 힘을 실어주었다.

1절의 마지막 어구 "그리스도 예수 안에 있는 생명의 약속대로"(개역개정은 1절 중간에 나옴)에서는 바울의 사도직이 지닌 "목적과 의도"[1]를 알 수 있다. 생명의 약속이란 메시아 예수를 통해 구원과 생명을 주시겠다는 하나

1 George W. Knight III, *The Pastoral Epistles: A Commentary on the Greek Text*, NIGTC (Grand Rapids, MI: Eerdmans,1992), 364.

님의 약속이다(예를 들어, 갈 3:16). 바울은 그리스도가 죽은 자 가운데서 부활하심을 권위 있게 선포해야 했다. 그 사실은 우리 구원의 보증서였으며 현재도 그러하다. 이 "생명의 약속"은 바울 자신의 상황과 더욱 관련이 있다. 이 편지를 쓸 당시 그는 죽음을 눈앞에 두고 있기 때문이다(딤후 4:6-8).

1:2 바울은 이 서신을 디모데에게 보낸다(참고. 딤전 1:2 주석). 그는 확실히 디모데에게 따뜻한 애정을 품고 있는데, 되도록 빨리 자신을 보러 오라고 요청한다(딤후 4:9). 나이든 사도 바울은 디모데를 "사랑하는 아들"이라고 부르고 애정 어린 단어를 사용하며 어린 후배에게 마지막 가르침을 준다. 2절에서 "은혜와 긍휼과 평강"이 나오는 근원은 1절에서 바울의 사도직이 나온 근원과 같다. 곧 "하나님 아버지"와 "그리스도 예수"시다.

응답

바울이 그의 권위를 상기시킨 일이 우리에게도 필요하다. 우리도 디모데와 마찬가지로 하나님의 권위가 도전받는 상황에 직면해 있기 때문이다. 바울은 디모데에게 말씀에 반대하는 거짓 선생들에게 맞서 신실한 말씀을 굳게 붙들라고 명령할 것이다. 그 명령은 우리에게도 동일하게 적용된다. 그 명령을 따르고자 하는 의지는 전적으로 우리가 누구를 우리의 권위로 인정하느냐에 달려 있다. 하나님께서 명하시는 선한 싸움을 할 수 있으려면, 먼저 우리 마음속에서 누가 혹은 무엇이 우리의 권위가 되느냐 하는 문제를 해결해야 한다.

2 Timothy
디모데후서
1:3-7

3 내가 밤낮 간구하는 가운데 쉬지 않고 너를 생각하여 청결한 양심으
로 조상 적부터 섬겨 오는 하나님께 감사하고 4 네 눈물을 생각하여
너 보기를 원함은 내 기쁨이 가득하게 하려 함이니 5 이는 네 속에 거
짓이 없는 믿음이 있음을 생각함이라 이 믿음은 먼저 네 외조모 로이
스와 네 어머니 유니게 속에 있더니 네 속에도 있는 줄을 확신하노라
6 그러므로 내가 나의 안수함으로 네 속에 있는 하나님의 은사를 다시
불 일듯 하게 하기 위하여 너로 생각하게 하노니 7 하나님이 우리에게
주신 것은 두려워하는 [1)]마음이 아니요 오직 능력과 사랑과 절제하는
[1)]마음이니

3 I thank God whom I serve, as did my ancestors, with a clear
conscience, as I remember you constantly in my prayers night and day.
4 As I remember your tears, I long to see you, that I may be filled with
joy. 5 I am reminded of your sincere faith, a faith that dwelt first in your
grandmother Lois and your mother Eunice and now, I am sure, dwells
in you as well. 6 For this reason I remind you to fan into flame the gift
of God, which is in you through the laying on of my hands, 7 for God
gave us a spirit not of fear but of power and love and self-control.

1) 헬, 영

단락 개관

디모데후서 1:3의 감사는 서신의 본문 바로 앞에 나온다. 무엇보다 바울이 이 편지를 쓸 때의 상황을 기억해야 한다. 그는 로마 감옥에서 편지를 쓰고 있으며, 자신이 얼마 있지 않아 처형될 것을 안다(딤후 4:6-7). 이 편지를 쓰기 전에도 수차례 어려운 상황에 놓였지만 이번은 전과 달리 마지막이 될 수 있음을 느끼고 있다. 바울은 마지막이 될 수 있는 말들을 디모데에게 보내는 편지에 쓴다.

단락 개요

I. 고난을 맞이하는 목사의 용기(1:1–18)
   B. 감사(1:3–7)
      1. 사도의 감사(1:3-5)
      2. 사도의 명령(1:6-7)

주석

1:3 3절은 바울이 '누구에게' 감사하는지 알려주고, 4절은 바울이 하나님께 감사하며 '무엇'을 갈망하는지 알려준다. 5절은 그가 하나님께 감사하는 '이유'를 알려준다. 따라서 이 세 절에서 바울은 자신이 '누구에게', '무엇을', '왜' 감사하는지 설명한다.

바울은 하나님께 감사한다. 바울의 상황을 고려할 때 이 사실 자체만으로도 놀라울 만하다. 고대에는 죄수에게 생필품이 제공되지 않았다. 그들은 보통 다른 사람들의 호의와 도움으로 생필품을 구했다. 뒤에서 바울은 디모데에게 "겉옷을 가지고" 와달라고 요청한다(4:13). 바울은 이러한 감금과 박탈, 유기 상황에서도 여전히 하나님께 감사한다. 그는 에베소서 5:20에서 에베소 교인들에게 말한 그대로를 실천하고 있다. 그 구절에서 그는 성령 충만함이란 "범사에 우리 주 예수 그리스도의 이름으로 항상 아버지 하나님께 감사하[는]" 것을 뜻한다고 말했다(참고. 골 3:17).

바울은 하나님을 "내가…청결한 양심으로 조상 적부터 섬겨 오는" 분이라고 언급한다. 감옥조차 그가 가장 절망적인 상황에서 하나님을 섬기는 일을 막지 못한다. 친구들은 그를 버렸을지 모르지만 하나님은 버리지 않으셨다. 바울은 주 앞에서 신실하게 행하며 계속해서 "청결한 양심으로" 하나님을 섬긴다. 그는 감옥에 버려졌다는 이유로 그리스도를 버리지 않는다.

바울은 "조상 적부터"[ESV는 "as did my ancestors"(조상들이 그랬던 것처럼)] 하나님을 섬기고 있다. 그는 선조로부터 신실함의 귀감과 본을 물려받았다. 이 놀라운 선언에서 바울이 유대인 조상들을 어떻게 생각하는지 엿볼 수 있다. 그는 아브라함과 이삭과 야곱과 다윗처럼 하나님을 섬긴다. 바울은 그리스도의 복음이 조상들에게 주어졌던 약속의 성취라고 바르게 믿는다. 조상들이 기대하며 믿었던 것이 이제 성취되었음을 바울은 믿는다. 기독교와 유대교는 바르게 이해하면 두 가지 다른 종교가 아니다. 그 둘은 계시가 펼쳐지면서 나타난 한 종교의 두 단계다. 구약의 믿음은 꽃의 씨앗이고, 건물의 토대이며, 어른으로 자랄 아이에 해당한다.

1:4 바울이 감사하는 '대상'은 하나님이다. 그가 하나님께 감사하며 느끼는 '것'은 "너 보기를 원함…내 기쁨이 가득[한]" 것이다. 바울의 갈망은 그가 지난 작별 인사를 기억한다는 사실로 인해 훨씬 더 가슴 저리게 다가온다. 그때 디모데는 바울을 생각하며 감정이 북받쳐서 울었다("네 눈물을 생각하여"). 바울이 감옥에서 괴로운 나날을 보낼 때, 그 눈물의 기억이 그에게 어떤 의미였는지는 상상에 맡길 수밖에 없다. 데마와 그레스게, 디도 모

두 떠나갔다(4:10). 바울을 버렸거나 다른 일을 하러 갔다(누가는 제외, 참고. 4:11). 그러나 바울은 그를 떠나고 싶어 하지 않았지만 눈물로 헤어질 수밖에 없었던 한 사람을 기억한다. 디모데의 사랑과 애정에 대한 기억은 바울이 처한 어둡고 비참한 상황에서 한 줄기 빛이 된다. 그 때문에 바울은 이 "사랑하는 아들"(1:2)을 다시 한 번 보기를 원한다.

1:5 그다음 바울은 감사의 '이유'를 언급한다. "이는 네 속에 거짓이 없는 믿음이 있음을 생각함이라 이 믿음은 먼저 네 외조모 로이스와 네 어머니 유니게 속에 있더니 네 속에도 있는 줄을 확신하노라." 바울이 감사하는 까닭은 디모데의 믿음이 진짜이고 실재함을 알기 때문이다. 그것은 고난으로 검증받고 신실함으로 입증된 그리스도 안에 있는 믿음이다. 그러나 바울은 또한 디모데의 진실한 믿음을 그에게 그것을 가르쳐준 이들, 즉 그의 외조모 로이스와 어머니 유니게와 연결시킨다. 바울은 이 여인들을 개인적으로 알고 있었을 것이다(행 16:1). 어쨌든 그는 그들이 진짜이고, 디모데 역시 진짜임을 그들이 확실하게 증언하고 있음을 안다. 이 여인들은 디모데에게 거짓 복음이 아닌 진짜 복음을 물려주었다. 그들은 위선적인 삶의 방식이 아닌 진정한 삶의 방식을 물려주었다. 바울은 디모데가 어머니와 외조모에게 물려받은 진실한 믿음으로 인해 하나님께 감사한다.

이렇게 바울은 어머니와 할머니가 자녀들에게 미칠 수 있는 아주 강력한 영향력을 숙고해 보라고 독자들에게 요청한다. 디모데의 아버지는 신자가 아니어서 아들에게 기독교적 영향을 미치지 못한 것 같다(행 16:1). 그러나 이 여인들은 디모데에게 흔적을 남겼다. 자녀 양육은 일상적이고 생색 안 나는 힘든 일일 수 있지만, 하나님의 여인들이 심은 씨앗이 의의 나무로 자라났다. 그들이 키운 아이가 위대한 사도 바울이 가장 절망적인 시기에 의지하는 사람이 되었다.

1:6 "그러므로"는 바울이 이제 하려는 명령을 소개한다. 그는 디모데의 믿음이 진짜임을 확신하기 때문에 "나의 안수함으로 네 속에 있는 하나님

의 은사를 다시 불일 듯하게" 하라고 명령한다. "하나님의 은사"는 단지 구원받을 때 받은 성령의 은사가 아니다. 그것은 디모데가 "안수"받을 때 받은 은사다. 이는 디모데전서 4:14에도 언급된 디모데의 목사 안수를 나타내는 표현이다. 바울이 여기에서는 "나의 안수함"을 언급하고, 디모데전서 4:14에서는 장로들의 역할을 디모데에게 상기시키지만 이는 모순되지 않는다. 디모데후서에서 바울은 그저 디모데가 안수를 받고 사역을 시작했을 당시 자신의 역할을 강조할 뿐이다.

장로들의 안수는 안수를 받는 이들에게 마술 같은 능력을 부여하지는 않는다. 그를 기계적으로 성령 충만하게 만들지도 않는다. 안수란 성령이 이미 한 개인에게 하신 일을 기초로 그의 은사를 공개적으로 인정하는 것이다. 그런 의미에서 안수는 교회가 그에게 사역을 위임하는 것이다(참고. 행 6:6; 13:3). 내가 복음 사역을 하고 싶다고 해서 받는 것이 아니다. 그러므로 안수의 기준은 어떤 사람이 그 사역에 적합하다는 공동체 전체의 인식에 있다. 그 사역을 시작하는 데 교회의 승인이 반드시 필요하다. 이 때문에 바울은 디모데가 "나의 안수함으로" 은사를 받았다고 말한다.

누구도 자기 자신에게 하나님의 백성을 목양하는 은사를 부여할 수 없지만, 그 은사를 시들고 위축되게 '할 수는' 있다. 디모데는 이런 일이 일어나게 해서는 안 된다. 반대로 "하나님의 은사를 다시 불일 듯하게" 해야 한다. 이것은 그가 이미 받은 은사대로 행해야만 더 강해질 수 있다는 의미다. 말씀 사역은 근육과 같아서 꾸준히 운동하면 강해지지만 무시하고 사용하지 않으면 위축되고 만다. 아마도 디모데의 사역이 두려움과 위협 때문에 방치되었던 것 같다. 이는 바울이 7절에서 말하는 바를 설명해 준다.

1:7 바울은 6절에서 한 명령의 근거를 제시한다. "하나님이 우리에게 주신 것은 두려워하는 마음이 아니요 오직 능력과 사랑과 절제하는 마음이니." 그가 여기에서 염두에 두는 "마음"은 성령이며, 성령은 두려움을 일으키시지 않는다. 일부 번역은 이 단어를 "소심한 마음"으로 번역하지만 그러면 오해의 소지가 있다. "두려움"으로 번역된 단어는 겁을 나타내지만,

여기에서는 단지 두려운 감정을 뜻하지 않는다. 겁쟁이가 아니더라도 많은 사람이 두려움을 느낀다. 겁쟁이는 반대와 위험에 직면했을 때 두려움에 맞서 행동할 용기가 없는 사람이다. 하나님은 자기 백성에게 반대와 위험에 직면할 때 한발 물러서는 마음을 주시지 않는다. 디모데가 받은 마음은 절대 그런 것이 아니다. 이 때문에 그는 상황이 힘들 때에도 복음을 선포하는 일에서 물러서지 않아야 한다. 하나님은 성령을 통해 디모데에게 해야 할 일을 할 수 있는 능력을 주셨다. 그 영은 하나님과 이웃에 대한 사랑을 불러일으키시며, 이런 사랑이야말로 제자의 성품을 정의하는 특성이다. 싸움을 앞두고 무엇이든 극복할 수 있는 절제의 마음을 동일한 성령이 우리에게 불어넣으신다.

응답

복음을 선포하다가 반대에 부딪칠 때, 우리는 종종 갈등에서 물러서고자 하는 유혹을 받는다. 그러나 그리스도인은 물러설 수 없다. 그런 마음을 받지 않았기 때문이다. 이는 전도 일을 하는 모든 그리스도인에게 적용되지만, 특히 목회의 책임을 맡은 이들에게 그러하다. 설교자는 그 은사를 다시 불일 듯 일으켜야 한다. 두려움으로 위축되지 않고 담대함과 사랑으로 진리의 말씀을 가지고 일어서야 한다.

2 Timothy
디모데후서
1:8-18

8 그러므로 너는 내가 우리 주를 증언함과 또는 주를 위하여 갇힌 자
된 나를 부끄러워하지 말고 오직 하나님의 능력을 따라 복음과 함께
고난을 받으라 9 하나님이 우리를 구원하사 거룩하신 소명으로 부르
심은 우리의 행위대로 하심이 아니요 오직 자기의 뜻과 영원 전부터
그리스도 예수 안에서 우리에게 주신 은혜대로 하심이라 10 이제는 우
리 구주 그리스도 예수의 나타나심으로 말미암아 나타났으니 그는 사
망을 폐하시고 복음으로써 생명과 썩지 아니할 것을 드러내신지라
11 내가 이 복음을 위하여 선포자와 사도와 교사로 세우심을 입었노라
12 이로 말미암아 내가 또 이 고난을 받되 부끄러워하지 아니함은 내
가 믿는 자를 내가 알고 또한 내가 의탁한 것을 그 날까지 그가 능히
지키실 줄을 확신함이라 13 너는 그리스도 예수 안에 있는 믿음과 사
랑으로써 내게 들은 바 [1)]바른 말을 본받아 지키고 14 우리 안에 거하
시는 성령으로 말미암아 네게 부탁한 아름다운 것을 지키라
8 Therefore do not be ashamed of the testimony about our Lord, nor
of me his prisoner, but share in suffering for the gospel by the power
of God, 9 who saved us and called us to[1] a holy calling, not because of

our works but because of his own purpose and grace, which he gave
us in Christ Jesus before the ages began,[2] 10 and which now has been
manifested through the appearing of our Savior Christ Jesus, who
abolished death and brought life and immortality to light through the
gospel, 11 for which I was appointed a preacher and apostle and teacher,
12 which is why I suffer as I do. But I am not ashamed, for I know
whom I have believed, and I am convinced that he is able to guard until
that day what has been entrusted to me.[3] 13 Follow the pattern of the
sound[4] words that you have heard from me, in the faith and love that
are in Christ Jesus. 14 By the Holy Spirit who dwells within us, guard
the good deposit entrusted to you.

15 아시아에 있는 모든 사람이 나를 버린 이 일을 네가 아나니 그 중에
는 부겔로와 허모게네도 있느니라 16 원하건대 주께서 오네시보로의
집에 긍휼을 베푸시옵소서 그가 나를 자주 격려해 주고 내가 사슬에
매인 것을 부끄러워하지 아니하고 17 로마에 있을 때에 나를 부지런히
찾아와 만났음이라 18 (원하건대 주께서 그로 하여금 그날에 주의 긍
휼을 입게 하여 주옵소서) 또 그가 에베소에서 많이 봉사한 것을 네
가 잘 아느니라
15 You are aware that all who are in Asia turned away from me, among
whom are Phygelus and Hermogenes. 16 May the Lord grant mercy to
the household of Onesiphorus, for he often refreshed me and was not
ashamed of my chains, 17 but when he arrived in Rome he searched for
me earnestly and found me— 18 may the Lord grant him to find mercy
from the Lord on that day!—and you well know all the service he
rendered at Ephesus.

1) 헬, 건전한

1 Or *with* *2* Greek *before times eternal* *3* Or *what I have entrusted to him*; Greek *my deposit* *4* Or *healthy*

단락 개관

이 본문은 '바울의 마지막 말'이 시작되는 부분으로 읽어야 한다. 바울은 맨 먼저 디모데에게 에베소 교회에 침투한 믿음의 적과 싸우라고 요청했다. 또한 그의 은사를 "불일 듯하게" 하라고 명령했다(딤후 1:6-7). 이제 바울은 디모데에게 부끄러워하지 말고 복음을 위해 자신과 함께 고난을 받으라고 권면한다(8-18절).

단락 개요

I. 고난을 맞이하는 목사의 용기(1:1-18)
  C. 부끄러움 없이 바울 따르기(1:8-18)
    1. 부끄러움 없는 고난(1:8-12)
    2. 부끄러움 없는 사역(1:13-14)
    3. 부끄러움 없는 본보기(1:15-18)

주석

1:8 이 절은 "부끄러워하지 말[라]"는 명령으로 시작한다. "그러므로"는 이 명령이 7절에서 바울이 말한 내용에 기반한다는 뜻이다. 하나님께서 디모데에게 두려워하는 마음이 아니라 능력과 절제의 영을 주셨으므로 그는 부끄러워해서는 안 된다. 바울은 부끄러움으로 인해 그리스도에 대한 신실함이 약화될까 봐 염려한다(8, 12, 16절의 "부끄러워하지"라는 단어에 주목하라). 《아메리칸 헤리티지 사전》(*American Heritage Dictionary*)은 부끄러움을 "어떤 행동이나 생각, 환경, 경험 때문에 애정이나 존경을 받을 만하지 못하다는, 혹은 다른 사람에 의해 그렇게 인식되는 믿음 때문에 생기는 고통스러운 감정"으로 정의한다. 전능하신 하나님의 영은 그러한 부끄러움과 함께하지 않고 그것을 몰아내실 것이다. 그러므로 디모데는 부끄러워해서는 안 된다.

바울은 디모데가 부끄러움을 느낄지도 모르는 최소한의 두 가지 이유를 제시한다. 그 이유는 (1) "우리 주를 증언[하는]" 복음이고, (2) "갇힌 자"인 바울이다. 바울 시대에는 많은 사람이 예수님에 관한 메시지 때문에 그리스도인들을 업신여겼다. 복음이 실로 "멸망하는 자들에게는 미련한 것"(고전 1:18)임을 입증하면서 바울이 부활에 대해 선포하기 시작했을 때, 회의론자들은 마르스 언덕(아레오바고)에서 그를 비웃으며 부끄럽게 했다. 은혜와는 별개로, 세상은 그리스도인들이 믿는 바를 두고 그들을 미련하다고 생각한다. 바울은 믿음을 가지고 복음을 전하는 이들이 많은 부끄러움을 당하고 있다는 것을 안다.

또한 기꺼이 자신을 복음 전도자로 여기는 이들이 감당해야 하는 많은 부끄러움이 있다. 성화되지 않은 사람들이 복음을 전한 죄로 감옥에 갇힌 바울을 어떻게 여겼을지 상상해 볼 수 있다. 예수라는 죽은 유대인에 관한 동화에 목숨을 던지는 그가 그들의 눈에 어리석게 보였을 것이다. 그리스도의 이름을 위해 부끄러움을 당하는 사람과 어울리는 것은 분명 곤란한 일이었다. 그러다가 자신도 같은 부끄러움을 당할 수 있기 때문이다.

바울이 자신을 '로마'의 죄수로 칭하지 않은 점이 놀랍다. 대신 그는 자신을 주님의 죄수라고 칭한다. 그는 부끄러움을 자기 것이 아니라 그리스도의 것으로 여긴다. 그는 로마가 아니라 예수님께 속한 사람이다. 로마인들이 그의 메시지를 멸시한다면, 그것은 곧 그의 주 되신 예수님을 멸시하는 것이다. 바울은 자신이 고난을 겪는 것은 다름 아닌 그리스도의 고난을 자기 몸으로 다시 살아내는 것이라고 본다(갈 2:20). 주님의 죄수인 바울을 부끄러워하는 것은 곧 예수님을 부끄러워하는 것과 같다. 바울은 주님을 위해 옥에 갇혔기 때문이다. 그래서 그는 디모데에게 주님의 죄수인 그를 부끄러워하지 말라고 이른다. 그와 반대로 "하나님의 능력을 따라 복음과 함께 고난을 받으라"고 명령한다. 디모데가 부끄러워하지 않는다는 증거는 기꺼이 고난 받으려는 마음으로 드러나야 한다.

이 본문은 위험한 일에 대해 말하고 있다. 감옥에 갇힌 사도와 어울리는 것은 위험한 일이다. 그래서 바울은 이어지는 절들에서 디모데를 위해 "하나님의 능력"이 이루신 모든 일을 묘사한다.

1:9 많은 주석가가 9-10절을 초기 기독교의 찬송 혹은 고백으로 여기지만(예를 들어, NA^{28}), 결론은 전혀 확실하지 않다(예를 들어, UBS^{5}).[2] 다만 바울이 디모데에게 하나님의 능력이 이루신 일과 디모데가 직접 경험한 일을 상기시키기 위해 이 두 절을 소개하는 것은 확실하다. 하나님의 능력이 9-10절에 묘사된 대로 죄인을 구원하기에 충분하다면, 디모데는 분명 그 능력에 힘입어 바울과 함께 고난당할 수 있을 것이다.

9절의 시작 부분은 하나님을 "우리를 구원하[신]" 분으로 명시한다. 10절은 이 구원을 "사망"에서 구해 내어 "생명과 썩지 아니할 것"을 주신 것으로 정의한다. 하나님의 구원은 죽음에서 구해 내심은 물론이고 영생을 주심도 포함한다(롬 6:23). 하나님은 그분의 백성을 부르심으로 그들의 단단한

2 참고. William D. Mounce, *Pastoral Epistles*, WBC (Grand Rapids, MI: Zondervan, 2016), 481.

마음을 뚫고 들어가신다. "거룩하신 소명"은 틀림없이 믿음의 응답을 불러일으킨다는 점에서 효과적이다(참고. "부르심", 롬 8:30; 9:11, 24; 고전 1:9; 갈 1:6; 엡 4:1). 하나님께서 신자들을 "부르심"은 그들에게 그럴 자격이 있거나 그들이 요청하기 때문이 아니다. 부르심은 "우리의 행위대로 하심이 아니[다]." 본래 죄인은 허물과 죄 가운데서 죽었기 때문에 하나님을 찾을 수 없다. 하나님께서 "오직 자기의 뜻과…은혜"로 그들을 찾으신다. 바울은 다른 서신서에서 "부르심"을 하나님께서 은혜로 예정하신 "뜻"과 연결한다(롬 8:28). 여기에서도 그는 예정하신 뜻을 염두에 둔 것 같다(참고. 엡 1:11).

이것이 함의하는 바는, 그리스도를 통한 구원이 궁극적으로 인간의 노력이나 재주에 근거하지 않고 영원 전부터 하나님의 뜻에 근거한다는 것이다. 그러므로 구원은 전적으로 은혜다. 바울은 하나님의 은혜가 "영원 전부터 그리스도 예수 안에서"(참고. 딛 1:2) 그분의 백성에게 주어졌다고 명시한다. 창세전부터, 심지어 누군가가 죄를 짓기 전부터 하나님께서 예정하신 선하심은 죄인들을 구원하기 위해 정확히 그들을 겨냥하고 있었다.

1:10 이 절은 9절에 언급된 "은혜"를 더 자세히 설명하며 시작된다. 이 은혜는 그리스도의 구속 사역을 통해 "이제…나타났[다]." 그리스도로 인해 하나님의 은혜가 드러난 것이다. 나타났다는 것은 "대중적으로 알려졌다"[3]는 의미다. 하나님의 은혜로운 뜻은 멀리 떨어져 있는 신의 덧없는 사색이 아니다. 그분은 자기 백성을 구원하기 위해 "나타나심으로 말미암아", 즉 "우리 구주 그리스도 예수"의 성육신으로 그분의 계획에 살과 피를 입히신다. 그 나타나심이 예수 그리스도의 십자가와 부활을 통해 구원을 이루었다. 십자가를 통해 구주가 "사망을 폐하[셨다]." 이는 죄인들이 이제 죽음을 겪지 않을 것이라는 의미가 아니라, 그들에게 내려진 사형 선고가 이후의 부활로 뒤집힐 것이라는 의미다. 예수님의 부활은 그분 자신의 죽음

3 BDAG, s.v. *phaneroō*

을 무효화하기에 이르렀다. 마찬가지로 제자들의 죽음 역시 무효화될 것임을 보증한다. 이 "생명과 썩지 아니할 것"에 대한 약속이 세상에 선포된 "복음" 메시지를 통해 신자들에게 가까이 왔다.

1:11 "이 복음을 위하여"는 10절 말미에 언급된 복음을 되돌아본다. 주 예수 그리스도가 직접 바울에게 나타나 "선포자와 사도와 교사"가 되도록 그를 "세우[셨다]." 이러한 직함들은 바울의 사역이 주로 그리스도에 관한 진리를 해설하는 데 초점이 있었음을 나타낸다. 바울은 "선포자"로서 그 메시지를 선포했다. 그는 "사도"로서 영감 받은 권위 있는 메시지 전달자가 되도록 예수님께 직접 세우심을 받았다. "교사"로서 그는 그리스도 안에 나타난 하나님의 계시의 의미를 설명했다. 이런 점에서 바울 사역의 모든 면은 복음을 메시지, 즉 복음을 믿는 모든 사람에게 "생명과 썩지 아니할 것"을 가져다주는 메시지를 전하기 위해 존재했다.

1:12 이 절의 첫 어구는 거슬러 올라가 10절 말미에 언급된 "복음"과 연결된다. 문자적으로 "그것[복음] 때문에 내가 이런 고난을 받는다"로 번역할 수 있다. "이 고난"은 8절에 언급된 바울의 투옥을 가리킨다. 8절에서 그랬듯이 바울은 복음을 전한 일 때문에 자신이 감옥에 갇혔다고 말한다. 그는 비록 부끄러운 장소(감옥)에 있기는 하지만 부끄럽지 않다고 선언한다. 왜 그러한가? 그리스도를 믿고 의뢰하기 때문이다. "내가 믿는 자를 내가 알고." 바울은 그리스도를 알기 때문에 궁극적인 지지를 확신한다. 그러므로 현재 상황을 부끄러워할 이유가 없다.

바울의 확신은 폭풍우를 견디는 자기 능력을 믿는 데서 나오지 않는다. 그 반대로 바울은 "'그가'[하나님께서] 능히 지키실 줄을 확신함이라"고 쓴다. 하나님의 능력이 바울을 사도이자 복음 전도자로 삼으셨고, 지금은 고통당하는 그를 붙들고 계신다. 그 때문에 바울은 부끄러워하지 않는다. 그는 그를 가둔 사람이 그의 자유, 아니 목숨을 가져간다 해도 하나님께서 그를 일으켜주실 것을 확신한다. 이것이 그리스도가 바울에게 "의탁"된 생명을 "지키실" 수 있다는 말의 의미다. 바울은 자신의 생명이 궁극적으로 그를 가둔 로마인의 기분에 달려 있지 않음을 안다. 그의 생명은 하나님 안에 그리스도와 함께 숨겨져 있다. 마지막 날(부활의 날)에 그는 잃었던 모든 것에 더해 더 많은 것을 다시 받게 될 것이다.

1:13-14 디모데에게 부끄러움 없는 사역이란 기꺼이 바울과 어울리고 그와 함께 고난당하는 것을 의미한다. 이 두 절에서 그것은 또한 기꺼이 바울의 메시지에 신실함을 지키는 일도 의미한다. 바울은 그 메시지를 "내게 들은 바 바른 말"(13절)과 "네게 부탁한 아름다운 것"(14절)이라고 부른다. 두 표현 모두 복음의 메시지가 '주어진' 것임을 강조한다. 그것은 인식 가능한 내용과 외형으로 이루어져 있으며, 중심 집합이라기보다 경계 집합에 가깝다.[4] 어떤 사람의 가르침은 복음의 "말"을 따르거나 거기서 벗어나거나 둘 중 하나다. 어떤 사람의 가르침은 "부탁한 것"에서 가져오거나 다른 어디서 가져오거나 둘 중 하나다. 요약하자면, 바울은 디모데가 사도적 기준에 따라 가르치는 사역을 이끌어야 한다고 주장한다.

바울은 사도적 기준과 관련해 두 가지 명령을 한다. 그는 디모데에게 사도적 기준을 "본받[고]" 그것을 "지키[라]"고 명한다. 본받으라는 첫 번째 명령은 "꼭 붙들라"[에케(*eche*)]로 번역할 수도 있다. 이 문맥에서 "꼭 붙들라"는 말은 "지극히 중요한"(BDAG) 것에 헌신하라는 의미다. 이 경우에 우선순위가 가장 높은 항목은 복음의 메시지다. 따라서 바른 말을 꼭 붙든다는 것은, 하나님의 백성 앞에서 사도적 기준을 선포하고 그 기준대로 살아야 하는 디모데의 목회적 의무를 가리킨다.

바울은 디모데가 하는 말뿐 아니라 그가 말씀대로 살아내는 것에도 관심이 있다. 복음을 꼭 붙드는 이 일은 "그리스도 예수 안에 있는 믿음과 사랑으로써" 일어나야 한다. 바울의 가르침을 보존하기 위해 디모데는 하나님

4 '중심 집합'은 중심은 확고하되 담장과 울타리가 없는 조직 구조를, '경계 집합'은 경계선과 울타리가 분명한 조직 구조를 가리킨다.(옮긴이 주)

을 향한 믿음과 다른 사람을 향한 사랑을 실천해야 한다(참고. 마 22:36-40).

지키라는 두 번째 명령은 거짓 선생들로 인해 그 기준이 오염되지 않도록 지켜야 하는 디모데의 목회적 의무를 가리킨다(참고. 딤전 6:20; 딤후 4:15). 이곳에서 그 기준은 "부탁한 아름다운 것"으로 불린다. 이 표현은 디모데전서 6:20과 병행을 이루며 그에게 맡겨진 사도적 메시지를 가리킨다. 디모데는 그 메시지를 선포할 뿐 아니라 방어할 책임을 갖는다(참고. 딛 1:9). 이는 목회 사역에 반드시 대립이 따른다는 사실을 의미한다. 디모데는 "성령[의 능력]으로 말미암아" 그 일에 임해야 한다. 디모데에게 그런 임무를 수행할 자격이 주어진 것은 그가 지략이 뛰어나서가 아니다. 먼저 바울 안에 거하시고 이제 디모데 안에도 강력하게 거하시는 성령의 임재 덕분이다.

1:15 "네가 아나니"는 바울이 디모데가 잘 아는 사건을 언급하고 있다는 뜻이다. 이 경우에 그것은 일단의 신자들, 곧 "아시아에 있는 모든 사람이" 바울을 버린 사건을 가리킨다. 그들이 누구인지는 확실히 규명하기 어렵다. "아시아"는 현대의 터키 서부를 가리키며, 당시에는 로마의 속주 아시아 서부 지역이었다. 그런데 바울이 언급하는 "모든 사람"은 누구일까? 그들이 언제 그를 버렸을까? "모든 사람"이 아시아의 모든 신자를 가리킨다는 설도 있으나 그럴 것 같지는 않다. 바울은 아시아에 있는 좀 더 작은 그룹의 사람들을 염두에 두었을 가능성이 높다. 이 그룹을 명확하게 규명할 수는 없지만, 바울이 부겔로와 허모게네를 언급한 것으로 보아 그들이 그 그룹의 지도자였을 가능성이 있다.

바울은 그들이 자신을 '버렸다'[아포스트레포(*apostrephō*), 이 문맥에서는 "거부함으로 버리다"(BDAG)]고 말한다. 이 단어는 그들이 사소한 이유로 바울을 떠나지는 않았음을 암시하며, '거부하다' 혹은 '의절하다'로도 번역할 수 있다. 그들이 바울을 버리고 떠난 까닭은 그가 부끄러웠기 때문이다. 그들은 바울이 디모데에게 명한 일, 곧 부끄러워하지 '말라'는 명령을 지키지 못한 사례다. 그들은 상황이 힘들어지자 도망쳤다. 그들은 바울을 버렸다. 바울을 향하고, 따라서 그의 복음 사역을 향한 그들의 신실함은 기꺼이 고난당할 만큼 깊어야 했다. 그러나 그 정도의 깊이가 없었기에 그들은 떠났다.

1:16-18 부겔로와 허모게네와 아시아에 있는 "모든 사람"과 대조되는 인물로 오네시보로가 있었다. 오네시보로는 바울이나 그의 복음을 부끄러워하지 않았다. 그런 이유로 바울은 그를 위해 하나님의 긍휼을 구한다. 그런데 바울이 오네시보로뿐 아니라 가족을 가리키는 그의 온 "집"도 언급하고 있음을 주목하라. 왜 바울은 하나님의 긍휼을 구하는 기도를 하며 오네시보로의 가족에 초점을 맞추는가? 오네시보로와 그의 가족 모두 그와 바울의 관계로 인해 대가를 치렀을 수 있다. 오네시보로는 이미 죽은 것으로 보인다. 그래서 바울이 마지막 심판을 언급했는지도 모른다(18절). 이는 또한 바울이 기도해줄 수 있는 사람이 오네시보로의 가족 말고는 남지 않았음을 의미할 수도 있다. 자세한 사항은 알 수 없으나 그들이 바울과의 관계를 위해 대가를 치렀으리라는 것은 명확하다. 오네시보로와 그의 가족은 바울에게 긍휼을 베풀기 위해 희생했고, 지금은 바울이 그들이 긍휼을 입도록 기도하고 있다. 바울은 이 내용을 쓰면서 예수님이 직접 하신 말씀, "긍휼히 여기는 자는 복이 있나니 그들이 긍휼히 여김을 받을 것임이요"(마 5:7)를 염두에 두었는지 모른다.

오네시보로만이 누린 영예는 바울이 사슬에 매였음을 그가 "부끄러워하지" 않았다는 데서 온다. 오히려 오네시보로는 바울이 로마 감옥에 갇혀 있을 때, 그를 찾아내어 관계를 맺고, 그의 부끄러움에 자신을 연루시키며, 그의 필요를 돌보았다. 자기 가족의 위험까지 무릅쓰면서 다른 모든 사람이 거부한 바울의 부끄러움을 받아들였다. 오네시보로는 로마뿐 아니라 에베소에서도 바울에게 신실함에서 부끄러움 없는 사역의 본을 보였으며, 디모데도 그 사실을 잘 알고 있다.

응답

오네시보로의 유산은 우리에게 가르침을 준다. 복음을 위해 내가 희생하는 것과 내 가족이 그와 똑같이 희생한다는 것은 별개의 문제다. 우리 가운데 얼마나 많은 사람이 기꺼이 그렇게 할 수 있을까? 오네시보로는 그럴 가치가 있다고 생각했고, 그의 가족도 같은 생각이었던 것 같다. 바울은 그와 그의 가족 모두에게 긍휼이 임하기를 기도한다. 나와 내 가족이 복음을 위해 어떤 희생을 하든지 하나님의 긍휼이 충분히 임할 것을 믿는가?

2 Timothy
디모데후서
2:1-13

1 내 아들아 그러므로 너는 그리스도 예수 안에 있는 은혜 가운데서
강하고 2 또 네가 많은 증인 앞에서 내게 들은 바를 충성된 사람들에
게 부탁하라 그들이 또 다른 사람들을 가르칠 수 있으리라 3 너는 그
리스도 예수의 좋은 병사로 나와 함께 고난을 받으라 4 병사로 복무하
는 자는 자기 생활에 얽매이는 자가 하나도 없나니 이는 병사로 모집
한 자를 기쁘게 하려 함이라 5 경기하는 자가 법대로 경기하지 아니하
면 승리자의 관을 얻지 못할 것이며 6 수고하는 농부가 곡식을 먼저
받는 것이 마땅하니라 7 내가 말하는 것을 생각해 보라 주께서 범사에
네게 총명을 주시리라

1 You then, my child, be strengthened by the grace that is in Christ
Jesus, 2 and what you have heard from me in the presence of many
witnesses entrust to faithful men,[1] who will be able to teach others also.
3 Share in suffering as a good soldier of Christ Jesus. 4 No soldier gets
entangled in civilian pursuits, since his aim is to please the one who
enlisted him. 5 An athlete is not crowned unless he competes according
to the rules. 6 It is the hard-working farmer who ought to have the first

share of the crops. 7 Think over what I say, for the Lord will give you
understanding in everything.

8 내가 전한 복음대로 다윗의 씨로 죽은 자 가운데서 다시 살아나신
예수 그리스도를 기억하라 9 복음으로 말미암아 내가 죄인과 같이 매
이는 데까지 고난을 받았으나 하나님의 말씀은 매이지 아니하니라
10 그러므로 내가 택함 받은 자들을 위하여 모든 것을 참음은 그들도
그리스도 예수 안에 있는 구원을 영원한 영광과 함께 받게 하려 함이
라 11 미쁘다 이 말이여
우리가 주와 함께 죽었으면 또한 함께 살 것이요
12 참으면 또한 함께 왕 노릇 할 것이요 우리가 주를 부인하면 주도 우
리를 부인하실 것이라
13 우리는 미쁨이 없을지라도 주는 항상 미쁘시니 자기를 부인하실 수
없으시리라
8 Remember Jesus Christ, risen from the dead, the offspring of David,
as preached in my gospel, 9 for which I am suffering, bound with
chains as a criminal. But the word of God is not bound! 10 Therefore I
endure everything for the sake of the elect, that they also may obtain
the salvation that is in Christ Jesus with eternal glory. 11 The saying is
trustworthy, for:

If we have died with him, we will also live with him;
12 if we endure, we will also reign with him;
if we deny him, he also will deny us;
13 if we are faithless, he remains faithful—
for he cannot deny himself.

1 The Greek word *anthropoi* can refer to both men and women, depending on the context

단락 개관

2:1에는 '강해지라'는 명령이 나온다. 바울은 디모데에게 그의 힘을 넘어서는 일을 요구하고 있다. 고난과 반대에 맞서 사역을 완수하려면 하나님의 능력이 필요할 것이다. 바울은 디모데에게 복음이든 복음을 위해 갇힌 바울이든 부끄러워하지 말라고 명령했다. 또 그에게 들은 "바른 말을 본받아 지키고…네게 부탁한 아름다운 것을 지키라"고 명령했다(딤후 1:13-14). 디모데는 자신의 힘으로는 이 중 어느 것도 할 수 없다. 하나님께서 그를 불러 하게 하신 사역을 계속하려면 그분의 도우심에 의지해야 한다.

단락 개요

II. 인내를 위한 목사의 용기(2:1-26)
  A. 그리스도의 은혜로 강해지라(2:1-13)
    1. 전파를 위해 강해지라(2:1-2)
    2. 고난을 위해 강해지라(2:3-7)
    3. 인내를 위해 강해지라(2:8-13)

주석

2:1 "그러므로 너는"은 바울이 1장 끝부분에서 한 말을 이어받는다. 바울의 논리는 다음과 같다. "에베소에서 해야 하는 일을 위해, 또한 부끄러워하지 않았던 오네시보로의 본을 받아, 디모데 너는 강해져야 한다." 여기에서 "강하고"는 수동태로 되어 있다. 디모데에게 필요한 힘은 그가 스스

로 부여할 수 있는 게 아니다. 그 힘은 밖에서 주어져야 한다. 강하게 해주시는 '행위자'는 하나님으로 여겨진다. 강하게 되는 '수단'은 그리스도 안에서만 찾을 수 있는 은혜다(참고. 고후 3:5).

2:2 디모데는 복음 사역, 모든 목사가 헌신해야 하는 그 사역을 수행하기 위한 힘이 필요하다. 더 넓은 의미에서 이것은 모든 그리스도인이 헌신해야 하는 사역이다. 복음 전파를 통해 그리스도의 나라가 확장되기 때문이다. 그리스도인들이 다음 세대에 믿음을 전수할 때, 교회가 성장하고 구원받는 자의 수가 늘어난다. 바울은 특히 복음을 전달하는 디모데의 의무에 신경을 쓴다. 그러나 이 구절은 다음 네 세대를 염두에 두고 있다.

1세대 = 바울("내게")
2세대 = 디모데("들은 바")
3세대 = 디모데의 제자("충성된 사람들에게 부탁하라")
4세대 = 디모데 제자의 제자("다른 사람들")

디모데의 사역에는 근원과 목표가 있다. 그 근원은 성경에 담긴 사도의 복음이고, 그 목적은 다음 세대에 복음의 메시지를 전수하는 것이다. 디모데는 그의 가르침을 따르는 제자들 속에 자신을 복제해야 한다. 그리고 그 제자들은 그들의 가르침을 따르는 제자들 속에 자신들을 복제해야 한다.

2:3 디모데가 사역하려면 힘이 필요한 주된 이유는 사역을 하다보면 어쩔 수 없이 반대에 부딪히기 때문이다. 때로는 복음을 위해 고난을 받는 일도 생긴다. 디모데가 신실한 목사가 되고자 한다면 말 그대로 바울과 "함께 고난을 받[아야]"[슁카코파테손(*synkakopathēson*)] 한다. 고난은 명령이지 선택 사항이 아니며 함께 받아야 한다. 바울은 이미 이 서신에서 증언했듯이 자신이 고난 받고 있으므로 디모데는 다만 그 발자취를 따르라고 권한다. 그런 점에서 선구자는 바울이 아니라 예수님이시다. 예수님이 고난을

받으셨으므로 그분의 제자들도 운명을 같이해야 한다.

디모데는 "그리스도 예수의 좋은 병사"로 고난을 받아야 한다. 이는 디모데가 보여야 하는 헌신의 실제 예를 보여주는 세 가지 이미지 중 첫 번째다. 세 가지 이미지는 각각 복음을 위해 고난 받도록 부르심 받은 이들에게 무엇이 요구되는지 알려준다.

2:4 병사는 일편단심의 실제 사례다. 병사는 "자기 생활에 얽매이[지]" 않는다. 그는 자기 임무의 본질에서 벗어나는 일들에 한눈팔지 않는다. 한 주석가는 그런 모습을 이렇게 표현한다. "병사의 목표는 지휘관을 '기쁘게 하는 것' 혹은 그의 의도를 만족시키는 것이다. 지휘관은 군사적 목표를 이루기 위해 무엇보다 병사가 직무에 온전히 집중하기를 기대한다."[5]

2:5 경기하는 자는 법대로 경기하기 위한 훈련의 실제 예를 보여준다. 바울의 독자들은 고린도에서 열린 이스미안(Isthmian) 경기나 올림피아에서 열린 올림픽 같은 운동 경기대회에 익숙했을 것이다. "법대로" 경기한다는 것은 개별적인 경기 규칙을 지키거나 경기에 참가할 자격을 얻는 데 필요한 10개월의 훈련 등을 이수하는 것을 가리킨다. 어떤 경우든 요점은 분명하다. 상을 받기 위해서는 오로지 법대로 경기해야 한다는 것이다.

기독교 신앙에 대한 유비는 간단하다. 그리스도를 따르는 데는 어떤 "규칙"(새번역)이 있으며, 그 규칙 중 하나가 그분을 위해 기꺼이 고난당하는 것이다(마 16:24). 고난을 피해가려는 자는 그분의 제자가 될 수 없다. 고난에 신실하지 못하면 승리자의 관을 얻을 수 없다.

2:6 농부는 수고의 실제 예를 보여준다. 농부가 일찍 일어나 어깨에 쟁기를 둘러매려 하지 않는다면 수확할 곡식이 없을 것이다. 수확이 없다는 것

5 Philip H. Towner, *Letters to Timothy and Titus*, NICNT (Grand Rapids, MI: Eerdmans, 2006), 493.

은 보상이 없다는 뜻이다. 게으른 자는 나쁜 농부가 되고, 또한 나쁜 그리스도인이 된다. 그리스도를 따르는 사람이라면 헌신적인 직업윤리를 가져야 하며 자신의 업무에 전념해야 한다. 검소하고 근면성실한 사람은 "곡식을 먼저 받[을]" 것이다. 이 경우에 그것은 많은 결실을 맺는다는 뜻이다.

2:7 "내가 말하는 것을 생각해 보라"는 말은 디모데에게 4-6절의 유비들을 신중하게 숙고하라는 명령이다. "생각해 보라"[노에이(*noei*)]로 번역된 단어는 그저 일시적인 흥미를 의미하지 않는다. 그보다는 "신중하게 심사숙고하라" 혹은 "고찰하라"(BDAG)는 권면이다. 이것은 감람산 강화에서 예수님의 예언이 지닌 가장 깊은 의미와 함축을 "깨달[으라]"고 독자들을 초청할 때 사용된 단어와 같다(마 24:15; 막 13:14). 바울은 디모데가 그의 말을 이렇게 통찰하기를 바란다. "주께서 범사에 네게 총명을 주시리라." 여기에서 "주"는 성자보다는 성부를 가리키는 듯하다.[6] 다른 성경 구절에서 보듯 영적인 것에 대한 이해와 통찰을 주는 분은 아버지시다(참고. 잠 2:6 70인역; 마 16:17; 엡 3:2-4). 따라서 바울은 디모데가 일편단심과 훈련과 수고에 관한 이러한 실제 예들의 의미를 이해하도록 주가 도우심을 보장하며 명령한다.

2:8 바울은 디모데에게 "기억하라"고 명령한다. 고난을 견딜 수 있게 강해지기 위해서는 기억해야 하기 때문이다. 그는 디모데가 예수님을 구체적으로 기억하기를 원한다.

(1) 부활하신 예수님("죽은 자 가운데서 다시 살아나신"). "다시 살아나신"은 완료 시제다. 바울이 보기에 예수님의 부활은 단지 과거의 사건이 아니며, 그 결과가 현재까지 이어지고 있다(참고. 고전 15:4, 12). 완료 시제는 예수님이 다락방에서 사도들에게 살아 있는 육체로 나타나셨을 뿐 아니라 지금

6 참고. Knight, *Pastoral Epistles*, 396.

도 살아 계시며 아버지 우편에 육체로 앉아 계심을 나타낸다.

(2) 왕이신 예수님("다윗의 씨", 새번역은 "다윗의 자손"). 이는 문자적으로 "다윗의 씨"를 말하며 사무엘하 7:12-13과 직접적으로 연결된다. 이 구절에서 하나님은 영원히 지속될 나라를 다스리는 다윗의 "씨"를 일으키겠다고 약속하신다. 이 다윗의 "씨"는 하나님의 아들을 가리킨다(참고. 갈 3:16, 19). 디모데는 이러한 예수님을 기억함으로써 계속해서 일편단심을 품을 수 있다.

(3) 진실하게 전해지시는 예수님("내가 전한 복음대로"). 바울은 "내…복음"이라고 말하며 그리스도가 직접 자신을 사도로 세우셨음을 기억하라고 디모데에게 요청한다. 바울이 예수님을 전하는 방식이 곧 예수님을 전하는 표준이다. 바울이 전하는 예수님과 일치하지 않는 예수님을 전하는 이들은 틀렸다(참고. 고후 11:4).

2:9 '그것 때문에'(ESV는 "for which")의 선행사는 8절에 나오는 복음이다(개역개정은 "복음으로 말미암아"로 시작됨). 복음은 바울이 고난 받는 이유다(참고. 1:12). 이는 또한 바울이 편지를 쓸 당시에도 옥에서 고난 받고 있음을 나타낸다. 그러나 바울은 사슬에 매여 있으나 "하나님의 말씀"은 매이지 않는다. 다른 서신서에서 말하듯 "하나님의 말씀"은 복음이다(참고. 고전 14:36; 고후 2:17; 4:2; 엡 6:17; 골 1:25; 살전 2:13). 살아서 활동하는 복음의 말씀은 감옥에 가둘 수도 없고 사슬로 묶을 수도 없다. "하나님의 말씀은 매이지 아니하니라." 여기에 쓰인 동사는 완료 시제여서 복음이 과거에도 현재에도 매이지 않았음을 나타낸다. 복음의 말씀은 구원에 이르는 하나님의 능력이며, 말씀을 전하는 이들의 약함과 한계에 구애받지 않는다. 그들은 감옥에 갇힐 수 있으나 하나님의 말씀은 그럴 수 없다.

2:10 "참음"은 "반대에 맞서 어떤 믿음이나 행동 방침을 유지하는 것"[7]을

7 BDAG, s.v. ὑπομένω

뜻한다. 헬라어 본문에서 "참음"은 두 개의 전치사구가 수식한다. "이것 때문에, 내가 택함 받은 자들 때문에 참는다." 주목해야 할 중요한 사실은 '때문에'라는 서술이 바울의 참음을 10절 앞에 나오는 내용과 10절 후반부에 나오는 내용 둘 다에 연결시킨다는 것이다. ESV(개역개정도 마찬가지다)는 정확하게도 '이것 때문에'를 "그러므로"라고 번역한다. 바울은 하나님의 말씀이 매이지 않기 "때문에"(9절) 고난을 참는다. 한탄할 만한 상황도 하나님의 말씀을 제한하지 못한다. 하나님의 말씀은 능력으로 계속 나아간다. 말씀에 대한 확신이 동기가 되어 바울은 신실하게 고난을 참는다.

그는 또한 "택함 받은 자들을 위하여" 고난을 받는다. 바울이 참는 두 번째 근거는 첫 번째 근거와 관계가 없지 않다. 사실 이 두 가지는 함께 이해해야 한다. 첫 번째 '때문에'는 바울이 참는 이유와 연결되는데 그 이유가 곧 밝혀진다. 그것은 하나님의 택함을 받은 백성("택함받은 자들")이 복음을 듣고 구원받아 영생을 기업("영원한 영광")으로 받게 하기 위해서다. 그래서 ESV(개역개정도 마찬가지다)에서는 '…을 위하여'로 번역하고 있다. 하나님의 말씀은 매이지 않으므로 바울은 고난 가운데서도 뒷걸음치지 않는다.

2:11 "미쁘다 이 말이여"라는 말은 목회서신에서 여러 차례 나온다(참고. 딤전 1:15 주석). 여기에서 이 말은 초기 기독교 찬송으로 보이는 표현을 소개하는 듯하다. 그래서 ESV는 시처럼 들여쓰기로 표기한다. 믿을 만한("미쁜") 말은 다음과 같다.

> 우리가 주와 함께 죽었으면 또한 함께 살 것이요
> 12 참으면 또한 함께 왕 노릇 할 것이요
> 우리가 주를 부인하면 주도 우리를 부인하실 것이라
> 13 우리는 미쁨이 없을지라도 주는 항상 미쁘시니
> 자기를 부인하실 수 없으시리라

12절의 "참으면"이라는 단어를 주목하라. 이는 이 찬송과 10절의 참음에 관한 바울의 말을 연결시킨다. 언어상의 연결은 바울이 이 찬송에 담긴 진리를 말하며 고난을 견디는 또 다른 근거로 의도했음을 보여준다.

일부 주석가들은 "주와 함께 죽었으면"이라는 말이 순교를 언급한다고 해석한다. 예수님이 육체적으로 죽으신 것처럼 복음을 위해 육체적으로 죽는 것을 가리킨다는 것이다. 그러나 여기에서 바울은 순교보다는 그가 로마서 6:8-11에서 언급하는 그리스도와 "함께 죽[는]" 것과 같은 일을 염두에 두었을 가능성이 높다. 이 구절은 신자의 육체적 죽음이 아니라 신자가 그리스도의 죽음 및 부활과 연합하는 것에 대해 말한다. 신자는 믿음으로 말미암아 성령을 통해 그리스도와 연합한다. 그리스도와 연합함으로 인해 그분의 죽음이 그들에게 중요해진다. 그분은 그들을 대표하고 대신해서 죽으셨다. 그런 의미에서 바울은 신자들이 "주와 함께 죽었[다]"고 말한 듯하다. 모든 그리스도인이 믿음으로 그리스도의 죽음과 연합한다. 그분과 함께 죽었으면 또한 그분과 함께 살 것이다. 우리는 이제 성령으로 말미암아 새 생명을 알게 될 것이다.

같은 방식으로 신자는 그리스도와 함께 살 것이다. "살 것이요"가 미래 시제로 되어 있어 신자들이 죽은 자 가운데서 부활할 것을 고대하는 듯하다. 신자는 현재 성령으로 말미암아 새 생명을 소유한다. 그러나 '미래'의 생명은 예수님의 부활처럼 육체적 부활이 될 것이다(참고. 롬 8:11; 고전 15:20-23).

2:12 이 절의 핵심 단어는 "참으면"이다. 이는 앞에서 언급했듯이 "반대에 맞서 어떤 믿음이나 행동 방침을 유지하는 것"이라는 뜻이다. 바울이 참은 고난(10절)은 시련을 맞닥뜨리는 모든 신실한 그리스도인의 몫이다. "참으면"은 현재 시제로서 아마도 계속되는 참음이 핵심임을 암시하는 듯하다. "참으면"은 인내가 다가오는 시대에 복 받는 조건임을 나타내는 것으로 보인다. 여기에서 그러한 복은 다가오는 시대에 구체적으로 그리스도와 함께 다스리는 것을 가리킨다. 확실히 참지 못하면 통치하지 못할 것이라는 의미다. 옛말 그대로 십자가 없는 영광은 없다. 그리스도가 그러하

셨다면 그분을 따라가는 이들도 그러하다.

또한 본문은 지금 반대에 부딪혀 그리스도를 부인하면 심판 때 그분이 우리를 부인하실 것이라고 경고한다. 이 경고는 예수님이 그분의 주권을 부인하는 이들에 대해 직접 말씀하신 바와 비슷하다. 그분은 심판 때 그들을 부인하실 것이다(참고. 마 10:33; 눅 12:9). 심판 때 부인당하는 것은 최종적인 멸망이지만, 그것은 바로 단호하고 확고하게 그리스도를 부인한 이들이 치르는 대가다.

2:13 일부 해석자들은 "미쁨이 없[음]"(faithless)을 '믿음이 없음'으로 규정한다. 이런 견해에서 "미쁨이 없[음]"은 확고한 불신앙의 상태로 묘사된다. 그런 경우 여기에서 하나님의 미쁘심은 결과적으로 믿지 않는 이들을 벌하시는 그분의 신실하심을 가리키게 된다(살후 1:8). 그러나 이 단어를 이해하는 더 나은 방법이 있다. "미쁨이 없[음]"은 확고한 불신앙의 상태가 아니라 일시적으로 '불성실한' 상태, 회개로 다시 새롭게 될 수 있는 상태를 가리킨다. 따라서 하나님의 미쁘심은 설령 그분의 백성이 마땅히 한결같이 거룩하지 않을지라도 그들을 포기하지 않으시려는 마음을 가리킨다. 그런 의미에서 하나님은 자기 백성이 신실하지 않을 때조차 신실하시다.

응답

바울은 선택 교리를 이유로 복음 전도를 덜 하는 것이 아니라 오히려 더 한다. 하나님의 말씀이 매이지 않음과 하나님께서 직접 택하신 백성이 있음을 알기 때문이다. 이 두 진리가 결합하여 복음 전도의 강력한 동기가 된다. 두 진리는 신실함이 풍성한 열매로 이어지도록 보장한다. 우리는 하나님이 그분의 뜻을 이루기 위해 강력하게 일하시고, 그 일을 이루는 데 그분의 백성을 사용하시는 것이 목표임을 알 수 있다.

선택 교리 때문에 복음 전도를 덜 하게 된다면, 그 교리를 제대로 파악하지 못한 것이다. 선택 교리는 어떤 반대에 부딪히더라도 복음을 전하겠다는 확신을 신자의 마음에 가득 채워주어야 한다. 다른 사람들이 뒷걸음칠 때에라도 말할 수 있는 용기를 신자 안에 가득 채워주어야 한다. 이런 일은 하나님께서 죄인들을 구원하기 위해 그분의 말씀을 강력하게 사용하심을 알 때 일어난다. 복음 전도에 열정적이라는 것은 하나님의 선택하심을 제대로 이해했다는 증거다.

2 Timothy
디모데후서
2:14-26

14 너는 그들로 이 일을 기억하게 하여 말다툼을 하지 말라고 하나님
앞에서 엄히 명하라 이는 유익이 하나도 없고 도리어 듣는 자들을 망
하게 함이라 15 너는 진리의 말씀을 옳게 분별하며 부끄러울 것이 없
는 일꾼으로 인정된 자로 자신을 하나님 앞에 드리기를 힘쓰라 16 망
령되고 헛된 말을 버리라 그들은 경건하지 아니함에 점점 나아가나
니 17 그들의 말은 악성 종양이 퍼져나감과 같은데 그 중에 후메내오
와 빌레도가 있느니라 18 진리에 관하여는 그들이 그릇되었도다 부활
이 이미 지나갔다 함으로 어떤 사람들의 믿음을 무너뜨리느니라 19 그
러나 하나님의 견고한 터는 섰으니 인침이 있어 일렀으되 주께서 자
기 백성을 아신다 하며 또 주의 이름을 부르는 자마다 불의에서 떠날
지어다 하였느니라

14 Remind them of these things, and charge them before God[1] not to
quarrel about words, which does no good, but only ruins the hearers.
15 Do your best to present yourself to God as one approved,[2] a worker
who has no need to be ashamed, rightly handling the word of truth.
16 But avoid irreverent babble, for it will lead people into more and
more ungodliness, 17 and their talk will spread like gangrene. Among
them are Hymenaeus and Philetus, 18 who have swerved from the truth,

saying that the resurrection has already happened. They are upsetting
the faith of some. 19 But God's firm foundation stands, bearing this seal:
"The Lord knows those who are his," and, "Let everyone who names
the name of the Lord depart from iniquity."

20 큰 집에는 금 그릇과 은그릇뿐 아니라 나무그릇과 질그릇도 있어
귀하게 쓰는 것도 있고 천하게 쓰는 것도 있나니 21 그러므로 누구든
지 이런 것에서 자기를 깨끗하게 하면 귀히 쓰는 그릇이 되어 거룩하
고 주인의 쓰심에 합당하며 모든 선한 일에 준비함이 되리라
20 Now in a great house there are not only vessels of gold and silver but
also of wood and clay, some for honorable use, some for dishonorable.
21 Therefore, if anyone cleanses himself from what is dishonorable,[3] he
will be a vessel for honorable use, set apart as holy, useful to the master
of the house, ready for every good work.

22 또한 너는 청년의 정욕을 피하고 주를 깨끗한 마음으로 부르는 자
들과 함께 의와 믿음과 사랑과 화평을 따르라 23 어리석고 무식한 변
론을 버리라 이에서 다툼이 나는 줄 앎이라 24 주의 종은 마땅히 다투
지 아니하고 모든 사람에 대하여 온유하며 가르치기를 잘하며 참으며
25 거역하는 자를 온유함으로 훈계할지니 혹 하나님이 그들에게 회개
함을 주사 진리를 알게 하실까 하며 26 그들로 깨어 마귀의 올무에서
벗어나 하나님께 사로잡힌바 되어 그 뜻을 따르게 하실까 함이라
22 So flee youthful passions and pursue righteousness, faith, love, and
peace, along with those who call on the Lord from a pure heart. 23 Have
nothing to do with foolish, ignorant controversies; you know that they
breed quarrels. 24 And the Lord's servant[4] must not be quarrelsome but
kind to everyone, able to teach, patiently enduring evil, 25 correcting his

opponents with gentleness. God may perhaps grant them repentance leading to a knowledge of the truth, 26 and they may come to their senses and escape from the snare of the devil, after being captured by him to do his will.

1 Some manuscripts *the Lord 2* That is, one approved after being tested *3* Greek *from these things 4* For the contextual rendering of the Greek word *doulos*, see ESV Preface

단락 개관

1장에서 바울은 디모데에게 복음을 부끄러워하지 말고 고난에 대비하라고 말했다. 2장 전반부에서는 디모데에게 다른 사람들을 가르칠 수 있는 신실한 이들에게 복음을 부탁하라고 명령했다. 이제 2:14-26에서는 주의 종으로서 복음 진리를 다루라고 권면한다. 이 가르침은 다음 개요에서 보듯이 세 단계로 전개된다.

단락 개요

II. 인내를 위한 목사의 용기(2:1–26)
  B. 부끄러움 없는 그리스도의 일꾼(2:14–26)
    1. 진리에 대한 정확성(2:14–18)
    2. 진리를 위한 단련(2:19–21)
    3. 진리 쪽으로 바르게 함(2:22–26)

주석

2:14 시작 부분의 명령문 "기억하게 하여"는 두 가지 질문을 낳는다. 첫째, 이 절에서 "그들"은 누구인가? 둘째, 디모데는 그들에게 무엇을 기억하게 해야 하는가? "그들로…기억하게 하여"는 '일반 그리스도인들에게 기억하게 하라'는 뜻일 수 있다. 그러나 그들의 말이 "듣는 자들"에게 미치는 영향에 초점을 맞춘 것으로 보아, 바울은 아마도 특히 선생과 교회 지도자들을 염두에 둔 것 같다. 그렇다면 "그들"은 2절의 "또 다른 사람들을 가르[치는]" "충성된 사람들"을 가리킨다. 따라서 디모데는 이 충성된 사람들에게 바울이 3-13절에서 말한 모든 것을 기억하게 해야 한다.

바울은 디모데에게 기억하게 할 뿐 아니라 "말다툼을 하지 말라고 하나님 앞에서 엄히 명[해야]"한다고 말한다. 언뜻 보기에 이 명령은 일부 독자를 혼란스럽게 할 수도 있다. "말다툼"을 하지 않는다면 거짓 선생과 어떻게 대면하라는(바울이 그들에게 거짓 선생과 대면하라고 명했다) 말인가? 거짓 선생들에 맞서 믿음을 변호하는 것은 정의상 말다툼이 아닌가? '다툼'으로 번역된 단어는 문자적으로 '말씀-전쟁'[word-war, 로고마케인(*logomachein*)]을 뜻하는 합성어다. 그 합성어의 '말씀' 부분은 이 한 단락에서 세 번 더 나온다(15, 17, 18절). 이 절들에서 보듯이 신실한 목사든 신실하지 못한 거짓 선생이든 이들은 '말씀'을 가르치고 있다. 따라서 '말씀-전쟁'이라는 단어는 그것이 정의하는 바와 같이 "사소하게 따지는 것"을 가리키지 않는다(BDAG와 대조적이다). 바울은 의미론을 가지고 옥신각신하는 것을 책망하지 않는다. 이 경우에 이 단어는 진리에 맞서는 말씀-전쟁을 가리킨다. 곧 하나님의 말씀 자체에 관한 전쟁이다. 이것이 맞다면 '말씀 전사'(word-warriors)는 하나님의 진리를 거슬러 가르치는 거짓 선생들이다. 이 때문에 바울은 디모데에게 절대 그렇게 하지 말고(14절) 진리의 말씀을 정확하게 분별하라고(15절) 말한다. 그러한 거짓 교훈은 쓸모없을 뿐 아니라("유익이 하나도 없고") 그것을 듣고 믿는 이들의 영적 부패로 이어진다.

2:15 "옳게 분별하며"는 헬라어 단어 오르토토메오(*orthotomeō*)에서 나왔다. 영어 사용자라면 영어 단어 'orthodox'(정통의)의 접두사 'ortho-'를 알아볼 것이다. 그러나 이 단어에서 그 접두사는 단지 '똑바로'라는 의미이며, '자르다'[템노(*temnō*)]라는 동사 앞에 붙었다. 이 단어는 잠언 3:6에서 하나님께서 우리의 길을 곧게 하심을 나타내는 데 사용된다. 따라서 여기에서 그것은 '곧은길을 내다'와 비슷한 의미인 듯하다. 그렇게 해석할 때 이 단어는 "장황한 논쟁이나 불경한 대화로 길에서 벗어나지 않고 곧은길을 따라(목적지로 곧바로 가는 길 같은) 진리의 말씀으로 안내해야"(BDAG) 한다는 의미다. 하나님의 말씀을 옳게 분별하려면, 그 의미와 의도에 따라 말씀을 설명하고 적용하기 위해 계속 집중하겠다는 확고한 결단이 필요하다.

목사 디모데에게 주는 바울의 권면은 모든 목사를 위한 권면이다. 그것은 곧 하나님의 말씀을 옳게 분별하라는 것이다. "진리의 말씀"은 분명 복음을 가리킨다. 이는 구약에서 고대되었다가 이제 사도들의 선포로 알려진 것이다. 디모데는 하나님의 계시를 아무렇게나 대하지 않고 신중하고 정확하게 다루어야 한다. 생각나는 대로 말해서는 안 된다. 하나님께서 말씀하시는 것만 알리고 적용해야 한다. 새로운 계시를 들여와서는 안 된다. 그는 이미 주어진 계시의 해설자다.

주목할 만한 사실은, 이 절의 주된 명령이 "진리의 말씀을 옳게 분별하[라]"가 아니라 "부끄러울 것이 없는 일꾼으로 인정된 자로 자신을 하나님 앞에 드리기를 힘쓰라"는 것이다. 이것이 주된 명령이고, 따라서 디모데 사역의 궁극적인 목표다. 디모데는 자신의 제1의 청중이 하나님이심을 인정해야 한다. 그분은 디모데의 입에서 나오는 모든 말을 들으시고 아시며 심판하실 것이다.

2:16-17 디모데는 "망령되고 헛된 말"을 피해야 한다. 신성모독적이며 "아무런 가치가 없는 말"[8]을 피해야 한다. 바울은 디모데에게 선한 의도가 아닌 불경한 대화를 피하라고 경고한다. "망령되고 헛된 말"이란 정확히 바울이 조심하라고 경고한 '말씀-전쟁' 같은 것이다. 말씀-전쟁은 두 가지

이유에서 무슨 수를 써서라도 피해야 한다. 첫째, 그것은 하나님의 백성을 부패하게 만든다. "그들은 경건하지 아니함에 점점 나아가나니."

둘째, 그것은 영적으로 하나님의 백성을 죽이는 효과를 낳는다. "그들의 말은 암처럼 퍼져나갈 것"(새번역)이다. 몸속에 침투하여 조직을 파괴하고 생명체를 죽일 때까지 퍼져나간다. 그러므로 신실한 목사는 하나님의 백성이 그러한 교훈을 피하도록 도와야 한다.

이러한 치명적 교훈을 퍼트린 이들 중 두 사람이 후메내오와 빌레도다. 빌레도에 대해서는 이 본문 말고는 알려진 바가 거의 없다. 후메내오는 디모데전서 1:20에서 거짓 선생으로 언급된다. 바울은 디모데전서에서 후메내오가 훈계를 받아 신성을 모독하지 못하도록 그를 사탄에게 내주었다고 말한다. '사탄에게 내주었다'는 표현은 교회의 권징과 파문을 나타낸다(참고. 딤전 1:20 주석, 참고. 고전 5:5). 빌레도에 대해 알려진 바는 거의 없지만, 그가 후메내오와 짝지어 나온 것으로 보아 그의 죄가 후메내오의 죄와 같음을 짐작해볼 수 있다. 분명 둘 다 엄청난 잘못을 저질렀다.

2:18 후메내오와 빌레도는 진리의 말씀을 정확하게 다루지 않고(15절), 부활이 이미 일어났다고 가르침으로써 "진리에 관하여는…그릇되었[다]." 그들은 신자들이 이미 그리스도인으로서 영적 의미에서 부활에 이르렀으므로 마지막 심판 때 몸의 부활을 기대해서는 안 된다고 가르친 듯하다. 이는 그리스도인이 죽으면 그의 영혼은 계속 살아 있더라도 몸은 그렇지 않음을 암시한다. 아마도 거짓 선생들은 바울에게서 들은 말을 가르침의 기반으로 삼았던 것 같다. 만약 바울의 편지에 그와 같은 암시가 있었다면, 그들은 바울이 몸과 하나님의 창조 세계를 저급하게 본 것인 양 그의 말을 왜곡했을 수 있다(예를 들어, 롬 6:11; 엡 2:6; 골 2:12).

거짓 선생들은 진짜 진리를 가져다가 바울이 의미한 범위 너머로 왜곡

8 BDAG, s.v. κενοφωνία

시켰을 것이다. 물론 바울은 어떤 의미에서는 우리가 이미 그리스도와 함께 살리심을 받았다고 말했지만, 또 다른 의미에서는 우리가 아직 일으키심을 받지 않았다고도 말한다. 우리는 성령을 통해 새 생명을 받았지만 아직 영광스러운 몸으로 일으키심을 받지는 못했다. 이 특정한 거짓 교훈은 상당히 위험하다. 부활을 부인하면 믿음 전체를 놓치게 되기 때문이다(참고. 고전 15장).

후메내오와 빌레도는 "어떤 사람들의 믿음을 무너뜨리[고]" 있다. "무너뜨리느니라"로 번역된 단어는 요한이 성전에서 예수님이 돈 바꾸는 사람들의 상을 뒤엎으신 장면을 묘사하는 데 사용한 것과 같다(요 2:15). 그 단어는 '넘어지게 하다', 심지어 '말살하다'라는 의미일 수도 있다. 이 본문에서 그 단어는 그리스도에 대한 믿음의 영적 파멸을 나타내며 비유적으로 확장된다. 그 단어는 '누군가의 내적 행복을 위태롭게 하다', 심지어 그들을 "'망치다'"[9]라는 의미를 갖는다(참고. 딛 1:11). 다시 한 번 바울은 이 특정한 거짓 교훈의 심각성을 더없이 분명하게 밝힌다.

2:19 거짓 교훈에 매혹된 이들의 실패한 믿음과 대조적으로 "하나님의 견고한 터는 [서]" 있다. 바울은 이 구절 및 다른 구절에서 사도적 복음을 나타내는 은유로 "터"를 사용한다(고전 3:10-12). 복음이 터 같은 까닭은 하나님의 백성이 복음을 그들의 삶과 믿음의 기반으로 삼기 때문이다. 그들은 복음 안에서 인생의 의미와 목적을 발견한다. 복음이 모든 것을 뒷받침한다. 복음은 하나님의 백성이 어떻게 살고 어떻게 관계를 맺어야 하는지 규정한다. 거짓 선생들이 신자들 사이에 침투하면 이 터는 얼마나 견고할 수 있을까? 그러나 그 터가 서 있다. 거짓 선생들이 일시적으로 전진할지 모르지만 복음이 항상 다시 힘을 회복할 것이다. 복음은 궁극적으로 거짓 선생들에게 꺾이지 않는다. 그 터는 유지될 것이다.

9 BDAG, s.v. ἀνατρέπω, 강조는 원문의 것

터가 서 있는 까닭은 그것을 유지하기 위해 사람들이 일하기 때문이 아니라 하나님께서 일하시기 때문이다. 터가 서 있는 까닭은 "인침"이 있기 때문이다. '인'(印)은 일종의 도장으로서 반지로 찍는 표시 혹은 자국을 말한다. 당시 문서에 날인하는 데는 밀랍이 사용되고, 밀랍에 자국을 내기 위해 도장을 찍었을 것이다. 인장이 있는 비문은 그것이 누구의 소유인지를 나타낸다. 여기에서 인은 하나님의 소유임을 보증한다는 은유다. 이 인장에 새겨진 것은 하나님의 이름이 아니라 민수기 16장의 두 절에 담긴 그분의 약속이다. "주께서 자기 백성을 아신다." "주의 이름을 부르는 자마다 불의에서 떠날지어다."

이 두 구절은 민수기 16장에 담긴 고라의 반역 내러티브에서 나온다. 거짓 선생들이 이스라엘 가운데 있더라도(고라도 그러했다) 하나님께서 이미 놓으신 터를 위태롭게 하지 못할 것이다. 왜 그런가? 모세와 아론의 노력 때문이 아니라 하나님의 노력 때문이다. 주께서 자기 백성을 아시고 그들에게 피할 길을 보여주신다. 여기에는 악에서 달아나는 길도 포함된다. 이것이 하나님의 백성이 하는 일이다. "하나님께서 자기 백성을 알고 택하시며, 그들은 악을 멀리함으로써 그 사실을 드러낸다."[10]

2:20-21 하나님은 자기 백성인 자들과 아닌 자들을 구별하는 법을 아신다. 디모데도 그래야 한다. 디모데와 그의 회중은 양과 늑대를 구별할 줄 알아야 한다. 하나님께서 이스라엘 회중에게 고라와 그를 따르는 자들에게서 물러서야 함을 보여주셨던 것처럼, 바울은 디모데에게 거짓 선생들에게서 '떠나라'고 말한다(19절). 디모데와 그의 회중은 거짓 교훈을 있는 그대로 밝히고 그들에게서 멀어져야 한다.[10]

바울은 이 진리를 설명하기 위해 귀한 "그릇"과 그렇지 않은 그릇으로 가득한 "큰 집"의 이미지를 사용한다. 그 집에는 "금그릇과 은그릇뿐 아니

10 같은책, 416.

라 나무그릇과 질그릇도 있어 귀하게 쓰는 것도 있고 천하게 쓰는 것도" 있다. "큰 집"은 넓은 의미에서 그리스도인 공동체를 말한다. 그리스도인 공동체에는 귀하게 쓰는 그릇과 천하게 쓰는 그릇이 있다. "나무그릇과 질그릇이 천하게 여겨지는 까닭은 쓰레기나 배설물을 담는 데 사용되고, 때로는 그 내용물과 함께 버려지기 때문이다."[11] 거짓 선생들은 그러한 천한 그릇 같다. 그들은 아주 더러운 내용물을 담고 있고, 집에서 완전히 버려질 위험에 처해 있다. 실제로 회중은 그들이 거짓된 가르침을 회개하지 않으면 그들을 쫓아낼 의무가 있다.

이스라엘 자손은 고라에게서 떠나야하며 그렇지 않으면 그와 함께 멸망당할 것이라는 명령을 받았다. 21절은 하나님의 백성이 거짓 선생들로부터 자기를 "깨끗하게" 해야 한다고 말한다. 교회는 거짓 선생들을 징계해야 한다. 거짓 선생들이 회개하지 않으면 그들을 파문해야 한다. 그러한 거짓 선생들은 교회의 증언을 위태롭게 만든다. 그들은 거룩하지 않으며 "모든 선한 일에" 유용하지도 않다.

2:22 '그러므로'(ESV는 "so", 개역개정은 "또한")는 추리 접속사다. 디모데는 거룩함이 필요하기 때문에(20-21절) 그를 거룩하지 못하게 만드는 것을 '피해야' 한다. 22절을 보면 그가 피해야 하는 거룩하지 못한 것은 "청년의 정욕"이다. 다른 번역본은 "정욕"을 더 구체적으로 성욕 혹은 욕정으로 번역한다(NASB, KJV, NLT).

일부 주석가는 문맥이 거짓 교훈을 다루고 있음을 주시하며 "청년의 정욕"을 성적으로 해석하지 않는다. 그보다는 "청년의 정욕"이 거짓 선생들을 오류로 이끄는 욕망과 관계가 있다고 주장한다. 또 다른 주석가들은 "청년의 정욕"이 "청년 시절의 판단과 기질의 죄"[12]를 가리킨다고 주장하

11 같은 책, 418.

12 같은 책, 420.

며 "욕정이 초점은 아닌 것 같다"[13]고 말한다. 그러나 이는 "정욕"으로 번역된 단어를 지나치게 좁게 해석한 것이다.

주석가들은 여기에서 그 단어에 대한 바울의 용례에 영향을 미치는, 다른 곳에서 쓰인 이 단어의 용례를 놓치곤 한다. "정욕"으로 번역된 헬라어 단어 에피튀미아(*epithymia*)는 단순한 '욕망'을 의미한다. 이는 인간이 무언가를 열망하거나 탐내는 것을 가리킨다. 욕망은 사람이 무언가를 결정하는 동기다. 바울은 로마서 7장에서 에피튀미아라는 단어를 어떤 의미로 쓰는지 한 장에 걸친 묵상을 제시한다. 문자적인 번역이 그 연관성을 보여준다. "율법이 '욕망하지' 말라 하지 아니하였더라면 내가 '욕망'을 알지 못하였으리라"(롬 7:7). 바울은 모세 율법이 욕망을 설명하지 않았더라면 욕망에 대해 알지도 못했을 것이다. 그러고 나서 그는 출애굽기 20:17에 나오는 제10계명을 인용한다. 따라서 에피튀미아에 대한 바울의 이해는 제10계명으로 정의된다. "네 이웃의 집을 탐내지[욕망하지] 말라 네 이웃의 아내나 그의 남종이나 그의 여종이나 그의 소나 그의 나귀나 무릇 네 이웃의 소유를 탐내지[욕망하지] 말라"(출 20:17).

바울이 로마서 7장에서 제10계명을 고른 까닭은 그것이 가장 지키기 어려운 계명이기 때문일 것이다. 다른 계명들은 인간의 '행위'를 다루는 반면 제10계명은 '욕망'을 다룬다. 이 계명에 따르면 욕망은 중립적이지 않다. 성적인 것이든 다른 것이든 죄악 된 무언가를 향한 욕망 자체가 죄다. 간음이나 도둑질이나 살인만이 죄는 아니다. 그러한 것을 향한 욕망 역시 죄다. 그러한 행동에 상응하는 욕망 자체가 죄다. 이것이 에피튀미아에 대한 바울의 이해다.

바울은 "청년의 정욕을 피하[라]"고 디모데에게 지시할 때 로마서 7장에서 사용한 것과 같은 단어를 사용한다. 이는 제10계명에 대한 헬라어 번역에서 사용된 것과 같은 단어다. 그러므로 디모데가 피해야 할 욕망은 하

13 Towner, *Letters to Timothy and Titus*, 544

나님이 금하신 무언가를 향한 욕망이다. 그것은 불법적인 성욕에 제한되지 않지만 분명 그러한 것을 포함한다.

그런데 왜 바울은 "청년의"라는 단어를 쓰는가? 그는 이 금지된 욕망을 청년만 느낀다고 말하지 않는다. 그 욕망은 훈련되지 않았다는 의미에서 "청년의" 정욕이다. 성숙과 경험은 보통 사람들이 욕망과 맞닥뜨릴 때 완화 효과를 낸다. 더 어리고 경험이 적은 사람은 욕망을 자제하는 힘이 부족하다.

바울은 또 디모데에게 "의와 믿음과 사랑과 화평을 따르라"고 명령한다. 바울은 보통 윤리적 권면을 할 때 "벗으라"/"입으라"의 균형을 보인다. 바울이 보기에 그리스도인이 된다는 것은 무언가에 '맞서는' 것만이 아니라 무언가를 '위하는' 것이기도 하다. 이 경우에 그는 디모데에게 악한 욕망을 피하고 대신 그 반대되는 것, 곧 의와 믿음과 사랑과 화평을 추구하라고 명령한다. 여기 나오는 네 덕목 가운데 세 가지가 갈라디아서 5:22-23에서 성령의 열매로 나온다.[14] 그러므로 바울이 디모데에게 이러한 것을 추구하라고 명령할 때, 혼자서 할 것을 요구하는 게 아니다. 바울은 이미 디모데 안에서 하나님의 영이 하고 계신 일로 그를 부르고 있다(빌 2:12-13). 디모데가 적극적으로 거룩함을 추구하는 모습은 은혜와 상충하지 않는다. 그가 적극적으로 죄와 싸우는 모습은 율법주의가 아니다. 거룩하게 되려는 디모데의 노력은 그의 내면에서 성령이 일하심을 드러낸다. 오히려 분투하지 않는 모습은 성령의 부재하심을 드러낸다. 디모데는 그저 나쁜 것을 그만두는 데서 그쳐서는 안 된다. 더 나아가 선한 것을 추구해야 한다. 그는 지금 추상적인 개념을 추구하는 게 아니라 하나님을 추구하고 있다.

디모데는 "주를 깨끗한 마음으로 부르는 자들과 함께" 이런 것을 추구해야 한다. 간과해서는 안 될 미덕이 여기에 있다. 디모데는 이런 것을 혼자서 추구할 필요가 없다. 그는 뜻을 같이하는 다른 사람들, 즉 주 예수 그리

14 ESV 갈 5:22에 나오는 "faithfulness"(개역개정은 "충성", 새번역은 "신실")를 "믿음"(faith)에 연결시킨 것으로 보인다. (옮긴이 주)

스도의 교회와 함께 이런 것을 추구해야 한다. 그런 사람들은 "깨끗한 마음으로" 주를 부른다. 이 신자들은 순수하지 못하거나 위선적인 마음으로 주를 부르지 않는다. 그들은 말과 행동이 다르지 않다. 그들은 진정성 있고 거룩하게 그리스도와 동행하려고 힘쓰면서 동일한 목표를 향해 나아가도록 서로 권면한다(히 10:23-25).

2:23 디모데는 "어리석고 무식한 변론을 버려야" 한다. 목사가 자신의 회중을 위협하는 거짓 교훈과 맞서는 일과 특정 회중을 위협하지 않는 거짓 교훈에 기준을 제시하는 일은 별개의 문제다. 어떤 논란에든 휘말리는 것은 무가치하다. 특정 회중의 필요에는 관심을 두지 않고 강단에서 논쟁하는 것은 목회자의 과실이다. 불필요한 논쟁은 이전에는 없던 파란을 일으킬 수 있다.

2:24 디모데는 "다투지" 말고, "모든 사람에 대하여 온유하며 가르치기를 잘하며 참[아야]" 한다. 그에게는 믿음을 위해 싸우는 '것'뿐 아니라 '어떻게' 싸우는가도 중요하다. 그가 온유하지 않고 화를 내며 호전적이라면 누구도 그의 말에 귀 기울이지 않을 것이다(참고. 잠 15:1-2; 16:21). 그는 '참아야' 한다. 개인적인 모욕을 당하더라도 복수하지 말고 하나님의 진리를 변호하고 사역을 계속해야 한다.

2:25-26 바울은 또 다른 목표, 즉 디모데가 논쟁에서 이기려고만 한다면 이루지 못할 목표를 언급한다. "거역하는 자를 온유함으로 훈계할지니 혹 하나님이 그들에게 회개함을 주사 진리를 알게 하실까 하며 그들로 깨어 마귀의 올무에서 벗어나 하나님께 사로잡힌바 되어 그 뜻을 따르게 하실까 함이라." 디모데가 거짓 교훈에 논박하는 것은 무엇보다 양을 보호하는 길이지만, 대적을 설득하는 수단이 될 수도 있다. 그는 설득력 있게 소통하고, 거짓 선생들이 회개하고 믿음을 되찾기를 바라며 그들에게 복음을 권해야 한다.

응답

후메내오와 빌레도가 사도적 가르침을 왜곡하는 오류를 저질렀다면 그들의 잘못에서 얻을 수 있는 교훈이 있다. 일반적으로 거짓 교훈이 교회에서 호소력을 갖는 것은 다름 아니라 성경을 사용하기 때문이다. 거짓 선생들은 자신의 오류를 내세우는 데 성경을 사용할 때가 많다. 그로 인해 그들의 주장이 부분적으로나마 설득력을 가지며 사람들을 현혹한다. 그들은 성경을 사용하지만 그 의미를 왜곡하며 거짓 교훈을 내세운다. 따라서 교사는 단순히 성경을 사용하는 것만으로는 충분치 않으며 진리의 말씀을 정확하게 분별해야 한다. 안타깝게도 많은 사람이 그렇게 하지 못한다. 목사와 회중은 그 차이를 알아야 한다.

청년의 정욕을 피하려면 그러한 죄를 유발하는 상황에서 기꺼이 벗어나야 한다(롬 13:14). 우리 마음에 악한 욕망을 일으킬 일은 하지 않고, 그런 자들과 어울리지 않으며, 그런 장소에 가지 말아야 한다. 욕망은 이미 거기에 있다. 통제되지 않는 행동으로 욕망을 자극할 것인지, 아니면 절제로 억누를 것인지가 문제다.

2 Timothy

디모데후서

3:1-9

1 너는 이것을 알라 말세에 고통하는 때가 이르러 2 사람들이 자기를
사랑하며 돈을 사랑하며 자랑하며 교만하며 비방하며 부모를 거역하
며 감사하지 아니하며 거룩하지 아니하며 3 무정하며 원통함을 풀지
아니하며 모함하며 절제하지 못하며 사나우며 선한 것을 좋아하지 아
니하며 4 배신하며 조급하며 자만하며 쾌락을 사랑하기를 하나님 사
랑하는 것보다 더하며 5 경건의 모양은 있으나 경건의 능력은 부인하
니 이 같은 자들에게서 네가 돌아서라 6 그들 중에 남의 집에 가만히
들어가 어리석은 여자를 유인하는 자들이 있으니 그 여자는 죄를 중
히 지고 여러 가지 욕심에 끌린바 되어 7 항상 배우나 끝내 진리의 지
식에 이를 수 없느니라 8 얀네와 얌브레가 모세를 대적한 것 같이 그
들도 진리를 대적하니 이 사람들은 그 마음이 부패한 자요 믿음에 관
하여는 버림받은 자들이라 9 그러나 그들이 더 나아가지 못할 것은 저
두 사람이 된 것과 같이 그들의 어리석음이 드러날 것임이라

1 But understand this, that in the last days there will come times of
difficulty. 2 For people will be lovers of self, lovers of money, proud,
arrogant, abusive, disobedient to their parents, ungrateful, unholy,

[3] heartless, unappeasable, slanderous, without self-control, brutal, not loving good, [4] treacherous, reckless, swollen with conceit, lovers of pleasure rather than lovers of God, [5] having the appearance of godliness, but denying its power. Avoid such people. [6] For among them are those who creep into households and capture weak women, burdened with sins and led astray by various passions, [7] always learning and never able to arrive at a knowledge of the truth. [8] Just as Jannes and Jambres opposed Moses, so these men also oppose the truth, men corrupted in mind and disqualified regarding the faith. [9] But they will not get very far, for their folly will be plain to all, as was that of those two men.

단락 개관

바울은 첫 두 장에서 디모데에게 복음에 계속 충실하고, 복음을 부끄러워하지 말며, 심지어 복음을 위해 고난을 받으라고 권면했다. 또한 디모데에게 거짓 선생들과 맞서라고 말하며 거짓 교훈을 피하라고 경고했다. 디모데후서 3:1-9에서 바울은 시각을 넓혀 복음에 대적하는 모습이 말세의 특징이라고 논하는 데까지 간다. 바울은 고통의 때가 이를 것이라고 말하며 그 이유를 설명한다. 마지막으로 말세의 특징인 전반적인 악함 가운데서 거짓 선생들의 출현을 경고한다.

단락 개요

III. 적대자에게 맞서는 목사의 용기(3:1-17)
 A. 고통스러운 때와 거짓 선생들(3:1-9)
  1. 고통스러운 때가 오고 있다(3:1)
  2. 고통스러운 때는 왜 오는가(3:2-5)
  3. 고통스러운 때는 어떻게 교회에 위협이 되는가(3:6-9)

주석

3:1 ESV의 '그러나'("but", 개역개정에는 없음)는 2장 끝부분과의 대조를 나타낸다. 거기에서 바울은 디모데에게 '혹 하나님께서 그들에게 회개함을 주실지 모른다'는 바람으로 거짓 선생들과 맞서라고 말했다. 복음과 공개적인 다툼을 벌이는 이들이 어쩌면 공공연하게 반대하지 않고 진리 쪽으로 돌아설 수도 있다는 한 줄기 희망이 있다.

하지만 바울은 이러한 기대가 엎어질 수 있음을 보여주기 위해 '그러나'로 이 단락을 시작한다. 디모데라고 해서 항상 반대자들을 이길 수는 없다. 세상은 복음을 반대하는 자들로 가득하며, 이들이 하나님의 백성을 어렵게 한다. 디모데는 교회가 무엇에 직면하고 있는지 '알아야' 한다. "말세에 고통하는 때가 이르러." 여기에서 "말세"는 "아직 오지 않은 시기"가 아니라 신약이 그 단어를 쓸 때 항상 의미하는 바를 가리킨다.[15] "말세"는 예수님의 부활과 재림 사이의 시기다(행 2:17; 히 1:1-2). 이 역사의 마지막 시기

15 Knight, *Pastoral Epistles*, 428.

는 오순절 이후로 지금까지, 그리고 지금부터 예수님이 다시 오실 때까지를 아우른다. 신약 교회는 "말세"에 있고 계속 그래왔다. 여기에서 바울은 이 시기 전체의 특징이 고통일 것이라고 말한다.

"고통하는"으로 번역된 단어는 신약의 마태복음 8:28에서 한 번 더 나온다. 이 구절에서 고통은 귀신 들린 두 사람의 사나움을 나타낸다. 어떤 사전은 이 헬라어 단어를 "참기 힘든, 고통스러운, 쓰라린, 비통한"으로 정의한다.[16] 이 시대이자 말세의 특성은 그리스도와 세상을 향한 그분의 뜻을 적극적으로 반대하는 것이다. 그러한 반대로 하나님의 백성은 고통과 아픔을 겪는다.

3:2-5 본문은 왜 고통스러운 때가 오는지 설명한다. "사람들이 자기를 사랑하며 돈을 사랑하[기]" 때문이다. 고통스러운 사람들이 고통스러운 때를 초래한다. 그리스도를 알지 못하는 사람들은 "참기 힘들고, 고통스럽고, 쓰라리고, 비통[하기]" 때문에 똑같이 "참기 힘들고, 고통스럽고, 쓰라리고, 비통한" 시대를 만들어낼 수 있다(참고. 앞의 주석). 바울은 말세를 살아가는 사람들의 열아홉 가지 특징을 나열한다. 이 특징들은 은혜에서 벗어난 사람들의 모습이다.

(1) "자기를 사랑하며." 자기를 사랑하는 사람들은 무엇보다 자신의 필요와 욕구를 우선시한다. 이러한 속성은 성령의 첫 번째 열매, 곧 다른 사람을 사랑하는 것과 반대된다. 자기애는 다른 모든 악의 근원이며 궁극적인 우상숭배다.

(2) "돈을 사랑하며." 예수님은 사람이 하나님과 돈을 겸하여 섬기지 못한다고 분명히 말씀하셨다(마 6:24).

(3, 4) "자랑하며 교만하며." "자랑"으로 번역된 단어는 과시하고 떠벌리는 사람을 가리킨다.[17] "교만"은 그러한 과시와 떠벌림을 낳는 마음을 가

16 LSJ, s.v. χαλεπός

리킨다. 둘 다 하나님을 거부하는 자들로서 여기에서 책망을 받는다. "하나님이 교만한 자를 물리치시고 겸손한 자에게 은혜를 주신다"(약 4:6).

(5) "비방하며." 이 말은 헬라어 단어 블라스페모이(*blasphēmoi*)에서 나왔고, 여기에서 영어 단어 blasphemy(신성모독)가 나왔다. 이 단어는 하나님을 대적해 말하는 것이 아니라 다른 사람을 깎아내리고 폄하하며 비하하는 말로 그들에게 폭언하는 것을 가리킨다(BDAG).

(6) "부모를 거역하며." 구약은 부모에게 불순종하는 것이 중대한 죄임을 분명히 한다. 불순종은 권위 아래 있지 않으려는 마음을 드러낸다.

(7) "감사하지 아니하며." 받은 복에 감사하지 못하는 것은 불신앙의 표지다. 이러한 배은망덕한 모습은 부모와의 관계에서 나타날 수 있다.

(8) "거룩하지 아니하며." 이는 "하나님 혹은 거룩한 것에 대한 저항"[18]을 수반한다.

(9) "무정하며." "인지상정이 없는"[19] 사람을 묘사한다. 이 단어는 "부모를 거역"하는 것과 연관지어 이해할 수 있다. 부모를 사랑하는 것이 인지상정이지만 이 사람은 자기 부모조차 사랑하지 않는다.

(10) "원통함을 풀지 아니하며." "어떤 상대와 연루된 문제를 해결할 의지가 없는"[20] 사람을 가리킨다. 이런 사람은 충돌 후 화해하는 법이 없고 자기가 이기기만을 바란다. 자기가 옳지 않을 때조차 관계를 살리기보다 체면을 세우는 데 더 관심이 있다.

(11) "모함하며." 타인에게 모욕적인 말을 하는 사람을 가리키는 또 다른 표현으로 헬라어 단어 디아볼로스(*diabolos*)에서 나왔다. 같은 단어가 2:26의 마귀에 사용되었다. 이렇게 말하는 사람은 마귀의 일을 하는 것이다.

17 BDAG, s.v. ἀλαζών

18 BDAG, s.v. ἀνόσιος

19 LSJ, s.v. ἄστοργος

20 BDAG, s.v. ἄσπονδος

(12) “절제하지 못하며.” 절제는 갈라디아서 5장에 나오는 성령의 열매 중 하나다. 성령이 내주하시지 않는 이들은 자신을 제어하지 못한다. 그들은 여전히 죄악 된 욕망과 갈망의 종이며, 거기서 벗어날 수 없고 벗어나려 하지도 않는다.

(13) “사나우며.” 야만적이고 폭력적이며 무모한 짐승에 비유되는 사람들을 말한다.

(14) “선한 것을 좋아하지 아니하며.” 목록의 시작 부분을 돌아보게 하는 특징이다. 악행하는 사람은 자신과 자신의 이익은 사랑하지만 선한 것은 사랑하지 않는다. 은혜에서 멀어진 죄인의 자연스러운 상태가 그러하다.

(15) “배신하며.” “배반자” 혹은 “배신자”[21]를 말하며, 같은 헬라어 단어가 누가복음 6:16에서 가룟 유다에게 사용된다.

(16) “조급하며.” “성급한, 경솔한, 무모한, 무심한”[22] 사람과 연관된 단어이며, “목적 달성을 위해 무슨 짓이라도 하는 사람”을 가리킨다.[23]

(17) “자만하며.” 하나님께서 평가하시는 것보다 자신을 훨씬 더 높게 평가하며 우쭐대는 사람을 말한다. 은혜로 구원받은 죄인의 겸손이 없어 오만하다(참고. 딤전 3:6; 6:4).

(18) “쾌락을 사랑하기를 하나님 사랑하는 것보다 더하며.” 하나님보다 자기 자신을 기쁘게 하는 데 사로잡혀 있는 사람을 말한다.

(19) “경건의 모양은 있으나 경건의 능력은 부인하니.” 겉으로는 진정한 종교와 경건의 옷을 입고 있지만, 내면은 믿지 않는 자들과 전혀 다르지 않은 사람을 묘사한다. 이들은 죄의 종으로 있다. 말로는 그리스도인이라고 하지만 마음에는 그리스도의 능력이 없다. 바울은 디모데에게 “이 같은 자들에게서…돌아서라”고 명령한다(참고. 고전 5:11).

21 BDAG, s.v. προδότης

22 BDAG, s.v. προπετής

23 같은 책, 431.

바울의 요지는, 간혹 교회가 세상과 맞설 때 세상이 교회에 몰래 기어들어 온다는 것이다. 디모데와 그의 회중은 이런 일이 일어나지 않도록 바짝 경계해야 한다. 바울은 모든 죄인이 이 모든 특성을 드러낸다는 뜻으로 말하지 않는다. 단지 이런 모습이 은혜에서 떠난 죄인들의 일상임을 말한다. 그리스도를 떠난 인간의 상태는 절망적이다.

"고통하는 때"(딤후 3:1)가 교회를 괴롭히는 까닭은, 교회가 자기 자신을 사랑할 뿐 하나님을 사랑하지 않는 어려운 사람들에게 둘러싸여 있기 때문이다. 고통스러운 때를 좋은 때로 바꾸려면 이들을 구원받은 사람으로 바꾸는 수밖에 없다. 그 일은 예수님만이 하실 수 있다.

3:6 가짜 그리스도인 집단은 거짓 선생들을 양산할 것이다. 그들은 남의 집에 "가만히 들어가" "어리석은 여자"를 유혹하여 그들의 오류를 따르도록 할 것이다. 바울은 '모든' 여자가 이런 의미에서 "어리석[다]"고 말하지 않는다. 에베소에 있는 일부만이 이 묘사에 들어맞는다. 그들은 죄악 된 본성과 욕망에 영향을 많이 받으며, 거짓 선생들은 이러한 어리석음을 간파하고 목적 달성을 위해 부당하게 이용한다. 이 때문에 거짓 선생들은 부도덕한 자들로 알려져 있다. 그들은 자신의 기쁨과 목적을 추구하기 위해 어리석음의 냄새를 맡고 그리스도의 양을 집어삼킨다. 어느 세대든 이러한 부류의 영적 포식자들이 교회를 위협한다. 그들은 겉으로는 해로워 보이지 않지만 속으로는 굶주린 늑대다. 교회는 그들은 알아보고 그들의 오류에 반대해야 한다.

3:7 6절의 연약한 여자는 "항상 배우나 끝내 진리의 지식에 이를 수 없[다]." 그들은 무슨 제안이든 받아들이는 마음을 가지고 있지만 마음이 너무 열려 있어 진리를 확신하는 데 이르지 못한다. 결국 다가오는 모든 지적 유행에 휩쓸려 하나님께서 성경에서 말씀하신 바에 발을 단단히 딛고 서지 못한다.

3:8 성경 밖의 유대 전승(옳을 수도, 옳지 않을 수도 있는)은 얀네와 얌브레를 가리켜 바로를 모셨고 모세의 기적을 흉내 낸 마술사라고 말한다. 그들은 기적을 흉내 내어 사람들의 시선을 참 하나님에게서 다른 데로 돌릴 수 있었다. 그런 의미에서 그들은 진리에 대적했고, 에베소의 거짓 선생들도 그와 똑같이 행동했다.

3:9 그러한 거짓 선생들은 "더 나아가지 못할 것[이다]." 거짓 선생들의 오류가 지속적인 호소력을 갖지 못하는 까닭은, 그들이 자신들의 계략을 무기한으로 가져갈 수 없기 때문이다. 모세를 통한 하나님의 참된 계시가 얀네와 얌브레를 폭로한 것처럼, 교회에 선포된 사도의 말씀이 결국 거짓 선생들을 폭로할 것이다. 그들의 어리석음이 모두에게 드러날 것이다. 그리스도의 양은 그분의 음성을 듣고 그분을 따르기 때문이다(요 10:27).

응답

우리는 직면한 "고통하는 때"에 솔직해야 한다. 우리가 맞닥뜨리는 어떤 반대도 하나님께는 놀라운 일이 아니다. 우리 또한 그런 일에 놀라서는 안 된다. 그렇게 될 것이라고 하나님께서 이미 말씀해주셨기 때문이다. 하나님은 그런 일을 경고하실 뿐만 아니라, 환난 저편에서 우리가 절대 빼앗길 수 없는 나라를 상속받을 것이라는 약속도 주신다. 장차 우리를 구원하신다는 약속을 주셨기에, 또한 고난 가운데서 우리와 강력하게 함께하시기에, 우리는 현재 그리스도를 위해 고난을 받을 수 있다.

2 Timothy
디모데후서
3:10-15

10 나의 교훈과 행실과 의향과 믿음과 오래 참음과 사랑과 인내와
11 박해를 받음과 고난과 또한 안디옥과 이고니온과 루스드라에서 당
한 일과 어떠한 박해를 받은 것을 네가 과연 보고 알았거니와 주께서
이 모든 것 가운데서 나를 건지셨느니라 12 무릇 그리스도 예수 안에
서 경건하게 살고자 하는 자는 박해를 받으리라 13 악한 사람들과 속
이는 자들은 더욱 악하여져서 속이기도 하고 속기도 하나니 14 그러나
너는 배우고 확신한 일에 거하라 너는 네가 누구에게서 배운 것을 알
며 15 또 어려서부터 성경을 알았나니 성경은 능히 너로 하여금 그리
스도 예수 안에 있는 믿음으로 말미암아 구원에 이르는 지혜가 있게
하느니라

10 You, however, have followed my teaching, my conduct, my aim
in life, my faith, my patience, my love, my steadfastness, 11 my
persecutions and sufferings that happened to me at Antioch, at Iconium,
and at Lystra—which persecutions I endured; yet from them all the
Lord rescued me. 12 Indeed, all who desire to live a godly life in Christ
Jesus will be persecuted, 13 while evil people and impostors will go on
from bad to worse, deceiving and being deceived. 14 But as for you,

continue in what you have learned and have firmly believed, knowing from whom[1] you learned it 15 and how from childhood you have been acquainted with the sacred writings, which are able to make you wise for salvation through faith in Christ Jesus.

1 The Greek for *whom* is plural

3장

단락 개관

바울은 이 단락에서 거짓 선생들과 신실한 선생 디모데의 차이에 집중한다. 이 장의 전반부는 "말세"의 특징이 하나님을 믿지 않는 것이며, 하나님을 믿지 않는 일부가 몰래 교회로 들어와 그리스도인인 체하며 하나님의 백성을 속이려 한다는 데 주목했다. 이 단락에서 바울은 극명한 대조를 나타내기 위해 두 번 "그러나 너는"(딤후 3:10, 14, 개역개정에는 14절에만 나옴)이라고 말한다. 양을 집어삼키려 하는 늑대들이 많겠지만, 디모데는 바울의 삶의 방식을 따르며 그에게 배운 진리 안에 계속 머물러야 한다.

단락 개요

III. 적대자에게 맞서는 목사의 용기(3:1-17)
  B. 박해와 오래 참음(3:10-15)
    1. 진리로 인한 박해(3:10-12)
    2. 진리 안에서 오래 참음(3:13-15)

주석

3:10-11 "네가"(11절)는 단수이며 구체적으로 디모데를 가리킨다. 디모데는 거짓 선생들과 대조적으로 신실하게 살아가는 바울의 삶과 사역을 '따랐다'. 즉 바울이 가르치고 선포한 것을 믿고 따랐다.[24] 거짓 선생들은 사도적 기준을 따르지 않은 반면, 디모데는 아홉 가지 영역에서 그 기준을 따르고 있음을 바울은 인정한다.

(1) "교훈"은 바울이 가르친 복음의 진리를 가리킨다. 사도는 자신이 전한 믿음을 디모데가 믿고 전파함을 인정한다.

(2) "행실"은 디모데가 바울의 "'삶의 방식'"[25]이 인도하는 대로 따랐음을 의미한다. 디모데는 바울의 믿음뿐 아니라 그의 행동도 따른다.

(3) "의향"은 "'목적'" 혹은 "미리 계획된"[26] 무언가를 뜻하는 한 단어를 번역한 것이다. 바울에게는 사역의 목적이 있었고 디모데는 그것을 따랐다.

(4) "믿음"은 "하나님에 대한 신뢰 혹은 절대적인 의존"[27]이다(참고. 딤전 4:12; 6:11; 딤후 2:22).

(5) "오래 참음"은 "화나는 상황에서 참는" 능력, "다른 사람을 향한 '관용', '인내'"[28]를 가리킨다. 바울이 박해와 고난에 신실하게 대응했듯이 디모데도 그러했다.

(6) "사랑"은 그리스도인을 특징짓는 덕목이자 성령의 첫 번째 열매로서 신자를 세상과 구별해준다. 그리스도인은 서로를, 이웃을, 심지어 원수를 사랑한다. 디모데는 이런 의미에서 사랑을 따랐다.

24 BDAG, s.v. παρακολουθέω

25 BDAG, s.v. ἀγωγή, 강조는 원문의 것

26 BDAG, s.v. πρόθεσις, 강조는 원문의 것

27 같은 책, 439.

28 BDAG, s.v. μακροθυμία, 강조는 원문의 것

(7) "인내"는 간혹 '지구력'으로 번역되며, "어려움에 직면하여 저항하거나 견디는"[29] 능력을 가리킨다. 이 단어는 디모데의 신실함이 지닌 나머지 두 가지 특성을 예고한다. 디모데는 바울의 교훈과 행실을 따를 뿐 아니라 기꺼이 복음을 위해 고난당한다.

(8) "박해"는 "괴롭히고 억압하려고 의도한 프로그램 혹은 과정"[30]을 가리킨다. 이 단어는 복수형이다. 바울은 복음 선포로 인해 계속해서 박해를 받았다.

(9) "고난"은 앞서 언급한 박해의 결과다.

바울은 1차 선교 여행 중에 "안디옥과 이고니온과 루스드라에서"(참고. 행 13:45, 50; 14:1-5, 19) 실제로 박해당한 예를 든다. 비시디아 안디옥에서는 유대인들이 박해했다. 이고니온에서는 그 시내의 무리가 바울을 돌로 쳐서 죽이려 했지만 바울은 도망쳤다. 반면 루스드라에서는 "그들이 돌로 바울을 쳐서 죽은 줄로 알고 시외로 끌어내[지만]"(행 14:19), 바울은 계속해서 복음을 선포했고, 심지어 그를 죽이려 한 자들이 있는 성으로 돌아와(행 14:21) 다시 그들에게 복음을 전했다. 그 과정에서 그는 제자들의 마음을 "굳게" 하라고 "권하고…하나님의 나라에 들어가려면 많은 환난을 겪어야 할 것이라"(행 14:22)고 말했다.

바울이 얼마나 고난을 당했는지 알면, 디모데가 어떻게 위험을 무릅쓰고 단호하게 바울을 "따르며" 박해를 받았는지 보이기 시작한다. 디모데는 고난을 두려워하지 않는다.

3:12 바울은 이러한 고난이 디모데 같은 지도자들에게만 해당한다고 생각하지 않도록, "무릇 그리스도 예수 안에서 경건하게 살고자 하는 자는 박해를 받으리라"고 경고한다. 박해와 고난은 목사의 전유물이 아니다. 그

29 BDAG, s.v. ὑπομονή

30 BDAG, s.v. διωγμός

리스도를 따르고자 하는 이들, 실제로 신자 "모두"(새번역) 어느 정도의 고난을 당한다. 예수님이 직접 "누구든지 자기 십자가를 지고 나를 따르지 않는 자도 능히 내 제자가 되지 못하리라"(눅 14:27)고 말씀하신다. 고난당하기까지, 심지어 죽음에 이르는 고난을 당하기까지 예수님을 따르려 하지 않는다면 진정한 그리스도인일 수 없다.

바울은 "모두"에 예외를 두지 않지만, 고난당하지 않는다고 해서 신자가 아니라는 판단은 성급하게 내리지 않도록 조심해야 한다. 그리스도인의 평화로운 삶은 다음 두 가지 경우 중 하나에 속한다.

(1) '아직' 박해를 받지 않았지만 앞으로 받게 될 것이다.

(2) 성경에서 말하는 "박해"의 의미를 오해한 것이다. "박해"를 믿음 때문에 받는 극심한 고난으로 생각하는 경향이 있으나 그리스도는 "너희를 욕하[는]" 것 혹은 "너희를 거슬러 모든 악한 말을 [하는]" 것도 "박해"의 범주에 들어간다고 말씀하신다(마 5:10-12). 따라서 박해는 죽음에 이를 수 있는 육체적 고난만 말하지 않는다. 복음을 위해 받는 어떤 형태의 학대도 박해에 해당한다. 그 범위는 말로 하는 반대에서부터 체포되는 것, 전 재산을 잃는 것 또는 육체적인 고난과 목숨을 잃는 것에 이른다.

3:13 "악한 사람들"과 "속이는 자들"은 분명 앞에서 언급한 거짓 선생들이다. 그들은 신자인 척하지만 실제로는 그렇지 않다. 시간이 지나면서 그들은 "더욱 악하여져서" 그들의 오류와 뒤틀린 행동으로 인해 본색이 드러난다. 더 나아가 그들은 "속이기도 하고 속기도" 한다. 이는 종종 이 거짓 선생들이 표리부동하지 않음을 보여준다. 자신의 그릇된 생각을 믿기에 남들만 속이는 것이 아니라 자기 자신도 속이는 것이다. 디모데는 그러한 성실함이 복음에 대한 신실함과 같은 것이 아님을 명심해야 한다. 사람은 성실한 동시에 진실로 틀렸을 수 있다. 성실함이 사람의 진실함, 곧 사도적 기준에 신실함을 보여주는 척도는 아니다.

3:14 바울은 디모데에게 사도적 기준에 맞는 믿음 안에 계속 거하라고 명

령한다. 거짓 선생들이 아무리 설득력 있고 그들의 메시지가 아무리 육신에 매력적이더라도 말이다. 디모데는 흔들려서는 안 된다. 속이는 자들의 속임수에 귀 기울이지 말고 계속 복음 진리에 머물러야 한다.

디모데는 누구에게 믿음을 배웠는지 알기 때문에 거기에 계속 거해야 한다. 바울이 성경의 특성에 직접 호소하지 않고 디모데에게 성경을 가르친 이들의 특성에 호소하는 것은 놀라운 일일 수 있다. 로이스와 유니게의 믿음이 이제 디모데의 믿음이 되었다. 바울은 디모데가 그들에게 배운 것을 계속 확신하고 있다는 근거로 신실한 그리스도인인 이 여인들의 성품을 제시한다.

바울은 근엄한 말로 어머니의 소명이 중요함을 인정한다. 그는 신실한 어머니와 할머니가 자녀와 손주에게 미칠 수 있는 강력한 영향력을 잘 생각해보라고 독자들에게 요청한다. 디모데의 아버지는 분명 그리스도인이 아니었지만, 디모데가 어머니와 할머니의 증언을 통해 믿음으로 나아가는 데 그 사실이 아무런 방해가 되지 않았다. 어머니는 자녀에게 다른 누구도 할 수 없는 흔적을 남길 수 있다(참고. 고전 7:14). 하나님은 어머니들을 사용하여 그리스도를 위해 목숨을 내놓는 종들을 키우실 수 있다. 자녀의 마음에 어머니는 특별한 자리를 차지한다. 훗날 그 아이의 삶에 "고통하는 때"(딤후 3:1)가 올 때, 아이는 어머니가 그리스도에게 신실했음을 기억하며 그 폭풍우를 잘 지날 것이다. 자녀는 어머니가 그러했듯이 예수님을 따라갈 것이다. 바울은 "네가 누구에게서 배운 것을 알며"라는 말로 어머니의 영광스러운 잠재력을 인정한다.

3:15 디모데가 어린 시절부터 로이스와 유니게는 지금 우리가 구약이라 부르는 말씀을 그에게 가르쳤다. 그들은 말씀의 씨앗을 심었고 하나님께서 자라게 하셨다. 그들이 디모데에게 준 성경은 "능히 너로[디모데로] 하여금 그리스도 예수 안에 있는 믿음으로 말미암아 구원에 이르는 지혜가 있게" 했다. 디모데는 하나님의 말씀을 들었기 때문에 그리스도인이 되었고, 신실한 두 여인 때문에 하나님의 말씀을 들었다. 로이스와 유니게를 변화

시킨 그 말씀이 디모데를 강력하게 변화시켰다. 디모데는 말씀을 꼭 붙드는 이들에게 임하는 이 말씀의 능력을 알고 있으며, 변화시키는 그 능력이 믿음의 이유다.

응답

서구에서 기독교는 심하게 박해받는 축에 들지 못한다. 우리가 겪는 학대는 복음을 위해 자신과 가족의 목숨을 내놓아야 하는 세상 곳곳의 형제자매들의 처지와 비교할 수 없다. 그렇더라도 우리는 이 세상에서 사는 한 저마다 믿음으로 인한 고난의 스펙트럼 어딘가에 서 있다. 지금은 비교적 안전지대에 있을지라도 상황은 언제든 변할 수 있으므로 우리는 그에 대비해야 한다.

2 Timothy
디모데후서
3:16-17

3장

16 모든 성경은 하나님의 [1]감동으로 된 것으로 교훈과 책망과 바르게
함과 의로 [2]교육하기에 유익하니 17 이는 하나님의 사람으로 온전하
게 하며 모든 선한 일을 행할 능력을 갖추게 하려 함이라

16 All Scripture is breathed out by God and profitable for teaching, for
reproof, for correction, and for training in righteousness, 17 that the man
of God[1] may be complete, equipped for every good work.

1) 또는 영감 2) 또는 징계

1 That is, a messenger of God (the phrase echoes a common Old Testament expression)

단락 개관

바울은 디모데에게 계속해서 사도적 믿음 안에 거하고, 고난과 박해를 당하더라도 그 믿음에서 벗어나지 말라고 가르쳤다. 대신 디모데는 그에게 말씀을 가르쳐준 이들, 곧 로이스와 유니게가 신뢰할 만한 이들이므로 하나님의 말씀을 계속해서 믿어야 한다. 그러나 디모데의 확신은 로이스와 유니게의 성품에만 달려 있지 않다. 그의 확신은 궁극적으로 성경 자체의 특성과 성격에 근거해야 한다. 바울은 성경이 무엇이고, 무슨 일을 하며, 어떤 결과를 낳는지 설명한다.

단락 개요

III. 적대자에게 맞서는 목사의 용기(3:1-17)
　C. 모든 성경은 하나님의 감동으로 되었다(3:16-17)
　　1. 성경은 무엇인가(3:16a)
　　2. 성경은 무슨 일을 하는가(3:16b)
　　3. 성경은 어떤 결과를 낳는가(3:17)

주석

3:16a "성경"으로 번역된 단어는 헬라어 그라페(*graphē*)로, 여기에서 영어의 접미사 '-graph'[paragraph(단락)에 쓰인 것처럼]가 나왔다. 일반적으로 이 단어는 일종의 글을 나타내는데, 신약에서는 구약 39권에 기록된 하나님의 말씀을 가리키는 전문 용어로 사용된다. 바울은 여기에서 일부가 아니라

"모든" 성경이라고 명시한다. "모든"이라는 표현을 사용하여 성경의 모든 절을 강조하려고 한 것 같다.

"하나님의 감동으로 된 것"(ESV는 "breathed out by God")이라는 어구는 헬라어 단어 테오프뉴스토스(*theopneustos*)를 번역한 것이다. '하나님'[테오스(*theos*)]과 '숨을 내쉬다'[프네오(*pneō*)] 두 단어로 이루어진 합성어다. 일부 번역본은 이 합성어를 '영감을 받다'로 번역한다. 이는 무난한 번역이지만 성경에 대한 하나님의 권위를 강조하는 '하나님께서 숨을 불어넣으신'이라는 표현만큼 정확하지는 않다. 성경이 말하는 것은 곧 하나님께서 말씀하신 것이다. 그 '글' 자체에 '하나님께서 숨을 불어넣으신' 특성이 있다. 그것은 하나님의 말씀'이다'.

"유익하니"(개역개정에는 16절 끝부분에 나옴)로 번역된 단어는 모든 성경이 유용하거나 이롭거나 이점이 있다는 의미다.[31] 성경은 하나님의 말씀이므로 하나님의 백성에게 유익하다. 실제로 우리는 이 문장을 대략, "모든 성경은 하나님께서 숨을 불어넣으셨고 '그러므로' 너희에게 유익하다"로 번역할 수 있다.

성경의 이 두 속성은 보통 받아들이기 가장 어려워서 거짓 선생들과 비평가들의 공격을 자주 받았다. 그러한 비평가들은 청중이 성경을 하나님의 말씀으로 믿지 않기를 바란다. 그것이 뜻대로 되지 않으면 이번에는 성경이 하나님의 백성에게 유익하지 못 하다고 설득하려 든다. 두 의견 어느 쪽에 의해서든 신자들의 믿음은 흔들릴 수 있다.

3:16b 성경은 다음 네 가지 구체적인 면에서 독자들에게 유익하다.

(1) "교훈": 성경은 적극적으로 독자들이 믿어야 할 바를 알려준다. 성경은 바른 교리를 제시한다.

(2) "책망": 성경은 소극적으로 독자들이 믿어서는 안 되는 것을 알려준

31 BDAG, s.v. ὠφέλιμος

다. 성경은 건전하지 못한 교리를 깨닫게 해준다.

(3) "바르게 함": "아마도 행위와 관련하여…바로잡는 것"[32]을 의미한다. 성경은 소극적으로 독자들에게 해서는 안 되는 행동을 알려준다.

(4) "의로 교육": 올바른 삶을 '가르치거나 교육하는 것'이다. 성경은 적극적으로 독자들이 해야 할 일을 알려준다.

이 네 항목은 교차대구 구조를 이룬다. 두 가지 소극적인 측면이 안쪽에 있고, 그에 상응하는 두 가지 적극적인 측면에 바깥쪽에 있다. 존 스토트는 네 측면이 신조와 행위를 다룬다고 주장한다. 교훈과 책망은 바른 교리와 관련되고, 바르게 함과 의로 교육함은 바른 삶과 관련된다.

> 바울은 이제 성경이 신조와 행위 둘 다와 관련해 유익함을 계속해서 보여준다(16b, 17절). 거짓 선생들은 그 둘을 분리시켰다. 우리는 그 둘을 결합해야 한다.…신조에 대해서 보자면, 성경은 "진리를 가르치고 오류를 논박하는 데"(NEB) 유익하다. 행위에 대해서 보자면, "태도를 개선하고 올바른 삶을 훈련하는 데" 유익하다. 각 쌍에서 소극적인 것과 적극적인 것이 결합된다. 우리 삶에서든 가르치는 사역에서든 오류를 극복하고 진리 안에서 성장하기를, 악을 극복하고 거룩함에서 자라기를 소망하는가? 그렇다면 먼저 성경으로 향해야 한다. 성경이 그러한 것들에 "유익하[기]" 때문이다.[33]

3:17 성경은 "하나님의 감동으로 된" 것이며 "유익"하므로, 그것을 읽는 "하나님의 사람" 안에 어떤 결과를 낳는다. 여기에서 "하나님의 사람"이 특히 목사를 가리킨다는 의견이 있다. 이러한 해석은 성경이 오로지 사역을 위해 목사를 준비시킨다는 의미겠지만, "하나님의 사람"을 좀 더 포괄

32 같은 책, 449.

33 John R. W. Stott, *Guard the Gospel: The Message of 2 Timothy*, The Bible Speaks Today (Downers Grove, IL: InterVarsity, 1973), 103. 《디모데후서》, BST 성경강해 시리즈(IVP).

적으로 볼 경우 그 어구는 "하나님의 사람 누구라도"가 된다. 물론 특정한 이 경우에는 디모데에게 초점을 맞추었을 수 있다.[34]

두 번째 의미가 정확하다면, 성경은 어떤 "하나님의 사람"이라도 "온전하게" 할 수 있다. "'유능하게', '능숙하게'" 혹은 "모든 요구를 충족시킬 수 있게"[35] 한다. 성경은 모든 신자가 "모든 선한 일을 행할 능력을 갖추[어]" 하나님께서 요구하시는 것은 무엇이든 충족할 수 있게 해준다. 성경은 사람들이 "선한 일"을 하도록 하나님께서 그들을 구원하신다고 말한다(참고. 마 5:16; 엡 2:10). 그리고 이 본문은 성경이 독자들을 준비시키고 그러한 선한 일 하나하나를 할 수 있게 한다고 분명히 말한다. 하나님은 누군가를 불러 일을 맡기실 때마다 반드시 성경을 통해 준비시키신다.

응답

성경과 하나님께서 세상에서 하시는 일을 이간질하는 설교자나 교사를 경계해야 한다. 또한 성경과 하나님께서 '우리' 안에서 하시는 일을 이간질하는 설교자를 경계해야 한다. 하나님의 말씀은 우리의 삶과 신앙생활에 필요한 모든 것이다. 그분의 말씀을 가지고 있다면 복음 안에서 신실하고 열매를 맺는 데 필요한 것을 다 갖춘 것이다. 그 말씀은 인간의 말이 아니라 하나님의 말씀이기 때문이다.

34 Knight, *Pastoral Epistles*, 450.

35 BDAG, s.v. ἄρτιος, 강조는 원문의 것

2 Timothy
디모데후서
4:1-8

1 하나님 앞과 살아 있는 자와 죽은 자를 심판하실 그리스도 예수 앞
에서 그가 나타나실 것과 그의 나라를 두고 엄히 명하노니 2 너는 말
씀을 전파하라 때를 얻든지 못 얻든지 항상 힘쓰라 범사에 오래 참
음과 가르침으로 경책하며 경계하며 권하라 3 때가 이르리니 사람이
[1]바른 교훈을 받지 아니하며 귀가 가려워서 자기의 사욕을 따를 스승
을 많이 두고 4 또 그 귀를 진리에서 돌이켜 허탄한 이야기를 따르리
라 5 그러나 너는 모든 일에 신중하여 고난을 받으며 전도자의 일을
하며 네 직무를 다하라

1 I charge you in the presence of God and of Christ Jesus, who is to
judge the living and the dead, and by his appearing and his kingdom:
2 preach the word; be ready in season and out of season; reprove,
rebuke, and exhort, with complete patience and teaching. 3 For the time
is coming when people will not endure sound[1] teaching, but having
itching ears they will accumulate for themselves teachers to suit their
own passions, 4 and will turn away from listening to the truth and
wander off into myths. 5 As for you, always be sober-minded, endure

suffering, do the work of an evangelist, fulfill your ministry.

6 전제와 같이 내가 벌써 부어지고 나의 떠날 시각이 가까웠도다 7 나
는 선한 싸움을 싸우고 나의 달려갈 길을 마치고 믿음을 지켰으니
8 이제 후로는 나를 위하여 의의 면류관이 예비되었으므로 주 곧 의로
우신 재판장이 그 날에 내게 주실 것이며 내게만 아니라 주의 나타나
심을 사모하는 모든 자에게도니라
6 For I am already being poured out as a drink offering, and the time of
my departure has come. 7 I have fought the good fight, I have finished
the race, I have kept the faith. 8 Henceforth there is laid up for me the
crown of righteousness, which the Lord, the righteous judge, will award
to me on that day, and not only to me but also to all who have loved his
appearing.

1) 헬, 건전한

1 Or *healthy*

단락 개관

바울은 3장 끝부분에서 성경이 하나님의 말씀임을 디모데에게 상기시켰다. 따라서 성경은 전 방위에서 목회 사역을 규정해야 한다. 이것이 바울이 디모데후서 4:1-8에서 강조하는 요지다. 바울은 하나님께서 디모데를 불러서 하게 하신 사역을 완수하기 위해 그가 무엇을 해야 하는지 가르친다. 바울이 자신의 사역을 완수하기 위해 죽음을 눈앞에 두고 이 글을 쓰고 있다는 점에서, 그의 말이 더욱 가슴 절절하게 다가온다. 바울은 디모데에게 사역의 소명과 갈등과 완수에 대해 권면한다.

단락 개요

IV. 말씀을 전파하는 목사의 용기(4:1-22)
A. 말씀 전파와 유종의 미(4:1-8)
1. 목회 사역의 소명(4:1-2)
2. 목회 사역의 갈등(4:3-5)
3. 목회 사역의 완수(4:6-8)

주석

4:1 바울이 디모데에게 "엄히 명하노니"라고 한 말은, 이제 그에게 명할 일에 엄중함과 무게를 더한다. 바울은 "하나님 앞과…그리스도 예수 앞에서" 엄히 명하는 강수를 둔다. 디모데는 단순히 바울 때문이 아니라 하나님 아버지와 주 예수님이 지켜보신다는 사실 때문에 바울의 지시에 주의를 기울여야 한다. 그분들은 지켜보실 뿐 아니라 사도의 명령에 힘을 실어주신다. 언젠가 그리스도가 "살아 있는 자와 죽은 자를 심판하실" 것이기 때문이다. 이는 마지막 심판에 대한 언급이며, 하나님께서 모든 것을 정산하실 그때 누구도 불순종으로 인해 기대에 미치지 못하는 상황이 되기를 원하지 않을 것이다. 바울은 그리스도의 "나타나실 것", 즉 심판이 시작되는 때인 그분의 재림을 두고, 또한 그분의 "나라", 즉 만물에 대한 그분의 통치를 두고 디모데에게 엄히 명한다. 그때에 바울의 제자는 사도의 명령에 어떻게 반응했는지 하나님께 설명하게 될 것이다.

4:2 바울의 명령은 단순하다. 즉 디모데가 "말씀을 전파[해야]" 한다는 것이다. 이 "말씀"은 구약과 사도의 말씀을 아우르며(롬 16:25-27; 딤전 5:17;

벧후 3:15), 두 말씀 모두 "그리스도 예수 안에 있는 믿음으로 말미암아 구원에 이르는 지혜"가 있다(딤후 3:15). 디모데는 계시를 받았고, 바울은 그에게 하나님 앞에서 그것을 "전파하라"고, 하나님께서 주신 메시지를 공개적으로 선포하라고 엄중히 명령한다.

디모데는 자신의 인생관을 전파해서는 안 된다. 시사 문제에 관한 자신의 생각을 전파해서는 안 된다. 설교단을 자신의 관심사를 펼쳐내는 연단으로 바꾸어서는 안 된다. 그는 활동하면서 무언가를 지어내어서는 안 된다. 다만 성경에 계시된 하나님의 말씀을 전파해야 한다. 이것이 그의 일이며, 이렇게 하지 못하면 하나님께 그에 대한 책임을 져야 한다.

그 말씀을 전파하려면 다음 몇 가지 사항이 요구된다.

(1) 준비: "때를 얻는지 못 얻든지." 여기에서 때는 '좋은 때'와 '좋지 않은 때'로 번역할 수 있다. 디모데는 사람의 의향을 살피면서 말씀을 전파할 때를 분별해서는 안 된다. 사람들이 그 메시지를 받아들이건 받아들이지 않건 그로 인해 설교 내용이 달라져서는 안 된다. 듣는 사람이 좋아하건 좋아하지 않건 말씀을 전파해야 한다.

(2) 대면: "경책하[다]"란 "누군가의 행동에 대한 강력한 반감을 표현하다, '책망하다', '바로잡다'"[36]라는 의미이며 오류를 찾아내어 버리도록 설득하는 것이다. "경계하[다]"란 "누군가에 대한 강력한 반감을 표현"하며 "'견책하다'" 혹은 "'경고하다'"[37]라는 의미다. 두 단어 모두 필요한 때와 필요한 곳 어디에서든 교리나 도덕의 오류에 대면하는 것을 가리킨다. 대면이 양 떼에 둘러싸인 목사의 일인 까닭은, 그가 도덕주의자여서가 아니라 사람들을 심판에서 생명으로 이끌고자 함이다.

(3) 명령: "권하[다]"란 "강력히 권고하는"[38] 것이다. 이는 근본적으로 누

36 BDAG, s.v. ἐλέγχω, 강조는 원문의 것

37 BDAG, s.v. ἐπιτιμάω, 강조는 원문의 것

38 BDAG, s.v. παρακαλέω

군가에게 무언가를 하라고 명령하는 것이다. 설교와 강의는 다르다. 강의는 설명과 자료에 집중하는 반면, 설교는 명령과 금지 규정에 집중한다. 설교는 사람들이 믿고 행해야 하는 바를 권하기 위해 명령한다는 면에서 권위적이다.

이 모든 경책과 경계와 권함은 "범사에 오래 참음과 가르침으로" 행해야 한다. 목자는 양들에게 혹독하거나 무관심해서는 안 된다. 양들을 이해하고 양들에 대해 오래 참아야 한다. 양들이 발을 헛디뎌 넘어질 때 그들을 가르치고 그들과 함께 '버텨야 한다.' 목사는 또한 호전적이어서는 안 된다. 대립하더라도 으스러뜨리거나 좌절시키는 대신 위로하고 격려하는 식으로 해야 한다. 화를 내면 범법을 피할 수 없다.

4:3 '왜냐하면'(ESV는 "For", 개역개정에는 없음)은 바울이 디모데에게 때를 얻든지 못 얻든지 말씀을 전파하라고 명령한 이유를 소개한다. "때"(time)는 앞 절의 "때"(in season)로 번역된 단어와 분명하게 연결된다. 사람들이 복음에 관한 설교를 "받지 아니[할]" 때가 올 것이다. 그때에 그들은 성경에 기초한 권면이나 경책을 참으며 들으려 하지 않을 것이다. 그 이유는 아주 단순한데 긁고 싶을 만큼 "귀가 가려워서"다. 그들은 귀를 더 가렵게 하는 설교자 대신에 그들이 듣고 싶은 말을 해줄 설교자, 그들이 이미 믿고 행하는 바가 괜찮다고 말해 줄 설교자를 원할 것이다. 오류 혹은 죄 가운데 있는 이들은 보통 자신의 죄를 아주 좋아한다. 설교자가 양심을 건드리는 것을 고마워하지 않는다. 그들에게 맞서는 하나님의 말씀에 귀 기울이기보다 하나님의 말씀을 버리고 그들에게 행복한 것을 이야기해 주는 선생들을 찾을 것이다. 그들의 죄악 된 욕망을 거스르지 않고 승인해 주는 이들을 찾을 것이다. "자기의 사욕을 따를 스승을 많이 두고."

4:4 사람들은 귀를 즐겁게 하는 것을 찾기 시작하면서 "그 귀를 진리에서 돌이[킬]" 것이다. 슬프게도 그들은 진리보다 허구를 믿는 쪽을 택할 것이다. 이러한 선택은 모두 그들이 선호하는 것과 관련이 있다. 그들의 죄악

된 욕망을 승인해 주지 않는 진리보다는 승인해 주는 허구를 선호할 것이다. 자신들을 심문하지 않고 승인해 주는 이야기들을 원하므로 "허탄한 이야기"를 따를 것이다. 바울이 다른 데서 말했듯이, 인간의 상태가 죄로 인해 너무나 망가져 죄인들은 "불의로 진리를 막는[다]"(롬 1:18).

4:5 "그러나 너는"(혹은 '너의 경우는')은, 바울이 "귀가 가려[운]" 이들의 행동과 디모데에게 요구되는 행동을 대비한다. 디모데는 어떤 반대에 맞닥뜨리든 다음 네 가지 방식으로 여전히 견고하고 신실해야 한다.

(1) "신중하여." 이 단어는 만취 상태를 피하는 정도를 넘어 더 광범위한 의미를 갖는다. 신중함은 지나침, 격정, 성급함, 혼돈이 없는 것이다. 균형이 잘 잡혀 있고 자제력이 있는 것이다. 디모데는 반대와 박해에 직면할 때 자신에게 무엇이 요구되는지를 냉철한 시각으로 보아야 한다.

(2) "고난을 받으며." 이는 기꺼이 "수치나 상처를 겪으려는"[39] 마음을 나타낸다. 디모데는 듣고 싶어 하지 않는 이들에게 복음을 전파하다가 어떤 결과가 생기든 기꺼이 받아들여야 한다.

(3) "전도자의 일을 하며." 특별히 전도의 은사를 가진 사람들이 있지만(행 21:8; 엡 4:11), 여기에서 "전도자"는 직책이 아니라 모든 목사가 수행하는 과업으로 이해해야 한다.[40] 전도자의 일이란 한마디로 "복음 전파자"가 되는 것이다.[41] 죄인들이 복음을 듣고 회심하는 것이 목표다.

(4) "네 직무를 다하라." 바울이 디모데에게 에베소에서 위임한 모든 일을 요약한다. "네 사역의 모든 임무를 완수하라"(NIV). 요컨대 목사는 냉철하고, 기꺼이 고난을 감수하고, 잃어버린 자에게 복음을 전하며, 하나님께서 불러서 맡기신 임무를 완수하기 위해 이 모든 일을 해야 한다.

39 *Brill Dictionary of Ancient Greek* (Leiden: Brill, 2015), 1015.

40 참고. I. Howard Marshall, *A Critical and Exegetical Commentary on the Pastoral Epistles*, ICC (London/New York: T&T Clark, 1999), 804의 논의.

41 BDAG, s.v. εὐαγγελιστής

4:6 바울은 자신이 "전제와 같이 내가 벌써 부어[졌다]"고 말한다. 이 말은 구약의 희생 제사를 연상시킨다(참고. 출 29:40-41; 레 23:13; 민 15:5-10; 28:7). 놀랍게도 그는 '자신을' 전제(奠祭)에 빗대는데, 이는 그의 피가 곧 순교로 부어질 것이라는 뜻이다. "나의 떠날 시각이 가까웠도다." 바울은 자신의 죽음이 임박했음을 알고 있기 때문에 디모데에게 주는 이 권면은 유언의 무게를 갖는다. 바울의 사역이 이제 끝이 가까워지고 완수되면서 그는 자신이 시작한 일을 끝내도록 디모데에게 배턴을 넘긴다.

4:7 바울은 하나님께서 그에게 주신 사역을 완수했음을 나타내는 두 가지 이미지 "싸움"과 "달려갈 길"을 제시한다. "선한 싸움"은 반대에 부딪쳐 극복해야 하는 경쟁이나 다툼을 말한다. 디모데전서 6:12에서 바울은 그것을 "믿음의 선한 싸움", 즉 그리스도를 신뢰하고 죄를 물리치기 위한 싸움이라고 부른다. 바울은 이 싸움에 온 힘을 쏟아 부었다.

바울은 또한 "달려갈 길을 마[쳤다]." 그는 잠시 싸우다가 흔들리거나 포기하지 않았다. 그는 처음부터 끝까지 해냈다. "믿음을 지켰으니"란 바울이 이제 디모데에게 넘겨주는 사도적 믿음을 살아내고 선포했음을 의미한다. 그는 더 이상 싸울 수 없게 될 때까지 싸웠다. 그리고 이제 그 길의 끝에 와 있다.

4:8 하나님은 끝까지 견딘 이들에게 보상을 준비해 두셨다. 그것은 "의의 면류관"이다. 이는 아마도 '의인 면류관'(crown that is righteousness) 같은 것을 의미하는 듯하다. 면류관은 운동 경기 후 승리자의 머리에 씌우는 월계관이었다. 8절의 경우 그 면류관은 "의"로 이루어져 있다. 이 면류관은 하나님께서 이미 그리스도 안에서 의롭다고 선언하신 대로 그분의 백성을 만드실 때를 가리켜 보인다. 끝까지 견디는 자만이 그 면류관을 받을 것이다. 하나님은 이 면류관을 신실한 목사들뿐 아니라 "주의 나타나심을 사모하는 모든 자"에게도 내리신다. 다시 말해, 끝까지 견딘 모든 신자가 이 보상을 받는다.

응답

바울의 본은 기독교 견인 교리의 실제 예를 생생하게 보여준다. 끝까지 견디는 것은 설교자들뿐 아니라 모든 그리스도인의 특징적인 표지다. 기독교는 시작뿐 아니라 마무리 또한 중요하게 여긴다. 그리스도를 따르기 시작한 사람이 아니라 그 일을 마무리한 사람, 즉 끝까지 견딘 이들이 영생을 유업으로 받는다. "우리가 시작할 때에 확신한 것을 끝까지 견고히 잡고 있으면 그리스도와 함께 참여한 자가 되리라"(히 3:14). 진짜 기독교와 가짜 기독교의 차이는 마무리에 있다. 그리스도를 아는 이들은 끝까지 갈 것이다. 마무리하지 못하고 이탈하는 이들은 참으로 그리스도를 아는 것이 아니다. 이탈이 그 사실을 입증한다.

2 Timothy
디모데후서
4:9-22

9 너는 어서 속히 내게로 오라 10 데마는 이 세상을 사랑하여 나를 버
리고 데살로니가로 갔고 그레스게는 갈라디아로, 디도는 달마디아로
갔고 11 누가만 나와 함께 있느니라 네가 올 때에 마가를 데리고 오라
그가 나의 일에 유익하니라 12 두기고는 에베소로 보내었노라 13 네가
올 때에 내가 드로아 가보의 집에 둔 겉옷을 가지고 오고 또 책은 특
별히 가죽 종이에 쓴 것을 가져오라 14 구리 세공업자 알렉산더가 내
게 해를 많이 입혔으매 주께서 그 행한 대로 그에게 갚으시리니 15 너
도 그를 주의하라 그가 우리 말을 심히 대적하였느니라 16 내가 처음
변명할 때에 나와 함께 한 자가 하나도 없고 다 나를 버렸으나 그들
에게 허물을 돌리지 않기를 원하노라 17 주께서 내 곁에 서서 나에게
힘을 주심은 나로 말미암아 선포된 말씀이 온전히 전파되어 모든 이
방인이 듣게 하려 하심이니 내가 사자의 입에서 건짐을 받았느니라
18 주께서 나를 모든 악한 일에서 건져내시고 또 그의 천국에 들어가
도록 구원하시리니 그에게 영광이 세세무궁토록 있을지어다 아멘

9 Do your best to come to me soon. 10 For Demas, in love with this
present world, has deserted me and gone to Thessalonica. Crescens
has gone to Galatia,[1] Titus to Dalmatia. 11 Luke alone is with me. Get

Mark and bring him with you, for he is very useful to me for ministry.
12 Tychicus I have sent to Ephesus. 13 When you come, bring the
cloak that I left with Carpus at Troas, also the books, and above all the
parchments. 14 Alexander the coppersmith did me great harm; the Lord
will repay him according to his deeds. 15 Beware of him yourself, for
he strongly opposed our message. 16 At my first defense no one came to
stand by me, but all deserted me. May it not be charged against them!
17 But the Lord stood by me and strengthened me, so that through me
the message might be fully proclaimed and all the Gentiles might hear
it. So I was rescued from the lion's mouth. 18 The Lord will rescue me
from every evil deed and bring me safely into his heavenly kingdom.
To him be the glory forever and ever. Amen.

19 브리스가와 아굴라와 및 오네시보로의 집에 문안하라 20 에라스도
는 고린도에 머물러 있고 드로비모는 병들어서 밀레도에 두었노니
21 너는 겨울 전에 어서 오라 으불로와 부데와 리노와 글라우디아와
모든 형제가 다 네게 문안하느니라
19 Greet Prisca and Aquila, and the household of Onesiphorus.
20 Erastus remained at Corinth, and I left Trophimus, who was ill, at
Miletus. 21 Do your best to come before winter. Eubulus sends greetings
to you, as do Pudens and Linus and Claudia and all the brothers.[2]

22 나는 주께서 네 심령에 함께 계시기를 바라노니 은혜가 너희와 함
께 있을지어다
22 The Lord be with your spirit. Grace be with you.[3]

1 Some manuscripts *Gaul* *2* Or *brothers and sisters*. In New Testament usage, depending on the context, the plural Greek word *adelphoi* (translated "brothers") may refer either to *brothers* or to *brothers and sisters* *3* The Greek for *you* is plural

단락 개관

바울은 옥에 갇혀 있는데다가 거의 모든 동료 사역자들이 떠났기 때문에, 디모데에게 와달라고 요청하며 올 때 겉옷과 가죽 종이를 가져다달라고 부탁한다. 바울은 디모데에게 구리 세공업자 알렉산더라는 거짓 선생에 대해 경고하고, 자신이 최근 옥에 갇힌 내내 주께서 함께 계셨음을 증언한다. 바울은 자신이 곧 처형되어 천국에 이르기까지 주께서 실제로 그의 곁에 서 계실 것임을 확신한다고 선언한다. 편지는 바울의 여느 서신과 같은 마무리로 끝을 맺는다.

단락 개요

IV. 말씀을 전파하는 목사의 용기(4:1-22)
  B. 부탁과 마무리(4:9-22)
    1. 교제 가운데서 잘 마무리하기(4:9-12)
    2. 말씀 안에서 잘 마무리하기(4:13-22)

주석

4:9 바울은 디모데가 자신에게 와주기를 바란다. 어찌 보면 그는 망연자실한 상황에서 이런 요청을 하고 있다. 사도 바울이 누구인가? 다메섹으로 가는 길에 예수님을 만나 이방인의 사도로 예수님께 위임을 받고, 셋째 하늘에 이끌려 가기도 했던 그가 이제 로마 감옥에서 디모데를 기다리고 있다. 중세 시대의 그림에서 보듯 후광을 두르고 부드럽게 세 손가락을 들어

올린 채 석조 바닥 위에 떠 있는 고귀한 사도의 모습이 아니다. 그는 지저분한 상태로 사형 집행인의 통지를 기다리며 차가운 석조 바닥에 누워 있다(참고. 4:13 주석). 그의 말을 들어보면 그런 상황에서 누구라도 느끼는 바를 그가 느끼고 있음을 알 수 있다. 바로 외로움이다. 그래서 그는 믿음 안에서 사랑하는 형제이자 아들인 디모데를 부르고 있다. 동료애를 요청하고 있다.

4장

4:10-12 바울은 왜 자신이 혼자인지 설명한다. 동료 사역자들이 모두 이런저런 이유로 그를 떠났다. 배신 때문이든 복음 사역 때문이든 그는 그에게 소중한 거의 모든 사람을 잃었다. 한 사람(데마)은 "이 세상을 사랑하여" 바울을 버렸다. 다른 이들은 이방인 선교를 계속하라고 바울이 떠나보냈다. 누가만 그의 곁에 남아 있는데, 바울은 분명 디모데와의 교제도 원하기 때문에 그를 부른다. 놀랍게도 이전의 불편한 감정도 완전히 털어버리고 마가도 부른다(참고. 행 15:37-41). 그는 가장 절망적인 순간에 슬픔이나 우울함에 잠겨 스스로를 고립시키지 않고 도움을 청한다. 성도들과의 사귐에서 멀어지지 않고 더 가까이 간다.

4:13 바울이 디모데에게 겉옷을 부탁한 것으로 보아 감옥 생활이 열악함을 알 수 있다. 1세기의 로마 감옥은 21세기 서구의 감옥과 전혀 달랐다. 냉난방이 안 되는 것은 물론이고, 하루 '세 끼 식사'도 없었다. 간수들이 먹을 것을 제공하더라도 연명할 정도였다. "환기가 잘 되지 않아 공기는 위험할 정도로 탁한데다가 숨 막히는 더위로 탈수증도 생겼다…매트를 구할 수 없는 곳에서는 바닥에서 잠을 잤는데, 아마도 추위를 견디는 데 겉옷이 필요했을 것이다."[42] 감방에는 대개 자연광이 들어오지 않았다. 사슬에

42 B. M. Rapske, "Prison, Prisoner", in *Dictionary of New Testament Background*, ed. Craig A. Evans and Stanley E. Porter (Downers Grove, IL: InterVarsity, 2000), 828.

쓸려 "시간이 지나면서 피부가 벗겨지고 썩어 들어갔다."[43] B. M. 랩스케(Rapske)는 그러한 상황에서 피어나는 절망을 묘사한다. "이렇듯 끔찍한 상황에서 극단적인 심신의 고통에 내몰린 죄수들은 아파서 죽거나…죽고 싶어 하거나 적극적으로 자살 시도를 했는데, 이는 놀라운 일이 아니다."[44]

바울이 디모데에게 편지를 쓸 때의 상황이 그러했을 것이다. 그는 여러 가지 어려운 투옥생활 중에서도 추위에 시달려 겉옷을 가져다달라고 요청한다. 또한 궁핍한 상황에서도 디모데에게 "책…특별히 가죽 종이에 쓴 것"을 가져다달라고 청한다. "특별히"라는 번역은 이 본문에 대한 전통적인 해석을 반영한다. 원래 책을 모두 가져다 달라고 요청했지만, 그것이 불가능하면 최소한 가죽 종이에 쓴 것이라도 가져다달라고 요청했다는 것이다. 그러나 T. C. 스키트(Skeat)는 "특별히"[말리스타(*malista*)]로 번역된 단어는 간혹 "다시 말해"나 "구체적으로"라는 뜻으로 쓰인다고 주장했다.[45] 스키트가 옳다면, 바울은 구체적으로 고대에 글쓰기 재료였던 양피지에 쓴 것을 요청한 것이다. 이 양피지에 어떤 내용이 담겨 있는지는 알 수 없다. "책"으로 번역된 단어는 다른 구절에서 성경을 가리키는 데 사용된다(예를 들어, 출 24:7; 눅 4:17, 20; 요 20:30; 갈 3:10; 히 9:19). 하워드 마샬은 "일단의 자료가 있다면 성경 사본과 아마도 기독교 문서일 가능성이 높다"[46]고 제안한다. 이러한 이해가 옳다면, 바울은 자신의 성경 사본과 개인적인 메모를 요청하고 있다. 가장 절망적인 순간에 하나님의 말씀을 요청하고 있는 것이다. 하나님의 말씀에 대한 관심이 생애 마지막 순간까지 이어진다.

4:14-15 말씀에 대한 헌신은 바울이 가죽 종이에 쓴 것을 요청할 뿐 아

43 같은책.

44 같은책, 829.

45 T. C. Skeat, "'Especially the Parchments': A Note on 2 Timothy IV.13", *Journal of Theological Studies* 30/1 (1979), 173-177.

46 Marshall, *Pastoral Epistles*, 820.

니라 구리 세공업자 알렉산더에 대해 경고하는 데서도 나타난다. 이 사람은 디모데전서 1:19-20에 언급된 알렉산더로 여겨진다. 그가 신앙을 거부했기 때문에 바울은 그를 사탄에게 넘겨주었다. 알렉산더는 바울에게 해를 많이 입혔고, 아마 이번 투옥에도 관여했을 것이다. 바울은 디모데에게 그에 대해 경고한다. 개인적으로 피해를 입었기 때문이 아니라 "그가 우리 말을 심히 대적하였[기]" 때문이다. 바울이 보기에 알렉산더의 큰 죄는 바울에게 아주 귀중한 말씀에 맞선 것이다. 알렉산더가 바울의 복음에 위협이 되었다면 디모데의 복음에도 위협이 될 것이다. 바울과 디모데는 같은 메시지를 선포했기 때문이다. 바울은 알렉산더에 대해 말하면서도 다시 말씀으로 잘 마무리한다.

4:16-18 바울의 "처음 변명"은 두 번째 로마 투옥에 비추어 이해해야 한다(참고. '목회서신 서론'의 '저자'). 바울의 연대표에 대한 이러한 이해가 옳다면, 이 "처음 변명"은 그가 현재 투옥된 가운데 가이사 앞에서 예비 심문 받은 일을 가리킬 것이다.[47] 바울의 말을 들으면 십자가에서 하신 예수님의 기도가 연상된다. 예수님은 원수들이 그분을 배반하고 십자가에 못 박았음에도 불구하고 그들을 위해 기도하셨다. "아버지 저들을 사하여 주옵소서 자기들이 하는 것을 알지 못함이니이다"(눅 23:34). 지금 바울도 가장 필요할 때 그를 "버렸[던]" 이들을 위해 똑같이 기도한다. 그는 "그들에게 허물을 돌리지 않기를" 기도한다. 그의 곁에 서 있지 않은 이들을 향한 바울의 관대함은 분명 그의 곁에 서 계셨던 분으로 인해 가능했다. "[그러나] 주께서 내 곁에 서서 나에게 힘을 주심은." 바울은 완전히 버림받은 것이 아니었다. 아무도 없는 그때에 주께서 그와 함께 계셨기 때문이다. 바울은 복음이 이방인들에게 계속 이를 수 있도록 위기의 순간에서 자신이 구조되었다고 믿었다.

47 *ESV Study Bible* 해설이 그러하다. 참고. Marshall, *Pastoral Epistles*, 822-823의 논의.

그런 시련 가운데서도 바울은 주님의 신실하심을 바라보며 주께서 죽음이라는 궁극의 시련에서도 그를 구해 주시리라고 확신한다. 그는 하나님의 말씀을 신뢰하고 자신이 해를 입어도 그 말씀에 충실하다. 하나님께 모든 심판을 맡기며, 결국 하나님께서 그를 구해 내고 그가 옳음을 입증하실 것을 알기 때문이다.

4:19-22 편지의 마지막 절들은 바울 서신을 마무리하는 표준 요소인 인사, 개인 사정, 축도로 구성된다. 바울은 동료 사역자였던 "브리스가와 아굴라"에게(행 18:2, 18, 26, 브리스길라는 브리스가의 애칭) 안부를 전한다. 바울은 다시 마지막 인사로 "오네시보로의 집"에 경의를 표한다(참고. 딤후 1:16-18 주석). 바울은 4:21의 "너는 겨울 전에 어서 오라"는 호소에 긴급성을 더하기 위해 4:20에서 에라스도와 드로비모의 부재를 언급했을 수 있다. 바울은 신약의 다른 데서 언급되지 않는 네 명인 으불로, 부데, 리노, 글라우디아의 문안을 전한다.

축도는 두 부분으로 되어 있다. "주께서 네 심령에 함께 계시기를 바라노니"는 단수형 헬라어 "네"(참고. 갈 6:18; 빌 4:23; 몬 1:25)에서 드러나듯 디모데만을 향한다. "은혜가 너희와 함께 있을지어다"는 복수형 "너희"에서 드러나듯 전체 교회를 향한다. 따라서 바울은 디모데뿐 아니라 에베소 교회 전체를 위해 마지막 축도를 드리고, 이 편지가 전체 회중 앞에서 읽히기를 의도한다(참고. 골 4:16; 살전 5:27). 바울은 그들이 여전히 하나님의 넘치는 은혜 안에서 살아가기를 바란다.

응답

문득 우리는 인생이 항상 순탄하지만은 않다는 사실을 깨닫는다. 살아가면서 병에 걸리고 배우자를 잃고 애도하기도 한다. 친구와 사랑하는 이들에게 배신을 당해 마음이 찢어지기도 한다. 슬퍼서 눈물을 줄줄 흘리기도 한다. 그럴 때면 위축되고 아무도 없는 곳에 숨어들고 싶은 유혹을 느낀다. 그러나 바울의 보여준 본은 달랐다. 그는 가장 절망적인 순간에 '안'으로 움츠러들지 않고 '밖'으로 도움을 요청한다. 성도들과의 사귐에서 멀어지지 않고 더 가까이 간다.

디 도 서

ESV 성경 해설 주석

ESV EXPOSITORY COMMENTARY

ESV Expository Commentary

Titus

디도서 서론

서론

'목회서신 서론'을 보라

개요

I. 장로 임명(1:1–16)

A. 서두의 인사(1:1–4)

B. 장로의 자격 요건(1:5–9)

C. 장로의 맞섬(1:10–16)

II. 늙은이와 젊은이 가르치기(2:1–15)

A. 역할과 경건에 대한 가르침(2:1–10)

B. 은혜에 대한 가르침(2:11–15)

III. 모든 사람의 의무(3:1–15)

A. 외부인과의 관계(3:1–11)

B. 마무리(3:12–15)

Titus
디도서
1:1-4

1 하나님의 종이요 예수 그리스도의 사도인 나 바울이 사도 된 것은
하나님이 택하신 자들의 믿음과 경건함에 속한 진리의 지식과 2 영생
의 소망을 위함이라 이 영생은 거짓이 없으신 하나님이 영원 전부터
약속하신 것인데 3 자기 때에 자기의 말씀을 전도로 나타내셨으니 이
전도는 우리 구주 하나님이 명하신 대로 내게 맡기신 것이라

1 Paul, a servant[1] of God and an apostle of Jesus Christ, for the sake of
the faith of God's elect and their knowledge of the truth, which accords
with godliness, 2 in hope of eternal life, which God, who never lies,
promised before the ages began[2] 3 and at the proper time manifested in
his word[3] through the preaching with which I have been entrusted by
the command of God our Savior;

4 같은 믿음을 따라 나의 참 아들 된 디도에게 편지하노니
하나님 아버지와 그리스도 예수 우리 구주로부터 은혜와 평강이 네게
있을지어다

4 To Titus, my true child in a common faith:

Grace and peace from God the Father and Christ Jesus our Savior.

1 For the contextual rendering of the Greek word *doulos*, see ESV Preface *2* Greek *before times eternal 3* Or *manifested his word*

단락 개관

1장의 1-4절은 바울이 디도에게 보내는 편지의 시작 부분이다. 디모데전·후서와 1세기의 다른 서신들처럼 세 부분으로 구성된 인사로 시작된다. (1) 발신자에 대한 언급, (2) 수신자에 대한 언급, (3) 문안 인사다. 바울은 그의 모든 서신에서 이 형식을 사용하는데 디도서도 예외가 아니다. 바울은 인사의 첫 번째 부분, 곧 발신자에 대한 언급에 세 절을 할애한다. 발신자에 관한 묘사는 로마서를 제외하면 바울의 글에서 가장 길다. 그에 반해 디모데전·후서의 세 부분으로 된 인사("은혜와 긍휼과 평강")가 디도서에서는 "은혜와 평강"[카리스(*charis*)와 에이레네(*eirēnē*)]으로 짧아진다.

단락 개요

I. 장로 임명(1:1-16)
  A. 서두의 인사(1:1-4)
    1. 발신자(1:1-3)
    2. 수신자(1:4a)
    3. 인사(1:4b)

주석

1:1 바울은 자신을 둘로스(*doulos*)라고 칭한다. 이는 "종"(ESV는 "servant")으로 번역되는 단어로 보통 노예를 가리킨다. 바울은 자신을 "사도"로도 칭하는데, 이는 그리스도가 그분의 메시지를 전하도록 직접 위임하신바 부활하신 그리스도의 증인을 의미한다(참고. 딤전 1:1 주석). 따라서 바울은 자신을 하나님의 종이자 그리스도의 대사로 정의한다. 바울은 자유의 몸이 아니라 하나님의 소유로서 그의 삶 전체가 그분의 목적을 따른다.

바울은 "하나님이 택하신 자들의 믿음[을]" 위한 종이자 대사다. 하나님이 택하신 자들이란 선택받은 그분의 백성을 말한다. 구약에서 하나님이 택하신 자는 이스라엘 자손이었다. 새 언약 아래에서 하나님이 택하신 자는 유대인이든 이방인이든 믿음으로 그리스도와 연결된 혹은 연결될 사람들이다. 바울은 그들의 믿음을 위한 종이자 사도다. 그는 그들이 그리스도만 믿어 구원받도록 하기 위해 그리스도의 위임을 받았다. 바울은 이러한 선택받은 사람들 때문에 복음을 선포하고 사역 전략을 세운다. 디모데후서에서 보듯이 선택은 복음 전도와 증언의 의욕을 꺾는 교리가 아니라 오히려 활성화시키는 교리다(참고. 딤후 2:10 주석).

1:2 사도로서 바울의 사명은 "영생의 소망"을 위한 것이다. 그의 궁극적인 목표는 단지 사람들을 회심시키는 것이 아니라 그들이 다가올 시대에 영생을 기업으로 받을 때까지 영화롭게 되도록 끝까지 지켜보는 것이다. 이 "영생의 소망"은 진실하신 하나님께서 "영원 전부터" 약속하신 것이다. 이는 창세전, 영원한 과거에 하나님께서 죽은 자들의 부활이 있을 것이라고 약속하셨다는 의미다. 이 약속의 존재는 하나님께서 우주를 창조하시기 전에 그리스도를 통한 구원 계획을 세우셨다는 의미다. 이와 똑같은 어구("영원 전부터")가 병행 본문인 디모데후서 1:9에도 나온다. "하나님이 우리를 구원하사 거룩하신 소명으로 부르심은 우리의 행위대로 하심이 아니요 오직 자기의 뜻과 영원 전부터 그리스도 예수 안에서 우리에게 주신 은

혜대로 하심이라." 디도서 1:2의 "약속"은 바울이 디모데후서 1:9에서 말한 것과 같은 은혜의 뜻을 가리킬 것이다. "영원 전부터" 하나님은 그분의 뜻대로 아들 예수를 통해 값을 치르고 사람들을 사셨으며 그들에게 영생을 주기로 약속하셨다. 따라서 이는 창세전 삼위일체 하나님의 의논, 혹은 이른바 구속의 언약까지 가리키는 것으로 보인다.[1]

1:3 "자기 때에" 하나님이 영원 전부터 계획하신 것을 "나타내셨[다]." 하나님이 '영원' 전에 그리스도를 통해 의도하신 것을 '역사' 속에서 그리스도를 통해 이루셨다. 그리고 그리스도의 사역, 곧 죄인들을 위한 그분의 죽음과 부활에 관한 메시지가 이제 하나님의 "명하[심]"을 따라 바울에게 맡겨졌다. 요컨대 바울은 이 메시지를 전하는 특별한 권위를 가지고 있다.

1:4 마지막으로 바울은 편지의 수신자 이름을 디도라고 밝힌다. 그는 디도를 믿음 안에서 그의 "참 아들"이라고 칭한다. 디도는 육체적 자손이라는 의미가 아니라 "같은 믿음"을 가졌다는 의미에서 '진정한' 아들이다. 이 동일한 믿음이 가족같이 가까운 유대를 형성한다. 디도의 신실함은 그가 바울의 복음 메시지에 신실하느냐에 달려 있다.

1 참고. J. V. Fesko, *The Trinity and the Covenant of Redemption* (Fearn, Ross-shire, UK: Christian Focus, 2016), 119-120.

응답

기독교 사역의 성공은 '혁신'이 아니라 '전파'로 가늠된다. 우리는 새로운 메시지가 아니라 오래된 메시지를 전해야 한다. 우리는 우리 자신의 권위가 아니라 사도와 예언자의 권위에 의지한다(엡 2:20). 그 권위에서 벗어난다면 믿음에서 벗어나는 것이다. 사도적 진리에 동의하지 않는 것은 절대 옳지 않고 안전하지도 않다.

Titus
디도서
1:5-9

5 내가 너를 그레데에 남겨 둔 이유는 남은 일을 정리하고 내가 명한
대로 각 성에 장로들을 세우게 하려 함이니 6 책망할 것이 없고 한 아
내의 남편이며 방탕하다는 비난을 받거나 불순종하는 일이 없는 믿는
자녀를 둔 자라야 할지라 7 감독은 하나님의 청지기로서 책망할 것이
없고 제 고집대로 하지 아니하며 급히 분내지 아니하며 술을 즐기지
아니하며 구타하지 아니하며 더러운 이득을 탐하지 아니하며 8 오직
나그네를 대접하며 선행을 좋아하며 신중하며 의로우며 거룩하며 절
제하며 9 미쁜 말씀의 가르침을 그대로 지켜야 하리니 이는 능히 [1)]바
른 교훈으로 권면하고 거슬러 말하는 자들을 책망하게 하려 함이라

5 This is why I left you in Crete, so that you might put what remained
into order, and appoint elders in every town as I directed you—6 if
anyone is above reproach, the husband of one wife,[1] and his children are
believers[2] and not open to the charge of debauchery or insubordination.
7 For an overseer,[3] as God's steward, must be above reproach. He must
not be arrogant or quick-tempered or a drunkard or violent or greedy
for gain, 8 but hospitable, a lover of good, self-controlled, upright, holy,

and disciplined. 9 He must hold firm to the trustworthy word as taught, so that he may be able to give instruction in sound[4] doctrine and also to rebuke those who contradict it.

1) 헬, 건전한

1 Or *a man of one woman* *2* Or *are faithful* *3* Or *bishop*; Greek *episkopos* *4* Or *healthy*; also verse 13

단락 개관

바울은 디도를 그레데에 남겨둔 이유를 그에게 상기시킨다. 디도가 그 교회에 자격을 갖춘 장로 리더십을 확실하게 세우게 하기 위해서다. 바울은 리더십을 안착시키는 일을 디도에게 맡기고, 리더가 될 장로들의 성품 요건을 설명한다. 장로는 경건한 성품을 갖춰야 할 뿐 아니라 믿음을 가르치는 일과 믿음에 반대하는 거짓 선생들에 맞서는 일에 능숙해야 한다.

단락 개요

I. 장로 임명(1:1–16)
  B. 장로의 자격 요건(1:5–9)
    1. 장로 임명 방법(1:5)
    2. 장로 승인 방법(1:6-9)

주석

1:5 디도를 그레데에 남겨두었다는 바울의 말은 바울도 그레데를 방문했음을 암시한다. 사도행전 27장은 바울이 로마로 가는 길에 그레데에 잠시 들렀다고 언급하지만, 사도행전은 그레데에서 이루어진 바울의 선교 사역에 대해서는 기록하지 않는다. 이 때문에 디도서 1:5에 언급된 방문은, 사도행전 끝부분의 사건 이후지만 바울의 마지막 투옥과 죽음 이전에 있었던 일로 보인다. 그 방문 때 바울은 디도를 그레데에 남겨두었다. 디도가 "남은 일을 정리하고…장로들을 세우게" 하기 위해서였다. 바울이 디도에게 준 임무는 사도행전에 기록된 바울 사역의 세 요소와 형식이 일치한다. 예를 들어, 사도행전 14:21-23에서 바울은 다음 같이 사역한다.

1. 복음 전도를 통해 회심자를 만들고,
2. 제자 훈련과 가르침을 통해 새 신자들을 튼튼하게 하고,
3. "각 교회에" 목사/장로를 임명하여 그가 떠난 후에도 계속 사역을 하게 한다. (교회마다 복수형의 "장로들"이 있음을 주목하라. 이는 각 교회가 다수의 장로를 받아들여야 함을 시사한다. 참고. 행 20:17, 28; 빌 1:1; 살전 5:12, 13; 딤전 5:17).[2]

바울이 디도에게 하는 지시는 이러한 세 요소로 된 형식에 비추어 해석해야 한다. "남은 일을 정리하고"란 바울의 교회 개척 형식 중 세 번째이자 마지막 항목을 정리하라는 뜻이다. 그것은 목사/장로의 임명이다.

일부 학자는 디도의 임무를 증거로 들어, 장로는 동료 장로들이 임명하는 자생적 리더십 기구라고 여긴다. 이 때문에 회중이 투표하여 교회 리더십을 세우는 것이 비성경적이라고 믿는다. 자격을 갖춘 한 목사가 새로운 목사를 임명하는 것이 성경적인 방식이라는 주장이다. 그러나 이는 바울이

2 참고. George W. Knight III, *The Pastoral Epistles: A Commentary on the Greek Text*, NIGTC (Grand Rapids, MI: Eerdmans, 1992), 288.

디도에게 장로들을 임명하라고 명하면서 의도한 바는 아니라고 보인다.

바울은 디도에게 장로들을 세우라고 지시하지만 임명 과정이 '어떻게' 전개되는지는 명시하지 않는다. 그러나 다른 본문들을 통해, 자격을 갖춘 후보자들이 어떻게 공식적인 교회 직책으로 '세워져야' 하는지 그 형식을 좀 더 명확히 알 수 있다.

사도행전 6:3에서 사도들은 처음으로 예루살렘 교회를 섬길 일곱 집사를 어떻게 세울지 논의한다.[3] 집사는 공식적인 교회 직책이므로 사도들은 교회의 다른 직책, 즉 장로 임명에도 적용할 형식을 세웠을 가능성이 있다. 사도들은 "모든 제자"(행 6:2)에게 다음과 같이 말하며 본보기를 제시한다.

> "너희 가운데서 성령과 지혜가 충만하여 칭찬받는 사람 일곱을 택하라 우리가 이 일을 그들에게 맡기고"(행 6:3).

"맡기고"에 해당하는 단어는 디도서 1:5에 나오는 단어("세우게")와 동일하다. 따라서 이는 개인들에게 공식적인 교회 직책을 맡기는 교회 지도자들의 상황과 유사한 듯 보인다. 사도행전에서 직책을 "맡[김]"과 "안수"는 회중이 후보자들을 "택하[는]" 것을 포함하는 과정의 끝부분이다. "온 무리가" 일곱 집사를 "택하여" 사도들 앞에 세운 다음(행 6:5-6) 사도들이 그들에게 안수했다(행 6:6). 따라서 그 과정은 적어도 다음 세 단계로 진행된다. (1) 교회 지도자들이 어떤 직책을 채워야 할 필요를 인식한다. (2) 교회 지도자들이 회중에게 자격을 갖춘 후보자들을 알아보고 택하라고 요청한다. (3) 교회 지도자들이 기도하고 후보자들에게 안수하여 그들에게 직책을 맡긴다.

1:6 "책망할 것이 없고"는 '비난할 것이 없는' 혹은 '나무랄 데 없는'이라

3 이 내용과 이어지는 내용에 대해서는 같은 책, 287-288을 보라.

는 뜻의 헬라어 단어를 번역한 것이다. 이 단어는 "일반적인 그리스도인의 삶의 측면에서 혹은 바울이 계속 제시하는 특징의 측면에서 공격이나 비판의 여지가 없는 사람"[4]을 가리킨다. "책망할 것이 없고"는 일반적인 특징이고, 이어지는 조건에서 그 내용이 구체화된다.

장로는 "한 아내의 남편"이어야 한다. 디모데전서 3:2 주석에서 설명하듯이 "한 아내의 남편"이란 '한 여자만을 사랑하는 남자'를 말한다. 따라서 그 남편은 아내에게 신실하고 헌신하는 본을 보여야 한다. 그리스도가 교회에 신실하듯이 아내를 사랑하고 이끄는 데 신실하지 못한 남자는 그리스도의 신부를 사랑하고 이끌 수 없다. 결혼 생활은 교회 지도자의 역량을 시험하는 장이다.

장로는 또한 "믿는"(딛 1:6) 혹은 "신실한"(참고. ESV 난외주, 딤후 2:2) 자녀를 두어야 한다. 이 구절과 디모데전서 3:4은 둘 다 거의 동일한 표현을 쓰며 장로가 유사한 특성을 보이는 자녀를 두어야 한다고 말한다. 장로의 자녀는 디모데전서에 따르면 "복종[해야]" 하고, 디도서에 따르면 신실해야 한다. 두 본문 모두 아버지의 권위에 신실함을 나타낸다. 장로의 자녀는 순종적이고 신실해야 하며, 따라서 "방탕하다는 비난을 받거나 불순종하는 일이" 없어야 한다.

1:7 바울은 6절에서 "책망할 것이 없고"[아네그클레토스(*anegklētos*)]로 번역된 단어를 되풀이하는데, 이번에는 가정이 아니라 성품의 측면에서 그 의미를 밝힌다. 7절에서는 장로가 보여서는 '안 되는' 다섯 가지 특성을 열거하고, 8절에서는 장로가 지녀야 하는 여섯 가지 특성을 열거한다.

(1) "제 고집대로 하지 아니하며"란 교만하거나 "'고집이 세거나' '완고해서는'"[5] 안 된다는 뜻이다. (2) "급히 분내지" 않는 것이란 "'화내는 경

4 같은 책, 289.

5 BDAG, s.v. αὐθάδης, 강조는 원문의 것

향'"[6]을 가져서는 안 된다는 뜻이다. (3) "술을 즐기지" 않는 것이란 절대 술에 취해서는 안 된다는 뜻이다(참고. 엡 5:18). (4) "구타하지 아니하며"란 "싸움을 하는 폭력적인 사람"[7]과 거리가 멀며, 따라서 약자를 괴롭히는 사람이 되어서는 안 된다는 뜻이다. (5) "더러운 이득을 탐하지" 않는 것은 돈을 사랑하는 자여서는 안 된다는 뜻이다.

1:8 바울은 이제 장로가 지녀야 하는 여섯 가지 긍정적인 특성을 나열한다. (1) "나그네를 대접하며"는 장로가 자기 집을 개방하여 다른 사람들의 필요를 돌보아야 한다는 뜻이다(참고. 히 13:2). (2) "선행을 좋아하며"는 그저 옳은 일을 행할 뿐 아니라 옳은 일을 좋아한다 뜻도 포함한다. (3) "신중하며"는 자기 욕망이나 욕정, 우상숭배가 아니라 성령의 지배를 받는 사람을 가리킨다. 이 단어는 성적 정절이라는 어감을 가지고 있기도 한다.[8] (4) "의로우며"[디카이오스(*dikaios*)]는 하나님의 의의 기준에 따라 사는 사람을 가리킨다. (5) "거룩하며"는 관례적으로 '구별되다'를 뜻하는 거룩함을 가리키지 않는다. 여기에서 사용된 단어는 "'독실한, 경건한, 하나님을 기쁘시게 하는'"[9]이라는 뜻이다. (6) "절제하며"는 자신의 "감정이나 충동이나 욕구를 제어하는"[10] 사람을 말한다.

1:9 장로는 양 무리를 먹이기 위해("권면"하기 위해) 건강한 교훈을 꼭 붙들어야 한다. 그는 또한 그의 가르침을 통해 양 무리를 보호할 능력을 가지고 있어야 한다. 이것이 바른 교훈을 "거슬러 말하는 자들을 책망[하는]"

6 BDAG, s.v. ὀργίλος, 강조는 원문의 것

7 William D. Mounce, *Pastoral Epistles*, WBC (Grand Rapids, MI: Zondervan, 2016), 176.

8 같은 책, 173.

9 BDAG, s.v. ὅσιος, 강조는 원문의 것

10 BDAG, s.v. ἐγκρατής

것이다. 이렇듯 가르치는 적극적인 역할이 있는가 하면 맞서는 소극적인 역할이 있다. 잘 알려진 말처럼 "악이 승리하려면 선한 사람들이 아무것도 하지 않으면 된다." 장로는 '아무것도 하지 않는 선한 사람'이 되면 안 된다. 기꺼이 거짓 선생들과 맞서야 한다.

응답

교회 지도자를 승인하고 임명할 때 회중의 역할은 성경에서 그 근거를 찾을 수 있다. 사실 교회 직책을 맡을 사람을 세울 때 장로들과 회중이 해야 할 역할이 있는 듯하다. 그 역할은 지역 교회의 실제 행정 절차에 반영되어야 한다. 그 한 가지 방법은 장로들이 회중에게 교회 직책을 맡을 사람들을 추천받는 것이다. 그런 다음 장로들이 그 후보들을 놓고 기도하고 심사한다. 그런 다음 그들을 회중 앞에 세우고 투표로 승인한다. 회중이 후보자들을 선택하면 장로들이 그들을 위해 기도한 후 임명한다.

Titus
디도서
1:10-16

10 불순종하고 헛된 말을 하며 속이는 자가 많은 중 할례파 가운데 특
히 그러하니 11 그들의 입을 막을 것이라 이런 자들이 더러운 이득을
취하려고 마땅하지 아니한 것을 가르쳐 가정들을 온통 무너뜨리는도
다 12 그레데인 중의 어떤 선지자가 말하되 그레데인들은 항상 거짓
말쟁이며 악한 짐승이며 배만 위하는 게으름뱅이라 하니 13 이 증언
이 참되도다 그러므로 네가 그들을 엄히 꾸짖으라 이는 그들로 하여
금 믿음을 [1]온전하게 하고 14 유대인의 허탄한 이야기와 진리를 배반
하는 사람들의 명령을 따르지 않게 하려 함이라 15 깨끗한 자들에게는
모든 것이 깨끗하나 더럽고 믿지 아니하는 자들에게는 아무 것도 깨
끗한 것이 없고 오직 그들의 마음과 양심이 더러운지라 16 그들이 하
나님을 시인하나 행위로는 부인하니 가증한 자요 복종하지 아니하는
자요 모든 선한 일을 버리는 자니라

10 For there are many who are insubordinate, empty talkers and
deceivers, especially those of the circumcision party.[1] 11 They must
be silenced, since they are upsetting whole families by teaching for
shameful gain what they ought not to teach. 12 One of the Cretans,[2] a

prophet of their own, said, "Cretans are always liars, evil beasts, lazy gluttons."[3] 13 This testimony is true. Therefore rebuke them sharply, that they may be sound in the faith, 14 not devoting themselves to Jewish myths and the commands of people who turn away from the truth. 15 To the pure, all things are pure, but to the defiled and unbelieving, nothing is pure; but both their minds and their consciences are defiled. 16 They profess to know God, but they deny him by their works. They are detestable, disobedient, unfit for any good work.

1) 헬, 건전하게

1 Or *especially those of the circumcision* *2* Greek *One of them* *3* Probably from Epimenides of Crete

단락 개관

이 단락은 거짓 선생들과 맞서야 할 필요를 다룬다. 디도서 1:10은 "불순종하고 헛된 말을 하며 속이는 자가 많[다]"고 경고한다. 이유를 밝히는 '왜냐하면'(ESV는 "for", 개역개정에는 없음)은 9절 끝부분에 나오는 지시의 이유를 소개한다. 9절은 신실한 목사의 책임을 대략적으로 "미쁜 말씀의 가르침을 그대로 지[키는]" 것, "바른 교훈으로 권면하[는]" 것, 하나님의 말씀을 "거슬러 말하는 자들을 책망하[는]" 것이라고 설명했다. 그런 다음 10절과 이 단락의 나머지 부분은 왜 이렇게 맞서야 하는지 설명한다. 그것은 이미 교회 안에 바른 교훈을 "거슬러 말하는" 자들이 많기 때문이다. 요컨대 바울은 그레데 회중을 괴롭히는 거짓 선생들을 다루는 법에 관해 디도에게 가르치고 있다.

단락 개요

I. 장로 임명(1:1-16)
  C. 장로의 맞섬(1:10-16)
    1. 거짓 선생들을 잠잠케 함(1:10-11)
    2. 거짓 선생들을 책망함(1:12-14)
    3. 거짓 선생들을 밝힘(1:15-16)

주석

1:10 "많은" 거짓 선생이 이미 그레데 교회에 잠입했다. 이러한 전개는 놀라운 일이 아니다. 예수님이 직접 제자들에게 그렇게 될 것이라고 경고하셨다(마 7:15-16). 거짓 선생의 존재는 불안을 야기할 수는 있어도 예상치 못한 일이어서는 안 된다. 그들의 존재는 그저 그레데 신자들이 경계를 늦추지 말아야 한다는 뜻이다.

이러한 거짓 선생들은 "불순종하고 헛된 말을 하며 속이는 자"다. "불순종하고"라는 단어는 6절에서 목사에게 나타나서는 안 되는 모습을 묘사하는 데 사용한 단어와 같다. 여기에서 우리는 바울이 목사들에게 어떤 성품의 특성을 보여야 한다고 말하는 한 가지 이유가, 거짓 선생들이 그 반대의 모습을 보이기 때문임을 알게 된다. "불순종하[는]" 특성은 "권위에 복종하려 하지 않는, '버릇없는', '거역하는', '반항하는'"[11] 모습으로 나타난다. 이러한 거짓 선생들은 하나님의 말씀에 복종하지 않기 때문에 그분의 권

11 BDAG, s.v. ἀνυπότακτος, 강조는 원문의 것

위에 불순종한다. 사실 그들은 그 말씀을 왜곡하고 부인한다.

거짓 선생들은 또한 "헛된 말을 하[는]" 자들[마타이올로고이(*mataiologoi*), 참고. 딤전 1:6의 마타이올로기안(*mataiologian*)]이다. 그들은 디모데후서 2:16에서 "경건하지 아니함에 점점 나아가나니"라고 말하는 일종의 "망령되고 헛된 말"[케노포니아스(*kenophōnias*)]을 한다. 그러므로 이러한 선생들은 자기 자신부터 불순종하는 자들일 뿐 아니라 그들의 가르침으로 다른 사람들도 불순종으로 이끈다. 그래서 바울은 그들을 "속이는 자"라고 부른다. 이들은 남들에게 그리스도를 따르고 있다는 인상을 주어 그들을 오도하고 그리스도에게서 멀어지게 한다.

마지막으로, 바울은 "할례파 가운데 특히" 그러한 이들을 언급한다. 이는 그들이 유대인임을 암시한다. 그러나 이 "할례파"에 대해 달리 알려진 것이 있는가? 바울은 이 파당이 무엇을 가르치는지 구체적으로 설명하지 않지만, 주석가 조지 나이트는 이렇게 결론 내린다. 그 파당은 "유대 신화와 족보에 관심이 있고, 그로 인해 율법을 대하는 어떤 풍조가 생긴 듯하다. 그들은 금욕적이지만 반역적, 반항적이며 사도의 가르침을 반대하고 외면한다. 이득이 그들의 동기다."[12]

1:11 이러한 거짓 선생들은 그 입을 막아야 한다. 그들의 가르침은 신학적으로 무관심한 주제, 즉 어떻게 말해도 문제되지 않는 것만 다루지 않는다. 오히려 그들은 "가정들을 온통 무너뜨리[고]" 있다. 목회서신에서 거짓 선생들이 실제로 내린 "명령"이 언급된 곳은 디모데전서 4:1-3뿐이다. 이 구절은 거짓 선생들이 "혼인"과 "어떤 음식물"을 금했다고 기록한다. 아마도 그들이 결혼을 금하는 바람에 기존의 결혼 관계가 종료되는 일이 벌어졌을 것이다.[13] 그들이 무엇을 가르쳤든지 그것이 가정을 파괴하고 있었다.

12 Knight, *Pastoral Epistles*, 296.

13 같은책, 297-298.

그들이 "더러운 이득"을 취하려 했다는 것은 그들이 돈 때문에 가르쳤음을 나타낸다.

1:12 1세기 그레데인들은 매우 부도덕하다는 평판을 들었다. 그러한 애석한 진실이 그들의 동포이자 서사시인 에피메니데스(Epimenides, 주전 6세기)의 글에 반영되어 있다. 에피메니데스는 자신도 그레데인이었음에도 "그레데인들은 항상 거짓말쟁이며 악한 짐승이며 배만 위하는 게으름뱅이"라는 유명한 글을 썼다. 바울이 인용한 작품은 현존하지 않지만, 알렉산드리아의 클레멘트와 크리소스톰과 제롬을 비롯한 일부 초기 기독교 작가들이 그 출처를 에피메니데스로 밝히고 있다.[14] 외부인인 바울의 말보다는 그레데인 에피메니데스가 그들에 대해 비판적으로 말하는 것이 더 신빙성 있었을 것이다. 바울은 그레데의 거짓 선생들이 전형적인 그레데인들처럼 행동했음을 보여주기 위해 그 인용문을 언급한다. 그들은 진실을 말하지 않는다. 그들은 "악한 짐승"같이 포악하고 비이성적으로 행동한다. 그들은 자신의 욕구를 위해 사는 "배만 위하는 게으름뱅이"다. 그러한 행동은 역겹다. 바울은 거짓 선생들이 정확히 그런 모습을 보인다고 말한다. 나이트는 이렇게 결론을 내린다. "바울은 어떤 한 인종을 비방하는 것이 아니다. 그레데인들 스스로와 다른 사람들이 논평했듯이, 온 인류에게 영향을 미치는 죄가 특히 이 집단에서 어떻게 표현되었는지 정확하게 관찰하고 있을 뿐이다."[15]

1:13 바울은 "이 증언이 참되도다"라고 선언하며 거짓 선생들이 전형적인 그레데인처럼 살고 있다고 말한다. 이러한 엄한 꾸짖음에 특히 이 거짓 선생들이 짜증이 났을 것이다. 그들이 스스로를 양심적인 유대인 그리스

14 같은 책, 298.

15 같은 책, 299.

도인이라 생각했다면 말이다. 그러나 그들은 유대인다운 진실성을 보이기보다 이교도같이 반항하며 행동하고 있다. 이 때문에 바울은 디도에게 "그들을 엄히 꾸짖으라"고, 그들이 과오를 납득하도록 그들의 범법 행위를 대면시키라고 지시한다. 그 꾸짖음은 "엄히", 즉 "'혹독하게, 엄격하게'"[16] 해야 한다. 이 날카로운 책망의 목표는 "그들로 하여금 믿음을 온전하게" 하는 것이다. 바울은 이렇게 거짓 선생들이 진리로 돌아오기를 기대한다. 그가 거짓 선생들에 대한 그러한 소망을 이야기하는 것은 이번이 처음이 아니다. 디모데후서 2:24-26에서 그는 이렇게 쓴다. "주의 종은 마땅히 다투지 아니하고…거역하는 자를 온유함으로 훈계할지니 혹 하나님이 그들에게 회개함을 주사 진리를 알게 하실까 하며 그들로 깨어 마귀의 올무에서 벗어나 하나님께 사로잡힌바 되어 그 뜻을 따르게 하실까 함이라."

1:14 "믿음을 온전하게 하[는]"(13절) 것은 이 문맥에서 "유대인의 허탄한 이야기"와 "진리를 배반하는 사람들의 명령"을 따르지 않게 하는 것이다. 디도의 꾸짖음은 거짓 선생들을 그러한 오류에서 돌이키게 하려는 의도다. 바울이 말한바 "유대인의 허탄한 이야기"는 정확히 무엇을 의미하는가? 디모데전서 1:4에서 "신화"는 "끝없는 족보"와 연결된다. 그런 견지에서 아마도 디도서의 신화는 구약의 족보들에 근거한 허구 이야기로 이해해야 할 것 같다.[17] 정확한 의미가 무엇이든 요지는 이러한 "이야기"는 그저 이야기일 뿐이라는 것이다. 진실이 아니므로 누구도 귀 기울이거나 믿어서는 안 된다. 디모데후서 4:4에서 보듯이 "허탄한 이야기를 따르[는]" 것은 "그 귀를 진리에서 돌이[키는]" 것이다. 바울은 거짓 선생들이 거짓 교훈을 버리고 진리로 돌아오기를 바란다.

"사람들의 명령"(예를 들어, "사람의 계명")은 마태복음 15:9에 나오는 예수

16 BDAG, s.v. ἀποτόμως, 강조는 원문의 것

17 같은 책, 300.

님의 말씀과 병행을 이룬다. "사람의 계명으로 교훈을 삼아 가르치니 나를 헛되이 경배하는도다"(참고. 사 29:13 70인역; 막 7:7; 골 2:22). 이 구절과 다른 데서 쓰인 "사람의 계명"이라는 어구는 "하나님과 그분이 요구하시는 것에 대한 순종의 자리에 놓인 것"[18]을 가리킨다. 디도는 이러한 오류를 거부하고 그것을 지지하는 자들에게 회개를 촉구해야 한다.

1:15 "깨끗한 자들에게는 모든 것이 깨끗하[다]"는 말은 언뜻 보기에는 수수께끼 같지만, 그 의미는 이해하기가 그리 어렵지 않을 것이다. "모든 것"은 창조 세계를 가리킨다. 이 문장은 그냥 "깨끗한 자들", 곧 예수님의 피로 깨끗해진 이들은 하나님께서 그들에게 즐기도록 모든 창조 세계를 주셨음을 안다고 주장한다(참고. 딤전 6:17). "깨끗한" 자들은 "하나님께서 지으신 모든 것이 선하매 감사함으로 받으면 버릴 것이 없나니 하나님의 말씀과 기도로 거룩하여짐"(딤전 4:4-5)을 안다. 따라서 깨끗한 자들은 거짓 선생들이 금한 것들을 깨끗하지 않다고 여기지 않는다(참고. 딤전 4:3, 여기에서 바울은 거짓 선생들이 "혼인"과 "어떤 음식물"을 금했다고 밝힌다). 이런 의미에서 깨끗한 자들에게는 모든 것이 깨끗하다. "[그러나] 더럽고 믿지 아니하는 자들에게는 아무것도 깨끗한 것이 없[다]." 다시 말해, 유대인 거짓 선생들에게는 "깨끗한" 것이 전혀 없다. "그들의 마음과 양심"이 하나님의 창조 세계를 올바로 평가하지 못한다는 의미에서 더럽혀졌다. 그들은 결혼과 어떤 음식물을 깨끗하지 않다고 여기며 금한다. 그러나 결혼과 음식은 실제로 하나님께서 그분의 창조 세계의 선함을 보는 눈을 가진 모든 제자에게 주신 멋지고 유익한 선물이다.

1:16 거짓 선생은 속이는 자다. 그들은 홀로 참되고 살아 계신 하나님을 안다고 "시인[한다]." 겉으로는 그리스도인처럼 보이고 그리스도인처럼

18 같은 책, 301.

말한다. 정통 신앙고백으로 인해 그들은 신자들 가운데서 살아도 들키지 않는다. 그들은 신자 같은 모습을 하고 있고 종교 행위를 하는 듯하지만, 자세히 살펴보면 말과는 달리 그들은 "부인[한다]." 그들의 "행위"는 그들이 믿는다고 주장하는 바와 정반대다. 그들은 말보다 행동이 더 큰소리로 말한다.

그 결과로 그들은 "가증한 자요 복종하지 아니하는 자요 모든 선한 일을 버리는 자"다. "가증한"은 잠언 17:15을 반영한 듯하다. "악인을 의롭다 하고 의인을 악하다 하는 이 두 사람은 다 여호와께 미움을 받느니라." 이처럼 거짓 선생들도 마치 옳지 않다는 듯이 하나님의 계명을 버리고, 명백히 옳지 않은 신화를 팔러 다니기 때문에 가증하다. "복종하지 아니하는"이란 하나님의 뜻과 계시를 거역하는 것을 가리킨다. "모든 선한 일을 버리는"이란 하나님의 뜻을 따르는 일을 하기에 '적합하지 않은' 또는 '쓸모없는'이라는 뜻이다. 그들의 오류 때문에 그들은 진짜 성령의 열매를 맺지 못한다.

응답

거짓 교훈은 하나님의 백성에게 해를 입힌다. 그러므로 거짓 교훈을 교회 안에서 저지하지 않고 두는 것은 지혜롭지 않고 애정이 담긴 처사도 아니다. 우리가 하나님의 백성을 사랑한다면 그들을 아프게 하는 데서 구해 내려고 노력해야 한다. 그런데 거짓 교훈은 그들을 영적으로 파멸시킬 수 있다. 이 때문에 바울은 거짓 선생들의 "입을 막[아야]" 한다고 말한다.

Titus
디도서
2:1-10

1 오직 너는 [1)]바른 교훈에 합당한 것을 말하여 2 늙은 남자로는 절제
하며 경건하며 신중하며 믿음과 사랑과 인내함에 [2)]온전하게 하고
3 늙은 여자로는 이와 같이 행실이 거룩하며 모함하지 말며 많은 술
의 종이 되지 아니하며 선한 것을 가르치는 자들이 되고 4 그들로 젊
은 여자들을 교훈하되 그 남편과 자녀를 사랑하며 5 신중하며 순전하
며 집안일을 하며 선하며 자기 남편에게 복종하게 하라 이는 하나님
의 말씀이 비방을 받지 않게 하려 함이라 6 너는 이와 같이 젊은 남자
들을 신중하도록 권면하되 7 범사에 네 자신이 선한 일의 본을 보이
며 교훈에 부패하지 아니함과 단정함과 8 책망할 것이 없는 [1)]바른 말
을 하게 하라 이는 대적하는 자로 하여금 부끄러워 우리를 악하다 할
것이 없게 하려 함이라 9 종들은 자기 상전들에게 범사에 순종하여 기
쁘게 하고 거슬러 말하지 말며 10 훔치지 말고 오히려 모든 참된 신실
성을 나타내게 하라 이는 범사에 우리 구주 하나님의 교훈을 [3)]빛나게
하려 함이라

1 But as for you, teach what accords with sound[1] doctrine. 2 Older men
are to be sober-minded, dignified, self-controlled, sound in faith, in

love, and in steadfastness. 3 Older women likewise are to be reverent
in behavior, not slanderers or slaves to much wine. They are to teach
what is good, 4 and so train the young women to love their husbands
and children, 5 to be self-controlled, pure, working at home, kind,
and submissive to their own husbands, that the word of God may not
be reviled. 6 Likewise, urge the younger men to be self-controlled.
7 Show yourself in all respects to be a model of good works, and in
your teaching show integrity, dignity, 8 and sound speech that cannot be
condemned, so that an opponent may be put to shame, having nothing
evil to say about us. 9 Bondservants[2] are to be submissive to their own
masters in everything; they are to be well-pleasing, not argumentative,
10 not pilfering, but showing all good faith, so that in everything they
may adorn the doctrine of God our Savior.

1) 헬, 건전한 2) 헬, 건전하게 3) 헬, 단장하게

1 Or *healthy*; also verses 2, 8 *2* For the contextual rendering of the Greek word *doulos*, see ESV Preface

단락 개관

바울은 디도서 1장 끝부분에서 거짓 선생들이 어떤 모습인지 디도에게 설명했다. "그들이 하나님을 시인하나 행위로는 부인하니." 거짓 선생들은 신앙고백을 하더라도 신앙의 실재가 없다. 진짜가 아닌 믿음은 그들의 가르치는 방식과 삶의 방식으로 입증된다. 겉으로는 종교적으로 헌신한 것 같지만 그들의 행동은 불순종을 명백하게 드러낸다. 바울은 이러한 거짓 선생들에 대해 경고한 후 디도에게 선행의 본을 보이라고 권면한다. 특히

디도는 바른 교훈에 합당한 것을 가르치고 그렇게 살아야 한다. 디도의 가르침은 늙은 남자와 늙은 여자, 젊은 여자와 젊은 남자, 종을 위한 실제적 가르침에 초점을 두어야 한다.

단락 개요

Ⅱ. 늙은이와 젊은이 가르치기(2:1-15)
  A. 역할과 경건에 대한 가르침(2:1-10)
    1. 늙은 남자에게 주는 말(2:1-2)
    2. 늙은 여자에게 주는 말(2:3)
    3. 젊은 여자에게 주는 말(2:4-5)
    4. 젊은 남자와 디도에게 주는 말(2:6-8)
    5. 종에게 주는 말(2:9-10)

주석

2:1 바울은 1:10-11에서 거짓 선생들은 "불순종하고 헛된 말을 하며 속이는 자[이며]…그들의 입을 막을 것이라"고 말했다. 이와 반대로 디도는 거짓 선생들처럼 되어서는 안 된다. "오직 너는 바른 교훈에 합당한 것을 말하여." 여기에서 "바른 교훈"은 '건강한 교훈'으로 번역할 수 있다. 그 교훈은 육체적 질병이 없는 게 아니라 영적 오류가 없다는 면에서 건강해야 한다. 바른 교훈은 기독교 신앙의 생명선이다. 그것은 생명을 가져다주는 권위 있는 진리다.

바울은 디도에게 그저 "바른 교훈을 말하[라]"고 명령하지 않는다. 그는

"바른 교훈에 '합당한 것'을 말[해야]" 한다. 바른 교훈을 알지만 하나님의 백성에게 그러한 교훈에 '합당하게' 사는 법을 가르칠 수 없다면 효과적인 말씀 사역자가 아닐 것이다. 디도는 여러 삶의 단계에 있는 신자들에게 경건한 삶에 대한 실제적 지침을 줄 수 있어야 한다. 그래서 바울은 다음 절들에서 특정 집단들이 바른 교훈에 '합당하게' 사는 것이 무슨 의미인지 펼쳐놓는다.

2:2 늙은 남자는 "절제"해야 한다. 여기에서 언급되는 남자들을 장로의 직분을 맡은 이들과 혼동해서는 안 된다(참고. 1:5). "늙은 남자"는 말 그대로 고령에 이른 이들이다. 이 사람들은 몇 가지 본이 되는 특성을 보여야 한다.

"절제하며"는 "알코올음료를 마시는 면에서 아주 절도 있는"이라는 의미의 단어를 번역한 것이다. 여기에서는 그 의미가 비유적으로 확장되어 "각종 정신적 영적 '취함'이 없는, 과도함, 격정, 성급함, 혼동이 없는" 것을 의미한다. 이는 "행동을 자제하는, '자제심 있는', '신중한'"[19] 자가 되어야 한다는 요청이다.

"경건하며"(새번역은 "위엄 있고")란 "'존경받을 만한, 고결한, 위엄 있는, 진지한'"[20] 사람을 가리킨다. 위엄 있는 사람은 아주 침착하고 자기감정을 조절할 줄 알아서 그를 아는 이들의 존경을 이끌어낸다.

아리스토텔레스는 "신중[함]"을 "극단적인 것을 피하고 책임 있는 행동을 위해 사려 깊게 숙고하는 것"[21]으로 묘사한다. 아리스토텔레스가 보기에 "신중[한]" 사람은 "해야 하는 행동이 무엇이며, 언제, 어떻게 해야 할지에 전념하는" 사람이다.

"온전[한]"이란 보통 '건강한', 즉 아픔이 없는 것을 가리킨다. 이곳에서

19 BDAG, s.v. νηφάλιος 그리고 νήφω, 강조는 원문의 것

20 BDAG, s.v. σεμνός, 강조는 원문의 것

21 BDAG, s.v. σώφρων에 인용됨, Aristotle, *Nichomachean Ethics* 3, 15. 《니코마코스 윤리학》(숲).

는 그 의미가 확장되어 '올바른', 즉 오류가 없음을 의미한다. 믿음과 사랑과 인내함이 "온전[하려면]" 늙은 남자는 올바른 방식으로 '믿어야' 하고, 올바른 방식으로 '사랑해야' 하며, 올바른 방식으로 '인내해야' 한다.

2:3 "이와 같이"란 늙은 여자는 늙은 남자처럼 경건의 본이 되어야 한다는 뜻이며, 바울은 몇 가지 아주 구체적인 속성을 열거한다. "행실이 거룩하며"란 거룩한 여자에게 합당한 행동을 나타낸다.[22] 이는 "바른 교훈에 합당한"(1절) 것과 언어적 관련성이 있다. 이 말은 '거룩함에 합당한' 행동을 요구한다. 바울은 거룩한 행실에 합당하지 않으며 범하기 쉬운 아주 구체적인 죄들에 집중한다.

"모함하지 말며"는 다른 사람의 인격을 말로 공격하는 것을 금지한다. 말로 다른 사람에게 상처를 주려는 악의적인 시도는 거룩함과 어울리지 않는다. 사실 이 단어는 성경에 나오는 마귀의 이름 가운데 하나인 디아볼로스(*diabolos*)다. 그는 비방하는 자다. 비방은 마귀의 일이며 거룩한 행실과 완전히 상충된다.

"많은 술의 종"에서 종의 이미지는 과도한 음주가 사람에게 어떤 영향을 미칠 수 있는지 생생하게 묘사한다. 이러한 유혹은 누구나 받을 수 있지만, 아마도 바울은 집에 머무는 여자들, 그래서 "계속 집에 있는 먹을 것과 마실 것을 접하는"[23] 여자들이 받는 유혹을 말하는 것으로 보인다.

늙은 여자는 "선한 것을 가르치는" 자들이 되어야 한다. 이들의 견실함과 지혜는 회중 가운데 젊은 여자들에게 큰 유익이 되어야 한다.

2:4 "그들로 젊은 여자들을 교훈하되." "교훈하[다]"는 동사 소프로니조신(*sōphronizōsin*)을 번역한 것이다. 이 구절의 앞뒤로 소프르(*sōphr*)로 시작하

22 *Brill Dictionary of Ancient Greek* (Leiden: Brill, 2015), 968.

23 Knight, *Pastoral Epistles*, 306.

는 단어가 세 번 나온다. 2절과 5절에서 늙은 여자와 젊은 여자는 각각 소프로나스(*sōphronas*, "신중하며") 해야 한다. 6절에서 젊은 남자는 소프로네인(*sōphronein*, '신중한, 자제력에 집중하는')[24] 하라는 말을 듣는다. 각각의 표현들은 절제와 신중함을 강조하며 늙은 남자, 늙은 여자, 젊은 여자, 젊은 남자 네 그룹 모두에 적용되는 유일한 특성이다. 이 때문에 4절에서 늙은 여자에게 적용되는 동사 형태가 유사한 의미를 지니는 듯하다. 그러므로 늙은 여자는 젊은 여자들을 "교훈"할 뿐 아니라 그들이 가정에서 맡은 의무와 관련해 신중함과 절제를 가르쳐야 한다. 그중 주요한 의무가 "그 남편과 자녀를 사랑"하는 것이다. 문자적으로 젊은 여자들은 남편을 사랑하는 자이자 자녀를 사랑하는 자가 되어야 한다. 그들은 신중함과 절제를 배움으로써 가족을 잘 사랑할 수 있게 된다.

2:5 이 절은 4절의 주동사가 암시하는 덕목, 곧 "신중하며"로 시작한다. 신중함은 이어지는 다른 덕목들을 가능하게 해준다. 그중 일부는 구체적으로 결혼 언약을 한 여자들과 관련이 있다. "신중하며"란 "극단적인 것을 피하고 책임 있는 행동을 위해 사려 깊게 숙고하는 것"[25]을 가리킨다. 위에서 언급했듯이 이 단어는 각 세대 및 성별과 연관되어 나오지만, 이 절에 언급된 나머지 특성은 오직 결혼 관계와 연관된다. "순전하며"란 품행이 단정함을 의미한다. 여자와 관련해 이 단어는 종종 순결의 개념을 전달한다.[26] 성적인 신실함이란 결혼 관계 밖에서는 순결을, 결혼 관계 안에서는 충실함을 요구한다.

"집안일을 하며." 아내는 가정을 보살피고 관리하는 특정한 임무를 수행한다. 아내는 무슨 일을 하든 집과 그 집 안에 사는 이들을 보살피는 임무

24 BDAG, s.v. σωφρονέω

25 BDAG, s.v. σώφρων, Aristotle, *Nichomachean Ethics* 3, 15.

26 BDAG, s.v. ἁγνός

를 피할 수 없다. 그렇다면 아내는 절대 집을 떠나거나 집 밖에서 일할 수 없다는 의미인가? 성경의 유비는 그렇지 않음을 보여준다. 예를 들어 잠언 31:10-31에 나오는 현숙한 아내는 "밭을 살펴보고 사며"(잠 31:16) 가족을 위해 돈을 번다. 이 현숙한 여자는 아주 폭넓게 활동하는데 때에 따라 집 밖에서도 일을 한다. 그럼에도 무슨 일을 하든 남편과 자녀를 사랑하고 가정을 돌보는 의무를 절대 버리지 못한다. "선하며"는 구체적으로 가정에서 아내가 맺는 관계들에 적용되는 것으로 보인다. 이 단어는 "관대하고, 공감하고…다정한 성격"[27]을 요청하고 있다.

"자기 남편에게 복종하게 하라." "복종하[다]"라는 단어는 공인된 권위의 리더십과 지시를 인정하고 따를 사람을 요구한다. 이 경우 아내는 모든 남자가 아니라 한 남자, 곧 "자기" 남편에게 복종해야 한다. 바울이 말하지 않는 것에 주의를 기울이는 것이 중요하다. 그는 "남편들아, 아내가 너희에게 복종하게 만들라"고 말할 수도 있었다. 다시 말해, 남편들에게 아내의 복종을 '강요'하거나 '강제'하라고 요청할 수도 있었다. 그것이 1세기 그리스-로마 세계의 가부장적 맥락에 맞을지 모르지만 바울은 그렇게 쓰지 않는다. 대신 아내들에게 '자발적으로' 남편에게 복종하라고 요청한다. 일차적인 책임은 복종해야 할 아내에게 있지 아내를 복종하게 만드는 남편에게 있지 않다. "이는 하나님의 말씀이 비방을 받지 않게 하려 함이라"는 말은 이러한 역할을 수행하지 못하면 외부인들에게 하나님의 말씀을 비판할 빌미를 주게 된다는 뜻이다. 이는 그리스도인에게 허용되지 않는 일이다.

2:6 "이와 같이"는 젊은 남자들이 열거된 다른 연령과 성별처럼 "신중[함]"의 속성을 드러내야 한다는 뜻이다. 바울은 디도에게 그렇게 하도록 그들을 "권면"하는 책임을 부여한다. 그는 젊은 남자들이 그들에게 요구되는 것이 무엇인지 이해하도록 하나님의 말씀을 선포할 의무가 있다. 바울

27 *American Heritage Dictionary*, s.v. "kind"

은 늙은 남자와 늙은 여자와 젊은 여자들에게 명령한 것처럼 이제 젊은 남자들에게 신중해야 한다고 명령하고 있다. 바울은 각 그룹에게 신중함을 추구하라고 말하는데, 이는 "신중한, 자제력에 집중하는, '사리에 맞는', '합리적인', '진지한', '침착한'"[28] 사람이 되라는 뜻이다. 신중한 사람이란 이 목록의 다른 연령대를 위해 앞에서 언급한 모든 덕목을 구현하는 사람이다.

2:7-8 바울은 바로 디도에게로 향하며 사실상 이렇게 말한다. "너는 회중 내 여러 사람들에게 선포하는 모든 덕목의 본이 되어야 한다." 디도는 그저 신실하게 가르치기만 해서는 안 된다. 신실하게 '살기도' 해야 한다. 디도가 그리스도인으로서 신실하게 살지 못한다면, 자신이 못하는 일을 다른 사람에게 가르치는 셈이니 그럴 자격이 없다. 그는 회중에게 "내가 그리스도를 본받는 자가 된 것같이 너희는 나를 본받는 자가 되라"(고전 11:1)고 말할 수 있어야 한다.

바울은 디도가 가르치는 데 본을 '보여야' 할 세 가지 특성을 명시한다. (1) "부패하지 아니함"[29](ESV는 "integrity")은 '진실성'을 뜻한다. (2) "단정함"은 "'진지함, 청렴함, 거룩함'"을 나타내며, 이에 해당하는 라틴어는 그라비타스(*gravitas*)다.[30] (3) "책망할 것이 없는 바른 말"인데, 이 "말"[로고스(*logos*)]은 디도의 일반적인 말을 가리킬 수도 있지만(참고. 딤전 4:12) 특별히 그의 가르침을 가리킬 가능성이 더 높다[참고. 딤전 6:3의 휘기아이누신 로고이스(*hygiainousin logois*), 딤후 1:13의 휘기아이논톤 로곤(*hygiainontōn logōn*)]. 이 가르침은 두 가지 특성을 지녀야 한다. 첫째, 부패하지 않고 정확하다는 의미에서 "바른" 혹은 건강한 교훈이어야 한다.[31] 둘째, "책망할 것이 없[어야]" 한다. 이는 디도의 가르침이 절대 비판이나 책망을 받을 수 없다는 말이 아니다.

28 BDAG, s.v. σωφρονέω, 강조는 원문의 것

29 BDAG, s.v. ἀφθορία

30 BDAG, s.v. σεμνότης, 강조는 원문의 것

31 BDAG, s.v. ὑγιής

그보다는 어떤 책망의 빌미도 내주어서는 안 된다는 뜻이다. 요컨대 신실한 말씀 사역자는 사도적 규범에 동의하고 신중하고 무게감 있게 말씀을 선포해야 한다.

설교자의 모범적인 행동과 가르침의 목적은 "대적하는 자로 하여금 부끄러워 우리를 악하다 할 것이 없게" 하는 것이다. 디도는 책망할 정당한 근거가 없도록 살고 설교해야 한다. 그러나 설교자의 평판만 중요한 것은 아니다. 바울은 "'우리를' 악하다 할 것이 없게" 하라고 말한다. 바울 자신의 평판도 디도의 사역에 중요하다. 목사는 비판에 영향을 받지 않을 수 없지만, 아무도 그렇게 비난할 근거를 찾을 수 없도록 가르치고 선포해야 한다.

2:9-10 "종"으로 번역된 단어는 헬라어 단어 둘로스(*doulos*)로, 신약 곳곳에서 사용된 종에 대한 표준 용어다(참고. 딤전 6:1-2 주석과 '보충 설명'). 바울은 종이 권위자를 공경하는 네 가지 방법을 강조하며 이를 교차대구 방식으로 정리한다. 두 가지 적극적인 특성이 두 가지 소극적인 특성의 틀을 이룬다. "종들은…기쁘게 하고 거슬러 말하지 말며 훔치지 말고 오히려 모든 참된 신실성을 나타내게 하라."

"기쁘게 하고"는 종들에게 "수동적인 순종에 더하여 적극적이고 매력적인 행동을" 하라고 지시한다.[32] "거슬러 말하지 말며"는 논쟁이나 반항으로 주인에게 반대할 가능성을 배제한다. "훔치지 말며"는 일꾼이 자기 소유가 아닌 것을 가져가는 도둑질 혹은 "좋은 것만 가져가는 것"을 금한다. 종은 물건을 "소량씩" 티 안 나게 빼돌렸다가 자기 것이라고 주장함으로써 "자기 행동을 정당화하고" 싶은 유혹을 받을 수 있다.[33] 이와 반대로 주의 일꾼은 "모든 참된 신실성"을 보여야 한다. 복음 증거는 그리스도인 일꾼이 신실하게 일하고 권위자를 공경하느냐에 달려 있다. 그들은 "범사에 우리

32 같은 책, 314.

33 같은 책.

구주 하나님의 교훈을 빛나게" 하기 위해 그렇게 일해야 한다. 하나님의 교훈을 "빛나게" 한다는 것은 "매력적으로 보이게 하는 것"[34]을 의미한다.

응답

성경은 남편들에게 아내의 복종을 강요하거나 조종하라고 지시하지 않고 그런 일을 허용하지도 않는다. 아내에게 자신의 리더십을 강요하는 남편이 있다면, 그는 자기 잘못을 깨달아야 한다. 특히 결혼생활 내내 그러했다면 말이다. 그는 "혹시 내가 리더십을 인정받지 못할 만한 행동을 하고 있지는 않은가?"라고 자문해야 한다. 어쩌면 아내가 하나님의 뜻을 거스르며 결혼 관계에서 남편이 맡은 역할에 반기를 들고 있는지도 모른다. 그런 경우라면 남편은 아내를 위해 기도하고 상냥하게 권면할 수 있다. 그러나 대개 아내가 남편을 따르지 않는 이유는 남편의 리더십이 형편없기 때문이다. 아내가 남편의 리더십을 따르지 않는 이유가 무엇이든지 간에, 남편이 아내를 조종하거나 복종을 강요하는 것은 절대 정당화될 수 없다. 육체적으로 강요하는 것은 물론이고 말로 학대하거나 조종해서도 안 된다. 아내가 복종하도록 겁을 주어야 한다고 느낀다면, 문제는 아내가 아니라 남편에게 있으므로 먼저 자기 죄를 회개해야 한다.

그리스도인 아내는 모든 남자가 아니라 한 남자, 곧 자기 남편에게 복종하라는 부르심을 받는다. 에베소서 5:22에서 하나님은 아내들에게 "주께 하듯" 남편에게 복종하라고 요구하신다. 이는 아내가 남편에게 복종하는 것을 주 예수님을 향한 헌신의 일부로 보아야 한다는 의미다(참고. 엡 6:1, 5, 7). 그리스도인 아내의 경우, 생명으로 인도하는 좁은 길(마 7:13-14)에는 남편에게 복종하는 일이 포함되어 있다.

34 BDAG, s.v. κοσμέω

Titus
디도서
2:11-15

11 모든 사람에게 구원을 주시는 하나님의 은혜가 나타나 12 우리를 양
육하시되 경건하지 않은 것과 이 세상 정욕을 다 버리고 신중함과 의
로움과 경건함으로 이 세상에 살고 13 복스러운 소망과 우리의 크신
하나님 구주 예수 그리스도의 영광이 나타나심을 기다리게 하셨으니
14 그가 우리를 대신하여 자신을 주심은 모든 불법에서 우리를 속량
하시고 우리를 깨끗하게 하사 선한 일을 열심히 하는 자기 백성이 되
게 하려 하심이라

11 For the grace of God has appeared, bringing salvation for all people,
12 training us to renounce ungodliness and worldly passions, and to live
self-controlled, upright, and godly lives in the present age, 13 waiting
for our blessed hope, the appearing of the glory of our great God and
Savior Jesus Christ, 14 who gave himself for us to redeem us from all
lawlessness and to purify for himself a people for his own possession
who are zealous for good works.

15 너는 이것을 말하고 권면하며 모든 권위로 책망하여 누구에게서든지 업신여김을 받지 말라

15 Declare these things; exhort and rebuke with all authority. Let no one disregard you.

단락 개관

디도서 2:11의 '왜냐하면'(ESV는 "for", 개역개정에는 없음)은 바울이 이제 2:1-10의 특정 그룹 사람들에게 방금 전한 권면에 힘을 실어주고 있다. "하나님의 은혜"는 심판뿐 아니라 죄의 권세도 제거한다. 그러므로 은혜는 현 시대에 죄인들을 의롭게 살 수 있게 해준다. 예수님은 그분의 백성을 용서하실 뿐 아니라 믿음으로 살게 하기 위해 죽으셨다. 바울은 디도더러 그레데의 신자들에게 이러한 은혜를 "말하[라]"고 명령한다.

단락 개요

Ⅱ. 늙은이와 젊은이 가르치기(2:1-15)
  B. 은혜에 대한 가르침(2:11-15)
    1. 하나님의 은혜가 나타남(2:11-13)
    2. 하나님의 은혜의 대가(2:14)
    3. 하나님의 은혜를 전함(2:15)

주석

2:11 11절의 해석은 헬라어의 구문론적 특징 때문에 복잡해진다. "하나님의 은혜"라는 하나의 주어에 두 개의 술부가 있는데, 그중 하나는 동사 "나타나"이고 다른 하나는 서술형 형용사 "구원을 주시는"[소테리오스(*sōtērios*)]이다. 영어 번역본들은 이 모든 것을 합치려고 고심했다. KJV는 소테리오스를 서술형 형용사로 번역하지 않고 한정형으로 옮겨 "구원을 주시는 하나님의 은혜"(개역개정)라고 썼다. NIV도 마찬가지로 '하나님의 은혜…구원을 주시는'으로 번역했지만 부정확할 가능성이 높다. 사본에 따라 이 형용사 앞에 조사가 있는 경우가 있기도 하지만, 소테리오스는 사실상 술어이므로 "하나님의 은혜"의 단순한 수식어로 번역해서는 안 된다. 마운스는 동사 "나타나"가 이 절에서 동격 동사 역할을 한다고 제안한다.[35] 그 말이 옳다면 유용한 문자적 번역은 "왜냐하면 하나님의 은혜가 모든 사람을 구원하는 것으로서 나타났기 때문이다"가 될 것이다.

"하나님의 은혜"는 하나님께서 그분의 백성을 향해 "선을 베푸시는 성향"을 가리킨다.[36] 이는 하나님께서 받을 자격 없는 죄인들에게 베풀어주시는 은총이다. 자기 백성을 향한 하나님의 은총은 은혜가 아니고서는 일어날 수 없는 구원을 일으킨다. 이 하나님의 은혜가 "나타[났다]." 은혜의 '나타남'은 "그리스도 안에서 유일무이하게 역사적으로 나타남을 가리킨다. 이것이 복음으로 우리에게 전해진다."[37]

"모든 사람"이라는 말은 하나님의 은혜가 모든 사람의 구원을 보증한다는 보편구원론을 암시하지 않는다. 여기에서 "모든 사람"이란 그리스도께로 회심한 모든 계층의 사람을 가리킨다(참고. 딤전 4:10). 11절은 왜 모든 다

35 Mounce, *Pastoral Epistles*, 422.

36 BDAG, s.v. χάρις

37 Knight, *Pastoral Epistles*, 318.

양한 신자, 곧 늙은 남자, 늙은 여자, 젊은 여자, 젊은 남자가 바른 교훈에 합당하게 올바른 삶을 살아야 하는지 설명한다. 그러한 삶이 하나님의 은혜를 경험한 이들이 필연적으로 맞이하는 결과이기 때문이다. 삶에 그러한 변화가 없다면 하나님의 은혜 역시 없는 것이다.

2:12 "양육"은 훈련을 가리킨다. 그것은 "적절하게 선택하는 능력을 함양하도록 돕는 것, '훈련을 실천하는 것'"[38]이다. 훈련의 목적은 신자들에게 지속적으로 회개와 믿음의 삶을 사는 법을 가르치는 것이다. 회개와 믿음은 그리스도인의 삶으로 들어가는 입구일 뿐 아니라 그 삶에서 계속되는 의무다. 회개는 "경건하지 않은 것과 이 세상 정욕을 다 버[릴]" 것을 요구한다. 이 문맥에서 "경건하지 않은 것"은 "신을 모독하는 말과 행동"을 가리킨다.[39] "이 세상 정욕"은 그러한 행동을 낳는 죄악 된 욕망을 의미한다["정욕"="욕망", 에피뒤미아(*epithymia*), 참고. 딤후 2:22 주석]. 따라서 은혜는 신자들이 죄악 된 행동과 욕망 둘 다를 부인하도록 양육한다. 죄인들을 악에서 떠나게 하지 못하는 은혜 개념은 바울이 가르친 하나님의 은혜가 아니다.

하나님의 은혜는 죄를 짓지 못하게 할 뿐 아니라 긍정적인 덕목을 명하고 함양할 수 있게 한다. "신중함과 의로움과 경건함으로 이 세상에 살고." "신중함"으로 번역된 단어는 디도서 2:2-10에 열거된 각 나이와 성별 그룹에 명한 것과 동일한 자질이다. 하나님의 은혜는 '모든' 신자에게 어느 정도 이러한 덕목이 생기게 한다(참고. 2:4의 소프르 단어 그룹에 관한 주석). "의로움"은 '정의롭게'라는 뜻의 단어를 번역한 것이다. 이는 신자가 하나님의 규범에 따라 살 수 있는 능력을 그분의 은혜에서 받음을 나타낸다. "경건함"은 하나님을 향한 경외와 존경을 나타낸다. 은혜는 "이 세상에[서]" 이 모든 덕목을 가질 수 있게 하고 생기게 한다. 그리스도인들은 아직 도래하

38 BDAG, s.v. παιδεύω, 강조는 원문의 것

39 BDAG, s.v. ἀσέβεια

는 시대에 될 존재는 아니지만, 그럼에도 불구하고 하나님의 은혜는 그날에 앞서 죄인들의 성품에 변화를 일으키는 효과를 낸다. 은혜는 이생에서 완벽함을 만들어내지는 않지만 죄인들의 삶의 방향을 결정적으로 바꾼다. 2장

2:13 "복스러운 소망…을 기다리게 하셨으니"는 앞 절의 동사 "살고"를 수식한다. "기다리[다]"라는 단어는 그리스도인의 삶이 시련에도 불구하고 끈질기게 인내하는 삶임을 나타낸다. 신자들은 "소망"이 있기에 인내할 수 있다. 소망은 희망 사항이 아니라 하나님께서 약속대로 행하실 것이라는 확신에 찬 기대다. 바울은 보통 그리스도의 재림과 신자 자신이 죽은 자 가운데서 부활하는 것을 포함해 재림에 동반될 만물의 회복을 가리키는 데 그 단어를 사용한다(예를 들어, 롬 5:2; 갈 5:5; 골 1:5, 27; 살전 4:13). 그러므로 "복스러운 소망"이란 모든 신자가 그리스도의 재림과 의인의 부활을 보리라는 행복한 확신이다. 이는 그다음 어구, 곧 부활하신 그리스도가 영광 가운데 재림하실 것에 대한 명확한 언급으로 확증된다. "우리의 크신 하나님 구주 예수 그리스도의 영광이 나타나심." 이 표현은 그리스도의 신성을 나타낸다. 그리스도가 "우리의 크신 하나님"으로 불리고 있다.[40]

2:14 그리스도의 "자신을 주심"은 그분이 로마의 십자가에서 죽으심을 가리킨다. 그리스도가 자신을 주셨다는 것은 누구도 그분의 뜻과 상관없이 그분의 생명을 빼앗지 못했다는 의미다. 그분은 자발적으로 자기 생명을 내려놓으셨다(참고. 요 10:18; 갈 1:4; 엡 5:2, 25; 딤전 2:6). 바울은 그리스도의 죽음이 "우리를 위[한]"(새번역) 것임을 그레데 신자들에게 확실히 한다. 이 어구는 대리의 의미, 즉 "우리를 대신하여"(개역개정)를 나타낸다(참고. 요 11:50; 고후 5:14, 20; 갈 3:13; 딤전 2:5-6).[41] 죄인들은 죄 때문에 죽어 마땅하지

40 기초가 된 헬라어 구문에 대해서는 Daniel B. Wallace, *Greek Grammar beyond the Basics*, 276을 보라.

41 Murray J. Harris, *Prepositions and Theology in the Greek New Testament* (Grand Rapids, MI: Zondervan, 2012), 211-216을 보라.

만(롬 3:23) 그리스도가 그들 대신 그 벌을 받으셨다.

그리스도는 두 가지 목적으로 신자들에게 자신을 주셨다. 그들을 속량하시고, 깨끗하게 하시기 위해서였다. "속량하시고"란 몸값을 지불하여 누군가를 억눌린 상황에서 풀어주는 것을 뜻한다. 이 경우 억눌린 상황은 "불법", 곧 죄악 된 행동이다. 따라서 예수님의 죽음은 죄의 형벌뿐 아니라 신자의 삶에 미치는 죄의 영향력에서도 해방되도록 값을 치르신 것이다. "깨끗하게 하[다]"는 죄를 씻는 것을 나타내며, 그리스도는 '자기를 위해'(ESV는 "for himself", 개역개정에는 없음) 그분의 특별한 백성을 깨끗케 하신다. 이들은 "선한 일을 열심히 하는" 특징을 보이는 거룩한 회중이다. 그러므로 하나님의 은혜는 값싼 은혜가 아니다. 은혜는 죄의 형벌을 비켜가게 할 뿐 아니라 그 영향력에서 해방됨도 보장한다.

2:15 2장은 시작한 지점에서 끝난다. 바울은 디도에게 "너는 이것을 말하고"라며 하나님의 백성에게 신실하게 전할 것을 권면한다. "말하고"[랄레이(*lalei*), ESV는 "declare"]로 번역된 단어는 1절에서 "말하여"(ESV는 "teach")로 번역된 단어와 같다. 따라서 디도서 2장은 디도가 가르쳐야 할 것이 수미상관을 이루고 있다. 바울은 1절에서 디도에게 바른 교훈에 합당한 것만 가르치라고 명령한다. 그런 다음 2-10절에서 교회의 다양한 연령과 성별 그룹에 합당한 것이 무엇인지 명시한다. 11-14절에서는 하나님 백성의 삶에 경건함을 불어넣는 은혜를 분명하게 말한다. 그러므로 바울이 15절에서 2장 전체를 다시 가리키며 디도가 계속 "이것"을 가르쳐야 한다고 반복하는 것은 놀라운 일이 아니다.

바울은 디도가 그레데 신자들에게 '말해야' 하는 것을 명확히 하기 위해 두 단어를 덧붙인다. 그는 "권면하며…책망[해야]" 한다. 어떤 것들은 명하고, 또 어떤 것들은 금해야 한다. 믿음 안에서 세우는가 하면 믿음에서 떠나는 것에 맞서야 한다. 이 일은 둘 다 "모든 권위로" 해야 한다. 사도의 대리인으로서 디도는 명령할 권위가 있는 자처럼 행동해야 한다. 디도 자신이 다른 사람들에게 권하는 성품을 소유해야 한다. 만약 디도가 설교 사역의 기초를 하나님의 계시와 개인의 거룩함에 두지 않는다면 청중에게 무시당할 빌미를 내주게 될 것이다. 바울이 "누구에게서든지 업신여김을 받지 말라"고 말함으로써 바로 이런 일을 미연에 방지하고자 한다. 디도가 존경받는 가장 좋은 방법은 실제로 존경을 '받을 만하게 되는' 것이다. 그의 말에 다른 사람들이 귀 기울이기를 기대한다면, 그는 거룩하게 살아야 한다(참고. 딤전 4:12).

응답

하나님의 은혜에 관한 바울의 말은 디트리히 본회퍼가 말한바 "값싼 은혜"[42]에 대한 해독제다. 본회퍼가 경고한 "값싼 은혜"는 사실상 전혀 은혜가 아니다. 그럼에도 이러한 은혜 개념이 오늘날 복음주의 교회에서 아주 흔해졌다. 이는 우리에게 구원을 약속하면서도 우리를 새롭게 하지는 않겠다는 은혜다. 우리를 지옥에서 구해 낼지언정 죄에서는 구해 내지는 않겠다는 은혜다. 모든 죄인을 교회 안으로 받아들이지만 교회 내에서 죄에 대한 징계는 하지 않는 은혜다. 사람을 죄의 종으로 내버려두는 이른바 이 은혜는 사실 전혀 은혜가 아니다. 심판에서 구해 내는 것만이 은혜가 아니기 때문이다. 하나님의 은혜는 우리를 심판받을 만하게 만드는 것에서도 구해 주신다. 바울이 말하듯이 하나님의 진정한 은혜는 우리에게 "경건하지 않은 것과 이 세상 정욕을 다 버리고 신중함과 의로움과 경건함으로 이 세상에서 살[라고]"(딛 2:12) 가르친다.

근본적으로 사람을 변화시키지 않는 은혜와 구원에 관한 시각은 절대 받아들여서는 안 된다. 그리스도인은 경건하게 살아야 하는데 신앙고백만 하는 일부 그리스도인은 이 은혜를 거부한다. 믿음의 '실재' 없이도 신앙

42 Dietrich Bonhoeffer, *The Cost of Discipleship*, trans. R. H. Fuller and Irmgard Booth, rev. ed. (New York: Macmillan, 1959), 35-36. 《나를 따르라》(복있는사람).

'고백'을 할 수 있지만, 그런 사람은 심판 때 기대에 미치지 못한 자가 될 것이다. 우리는 그런 사람이 되어서는 안 된다. 참으로 구원의 은혜를 맛보았는가? 우리에게 믿음이 있는지 "스스로 검증해" 봐야 한다(고후 13:5).

Titus
디도서
3:1-11

1 너는 그들로 하여금 통치자들과 권세 잡은 자들에게 복종하며 순종
하며 모든 선한 일 행하기를 준비하게 하며 2 아무도 비방하지 말며
다투지 말며 관용하며 범사에 온유함을 모든 사람에게 나타낼 것을
기억하게 하라 3 우리도 전에는 어리석은 자요 순종하지 아니한 자요
속은 자요 여러 가지 정욕과 행락에 종노릇 한 자요 악독과 투기를 일
삼은 자요 가증스러운 자요 피차 미워한 자였으나 4 우리 구주 하나님
의 자비와 사람 사랑하심이 나타날 때에 5 우리를 구원하시되 우리가
행한 바 의로운 행위로 말미암지 아니하고 오직 그의 긍휼하심을 따
라 중생의 씻음과 성령의 새롭게 하심으로 하셨나니 6 우리 구주 예수
그리스도로 말미암아 우리에게 그 성령을 풍성히 부어 주사 7 우리로
그의 은혜를 힘입어 의롭다 하심을 얻어 영생의 소망을 따라 상속자
가 되게 하려 하심이라 8 이 말이 미쁘도다 원하건대 너는 이 여러 것
에 대하여 굳세게 말하라 이는 하나님을 믿는 자들로 하여금 조심하
여 선한 일을 힘쓰게 하려 함이라 이것은 아름다우며 사람들에게 유
익하니라 9 그러나 어리석은 변론과 족보 이야기와 분쟁과 율법에 대
한 다툼은 피하라 이것은 무익한 것이요 헛된 것이니라 10 이단에 속

한 사람을 한두 번 훈계한 후에 멀리하라 11 이러한 사람은 네가 아는
바와 같이 부패하여 스스로 정죄한 자로서 죄를 짓느니라
1 Remind them to be submissive to rulers and authorities, to be
obedient, to be ready for every good work, 2 to speak evil of no one, to
avoid quarreling, to be gentle, and to show perfect courtesy toward all
people. 3 For we ourselves were once foolish, disobedient, led astray,
slaves to various passions and pleasures, passing our days in malice and
envy, hated by others and hating one another. 4 But when the goodness
and loving kindness of God our Savior appeared, 5 he saved us, not
because of works done by us in righteousness, but according to his own
mercy, by the washing of regeneration and renewal of the Holy Spirit,
6 whom he poured out on us richly through Jesus Christ our Savior, 7 so
that being justified by his grace we might become heirs according to the
hope of eternal life. 8 The saying is trustworthy, and I want you to insist
on these things, so that those who have believed in God may be careful
to devote themselves to good works. These things are excellent and
profitable for people. 9 But avoid foolish controversies, genealogies,
dissensions, and quarrels about the law, for they are unprofitable and
worthless. 10 As for a person who stirs up division, after warning him
once and then twice, have nothing more to do with him, 11 knowing that
such a person is warped and sinful; he is self-condemned.

단락 개관

바울은 디도서 3장에서 그레데 신자들이 교회 바깥의 믿지 않는 세상과 어떻게 관계를 맺어야 하는지에 대해 디도의 주의를 환기시킨다. 그들은 통치자들과 권세자들에게 복종해야 하고(1절), 믿지 않는 이웃에게 자비를 베풀어야 한다(2절). 하나님께서 합당하지 못한 죄인들에게 자비를 베푸셨으므로 그리스도인들도 마찬가지로 자비를 베풀어야 한다(3-8절).

단락 개요

Ⅲ. 모든 사람의 의무(3:1-15)
　A. 외부인과의 관계(3:1-11)
　　1. 통치자들과 권세자들에게 복종하라(3:1)
　　2. 모든 사람에게 자비를 베풀라(3:2)
　　3. 과거의 죄 앞에서 겸손하라(3:3)
　　4. 하나님께서 자비하신 것처럼 자비하라(3:4-8)
　　5. 그리스도의 몸 안에서 훈계가 있는 연합(3:9-11)

주석

3:1 바울은 디도에게 "신도를 일깨워서"(새번역)라고 말하며, 2:11에 나오는 "하나님의 은혜"를 경험한 이들을 가리킨다. 따라서 이러한 일깨움은 그레데의 모든 신자를 향한 것이다. 바울은 그들이 교회 밖에 있는 이들(비그리스도인들)과 어떻게 관계를 맺어야 하는지 설명한다. 1절은 "통치자들

과 권세 잡은 자들"과의 관계를 명시한다(참고. 눅 12:11; 롬 13:1). 그리스도인은 통치자들과 권세자들에게 "복종하며" 그들에게 순종하고 "모든 선한 일 행하기를 준비"해야 한다. 이는 정부가 행하는 옳은 일을 포함하지만 더 광범위한 선한 일을 가리키는 것으로 보인다(참고. "착한 일", "선한 일", 고후 9:8; 골 1:10; 살후 2:17; 딤전 5:10; 딤후 2:21; 3:17; 딛 1:16; 히 13:21). 바울은 신자들이 모든 선한 일을 행할 "준비"를 해야 한다고 강조한다. 그들은 모든 관계에서 하나님의 뜻을 행하기로 미리 결단해야 한다. 이는 하나님의 계시가 요구하는 바에 대한 지식과 그것을 행하려는 의지 둘 다를 전제한다.

3:2 바울은 "'아무도' 비방하지 말며" "범사에 온유함을 '모든 사람'에게 나타[내라]"고 말하고, 그리스도인과 통치자들의 관계뿐 아니라 모든 사람과의 관계를 언급한다. 그는 이웃에 대한 그리스도인의 의무를 네 가지로 요약한다.

(1) "아무도 비방하지 말며." "비방"은 "'중상, 매도, 모함'"[43]하는 것이다. 그리스도인은 믿지 않는 이웃에 대해 나쁘게 말해서는 안 된다.

(2) "다투지 말며." 이는 '전쟁하지 않는' 것을 의미한다(문자적으로). 이는 "싸우기를 꺼리는, 평화적인", "논쟁을 좋아하지 않는"[44] 사람을 가리킨다.

(3) "관용하며." "법률이나 관습의 모든 권리를 주장하지는 않는, '유연한, 온화한, 친절한, 공손한, 관대한'"[45] 사람, "자비롭고, 관용을 보이는"[46] 사람을 가리킨다. 관용하는 사람은 죄를 못 본 체하거나 찬양하지 않고, 죄와 의에 대해 명석함에도 판단하거나 바리새인 같은 태도는 피한다.

43 BDAG, s.v. βλασφημέω, 강조는 원문의 것

44 LSJ, s.v. ἀμαχός

45 BDAG, s.v. ἐπιεικής, 강조는 원문의 것

46 J. P. Louw and Eugene Nida, *Greek-English Lexicon of the New Testament: Based on Semantic Domains* (New York: United Bible Societies, 1989), §88.63.

(4) "범사에 온유함을…나타[냄]." 이는 "자존감에 지나치게 연연하지"[47] 않는 것("공손함")을 의미한다. 이러한 사람은 다른 사람의 필요와 이익을 자신의 필요와 이익보다 앞에 둔다.

3장

3:3 2절에서는 신자들에게 이웃을 사랑하고 그들에게 친절하게 대하라고 명령했다. 3절에서는 이웃 사랑을 생각할 때 종종 우리 마음속에서 생기는 암묵적인 반대에 대해 따진다. 때로 이웃들은 그리 사랑스럽지 않다. 그리스도인들 역시 그리스도께 나아오기 전에는 사랑스럽지 않았다. 이 때문에 그리스도인들은 겸손해야 하고, 하나님의 은혜가 없었다면 그들도 그 이웃들과 다를 바 없었음을 알아야 한다.

바울은 그리스도인의 회심 전 상태를, 그리스도를 제외한 아담의 모든 후손을 묘사하는 표현으로 묘사한다. "어리석은" 자란 지식뿐 아니라 감각도 부족한 사람을 말한다(참고. 잠 15:21). 어리석은 사람은 정보 '그리고' 판단이 둘 다 부족하다. 어떤 지식을 가지고 있든 그것은 올바르게 사고하는 능력 부족으로 약화된다(참고. 잠 26:7).

"순종하지 아니한" 자는 당연히 권위에 반항하는 사람이다. "속은"은 "'기만당한'" 혹은 아마도 "'현혹당한'"까지 의미하는 단어를 번역한 것이다.[48] 이는 그리스도 안에 나타난 하나님의 구원 계시를 깨닫지 못한 사람을 나타낸다. 오히려 그는 "여러 가지 정욕과 행락에 종노릇 한 자"다(참고. 딤후 2:22의 "정욕"에 관한 주석). 그러한 사람은 하나님께서 금하신 행락을 열망하고 갈망하는 데 매여 있다. 정욕과 행락은 밀접한 관계가 있다. 프리드리히 부셸의 말을 바꾸어 표현하면 그 둘의 관계는 다음과 같다. 정욕이 충족될 때 행락이 있고, 행락을 추구할 때 우리에게는 정욕이 있다.[49] 이 경

47 BDAG, s.v. πραΰτης

48 BDAG, s.v. πλανάω, 강조는 원문의 것

49 Friedrich Büchsel, *TDNT*, 3:171.

우에 바울은 죄악 된 행락과 정욕 모두를 언급하고 있다.

그리스도가 구원하시기 전 우리는 또한 "악독과 투기를 일삼은" 자였다. "악독"은 "비열한, 포악한 태도나 기질"을 가리킨다. 악독한 사람은 이웃에게 친절하지 않고 악의에 차 있다. 이와 마찬가지로 "투기"는 다른 사람의 소유물이나 특성을 가지고 싶은 욕망 때문에 불만족이나 분노의 감정을 가진다.[50]

"미움을 받고"(새번역, 개역개정은 "가증스러운 자"로 되어 있다)로 번역된 헬라어 단어는 '미움을 받다' 혹은 '혐오스러운'이라는 두 가지 의미 중 하나일 수 있다. 《루 앤 나이다 어휘사전》(*Louw and Nida's lexicon*)은 두 가지 가능한 어감을 언급한다. "미움을 받는 것 혹은 미움받을 만하다고 여겨지는 것과 관련 있는 것."[51] 어느 경우든 그 단어는 구속받지 못한 인류는 사랑스러움의 정반대라는 사실을 강조한다. 더 나아가 구속받지 못한 인류는 하나님께서 사람들을 사랑하라고 부르셔도 사랑하지 않는다. 사실 그들은 "피차 미워[한다]."

그래서 바울은 그리스도인들의 회심 전 상태를 칠흑 같은 어둠과 부패로 묘사한다. 그리스도인들이 그렇게 타락한 상태 출신이기 때문에, 그들은 한때 그들이 지닌 모습'이었던' 것을 지금 '지니고 있는' 이웃들을 향해 겸손해야 한다.

3:4-7 개요

이 구절은 그리스도 안에서 죄인들에게 임한 하나님의 은혜를 날것 그대로 진술한다. 이 구절에는 복음 진리가 풍성하다. 그래서 어떤 이들은 이 절들이 초기 그리스도인의 고백, 아마도 새로운 그리스도인이 세례 때 고

50 참고. *American Heritage Dictionary*, s.v. "malice" and "envy"

51 Louw and Nida, *Greek-English Lexicon of the New Testament*, §88.204.

52 Knight, *Pastoral Epistles*, 350.

백했던 내용에서 나왔다고 믿기도 한다.[52] 이 때문에 몇몇 성경 번역본은 이 절들을 시처럼 배열한다(예를 들어, NA[28]).

3장

그러나 주목해야 할 중요한 점은, 바울이 이 진술을 이곳에 둔 이유다. 3절은 그리스도께 나아오기 전 죄인들의 비천한 상태에 대해 말했다. 이에 반해 4-7절은 하나님께서 그리스도를 통해 죄인들을 사신 위대한 구원과 유산을 강조한다. 하나님은 "우리를 구원하시[고]"(5절), 우리 죄를 씻기시고, 우리를 거듭나게 하시고, 성령의 강력한 임재를 통해 우리를 새롭게 하고 계시며, 우리를 의롭다고 하시고, 우리를 영생을 상속할 자로 삼으셨다. 하나님은 "우리가 행한 바 의로운 행위로 말미암지 아니하고 오직 그의 긍휼하심을 따라"(5절) 죄인들을 위해 이 모든 일을 하셨다. 요점은 하나님께서 죄인들을 구원하시고 그들에게 온갖 자비를 베푸신다는 것이다. 이는 그들이 선하기 때문이 아니고(그들은 그렇지 않다), 그것을 받을 만해서도 아니며(그들은 그렇지 않다), 사랑스러웠기 때문도 아니다(그들은 그렇지 않았다. 사실 3절은 그들이 "가증스러[웠다]"고 말한다). 하나님께서 그들을 구원하시고 '영광스럽게 하신' 까닭은 그들이 그럴 만해서가 아니다. 하나님은 "그의 긍휼하심"(5절) 때문에 죄인들을 구원하셨다. 죄인들의 성품이나 덕목 때문이 아니라 그분의 성품과 덕목 때문에 그들을 사랑하고 돌보셨다.

3:4 이 절은 하나님께서 죄인들을 관대하게 대하게 되신 속성을 자세히 설명한다. 구원은 "우리 구주 하나님의 자비와 사람 사랑하심이 나타날 때에" 죄인들에게 이르렀다. "자비와 사람 사랑하심"은 자기 백성을 구원하고자 하는 뜻을 불러일으킨 하나님의 은혜로운 성향을 나타낸다. "자비"는 죄인들을 향한 하나님의 "'친절하심'"과 "'관대하심'"[53]을 가리킨다. "사람 사랑하심"은 "인류를 향한 [하나님의] 애정 어린 염려와 관심"[54]을 나타낸

53 BDAG, s.v. χρηστότης, 강조는 원문의 것

54 BDAG, s.v. φιλανθρωπία

다. 이러한 하나님의 속성은 예수님의 역사적인 삶과 사역뿐 아니라 그 사역을 선포한 사도적 복음에도 "나타[났다]." 그러므로 예수님은 역사 속에 '나타나셨지만' 또한 복음 안에서도 죄인들에게 '나타나셨다.' 그분이 복음 안에서 죄인들에게 '나타나실' 때 그 나타나심이 그들을 구원한다.

3:5 "[그분이] 우리를 구원하[셨다]." 이 구원은 하나님의 자비와 사람 사랑하심이 과거에 "나타[났다]"는 것과 같은 의미에서 과거에 일어났다(참고. 4절 주석). 예수님은 역사 속에 나타나셨지만, 죄인들이 복음을 접할 때 그들에게도 나타나신다. 마찬가지로 하나님은 역사 속에서 이루어진 그리스도의 구속 사역을 통해 죄인들을 '구원하셨고', 또 그들이 복음 안에 나타난 그리스도의 사역을 믿음으로 접할 때 그들을 '구원하신다.' 이런 의미에서 구원은 과거에 그리스도가 이루심으로 죄인들 안에서 효력을 발휘했다. 그렇다고 해서 구원이 그것을 경험한 죄인들에게 그저 과거의 사건이라는 의미가 아니다. 동사 "구원하시되"는 심판에서 구조된 것'과 함께', 죄 같이 그러한 심판을 초래할 모든 것에서 구조된 것을 의미한다. 따라서 어떤 의미에서 그분이 과거에 "우리를 구원하[셨어도]" 이 구원에는 현재(예를 들어, 고전 1:18)와 미래(예를 들어, 롬 5:9-10)의 요소도 있다.

그렇기는 하지만 이 본문에서 바울은 죄인들이 과거에 구원에 들어갔음을 강조한다. 그렇게 하는 까닭은 그 들어감이 은혜로운 것이고 공적이 필요 없음을 강조하고 싶기 때문이다. 하나님은 "우리가 행한 바 의로운 행위로 말미암지 아니하고 오직 그의 긍휼하심을 따라" 죄인들을 구원하신다. 죄인들은 오직 그리스도 안에 있는 하나님의 긍휼하심으로 구원에 들어간다. 구원이 선행을 야기하지 선행'에 의해' 구원이 야기되지 않는다. 그리스도의 구원 사역과 죄인들이 믿음으로 구원에 들어가는 것 둘 다 죄인들을 향한 하나님의 긍휼과 사랑의 결과로 일어난다.

하나님의 긍휼하심으로 죄인들은 그리스도를 통해 주관적으로 구원을 경험한다. 이러한 자비로운 경험에는 "중생의 씻음과 성령의 새롭게 하심"도 포함된다. 이 어구는 작은 교차대구를 이룸으로써 이 단어들로 바울이 의미하는 바를 이해하도록 돕는다.

A "씻음"

B "중생의"

B′ "새롭게 하심"

A′ "성령의"

"씻음"은 각 개인을 죄에서 깨끗케 하시는 성령의 사역을 가리킨다(참고. "씻음", 엡 5:26, 또한 겔 36:25–27; 요 13:10; 행 22:16; 고전 6:11; 히 10:22). 특히 이것은 "중생의 씻음"이며, 성령으로 인한 거듭남을 가리킨다. 이 거듭남은 성령이 계속 "새롭게 하심"으로 죄인을 거룩하게 하는 효과를 낳는다.

3:6 "예수 그리스도로 말미암아" 성령이 죄인들에게 "부어[진다]"(참고. 행 2:33). 성령이 죄인들에게 "풍성히 부어[진다]"는 말은 죄인이 성령을 충분히 경험한다는 뜻이다. 예수님이 주시는 구원은 성령에 관한 한 전혀 부족함이 없다. 모든 그리스도인이 성령의 구원하심과 거룩하게 하심을 충분히 누린다.

3:7 "그래서"(새번역, 개역개정은 7절 말미에 "…하려 하심이라")는 죄인들에게 성령을 부어주시는 목적을 소개한다. 이는 미래의 소망을 향하고 있다. 성령을 붓는 목적은 죄인들이 "상속자" 또는 "'수혜자'"[55]가 되게 하시려는 것이다. 그들은 성령을 통해 어떤 혜택을 받는가? 바로 "영생"이다. 그러나 이곳에서 바울은 "영생의 '소망'"을 강조한다. 바울은 '소망'이라는 단어를 희망 사항이라는 뜻으로 쓰지 않는다. 소망이란 하나님께서 장차 자기 백성을 위해 하겠다고 약속하신 일을 온전히 확신하며 기대하는 것이다. 여기

55 BDAG, s.v. κληρονόμος, 강조는 원문의 것

에서 "소망"은 죽음 이후 영생에 대한 확신에 찬 기대다. 그리스도인은 이러한 확신에 찬 기대'를 따라' 수혜자가 된다. 그러나 이러한 미래의 소망은 "그의 은혜를 힘입어 의롭다 하심"을 얻은 데 근거한다. 바울의 용례에서 "의롭다 하심"은 사람이 믿음에 의해 의롭다고 선언되는 것을 가리키는 법적 개념이다(참고. 롬 3:20, 24, 28; 4:2; 5:1, 9; 갈 2:16; 3:11, 24; 5:4; 빌 3:12). 이런 의미에서 의롭다 하심은 의를 주입하는 것이 아니라 전가하는 것이다.[56]

3:8 "이 말이 미쁘도다"에 대해서는 디모데전서 1:15 주석을 참고하라. '미쁜' 로고스(*logos*)란 일반적인 말이 아니라 구체적으로 사도들에게 전수받은 복음의 메시지를 가리킨다. 따라서 디도서 3:4-7이 세례 신조였다면, 그것은 사도 전통에서 나온 것으로 누가 들어도 온전히 받아들일 만했다.

바울은 그레데 회중이 이 "말"을 받아들이도록 디도가 "굳세게 말하[기]"를 바란다. 믿는 자들이 그 말의 진리를 이해하지 못한다면 사랑받은 만큼 사랑할 수 없을 것이다. 만약 그들이 자신을 낮게 여기지 않고(3절) 하나님의 긍휼과 은혜를 귀하게 여기지(4-7절) 않는다면, 자신을 높이고 하나님의 긍휼과 은혜를 하찮게 여기게 될 것이다. 그러한 역전의 결과로 그들이 이웃을 위해 행하도록 부름 받은 "선한 일"에 비극적인 결과가 초래될 것이다. 믿는 자들은 "조심하여 선한 일을 힘[써야]" 한다. 그러한 선한 일은 "사람들에게", 즉 교회 밖에 있으며 은혜가 필요한 죄인들에게 "유익"하다. 그러나 그레데의 신자들 자신이 얼마나 은혜를 입었는지 깨닫지 못한다면 다른 사람들에게 은혜를 베풀 입장이 아닐 것이다.

3:9 바울은 이미 1장에서 경고했던(1:10, 16) 거짓 교훈을 피하라고 디도에게 명령한다. 디도는 거짓 선생들이 교회 안에 분출시키려는 분노를 피해야 한다. 그것은 바로 "어리석은 변론과 족보 이야기와 율법에 대한 다툼"

56 참고. John Piper, *Counted Righteous in Christ: Should We Abandon the Imputation of Christ's Righteousness?* (Wheaton, IL: Crossway, 2002).

이다. 앞에서 언급했듯이 거짓 교훈의 정확한 성격은 확실히 알 수 없다. 다만 그것이 바울이 선포한 복음을 약화시키고 하나님의 율법을 왜곡시키는 측면이 있다는 것을 안다.

8절과 9절의 연관성을 주목하라. 9절에서 바울은 이러한 거짓 교훈이 "무익한 것이요 헛된 것"이라고 말한다. 이는 8절에 나오는 "유익[한]" 사랑의 "선한 일"과 대조된다. 따라서 거짓 교훈은 친절함과 긍휼로 행하는 선한 일의 증거를 약화시킨다. 회중의 특징이 이단과 분열이라면 선한 일은 아무 소용이 없다. 따라서 바울은 10절에서 극단적인 조치를 제안한다.

3:10 바울은 이제 이 편지를 시작한 지점, 즉 거짓 선생과의 대면으로 돌아온다. "분파를 일으키는"(새번역, 개역개정은 "이단에 속한") 사람은 거짓 교훈, 즉 바울의 메시지를 약화시키는 종류의 가르침을 퍼뜨리는 사람이다(참고. 1:10-16 주석). 사도는 두 번의 경고 후에 거짓 교훈을 "멀리하라"고 지시한다. 이는 거짓 선생을 거부하라는 뜻이며, 바울이 디모데에게 거짓 교훈을 거부하라고 명령할 때 사용한 것과 같은 단어다(참고. 딤전 4:7; 딤후 2:23). 거짓 선생은 회중 가운데서 제거해야 한다. 이 일은 마태복음 18:15-17에서 말하는 바에 따라 이루어진다. 먼저 죄를 지은 사람과 단 둘이 만나 권고한다. 그런 다음 증인들과 함께 만난다(첫 번째 경고). 그러고 나서 교회에 말한다(두 번째 경고). 마지막으로 그가 회개하지 않으면 파문한다.

3:11 바울은 왜 교회가 회개하지 않는 거짓 선생을 내보내야 하는지 설명한다. "이런 사람은 옆길로 빠져버렸으며, 죄를 지으면서 스스로 단죄를 하고 있습니다"(새번역). "옆길로 빠[지다]"는 "참되거나 도덕적으로 올바르다고 여겨지는 것에서 벗어나게 하는, '비껴가다', '왜곡하다'"[57]를 뜻하는 동사의 한 형태를 번역한 것이다. 거짓 선생들은 도덕적으로 심각한 결함

57 BDAG, s.v. ἐκστρέφω, 강조는 원문의 것

이 있다. 그들의 마음은 선하지 않다. 그들은 "죄를 짓[는다]." 이는 그들이 심판받아야 함을 나타낸다. 그들은 또 "스스로 단죄를" 한다. 거짓 선생이 경고를 거듭해서 받은 후에도 회개하지 않는다면 그는 자신의 잘못으로 정죄를 받는 것이다. 그는 자신의 완고함과 죄 때문에 파문의 벌을 받는다.

응답

진리와 권징 안에서 회중이 하나 되는 모습은 하나님의 백성 가운데서 역사하시는 그분의 은혜를 보여준다. 분열과 거짓 교훈이 지배하는 곳에는 하나님의 은혜가 없다. 하나님의 은혜가 다스리는 곳에서 그것들은 사라져야 한다. 하나님은 어떻게 해야 그것들이 사라지는지 알려주신다. 그런 일은 끈질긴 경고와 권징을 통해서 가능하다. 우리는 기꺼이 이렇게 하고자 하는가? 권징하지 않는다면 교회를 사랑하는 것도, 교회를 하나 되게 하는 것도 아니다. 교회가 거짓 교훈을 오래 용인할수록 그러한 교훈은 교회에 더 큰 분열을 심을 것이고, 거짓 선생들의 마음에는 오류가 더 확고하게 자리 잡을 것이다. 그러한 교훈이 번창하도록 두는 것은 거짓 선생을 사랑하는 것도 아니고, 교회를 하나 되게 하는 것도 아니다. 교회는 강경하게 대응해야 한다. 거짓 선생은 경고를 받아야 한다. 그가 두 번째 경고에도 반응하지 않으면 교회는 그를 제적해야 한다. 이러한 바로잡음이 교회가 거짓 선생을 위해 할 수 있는 가장 애정 어린 행동이다. 이는 아마도 그를 무감각 상태에서 깨우는 일일 것이다. 또한 교회가 스스로 이룰 수 있는 최고의 하나 됨 가운데 하나일 것이다.

Titus

디도서

3:12-15

12 내가 아데마나 두기고를 네게 보내리니 그때에 네가 급히 니고볼
리로 내게 오라 내가 거기서 겨울을 지내기로 작정하였노라 13 율법교
사 세나와 및 아볼로를 급히 먼저 보내어 그들로 부족함이 없게 하고
14 또 우리 사람들도 열매 없는 자가 되지 않게 하기 위하여 필요한 것
을 준비하는 좋은 일에 힘쓰기를 배우게 하라

12 When I send Artemas or Tychicus to you, do your best to come to me
at Nicopolis, for I have decided to spend the winter there. 13 Do your
best to speed Zenas the lawyer and Apollos on their way; see that they
lack nothing. 14 And let our people learn to devote themselves to good
works, so as to help cases of urgent need, and not be unfruitful.

15 나와 함께 있는 자가 다 네게 문안하니 믿음 안에서 우리를 사랑하
는 자들에게 너도 문안하라
은혜가 너희 무리에게 있을지어다

15 All who are with me send greetings to you. Greet those who love us
in the faith.
Grace be with you all.

단락 개관

바울은 바울서신의 전형적인 방식으로 디도에게 보내는 편지를 마무리한다. 그는 개인적인 지시를 쓴 다음(딛 3:12-13, 참고. 롬 16:1-2; 고전 16:5-12; 골 4:7-9) 그레데 회중에게 "좋은 일"에 힘쓰라고 요청하며(딛 3:14, 참고. 1:16; 2:7, 14; 3:1, 8) 서신의 주요 주제로 돌아온다. 그리고 인사와 축도로 마무리한다(3:15).

단락 개요

Ⅲ. 모든 사람의 의무(3:1-15)
- B. 마무리(3:12-15)
  1. 개인적인 지시(3:12-13)
  2. 좋은 일에 힘쓰라(3:14)
  3. 인사와 축도(3:15)

주석

3:12 바울은 잠시나마 디도의 의무를 덜어주기 위해 아데마나 두기고를 그레데에 보내겠다고 말한다. 이는 디도가 니고볼리에 있는 그에게 오기를 바랐기 때문이다. 니고볼리는 아덴에서 북서쪽으로 300킬로미터 가량 떨어져 있으며, 그리스 반도의 서쪽 해안 에피루스 지방에 있는 항구도시다. 아데마는 신약의 다른 곳에서 언급되지 않지만, 두기고는 몇 차례 나온다. 사도행전 20:4에서 두기고는 바울의 3차 선교여행에 동행한 두 명의

아시아 사람 중 하나다. 바울은 에베소서 6:21에서 두기고를 "사랑을 받은 형제요 주 안에서 진실한 일꾼"으로 언급한다. 바울은 골로새서 4:7에서도 두기고를 그의 "사랑받는 형제요 신실한 일꾼이요 주 안에서 함께 종이 된 자"라고 칭한다. 두기고는 분명 바울에게 신실한 복음 사역자이자 일꾼이다. 이것이 그가 디도의 짐을 덜어주는 일을 할 두 명의 후보 중 하나인 이유다. 바울은 디도가 자유롭게 니고볼리로 와서 그와 함께 겨울을 보내기를 바란다.

3:13 율법교사라는 것 말고는 우리가 세나에 대해 아는 것이 없다. 세나는 신약의 다른 곳에서도 나오지 않는다. 그러나 바울의 사역에서 눈에 띄게 중요한 사람인 아볼로는 꽤 많이 알려져 있다. 아볼로는 알렉산드리아에서 태어난 유대인으로 언변이 좋고 "성경에 능통한" 자였다(행 18:24). 그는 순회 설교자로서 정확하게 가르쳤지만 "요한의 세례"밖에 알지 못했다. 그는 아굴라와 브리스길라에게 더 자세한 설명을 들은 후(행 18:26) 결국 고린도로 갔고, 그의 설교는 바울이 세운 고린도 교회의 마음을 사로잡았다(고전 1:12; 3:4-6). 고린도전서에서 바울은 아볼로를 경쟁자로 보지 않고, 신학에 결함이 있다고 보지도 않으며, 복음을 전하는 신실한 동료 사역자로 여긴다(고전 3:6; 16:12). 그래서 바울은 그레데 그리스도인들에게 아볼로와 세나의 사역을 후원하라고 지시한다.

3:14 바울은 서신 전체와 특히 3장의 중심 주제, 곧 "좋은 일"(good works)로 돌아온다. 거짓 선생들은 "모든 선한 일(good work)"(딛 1:16)을 할 수 없는 자들이다. 그에 반해 디도는 그가 하는 모든 일에서 "선한 일의 본"을 보여야 한다(2:7). 그뿐 아니라 회중 전체가 깨끗하게 되어 "선한 일을 열심히 하는" 백성이 되게 하려고 그리스도가 그들을 구속하셨다(2:14). 회중 전체가 "모든 선한 일 행하기를 준비"해야 한다(3:1). 그들은 "선한 일을 힘[써야]" 한다. 그래야 믿지 않는 이웃들에게 유익하기 때문이다(3:8). 선한 일은 구원의 필연적인 결과다. 선한 일이 없다는 것은 구원이 없다는 것이

다. 이 때문에 바울은 다시 한 번 그 주제로 돌아가서 선한 일이란 열매를 많이 맺는 것이라고 정의한다. 선한 일에는 절박한 필요를 채워주기 위해 교회 내에서 서로 돌보는 일이 포함된다.

3:15 바울은 함께 있는 자들의 인사를 전한다. 이 절에는 동료들의 이름이 나오지 않지만 아마도 12절에 나오는 아데마와 두기고가 여기에 포함될 것이다. 또 바울이 편지를 쓰는 곳의 그리스도인 공동체 전체도 포함될 것이다. 나이트는 세나와 아볼로가 "아마도 바울이 있는 곳에서 편지를 들고 갔을 것"[58] 이라고 주장한다.

바울은 "믿음 안에서 우리를 사랑하는 자들"에게 인사를 전한다. 그는 이런 방식으로 신실한 신자들과, 그와 그의 가르침에 충실하지 못한 자들을 구분한다. 바울은 자신의 안부 인사와 축복의 말이 회중을 미혹하는 거짓 선생들에게 가기를 원하지 않는다(참고. 요이 1:10). 회개하지 않는다면 멀리하라고 명한 것처럼(딛 3:10) 그는 자신의 인사에서도 그들을 배제한다. 회개하지 않는 거짓 선생들을 지지하는 것처럼 해석될 수 있는 어떤 말도 하지 않는다.

바울은 "은혜가 너의 무리에게 있을지어다"라는 마지막 축도로 마무리한다. 은혜로 시작한 편지가 은혜로 끝난다(참고. 1:4). 디모데전·후서에서 그랬듯이 바울은 디도서를 복수형 "너희 무리"에게 전하는 축도로 끝맺는다. 이 세 편지는 형식상 수신자가 한 사람이지만 사도는 그 편지들이 회중 앞에서 읽히기를 분명 의도했다. 모든 서신에서 그런 기대가 있었던 것 같다(참고. 골 4:16; 살전 5:27). 바울은 그레데의 모든 신자가 지속적으로 하나님의 은혜와 그 모든 열매를 알고 경험하기를 바란다.

58 Knight, *Pastoral Epistles*, 357.

응답

선한 일을 해서 구원받는 것이 아니다. 선한 일은 구원의 열매다. 우리는 서로 섬기는 일에, 특히 신앙 공동체 안에서 큰 도움이 필요한 사람들을 섬기는 일에 열심을 내야 한다. 그러려면 먼저 우리 교회에 속한 사람들을 알고, 그들에게 절실한 필요가 생길 때 관심을 기울여야 한다. 그리스도인으로서 우리는 우리 가운데 있는 그리스도의 사랑을 증거하기 위해 그렇게 우리 자신을 돌본다.

우리는 거짓 선생들을 지지하거나 후원하는 일이 절대 없도록 조심해야 한다. 물론 이것은 그들에게 금전적, 물질적 지원은 물론이고 도덕적, 개인적인 지지도 절대 하지 않는 것을 의미한다. 혹시라도 그들의 메시지를 지지하거나 양호하다고 생각하는 것처럼 보여서는 안 된다. 우리가 이렇게 하는 까닭은 하나님의 말씀이 번창하기를 바라고, 누구의 길에도 걸림돌을 놓고 싶지 않기 때문이다.

빌레몬서

ESV 성경 해설 주석

앨리스터 I. 윌슨 지음

ESV
EXPOS
ITORY
COMME
NTARY

ESV Expository Commentary

Philemon

빌레몬서 서론

서론

사도 바울은 이 짧은 편지에서 그리스도인 친구 빌레몬에게 오네시모라는 종에 관해 쓴다. 또한 빌레몬이 속해 있는 그리스도인 공동체에도 이 편지를 보낸다. 그는 한 사람이 그리스도인이 될 때 일어나는 관계의 변화를 강조한다.

저자

편지에 바울의 이름이 나오고(1절), 이 편지가 그의 이름 없이 유포되었음을 암시하는 사본상의 증거는 없다. 레이먼드 브라운(Raymond Brown)이 지적하듯이, "바울이 이 편지를 썼다는 사실은, 바울이 골로새서를 쓰지 않았다고 주장하는 이들조차 심각하게 문제 삼지 않는다. 골로새서는 빌레몬서의 배경과 여러 등장인물이 같은 편지다."[1]

제목

헬라어 제목은 '프로스 필레모나'(*Pros Philemona*, '빌레몬에게')다.

저작 연대와 배경

이 편지를 쓰게 된 특정한 역사적 정황은 본문 자체로만 추론할 수 밖에 없어 논란이 많다. 그러나 대략적인 정황은 확실하게 밝힐 수 있다. 오네시모는 빌레몬의 종이었다. 어떤 이유에서인지 그는 빌레몬의 집을 떠났고 바울을 만났다. 당시 바울은 어디인지 알 수 없는 감옥에 있었다. 오네시모와 바울이 함께 있는 동안 오네시모는 그리스도인이 되었다. 바울은 이 사건이 오네시모와 바울의 관계, 그리고 그와 빌레몬의 관계를 변화시켰다고 이해한다. 바울은 이제 편지와 함께 오네시모를 빌레몬에게 돌려보낸다. 그 편지는 오네시모를 대신하여 호소한다.[2]

대부분의 정황이 꽤 분명하다. 그러나 오네시모가 왜 빌레몬의 집을 떠났는지, 그가 어디로 갔는지, 그는 과연 우연히 바울을 만난 것인지 등 몇 가지 문제는 분명하지 않다. 바울은 빌레몬이 오네시모를 받아들일 때 어떻게 하기를 기대하는가?

1 Raymond E. Brown, *An Introduction to the New Testament*, ABRL (New York: Doubleday, 1997), 502. 《신약개론》(CLC).

2 Douglas J. Moo, *The Letters to the Colossians and to Philemon*, PNTC (Grand Rapids, MI: Eerdmans, 2008), 364-365. 본문에 담긴 정보가 자세히 나온다.

오네시모는 왜 빌레몬을 떠났는가?

전통적인 견해는 오네시모를 "도주한 노예이자 도둑"[3]으로 본다. 이런 생각은 빌레몬서의 18절 때문에 생겨났다. 바울은 18절에서 "그가 만일 네게 불의를 하였거나 네게 빚진 것이 있으면 그것을 내 앞으로 계산하라"고 쓴다. 그러나 데이비드 파오(David Pao)가 지적하듯이, 그 절은 만약의 상황을 가리키는 조건절이지("만일") 사실을 기술한 문장이 아니다.[4] 그러나 이 문장은 오네시모가 어떤 식으로든 빌레몬에게 잘못했음을 암시할 수도 있다. 오네시모는 정말 도주한 노예였을까? 그럴 가능성이 있기는 하지만 본문은 명확하게 표현하지 않는다. 바울은 오네시모가 "잠시 [빌레몬을] 떠나게"(15절) 되었다는 말만 한다. 더 나아가 오네시모 편에서 잘못을 뉘우친다거나 용서를 청한다는 어떤 언급도 하지 않는다. 따라서 전통적 견해를 뒷받침하는 증거는 명확하지 않다. 그럼에도 여전히 가장 가능성 높은 상황의 재구성이다. 이 시점에서 우리는 오네시모가 어떻게 바울을 만나게 되었는지도 검토해야 한다. 그 질문이 이 첫 번째 질문과도 관련이 있기 때문이다.

오네시모는 어떻게 바울을 만났는가?

D. A. 카슨(Carson)과 더글라스 무(Douglas Moo)에 따르면, 오네시모가 도주한 노예라는 전통적 견해에는 "한 가지 중요한 난제가 있다. 오네시모는 어떻게 감옥에서 그의 주인을 아는 사람을 만나게 되었을까?"[5]

3 John Calvin, *Galatians, Ephesians, Philippians, and Colossians*, Calvin's New Testament Commentaries, vol. 11 (1556; repr., Grand Rapids, MI: Eerdmans, 1965), 393.

4 David W. Pao, *Colossians and Philemon*, ZECNT (Grand Rapids, MI: Zondervan, 2012).

5 D. A. Carson and Douglas J. Moo, *An Introduction to the New Testament*, 2nd ed. (Grand Rapids, MI: Zondervan, 2005), 590.

오네시모의 떠남에 대한 또 하나의 설명은, 바울이 중재자 역할을 하도록 오네시모가 주인 빌레몬의 친구인 바울을 찾아냈다는 것이다. 이는 부분적으로 어떻게 그런 만남이 우연히 일어날 수 있는가 하는 문제를 야기한다. 특히 바울이 가택 연금 상태에 있었다면 말이다. 카슨과 무에 따르면, 집은 피신처로 여겨질 수 있었기 때문이다.[6] 그런 경우 노예는 도주자로 여겨지지 않았을 것이라는 주장이다. 그러나 이 편지에는 바울이 어떤 논란을 해결하려 했다는 분명한 증거가 없다.

이 상황을 이해하는 또 다른 방법은 성격이 전혀 다른데, 빌레몬이 오네시모를 바울에게 보내어 함께 있게 했다는 것이다(이 견해는 파오가 지지한다[7]). 만약 바울이 투옥되어 있었다면, 그는 음식과 그 밖의 생필품을 얻기 위해 도움을 청했을 것이라는 주장이다. 재력이 상당한 바울의 친구 빌레몬은 감옥에 있는 친구를 보살피기 위해 종 하나를 보냈는지도 모른다. 그러나 이 해석으로는 왜 바울이 빌레몬에게 오네시모를 다시 받아들이라고 명했는지 설명하기 어렵다(8-10절). 또 왜 바울이 무익/유익의 대조를 쓰는지(11절), 왜 그 이별이 빌레몬의 선택이 아니었음을 암시하는지(15절), 왜 그가 오네시모가 빌레몬에게 불의를 저질렀을 가능성까지 제기하는지(18-19절) 이해하기 어렵다.

이 퍼즐을 푸는 간단한 해결책은 없다. 관련된 또 다른 질문도 검토해야 한다.

오네시모는 어디에서 바울을 만났는가?

이 질문의 답은 바울이 어느 감옥에 갇혔는지에 달려 있다. 몇 가지 가능성이 제안되었다. 가장 흔한 견해는 로마의 감옥이다. 이는 동일한 상황에

6 Carson and Moo, *Introduction to the New Testament*, 591.

7 Pao, *Colossians and Philemon*, 345-346.

8 N. T. Wright, *Colossians and Philemon*, TNTC (Leicester, UK: Inter-Varsity Press, 1986), 34-36.

서 나왔다고 보이는 다른 서신들과 잘 들어맞는다. 그러나 로마는 빌레몬의 집(아마도 골로새)과 아주 멀리 떨어져 있었다. 오네시모가 우연히 바울을 만났거나('도주한 노예' 견해에서처럼), 바울을 찾기 위해 로마까지 갔다는 것은('피신처를 찾아서' 견해에서처럼) 이상해 보인다. N. T. 라이트(Wright)는 바울이 에베소에 투옥되어 있었다는 견해를 선호하는데, 이는 고린도후서 1:8과 고린도전서 15:32에서 추론한 것이다.[8] 이 견해를 따르면, 오네시모가 골로새 근처에 있었다면 바울에게 상대적으로 쉽게 갈 수 있는 거리에 있게 된다. 이 서신이 에베소에서 쓰였다면, 그 연대는 아마 주후 55년이나 56년경일 것이다.[9]

결국 이러한 재구성을 뒷받침하는 증거는 거의 없으며, 하나 이상의 요소가 실상의 일부인 경우일 수 있다. 그러므로 신중하게 판단해야 하고, 이 서신에 대한 중요한 해석은 그러한 재구성을 기반으로 하지 않는 것이 중요하다(파오가 그러하다[10]).

장르와 문학적 구조

바울이 빌레몬에게 보낸 편지는 바울서신들 중에서 특히 개인적인 서신으로서 한 개인의 매우 특정한 문제를 다루고 있다. J. B. 라이트풋(Lightfoot)이 논평하듯이 "빌레몬서는 바울 사도의 글 중에서 독특한 위치에 있다. 보존된 것 중 유일하게 엄밀한 개인 서신이다."[11] 그러나 이 서신이 단순히 한 개인에게 보낸 것이 아님을 알아야 한다. 첫 부분 인사에 몇몇 사람이

9 Carson and Moo, *Introduction to the New Testament*, 592.

10 Pao, *Colossians and Philemon*, 347.

11 J. B. Lightfoot, *St. Paul's Epistles to the Colossians and Philemon* (1875; repr., Peabody, MA: Hendrickson, 1999), 303.

언급된다. 주석가들은 압비아와 아킵보를 빌레몬의 직계 가족으로 추측하지만, 바울은 그들을 더 광범위한 그리스도인 공동체 내에 두며 묘사한다. 더욱이 바울은 "네 집에 있는 교회"를 서신의 수신자 한 명으로 명시한다. 따라서 이것은 기독교 교회에 보낸 편지이므로 어떤 의미에서는 바울의 다른 서신들과 유사하다.

신학

빌레몬에게 보낸 바울의 편지는 간략한 개인 서신으로서 특정한 문제를 다루기 때문에 일관된 신학적 성찰을 담고 있지는 않다. 그러나 이 서신은 바울의 다른 서신과(특히 이 서신과 연관성이 많은 골로새서와) 같은 맥락에서 읽어야 한다. 바울이 다른 데서 언명한 신학 또한 이 서신의 기저를 이루고 있다. 바울이 빌레몬에게 다가가는 모습과 그의 구체적인 요청에는 신학적 성찰이 가득하다. 이 서신에서 다루는 구체적인 문제들을 뒷받침하는 몇 가지 중요한 신학적 주제를 확인할 수 있다. "빌레몬서에는 뚜렷한 신학이 거의 담겨 있지 않지만, 하나님께서 그리스도 안에서 이루시는 새롭게 하심과 그것이 인간관계에 미치는 결과에 대한 깊은 신학적 이해가 반영되어 있다."[12] 이 서신은 특히 노예제도 문제와 연관된다. 이 문제를 성경 전체의 노예제도라는 주제와 관련해 다음 절에서 논의하겠다. 다른 많은 신학적 주제들도 빌레몬서에서 중요하다.

12 Marianne Meye Thompson, *Colossians and Philemon*, THNTC (Grand Rapids, MI: Eerdmans, 2005), 229.

주 예수 그리스도

바울 서신에서 자주 사용하는 이 온전한 어구는 3절과 25절에 나온다. 이 어구의 변형 역시 다음 구절들에 나온다. "그리스도 예수"(1, 9, 23절), "주 예수"(5절), "그리스도"(6, 8, 20절), "주"(16, 20절). 바울의 다른 서신들에 익숙하다면, 바울의 생애와 사역과 사상에서 예수 그리스도가 중심이 되고 있음을 알 것이다. 필자가 빌레몬서와 같은 시기에 기록되었다고 여기는 골로새서는 특히 기독론에 중점을 둔다. 바울이 빌레몬서를 보낼 때, 골로새서에서 충분히 그려진 기독론이 배경이 되었다고 전제하는 것은 합리적이다. 이 서신에는 바울의 기독론이 명확하게 전개되지는 않지만, "주 예수 그리스도"라는 어구의 각 단어는 아주 중요하다.

바울은 "예수"라는 이름을 사용하여 그의 사상에서 예수라는 역사적 인물의 중요성을 강조한다. 최근의 몇몇 학자들에 따르면, "그리스도"라는 용어는 왕이신 메시아와 성경이 정의하는 그의 다양한 역할에 대한 언급으로 충분한 무게를 가져야 한다. "주"라는 용어는 빌레몬서에서 동일한 헬라어 단어 퀴리오스(*kyrios*)가 하나님과 인간 둘 다에 사용된다는 점에서 신학적으로 의미가 깊다. 골로새서 3:22-4:1에서 그 용어는 "주"이신 하나님과 그리스도와 연관되어, 또 노예나 종의 주인과 연관되어 되풀이해서 사용된다. 주인들[퀴리오이(*kyrioi*), 빌레몬과 같은 주인들]은 종들을 공정하게 대해야 한다는 점을 특히 기억해야 한다. 그들에게도 하늘에 주(퀴리오스)가 계시기 때문이다(골 4:1). 다시 말해, 바울은 주인들이 무제한의 권위를 갖는 것이 아니라, 자신들에게 책임을 물을 주인을 둔 그들의 종들과 공통된 경험을 한다는 사실을 강조한다.

이 짧은 서신에서 그리스도에 대한 대부분의 언급 앞에는 헬라어 전치사 엔(*en*, "안에서")이 있어 그리스도와의 연합이라는 신학적 주제를 강조한다. 또 바울은 자신을 예수님의 본을 따르는 사람으로 제시함으로써 예수님이 빌레몬의 궁극적인 본이심을 암시한다. 이는 특히 18절에 나오는 바울의 제안에서 드러난다. "그가 만일 네게 불의를 하였거나 네게 빚진 것이 있으면 그것을 내 앞으로 계산하라." 이는 예수님의 비유에 나오는 사마리아인의 행동을 떠오르게 한다(눅 10:35). 더욱이 대니얼 스트리트(Daniel Streett)가 지적하듯이, "그리스도를 본 받는 자로서 바울은, 화해에 필요하다면 오네시모의 빚을 갚겠다고 제안한다."[13]

은혜

카리스(*charis*, "은혜")는 서두의 인사와 마무리 축도에만 나오기 때문에 관습적이고 일상적인 용어로 여길 수 있지만, 바울 신학에서 이 용어의 중요성을 무시해서는 안 된다. 사실 이 용어가 서신의 머리와 꼬리에 나온다는 점에서, 바울이 서신 전체에서 수미상관(문학적인 '북엔드')을 쓰는 것은 아닌지 검토해야 한다. "은혜"라는 표현은 하나님께서 그분의 백성을 대하실 때의 관대함을 강조한다.

하나님의 가정에 속한 그리스도인

이 짧은 서신에서 가족 관계를 나타내는 표현이 자주 사용된다. "형제"(1, 7, 16, 20절), "자매"(2절), "아들"(10절), "아버지"(10절, 개역개정은 "…낳은 아들"). 고대 세계에서는 사회 구조가 명확하게 유지되었고 각 지위에 맞는 책임이 부여되었다. 그리스도인 공동체 안에서 이러한 관계들은 완벽하게 제거되지 않고 변화되었다. 사람들은 일반적으로 그리스도인이 된 후에도 기존의 다양한 역할들을 계속해서 수행할 것이다(참고. 골 3:18-4:1에 나오는 '가정 규례').

13 Daniel R. Streett, "Philemon", in *Theological Interpretation of the New Testament*: A Book-by-Book Survey, ed. Kevin J. Vanhoozer (Grand Rapids, MI: Baker, 2008), 184.

협력

6절에서 "교제"로 번역된 코이노니아(*koinōnia*)는 '협력'으로도 번역할 수 있다(참고. 빌 1:5). 이는 이 서신의 핵심 용어로 보인다. 이 절에서도 사용되고, ("동역자"로 번역된) 관련 용어가 17절에서도 사용되기 때문이다. 이는 삶과 과업을 깊이 공유한다는 표현이다.

성경 다른 본문 및 그리스도와의 관련성

노예제도 문제는 성경 전체에서 다양한 방식으로 다루어진다. 다양한 문화적 맥락과 역사 시기에 따라 노예제도의 유형이 상당히 다르다는 점을 알아야 한다. 이스라엘의 정체성에 근간이 되는 출애굽기 내러티브는 노예가 되어 억압받아온 사람들의 해방 이야기다. 출애굽기 2:23-25은 그 이야기를 다음과 같이 요약한다. "여러 해 후에 애굽 왕은 죽었고 이스라엘 자손은 고된 노동으로 말미암아 탄식하며 부르짖으니 그 고된 노동으로 말미암아 부르짖는 소리가 하나님께 상달된지라 하나님이 그들의 고통 소리를 들으시고 하나님이 아브라함과 이삭과 야곱에게 세운 그의 언약을 기억하사 하나님이 이스라엘 자손을 돌보셨고 하나님이 그들을 기억하셨더라." 마찬가지로 십계명은 다음과 같은 문장으로 시작된다(출 20:2). "나는 너를 애굽 땅, 종 되었던 집에서 인도하여 낸 네 하나님 여호와니라."

모세오경에 담긴 하나님 백성의 삶의 규례를 들여다보면, 종을 공정하게 대우하는 것에 관한 논의가 상당히 많다. 출애굽기 21장과 레위기 25장, 신명기 15장에는 노예제도 문제를 다루는 특정한 판례법이 포함되어 있다. 그 논의의 기반이 되는 구절이 출애굽기 21:2이다. "네가 히브리 종을 사면 그는 여섯 해 동안 섬길 것이요 일곱째 해에는 몸값을 물지 않고 나가 자유인이 될 것이며." 노예제도의 가능성이 전제되어 있기는 하지만,

그것은 경제 상황으로 인해 생겼으나 끝내야 할 임시 조치로 여겨진 듯하다. 머리 헤리스에 따르면, "가난에서 벗어나기 위해 자발적으로 노예가 된 유대인 노예들은 노예가 아니라 고용된 노동자로 여기고 그렇게 대해야 했다(레 25:35-43). 주인은 그들의 인격이 아니라 일에 대해서만 권리를 행사할 수 있었음이 분명하다. 그들의 인격은 여전히 침해할 수 없는 것이었다. 모든 유대인이 애굽의 노예 생활에서 구원받고 야웨의 노예가 된 백성이기 때문이다(레 25:42-43)."[14] 현대 독자들(특히 서구의 독자들)의 눈에 고대 이스라엘의 사회적 상황이 못마땅하게 보일 수 있지만, 이 본문들은 하나님의 백성이 모든 사회 구성원에게 사회 정의를 보장할 의무가 있었음을 보여준다.

신약에서는 신자들이 그리스도 앞에서 동등하다는 복음의 함의를 성찰하는 데 갈라디아서 3:28이 중요한 의미를 갖는다. 골로새서 3:11에 나오는 유사한 문장과 에베소서와 골로새서의 이른바 '가정 규례'를 포함한 다른 여러 본문도 중요하다. 노예제도는 그리스-로마 세계에서 사회 제도로 유지되었지만, 빌레몬서와 신약의 여러 다른 구절들은 근본적으로 그리스도인이 사회 내에서 서로 관계 맺는 방식에 도전했다. 관습적인 구조 속에서는 그들의 주요한 정체성을 찾을 수 없었다. 그들의 정체성은 오직 그리스도 안에서 발견할 수 있는 것이었다. 이제 그리스도와 연합된 이들의 관계는 변화되어 되돌릴 수 없게 되었다.

이와 관련해 바울은 그리스도인이 '진정으로' 자유롭지만 '절대적으로' 자유롭지는 않다고 주장한다. 사도는 몇 군데에서(참고. 예를 들어 빌 1:1) 자신을 그리스도의 종(둘로스)으로 묘사한다. 이는 그가 모든 면에서 그의 주인에게 매여 있음을 암시한다. 더 나아가 바울은 그리스도인의 새로운 지위를 묘사하는 데 노예라는 표현을 쓴다. "너희는 너희 자신의 것이 아니라 값으로 산 것이 되었으니"(고전 6:19-20). 물론 여기에는 은유가 사용되

14 Murray J. Harris, *Colossians and Philemon*, EGGNT (Nashville: Broadman, 2010), 28.

었으므로 그러한 표현을 과도하게 해석하지 않도록 조심해야 한다. 또한 바울은 그리스도인을 가리켜 성인이 되어 더 이상 파이다고고스(*paidagōgos*, '초등교사')의 감독 아래 있지 않은 상속자라고 말하기도 한다(갈 3:24; 4:1-7). 그러나 그리스도인의 경험을 묘사하기 위해 흔히 사용된 "속량"이라는 표현은, 우리에게 "하늘에 상전[퀴리오스]이 계심"(골 4:1)을 상기시킨다.

빌레몬서 설교하기

빌레몬서는 성경 정경의 일부로서 세심하게 주의를 기울이고 교회에서 마땅히 설교로 분명하게 선포되어야 한다. 설교자들은 간결하다는 이유로 빌레몬서를 간과하고 싶은 유혹을 받을 수 있다. (빌레몬서뿐 아니라 신약의 요한이·삼서와 유다서, 구약의 오바댜에 대해서도 그러하다.) 또한 이 서신은 얼핏 기독교 교리에 신학적으로 중요한 기여를 하지 않는 것처럼 보여서, 혹은 21세기에 더 이상 적절하지 않은 사회 문제를 다룬다고 (잘못) 판단되어서 간과될 수 있다. 그러나 설교자들은 이러한 인상 때문에 빌레몬서를 멀리해서는 안 된다. 성경의 다른 부분들에서 그러하듯 하나님께서 말씀하실 것을 기대하며 빌레몬서 본문에 다가가야 한다. 그리스도인들은 빌레몬서를 어떻게 해석해야 최선인지 항상 알지는 못했을지 모르지만, 그것이 성경에 속해 있다는 그들의 확신은 타당했다.

설교자들은 빌레몬서의 '신학적' 특징과 '문학적' 특징을 살펴야 한다. 예를 들어 '하나님께서 그리스도 안에서 어떻게 새로운 관계를 만드시는가' 또는 '그리스도인이 자유롭다는 것은 무슨 의미인가'처럼 특히 중요한 신학적 사안을 강조하며 빌레몬서를 설교할 수 있다. 처음에는 21세기와 노예제도 문제가 별 상관없이 보일지도 모른다. 그러나 인신매매라는 끔찍한 현실은 하나님의 형상으로 지음 받은 인간의 본질적인 존엄성과 관련해 빌레몬서 같은 본문의 신학적·윤리적 시각이 여전히 필요함을 보여준다.

또 서신에 나타난 바울의 목회적 접근을 강조하는 식으로 빌레몬서를 설교할 수 있다. 예를 들어 바울이 빌레몬과의 가족 관계를 강조하는 모습에 대해 말할 수 있다. 그가 이미 빌레몬에게 혜택을 입은 것에 대해 감사를 표하는 것, 권위보다는 설득으로 자신의 입장을 개진하는 것(그의 권위가 은근히, 때로는 그리 은근하지 않게 암시되기도 하지만), 장차 빌레몬의 섬김을 받는 일에 마음을 여는 것 등을 말할 수 있다. 바울이 이렇게 빌레몬에게 다가가는 모습은 사소하게 볼 일이 아니다. 그렇지만 그것들이 서신의 신학적 메시지도 강조하는 설교 내용에 잘 통합되기를 제안한다.

해석상 과제

빌레몬서의 역사적 정황에 관해서는 정확히 알기 어렵다고 이미 밝혔다. 역사적 맥락을 되도록 분명하게 이해하려고 노력해야 하지만, 중요한 모든 질문을 해결하기에는 난관이 많다.

역사적 정황에 관한 질문 외에도 특별히 주의해야 하는 사안들이 있다.

파오는 6절이 "이 서신에서 가장 이해하기 힘든 절"이라고 한 C. F. D. 모울(Moule)을 인용하는데,[15] 그 절에 관한 가능한 해석은 이어지는 주석에서 논의하겠다.

빌레몬서는 현대의 독자, 즉 전혀 다른 상황에서 사는 현대의 그리스도인 공동체에 고대의 아주 특정한 상황을 다루는 본문을 어떻게 적용할까 하는 질문을 제기한다. 이는 그리스도 안에서 이루어진 하나님의 구원 사역에 비추어 본문을 해석하는, 세심하고 복음 중심적인 접근을 요구한다.

15 Pao, *Colossians and Philemon*, 369.

개요

Ⅰ. 서두의 인사(1-3절)

A. 발신자들의 신원(1a절)

B. 수신자들의 신원(1b-2절)

C. 인사/기도(3절)

Ⅱ. 감사와 기도(4-7절)

A. 하나님께 드리는 감사(4절)

B. 감사의 이유: 사랑과 믿음(5절)

C. 효과적인 믿음의 교제를 위한 기도(6절)

D. 기도의 이유: 성도들의 마음이 평안함을 얻음(7절)

Ⅲ. 오네시모를 위한 호소(8-21절)

A. 명령하기보다 설득한다는 설명(8-9절)

B. 이제 바울의 아들이 된 오네시모를 대신한 호소(10-11절)

C. 오네시모를 빌레몬에게 돌려보내는 이유(12-14절)

D. 오네시모가 빌레몬을 떠난 이유 추정과 고찰(15-16절)

E. 빌레몬에게 오네시모를 받아들여 달라고 요청함(17절)

F. 기꺼이 빌레몬에게 보상하고자 함(18-20절)

G. 빌레몬의 응답을 확신함(21절)

Ⅳ. 숙소 요청 및 인사와 축도(22-25절)

A. 숙소 요청(22절)

B. 인사(23-24절)

C. 축도(25절)

Philemon
빌레몬서
1-3절

1 그리스도 예수를 위하여 갇힌 자 된 바울과 및 형제 디모데는
우리의 사랑을 받는 자요 동역자인 빌레몬과 2 자매 압비아와 우리와
함께 병사 된 아킵보와 네 집에 있는 교회에 편지하노니
1 Paul, a prisoner for Christ Jesus, and Timothy our brother,
To Philemon our beloved fellow worker 2 and Apphia our sister and
Archippus our fellow soldier, and the church in your house:

3 하나님 우리 아버지와 주 예수 그리스도로부터 은혜와 평강이 너희
에게 있을지어다
3 Grace to you and peace from God our Father and the Lord Jesus
Christ.

단락 개관

바울은 서두의 인사에서 그리스도 안에서 가족이 된 관계를 강조함으로써 서신의 나머지 부분을 위한 관계적, 신학적 토대를 제공하며 그리스도인 형제자매에게 편지를 보낸다.

단락 개요

Ⅰ. 서두의 인사(1-3절)
- A. 발신자들의 신원(1a절)
- B. 수신자들의 신원(1b-2절)
- C. 인사/기도(3절)

주석

1절 빌레몬서는 빌레몬에게 직접 보낸 편지여서 교회들에 보낸 편지보다 사적이기는 하지만 개인 서신만으로는 볼 수 없다. 바울은 시작 부분에서 목회적, 신학적 언급을 하며 이어지는 내용에 중요한 토대를 놓는다.

바울은 자신의 이름을 밝힌 다음 자신을 "그리스도 예수를 위하여 갇힌 자"로 칭하며 설명을 덧붙인다(개역개정은 순서가 다름). 헬라어에서 속격이 사용되므로 "그리스도 예수'의' 갇힌 자"로 번역할 수도 있다. 바울은 빌레몬서 9절에서 같은 명칭("'…를 위하여' 갇힌 자")을 쓴다(참고. 엡 4:1). "갇힌 자"[데스미오스(*desmios*)]란 그와 그리스도의 관계를 나타내는 은유적 표현이라기보다는 바울의 자유가 강제로 박탈되었음을 나타내는 직설적인 표현으로 의도된 듯하다. 실제로 이 서신에서 그의 투옥이 다양하게 언급되고 있다(10, 13, 23절). 다른 데서 그가 둘로스 크리스투(*doulos christou*, "그리스도의 종", 롬 1:1 등)를 쓰는 것과 대조해 보라. 이는 바울이 그리스-로마 사회 내에서 종이었음을 나타내지 '않는다'.

바울은 자신의 권위가 의심받을 때 하듯(예를 들어, 갈 1:1) 자신을 사도로 밝히지는 않는다. 개인적으로 친구 빌레몬에게 편지를 쓸 때는 그럴 필요가 없었거나 수사적 전략을 위해 그렇게 하지 않은 것 같다. 후자의 경우라면 바울은 의도적으로 자신을 사회적 지위가 매우 낮은 오네시모와 동일시하기 위해 사회적으로 낮은 지위를 암시하는 표현으로 자신을 묘사했다고 볼 수 있다. 그렇더라도 당면한 사안이 사회의 노예제도와 연관되어 있는데, 바울이 자기를 가리키는 표현으로 둘로스(예를 들어, 빌 1:1에서처럼)라는 단어를 쓰지 않은 점이 흥미롭다.

갇힌 자라는 바울의 상황은 "그리스도 예수를 위하여"라는 어구가 꾸며준다. 속격 구조는 여러 가지 방식으로 번역할 수 있다. 예를 들어 파오가 지적하듯이, 이는 여러 가능성 중에서도 바울이 "예수 그리스도에 대해 설교했기 때문에" 혹은 "예수 그리스도 때문에", "예수 그리스도께 속한" 갇힌 자임을 나타내는 것으로 이해할 수 있다.[16] 콘스탄틴 캠벨은 그 속격을 "소유의 의미의 속격"으로 나타내지만,[17] 이 경우 속격의 의미를 너무 엄격하게 제한하지 않는 편이 최선이라는 파오의 말이 옳은 듯하다.[18]

디모데는 바울의 동료 중 한 명으로 발신자에 이름을 올리지만(참고. 고후 1:1; 빌 1:1; 골 1:1; 살전 1:1) 서신의 나머지 부분은 일인칭 대명사로 기록된다. 이는 디모데가 서신의 내용에 중요한 영향을 미치지 않았음을 암시한다. 우리는 이 서신에서 바울의 목소리를 듣는다. 그러나 디모데는 바울의 서

16 같은책, 363.

17 Constantine R. Campbell, *Colossians and Philemon: A Handbook on the Greek Text*, BHGNT (Waco, TX: Baylor University Press, 2013), 79.

18 Pao, *Colossians and Philemon*, 363.

기관 역할을 했다. 바울이 사역에 접근하는 방식은 분명 공동체적이고, 디모데의 이름이 명시된 까닭은 바울과 함께하는 그의 섬김이 아주 소중하기 때문이다(참고. 빌 2:20). 바울은 디모데를 "형제"로 부르며 그리스도인들의 관계를 나타내는 가족 용어를 사용한다. ESV는 일인칭 복수 대명사 '우리'를 쓰지만, 헬라어는 정관사를 써서 그냥 "형제"로(개역개정도 마찬가지다) 표기한다.[19] 그럼에도 바울은 인간의 친족관계가 아니라 하나님의 은혜로 맺어진 디모데와의 관계가 바울과 빌레몬이 공유하는 관계임을 나타내는 것으로 보인다.

빌레몬은 여격 형태의 간단한 이름으로 편지의 수신자로 명시된다. "…요"(and)로 연결된 두 요소가 담긴 헬라어 어구가 그 이름을 수식한다. 두 요소는 "사랑을 받는 자"와 "동역자"로 번역되었다. ESV는 그 두 요소를, 바울과 빌레몬의 개인적 관계의 따뜻함과 함께 공동 목표로 세워진 그들의 유대를 강조하기 위해 합성된 묘사로 여긴다. 라이트풋은 바울이 에베소 인근에서 오래 머무는 동안(참고. 행 19장) 빌레몬과 "동역자"였을 것이라고 제안한다.[20] 그러나 바울이 로마서 16:3, 9의 인사에서 로마 교회 그리스도인들과 관련해 이 단어를 사용하는 것으로 보아, 그가 반드시 물리적으로 함께한 사람만 동역자로 여기는 것은 아닌 듯하다. 아가페토스(*agapētos*, "사랑을 받는 자")라는 단어는 단순히 인간의 따뜻한 우정을 넘어서는 무언가를 암시할 수도 있다. 아마도 바울은 빌레몬이 바울뿐 아니라 궁극적으로 하나님께 사랑받음을 암시하기 위해 이 단어를 사용한 것 같다(참고. 롬 1:7).

2절 바울은 계속해서 압비아와 아킵보와 "네 집에 있는 교회"로 수신자를 확대한다. 이들은 아주 중요하다. 바울의 편지가 빌레몬만을 위한 것이

19 Harris, *Colossians and Philemon*, 210.

20 Lightfoot, *St. Paul's Epistles to the Colossians and Philemon*, 333.

아니었음을 나타내기 때문이다. 압비아와 아킵보에 대해서는 알려진 바가 거의 없지만 "압비아는 빌레몬의 아내였을 것이고, 아킵보는 빌레몬의 아들이었을 것이다."[21] 이러한 신원 확인을 확실하게 뒷받침할 정보는 충분하지 않다. 그러나 이름이 언급된 각 개인에 대해, 그리스도인 가정과의 관계를 묘사하는 표현("형제", "자매")이나 그리스도인 사역자로서의 역할("동역자", "함께 병사된")을 묘사하는 표현이 더 주어'진다'. "네 집에 있는 교회"라는 말은 대부분의 초기 기독교 공동체가 처한 사회적 상황을 강조한다. 그들은 건물을 소유하지 않았고, 대신 더 부유한 구성원들이 소유한 집에 모였다. "네"(your)라는 대명사는 단수이며, 집에서 '가장'(모든 권위를 가진 아버지)인 아버지의 역할을 강조한다. 그렇다고 해서 압비아와 아킵보가 그의 가족이라는 가능성을 배제할 수는 없다. 교회에 대한 언급은 바울이 빌레몬과의 소통을 그저 개인의 문제가 아니라 모든 그리스도인이 그리스도인 공동체 안에서 어떻게 살아가는가와 관련 있는 것으로 여겼음을 암시한다.

3절 바울은 이제 서신의 전형적인 공식으로 인사를 전한다(참고. 동일하거나 거의 동일한 인사, 롬 1:7; 고전 1:3; 고후 1:2; 갈 1:3; 엡 1:2; 빌 1:2; 살후 1:2). 헬레니즘 양식의 편지에 전형적으로 쓰이는 서두 인사의 좋은 예를 카이레인(*chairein*, "문안")이라는 단어가 사용된 사도행전 15:23에서 볼 수 있다(참고. 또한 행 23:26과 약 1:1). 이러한 신약의 사례들은 초기 그리스도인들이 아주 자유롭게 이러한 표준 관례를 사용했음을 확실히 보여준다. 그러나 바울은 카이레인 대신 발음은 비슷하지만 깊은 신학적 의미가 담긴 단어를 사용하기로 한 것 같다. 그는 "은혜"로 번역되는 '카리스'라는 단어를 쓴다. 카리스는 주는 것이든 받는 것이든 선물, 관대함, 친절, 호의를 가리킨다. 신약에서 이 단어는 특히 예수 그리스도의 인격 안에서 자기 백성을 구해 내신

21 *ESV Study Bible* 빌레몬서 2절에 관한 해설; 참고. Lightfoot, 306.

하나님의 너그럽고 자비로운 행동을 가리킨다.[22]

더 나아가 바울은 에이레네(*eirēnē*), 곧 "평강"이라는 단어를 덧붙여 그만의 독특한 인사를 발전시킨다. 이 단어는 모든 면에서 온전함을 가리키는 히브리 단어 '샬롬'을 연상시킨다. BDAG는 에이레네를 "화합의 상태" 혹은 "행복한 삶"[23]을 가리키는 단어로 이해할 것을 제안한다. 바울의 용례에서 에이레네는, 신자가 예수 그리스도가 이루신 화해를 통해 하나님과 평화를 누리고, 그리스도인 공동체 및 일반 사회와의 평화를 누리고자 하는 마음을 나타낸다고 볼 수 있다. 따라서 바울은 용어를 약간 바꿈으로써 어찌 보면 틀에 박힌 인사를, 그리스도인 형제자매들의 영적, 사회적으로 행복한 삶을 바라는 깊은 신학적 기도로 바꾼다.

22 참고. BDAG, s.v. χάρις

23 BDAG, s.v. εἰρήνη

응답

하나님께서 자기 백성을 위해 하신 일을 바울이 이해하는 핵심은 새로운 관계의 확립이다. 새롭게 맺은 주요한 관계는 하나님과 죄악 된 인간 사이에 이루어졌다. 하나님께서 택하신 백성은 그분이 그리스도 안에서 행하신 일을 통해 용서받고 하나님의 가족으로 입양되었다(참고. 엡 1:4-8). 그런데 바울은 그 사실과 밀접하게 연결된 방식으로 모든 그리스도인이 서로 새로운 관계에 있다고 이해한다. 하나님은 신자들을 하나님 자신뿐 아니라 그들 서로와도 화해하게 하셨다. 그분은 인종, 성별, 사회적 지위와 같이 그들을 갈라놓았을 모든 요인을 극복하는 방식으로 그렇게 하셨다(참고. 골 2:11; 엡 2:11-22, 또한 갈 3:28). 바울은 그들에게 하나님이 주시는 은혜와 평강이 임하기를 바라며(어찌 보면 그들에게 은혜와 평강이 있다고 선언하며) 그들이 하나님의 가족 구성원이 되었을 때 받은 것을 더 알게 되기를 바라는 마음을 표현한다.

몬

Philemon

빌레몬서

4-7절

4 내가 항상 내 하나님께 감사하고 기도할 때에 너를 말함은 5 주 예수
와 및 모든 성도에 대한 네 사랑과 믿음이 있음을 들음이니 6 이로써
네 믿음의 교제가 우리 가운데 있는 선을 알게 하고 그리스도께 이르
도록 역사하느니라 7 형제여 성도들의 마음이 너로 말미암아 평안함
을 얻었으니 내가 너의 사랑으로 많은 기쁨과 위로를 받았노라

4 I thank my God always when I remember you in my prayers,
5 because I hear of your love and of the faith that you have toward the
Lord Jesus and for all the saints, 6 and I pray that the sharing of your
faith may become effective for the full knowledge of every good thing
that is in us for the sake of Christ.[1] 7 For I have derived much joy and
comfort from your love, my brother, because the hearts of the saints
have been refreshed through you.

1 Or *for Christ's service*

단락 개관

바울은 기도할 때 빌레몬에 대해 감사한다고 그에게 설명하고, 왜 그렇게 하는지 말한다.

단락 개요

Ⅱ. 감사와 기도(4-7절)
- A. 하나님께 드리는 감사(4절)
- B. 감사의 이유: 사랑과 믿음(5절)
- C. 효과적인 믿음의 교제를 위한 기도(6절)
- D. 기도의 이유: 성도들의 마음이 평안함을 얻음(7절)

주석

4절 바울은 거의 모든 편지를 감사로 시작한다(참고. 롬 1:8; 고전 1:4; 엡 1:16; 빌 1:3; 골 1:3; 살전 1:2; 살후 1:3). 유카리스토(*eucharistō*)로 일인칭 단수 형태의 동사를 사용한 것은 바울이 이 서신의 주된 저자임을 가리킨다. 한편 서두 인사에서 디모데를 언급한 것은 그가 분명히 바울의 말에 동의했음을 나타낸다.

바울은 빌레몬에게("너"는 헬라어에서 단수다) "내가 항상 내 하나님께 감사하고 기도할 때에 너를 말함은"이라고 알리며 시작한다. 판토테(*pantote*, "항상")라는 단어를 사용하여 끊임없이 감사한다고 말하는 유사한 표현은 바울서신에서 흔하다(참고. 롬 1:10; 고전 1:4; 빌 1:4; 골 1:3; 살전 1:2; 살후 1:3). 바울은 끊임없이 감사하는데, 이는 시편이 하나님의 백성에게 명하는 태도다 (예를 들어, 시 33:2; 100:4; 105:1; 106:1; 118:1; 136:1). 무가 지적하듯이, 바울이 지중해 주변 여러 교회의 수많은 신자에게 그렇게 말할 수 있다는 점이 인상적이다.[24] 기도가 바울의 우선순위에 있었음은 의심의 여지가 없다.

5절 바울은 자신이 감사하는 이유를 제시한다. 구체적으로 그는 모든 성도를 향한 빌레몬의 사랑과 주 예수를 향한 그의 믿음에 대해 들은 바를 언급한다. 여기에 쓰인 헬라어 문장 구조는 주의를 요한다. 태도를 가리키는 두 개의 명사는 이 절의 전반부에 함께 배치된 반면, 이 태도의 두 대상은 후반부에 함께 배치된다. 따라서 헬라어는 문자적으로 "주 예수와 및 모든 성도에 대한 네 사랑과 믿음이 있음을 들음이니"(개역개정)로 해석된다. 이 내용은 골로새서 1:4("이는 그리스도 예수 안에 너희의 믿음과 모든 성도에 대한 사랑을 들었음이요")과 매우 유사하므로 서로 비교하면 그 의미가 명확해질 것이다. 바울이 주 예수와 성도 둘 다를 향한 사랑은 언급하려 했을 수 있지만, 그와 똑같이 그 둘 다에 대한 믿음까지 의도했다는 것은 이치에 맞지 않는 듯하다. 따라서 바울은 다음과 같이 첫 번째 목적어가 두 번째 동사와 연관되고, 두 번째 목적어가 첫 번째 동사와 연관되는(A-B-B′-A′로 나타낼 수 있는) 교차대구 구조(X-형식)를 의도한 것으로 보인다.

A 주 예수
　B 모든 성도에 대한
　B′ 네 사랑[을]…들음이니
A′ …과 믿음이

이러한 정렬은 바울이 예수님에 대한 믿음과 성도에 대한 사랑을 밀접

24 Moo, *Letters to the Colossians and to Philemon*, 386.

하게 연관된 것으로 여겼음을 암시한다. 빌레몬에 관한 평판이 이 두 가지 훌륭한 특성을 강조하고 있다는 것은 그에 대한 칭찬이다. 이러한 바울의 표현에는 어느 정도 관습적인 요소가 있겠지만(참고. 몬 5절, 골 1:4), 빌레몬의 성품이 정말 그러했음을 과소평가해서는 안 된다. 빌레몬은 복음의 은혜와 평강을 드러내는 삶을 살았던 것 같다. 그 때문에 바울은 빌레몬이 자신의 호소를 잘 받아들이리라고 믿었을 것이다.

6절 이 절은 까다로워서(참고. 사안에 관한 유용한 논의로는 파오를 보라[25]), 몇 가지 문제를 검토해야 한다. 첫째, 접속사 호포스(*hopōs*, "이로써")가 무엇을 가리키는지 명확히 해야 한다. 대부분의 현대 번역은 바울의 기도(4절)와 연결된다고 보고 "나는 기도합니다"(새번역)나 이를 명확히 해줄 유사한 어구를 삽입한다(ESV, NIV, NET, NASB). 그다음 헤 코이노니아 테스 피스테오스 수(*hē koinōnia tēs pisteōs sou*)가 무슨 뜻인지에 관한 질문이 있다. 이는 '네 믿음으로 인해 생겨난 교제'(빌레몬과 다른 이들이 예수님을 믿어서 생겨난 공동체라는 의미에서)라는 의미인가, 아니면 '네가 믿음에 함께함'(빌레몬이 기독교 신앙에 적극적으로 참여한다는 의미에서) 혹은 "네가 믿음 안에서 [우리와] 동역자 됨"(빌레몬이 적극적으로 바울과 동역한다는 의미에서), "네 믿음을 나눔"(복음을 전한다는 의미에서)이라는 의미인가? 확신할 수는 없다. 그러나 올바른 해석을 위한 중요 단서를 17절에 관련된 단어가 사용된 것에서 찾을 수 있다[에이 운 메 에케이스 코이노논(*ei oun me echeis koinōnon*), "그러므로 네가 나를 동역자로 알진대"]. 이 절에서 그 단어의 의미가 '동역자'라는 것은 의심의 여지가 없다. 이는 바울이 여기에서도 동역을 염두에 두었음을 암시한다. 빌립보서 1:5에도 같은 단어가 사용되는데, 그 문맥은 바울이 빌립보 교인들이 "복음을 위한 일에 참여"[테 코이노니아 휘몬 에이스 토 유앙겔리온(*tē koinōnia hymōn eis to euangelion*)]하는 것에 대해 말하고 있음을 나타낸다. 이 구절을 고려할 때 '동역자 됨'을 더 나은 번역

25 Pao, *Colossians and Philemon*, 369-372.

으로 보는 주장이 유력해 보인다. ESV는 매우 중립적인 번역, '네 믿음을 나눔'(the sharing your faith)을 채택한다.

바울은 동역자 됨으로 무슨 일을 성취하기를 기도하는가? ESV의 6b절 번역은, 빌레몬이 믿음의 동역자 됨이 "그리스도를 위해 우리 안에 있는 모든 선한 것을 온전히 아는 데 효력을 발휘하기를" 기도하고 있음을 나타낸다. 에네르게스(*energēs*)라는 단어는 신약에서 단 세 번 나온다(몬 6절; 히 4:12, 조금 다른 의미로 고전 16:9). BDAG는 그 단어를 "역량의 실제적인 표현과 연관된 것, '발효되는', '활동적인', '효과적인'"[26]으로 정의한다. 에피그노시스(*epignōsis*, "'지식', '인식'"[27])는 특히 옥중서신과 목회서신과 베드로후서에 매우 자주 나온다. 이는 '모든 선한 것'이라는 어구와 연결된다. 바울은 빌레몬이 믿음의 동역자 됨이 '모든 선한 것을 아는' 데 효력을 발휘하기를 바란다. '선한 것'은 무엇을 염두에 두는가? '모든 선한 것'(소유격) 다음에는 관계대명사(ESV는 "that") 역할을 하는 관사가 따라 나오고, 그다음 짧은 전치사구 엔 헤민(*en hēmin*), 즉 '우리 안에'가 나온다. 마지막 어구 에이스 크리스톤(*eis Christon*)은 헬레니즘 헬라어에서 에이스(*eis*)라는 전치사의 유연성 때문에 다양하게 번역된다. 바울은 우리가 '그리스도 안에서' 가지는 모든 선한 것을 가리킬 수도 있고, 전치사 에이스가 그런 식으로 이해될 수도 있다. 그러나 문맥은 복음 사역에 함께 참여하는 것을 암시하므로 '그리스도를 위해'(ESV는 "for the sake of Christ")가 아마도 가장 적절한 듯하다. 그럼에도 다소 유보적인 태도는 견지할 필요가 있다.

7절 바울의 말은 바울과 빌레몬 사이의 개인적인 애정을 나타낸다. 이 절의 전반부(개역개정은 후반부)는 바울이 빌레몬에게 받은 은혜를 개인적으로 표현한다. "기쁨"[카란(*charan*)]이라는 단어는 신약에서 널리 사용된다. 바울

26 BDAG, s.v. ἐνεργής, 강조는 원문의 것

27 BDAG, s.v. ἐπιγνωσις, 강조는 원문의 것

서신에서 이 단어는 (누구나 예상하듯이) 빌립보서에서, 그리고 (누구도 예상하지 못하듯이) 고린도후서에서 특히 자주 사용된다. 골로새서와 빌레몬서에서는 한 번씩 사용된다. 여기에서 이 단어는 바울의 문장 시작 부분에 나오는데(헬라어 본문에서), 아마도 그 단어를 특히 강조하고 있음을 암시하는 듯하다. 이러한 시각은 수식하는 형용사 "많은"[폴렌(*pollēn*)]이 지지하는 것으로 보인다. 바울은 기쁨을 받았을 뿐 아니라 파라클레신(*paraklēsin*)도 받았다. BDAG는 이 명사가 "격려" 혹은 "권면"을 주는 행위나 같은 경험을 뜻할 수 있다고 말한다.[28] 이는 9절과 10절에 나오는 동사 파라칼레오(*parakaleō*)와 관계가 있다.

이 절의 후반부(개역개정은 전반부)는 빌레몬이 기독교 공동체에 더 전반적으로 미친 영향을 묘사한다. 그러나 그것은 접속사 호티(*hoti*, "…었으니")로 절의 전반부와 연결되어, 빌레몬이 성도들의 마음에 생기를 가져다주었기(참고. 새번역) '때문에' 바울이 그에게 개인적인 은혜를 입었음을 나타낸다. 이 후반부의 어구("성도들이…마음에 생기를 얻었습니다", 새번역)는 독특하다. 여기에 쓰인 명사 스플랑크논(*splanchnon*, "마음", "감정의 자리" 혹은 "감정 자체, 복수형 '사랑', '애정'"[29]을 나타내는)은 바울서신에서 여덟 번 나오는데 그중 세 번이 빌레몬서에 나오며(고후 6:12; 7:15; 빌 1:8; 2:1; 골 3:12; 몬 7, 12, 20절), 동료 신자들을 향한 빌레몬의 사역이 매우 인격적이었음을 나타낸다. 문장 말미에 가족임을 표현하는 단어 "형제"[헬라어에서는 더해진 대명사 없이 그냥 호격 아델페(*adelphe*)]를 덧붙여 따뜻한 표현을 강조한다.

28 BDAG, s.v. παράκλησις

29 BDAG, s.v. σπλάγχνον, 강조는 원문의 것

응답

바울이 빌레몬의 삶에서 본 것에 대해 하나님께 감사하는 모습에서 우리는 교훈을 얻을 수 있다. 그는 빌레몬이 보이는 어떤 그리스도인의 성품이든 하나님께서 그의 삶 속에서 일하신 결과로 인식한다. 그래서 빌레몬이 행한 선한 일을 그의 업적으로 칭찬하기보다, 그에게 온갖 좋은 은사와 완전한 선물을 주시는 하나님을 찬양한다. 바울은 빌레몬의 삶에서 본 것에 대해 감사하고 있음을 그에게 알린다. 빌레몬은 자기 삶의 선한 것이 진정 어디에서 나오는지 기억함으로써 교만이나 자만심에 빠지지 않는다. 그래도 하나님께서 그의 삶 가운데서 일하심을 알고 있다는 바울의 말에 격려를 받는다. 또한 바울이 그로 인해 감사하고 있다는 말을 듣는다. 이런 식으로 바울은 신학적 가르침과 목회적 격려를 하나로 묶는다. 이는 우리가 동료 신자들을 어떻게 대해야 하는지 알려주는 긍정적인 본보기다.

빌레몬의 믿음이 그리스도를 향한 믿음과 그리스도인 형제자매를 향한 사랑의 특징을 보인다는 점도 눈여겨볼 만하다. 그의 믿음은 개인의 고백으로 그치지 않는다. 여기에는 야고보서 2:14-17에 표현된 믿음과 행동하는 사랑이 균형을 이루고 있다. 바울과 빌레몬 둘 다 그리스도인 공동체를 위해 다방면에서 애쓰고 있다는 분명한 암시가 이 요지와 연관된다. 바울은 그와 빌레몬이 누리는 동역자 됨에서 얻을 수 있는 혜택을 위해 기도하고 있음을 강조한다. 또 빌레몬이 "성도들"의 마음에 생기를 준 것으로 인해 크게 기뻐한다.

Philemon
빌레몬서
8-21절

8 이러므로 내가 그리스도 안에서 아주 담대하게 네게 마땅한 일로 명
할 수도 있으나 9 도리어 사랑으로써 간구하노라 나이가 많은 나 바울
은 지금 또 예수 그리스도를 위하여 갇힌 자 되어 10 갇힌 중에서 낳은
아들 오네시모를 위하여 네게 간구하노라 11 그가 전에는 네게 무익하
였으나 이제는 나와 네게 유익하므로 12 네게 그를 돌려보내노니 그
는 내 [1)]심복이라 13 그를 내게 머물러 있게 하여 내 복음을 위하여 갇
힌 중에서 네 대신 나를 섬기게 하고자 하나 14 다만 네 승낙이 없이는
내가 아무 것도 하기를 원하지 아니하노니 이는 너의 선한 일이 억지
같이 되지 아니하고 자의로 되게 하려 함이라 15 아마 그가 잠시 떠나
게 된 것은 너로 하여금 그를 영원히 두게 함이리니 16 이후로는 종과
같이 대하지 아니하고 종 이상으로 곧 사랑 받는 형제로 둘 자라 내게
특별히 그러하거든 하물며 육신과 주 안에서 상관된 네게랴
8 Accordingly, though I am bold enough in Christ to command you to
do what is required, 9 yet for love's sake I prefer to appeal to you—I,
Paul, an old man and now a prisoner also for Christ Jesus— 10 I
appeal to you for my child, Onesimus,[1] whose father I became in my

imprisonment. 11 (Formerly he was useless to you, but now he is indeed
useful to you and to me.) 12 I am sending him back to you, sending my
very heart. 13 I would have been glad to keep him with me, in order
that he might serve me on your behalf during my imprisonment for
the gospel, 14 but I preferred to do nothing without your consent in
order that your goodness might not be by compulsion but of your own
accord. 15 For this perhaps is why he was parted from you for a while,
that you might have him back forever, 16 no longer as a bondservant[2]
but more than a bondservant, as a beloved brother—especially to me,
but how much more to you, both in the flesh and in the Lord.

17 그러므로 네가 나를 동역자로 알진대 그를 영접하기를 내게 하듯
하고 18 그가 만일 네게 불의를 하였거나 네게 빚진 것이 있으면 그것
을 내 앞으로 계산하라 19 나 바울이 친필로 쓰노니 내가 갚으려니와
네가 이 외에 네 자신이 내게 빚진 것은 내가 말하지 아니하노라 20 오
형제여 나로 주 안에서 너로 말미암아 기쁨을 얻게 하고 내 마음이 그
리스도 안에서 평안하게 하라

17 So if you consider me your partner, receive him as you would receive
me. 18 If he has wronged you at all, or owes you anything, charge that
to my account. 19 I, Paul, write this with my own hand: I will repay it—
to say nothing of your owing me even your own self. 20 Yes, brother, I
want some benefit from you in the Lord. Refresh my heart in Christ.

21 나는 네가 순종할 것을 확신하므로 네게 썼노니 네가 내가 말한 것
보다 더 행할 줄을 아노라

21 Confident of your obedience, I write to you, knowing that you will do
even more than I say.

1) 헬, 심장

1 Onesimus means *useful* (see verse 11) or *beneficial* (see verse 20) *2* For the contextual rendering of the Greek word *doulos*, see ESV Preface; twice in this verse

단락 개관

바울은 빌레몬으로 인한 감사를 표현한 후 이제 편지를 쓰게 된 문제로 향한다. 이 부분은 바울의 '요청'이라고 묘사할 수 있지만, 바울이 빌레몬에게 무슨 요청을 하는지는 확실하지 않다. 가장 분명한 요청은 단락 끝부분에 가서야 나온다. 바울은 17절에서 "그러므로 네가 나를 동역자로 알진대 그를 영접하기를 내게 하듯 하[라]"고 쓴다. 그러나 바울은 그 요청 전후에 빌레몬이 어떻게 응답해야 하는지에 대해 설득하기 위해 다양한 수사적 전략을 사용한다.

단락 개요

Ⅲ. 오네시모를 위한 호소(8-21절)
- A. 명령하기보다 설득한다는 설명(8-9절)
- B. 이제 바울의 아들이 된 오네시모를 대신한 호소(10-11절)
- C. 오네시모를 빌레몬에게 돌려보내는 이유(12-14절)
- D. 오네시모가 빌레몬을 떠난 이유 추정과 고찰(15-16절)
- E. 빌레몬에게 오네시모를 받아들여달라고 요청함(17절)
- F. 기꺼이 빌레몬에게 보상하고자 함(18-20절)
- G. 빌레몬의 응답을 확신함(21절)

8절 바울은 이제 당면한 예민한 문제를 다룬다. 오네시모가 빌레몬을 떠나 바울에게 간 정황은 확실하게 알 수 없지만(참고. '서론'의 논의), 오네시모가 종이었으며 아주 위태로운 처지에 있었던 것은 분명하다. 그는 그리스-로마 사회의 모든 종과 마찬가지로 주인의 소유로 여겨졌으며, 돌아가면 주인의 처분에 따라 폭행을 당하고 심지어 죽을 수도 있었다.[30]

그러나 오네시모를 향한 하나님의 섭리와 돌보심으로 결국 바울이 자애롭고 노련한 변호자로 나섰다. 빌레몬을 향한 바울의 호소에서 목회적 섬세함은 물론 수사적 기량도 볼 수 있다. 바울이 빌레몬을 조종한다고 말하는 것은 부당하다. 예민한 상황을 아주 영민하게 다루는 것은 사실이지만, 바울의 말이 진실하지 않다거나 그가 항상 오네시모와 빌레몬 '둘 다'의 최선을 위해 행동하지 않는다고 생각할 이유는 없다.

바울은 헬라어 접속사 디오(*dio*, "이러므로")로 시작한다. 이는 방금 설명한 빌레몬과 바울 사이의 관계가 어색할 수도 있는 이 상황을 다루는 데 토대가 됨을 나타낸다. 이곳에서 바울의 문체는 수식어로 가득하다. 이는 두 사람 사이의 소통에서 무슨 말이 어떤 어조로 전해지는지 명확히 하고자 하는 의도다. 무는 8-14절에서, 빌레몬이 강요가 아니라 자유 의지로 행동하기를 바라는 마음으로 바울이 시작하고 마무리하는 것을 주목한다.[31] 주요 인물들의 관계가 이 서신의 흐름에서 매우 중요하다.

바울은 곧바로 수식어를 삽입하여 자신의 담대함[파레시아(*parrēsia*)]을 확고히 한다. 바울은 이 단어를 이곳 외에 일곱 번 사용한다(고후 3:12; 7:4; 엡 3:12; 6:19; 빌 1:20; 골 2:15; 딤전 3:13). 어떤 경우 그것은 복음 선포를 할 때 직설적이고 두려움 없음을 가리키지만, 고린도후서에서는 바울이 그리스도

30 Murray J. Harris, *Slave of Christ* (NSBT; Leicester: Apollos, 1999), 25-45, 57-61; Thompson, *Colossians and Philemon*, 202-204; Pao, *Colossians and Philemon*, 348-351.

31 Moo, *Letters to the Colossians and to Philemon*, 399.

인 공동체 내에서 기꺼이 사람들을 솔직하게 대면함을 가리킨다. 이 담대함은 "그리스도 안"에 있다. 바울은 자신이 원하면 언제든 독단적일 수 있다고 주장하는 것이 아니다. 그보다는 그리스도 안에서 그가 받은 소명과 그것에 수반되는 권위를 바탕으로 말한다.

9절 그러나 바울은 다른 길을 택한다. 9절과 10절에서 주요 동사 파라칼레오(*parakaleō*)는 바울의 접근 방식을 묘사하기 위해 연달아 두 번 사용된다. 이 단어는 부드러운 격려에서 강력한 권고에 이르기까지 폭넓은 의미로 사용될 수 있지만,[32] 문맥상 여기에서 바울은 이 접근법을 그가 보일 수도 있었던 "담대[함]"과 대조하고 있다. 그러므로 파라칼레오가 두 번 쓰인 것에 대해 BDAG가 이 단어를 "무언가에 대해 강력하게 요청하는 것, '요청하다, 간청하다, 애원하다'"(강조는 원문의 것)라는 의미로 분류하는 것에 나는 동의한다. 이때 '강력하게'는 권위보다는 열정의 의미로 이해된다. 바울은 "사랑 때문에"[새번역, 디아(*dia*) 다음에 직접 목적격이 나온다] 호소한다. 바울은 그가 이곳에서 언급하는 사랑이 누구의 사랑인지는 명시하지 않는다. 이는 바울과 빌레몬의 사랑, 바울과 오네시모의 사랑, 그리스도인 공동체 내의 사랑을 아우르며 폭넓게 이해할 여지가 있다.

바울의 나이 언급은 아주 흥미롭다. '대사'(ambassador)로 읽어야 하느냐는 사본상의 문제가 있지만(헬라어에서 단 한 글자가 다름), "나이가 많은"으로 판독하는 것이 문맥에 더 맞게 보인다(참고. 무[33], 메츠거[34]). 단락 전체는 빌레몬이 관계와 그리스도인의 사랑에 가치를 두고 있음에 바울이 거듭 호소하고 있다는 것을 암시한다. 바울이 자신을 나이 많고 갇힌 자로 언급한다는 점이 문맥에 잘 맞는다.

32 참고. BDAG, s.v. παρακαλεω

33 같은책, 404-405.

34 Bruce M. Metzger, *A Textual Commentary on the Greek New Testament*, 2nd ed. (Stuttgart: UBS, 1994), 588.

10절 바울은 오네시모를 자신이 "낳은 아들"이라고 말하며 "갇힌 중에서"라는 설명을 덧붙인다. 오네시모는 10-13절에서 관계대명사 혼(*hon*)으로 시작하는 세 개의 관계절로 묘사된다. 첫 번째 절(10b절)은 "낳은 아들"로 출생을 묘사한다. 바울이 여기에서 말하는 새로운 출생은 설명이 나오지 않지만, 하나님께서 바울을 대행자로 삼아 이루신 영적 변화를 가리킨다(참고. 고전 4:15).

11절 오네시모를 묘사하는 이 관계절의 더 상세한 설명을 삽입절에서 볼 수 있다. 이곳에서 바울은 '유익한'이라는 뜻을 지닌 오네시모의 이름으로 유명한 언어유희를 한다. 바울은 오네시모의 이름에 담긴 의미와 관련된 두 형용사 아크레스토스(*achrēstos*, '무익한')와 유크레스토스(*euchrēstos*, '유익한')를 사용하여, 오네시모의 영적 변화가 근본적으로 그의 성품 및 바울과의 관계를 변화시킬 뿐 아니라 빌레몬과의 관계도 변화시킴을 나타낸다. 파오는 과거와 현재의 일반적인 대조를 넘어 꼭 "무익[한]"을 특별히 부정적인 시각으로 읽을 필요는 없다고 제안한다.[35] 그러나 오네시모를 도망친 노예로 본다면 언어유희가 더 잘 맞아떨어진다.

12절 두 번째 관계절은 오네시모를 빌레몬에게 돌려보내면서 바울이 보이는 희생적인 행동을 묘사한다. 바울과 오네시모의 관계는 스플랑크나(*splanchna*, '심장', 개역개정 난하주)라는 단어로 그 깊이를 가늠할 수 있다. 이 단어는 이 짧은 서신에 세 번 나오는데 이것이 두 번째다(7, 12, 20절, 참고. 7절 주석). 바울이 이 새로운 그리스도인 형제, 로마 시민 바울과는 전혀 다른 사회적 환경 출신인 사람을 "내 심복"이라고 묘사할 수 있다는 점이 매우 놀랍다.

35 Pao, *Colossians and Philemon*, 388.

13절 세 번째 관계절은 오네시모를 곁에 두고 싶은 바울의 바람을 묘사한다. 바울은 이것이 일반적인 상황은 아님을 인정하는 듯하다. 바울이 그렇게 바라는 목적[히나(*hina*)로 표현된, "…하고자 하나"]은 오네시모가 빌레몬 대신[휘페르 수(*hyper sou*)] 바울을 "섬기게"[디아코네(*diakonē*)] 하는 데 있다. 빌레몬은 종을 부리는 주인이었는데도, 오네시모가 빌레몬 대신 행할 수 있다는 바울의 언급이 인상적이다. 여기에서 우리는 그리스도인 공동체의 중심에 있는 종 됨이라는 독특한 윤리의 핵심을 볼 수 있다.

14절 바울은 오네시모를 곁에 두고자 하는 마음을 명확하게 충분히 표현했다. 이제는 개인의 소망보다 빌레몬의 유익을 더 우위에 둔다고 말한다. 이는 빌레몬에게 기꺼이 선한 일을 할[토 아가톤 수(*to agathon sou*)] 기회를 주기 위함이다. 이러한 태도는 다른 사람의 유익에 관심을 가지는 본을 보여준다. 이는 바울이 이전에 빌레몬에게서 보았던 태도인데(7절), 이제 오네시모와 관련해서도 그런 태도를 보여 달라고 청하려 한다.

15절 바울은 상황과 관련해 추측한다[조심스러운 표현인 "아마"(*tacha*, 타카)를 사용해서]. 바울의 말로는 오네시모와 빌레몬이 이별한 정확한 정황을 명확히 알 수 없지만, 바울은 여기에 뚜렷한 목적이 있음을 알고 하나님의 주권적 섭리의 맥락에서 상황을 해석한다. 바울이 암시하는 바에 따르면, 그 목적은 일시적 이별이 영원히 함께함으로 바뀌는 것이다. 이 짧은 문장은 멋진 균형을 이룬다. 동사 에코리스테(*echōristhē*, "떠나게 된")는 아페케스(*apechēs*, "두게 함")에 대응되고, 시간을 나타내는 프로스 호란(*pros hōran*, "잠시")은 아이오니온(*aiōnion*, "영원히")에 대응된다.

16절 이 절은 15절의 명백한 균형에 대해 부연 설명을 하며 새로운 상황에는 이어지지 않는 한 요소를 덧붙인다. "종"은 한때 오네시모를 가리키는 적절한 호칭이었지만, 더 이상 그렇지 않다. 이제 그는 "사랑받는 형제"다. 오네시모는 다른 누가 어떻게 생각하든 바울에게는 이미 사랑받는 형제다("내게 특별히"). 이는 그저 주관적인 태도의 변화가 아니라 거듭남의 문제다. 바울은 이제 빌레몬에게 오네시모와의 관계에서 이 사실을 받아들일 기회를 준다. 바울에 따르면 그 관계는 훨씬 더 변화되어야 한다.

17절 연결 불변화사 운(*oun*, "그러므로")은 "연속성과 전개"를 나타낸다.[36] 바울은 지금까지 자신이 한 말을 토대로 삼지만, 이 서신에서 유일하게 분명한 요청(사실상 명령)을 하며 좀 더 밀어붙인다. "그[오네시모]를 영접하기를 내게 하듯 하고." 이 명령형은 에이(*ei*)로 시작하는 조건절로 출발한다. 문법적으로 이것은 제1조건문(first class condition)이다. ESV는 이를 정확하게 실제 상황으로 번역한다. "네가 나를 동역자로 알진대." 제1조건절 구문은 '논의를 위해' 첫 번째 절(조건절)의 진술을 사실로 전제한다. 다시 말해, 조건절은 실제로 참일 수도 있고 참이 아닐 수도 있지만 논의의 맥락에서 참이라고 전제된다. 바울이 이미 빌레몬을 동역자라고 언급했으므로(6절) 우리는 그가 참으로 그를 동역자로 믿고 있음을 확신할 수 있다. 그러나 조건 구문은 빌레몬에게 이제 어떻게 행동해야 할지 적절한 결론을 스스로 이끌어 내라고 도전한다.

18절 18절의 조건절 역시 실제 상황으로 다루어야 한다. 그런데 누가복음 11:19(예수님이 "내가 바알세불을 힘입어 귀신을 쫓아내면"이라고 말씀하신)에서 일급 조건절 구문이 사용된 것으로 보아 그 구문이 항상 실제로 사실 진술이라고 생각할 필요는 없다. 오히려 그 구문은 '논증을 위해' 어떤 진술이 참이라고 전제한다. 문법 자체는 오네시모가 빚이 있다는 결론이 꼭 필요하지는 않지만(참고. 무[37]), 바울이 이 사안을 제기한다는 사실은 오네시모에게 빚이 있는 것으로 그가 믿고 있음을 암시할 수 있다. 어떤 빚이든 자기 앞으

36 Steven E. Runge, *Discourse Grammar of the Greek New Testament: A Practical Introduction for Teaching and Exegesis* (Bellingham, WA: Lexham, 2010), 47.

37 Moo, *Letters to the Colossians and to Philemon*, 428.

로 계산하라는 바울의 요청은 예수님의 비유에서 사마리아인이 한 말을 떠오르게 한다(눅 10:35, 정서적인 면에서). 바울은 분명 진심으로 약속하고 있다.

19절 바울의 개인적인 약속은 친필로 확고해진다. 이는 갈라디아서 6:11의 말과 유사하다. 이러한 언급은 바울이 보통은 서기관(대필자)에게 그의 편지를 받아쓰게 했음을 강력히 시사한다. 이는 로마서 16:22에서 가장 선명하게 볼 수 있다. 거기에서 "이 편지를 기록하는" 더디오가 바울의 편지 마지막 장에서 독자들에게 직접 인사를 전한다. 바울은 자신의 신원과 오네시모를 부양하겠다는 개인적인 약속을 강조하면서 빌레몬이 바울에게 진 빚이 훨씬 많음을 상기시키는 기회를 갖는다. 빌레몬이 바울에게 "네 자신[까지]" 빚졌다는 말은, 그가 바울을 통해 그리스도를 믿게 되었으므로 바울이 그의 '영적 아버지'이기도 함을 암시한다.

20절 바울이 빌레몬에게 상당히 정서적 압박을 가하는 것으로 보일 수도 있는 대목에서 어조가 뚜렷하게 바뀐다. 바울은 곧바로 그를 "형제"라고 부르며 그에게서 생기를 얻고자 하는 마음을 표현한다. 이는 7절에 나오는 말을 상기시킨다. 바울은 이 표현을 사용하여 자신이 빌레몬에게 의지하고 있음을 나타낸다. 이는 바울과 빌레몬의 관계가 어떠한지 실상을 반영하고, 서신의 이 중요한 지점에서 귀중한 수사적 기능을 하는 것으로 보인다.

21절 바울은 이제 빌레몬이 "순종", 즉 '명령을 따름'으로 응답하리라는 확신을 표현하며 그들의 관계가 얼마나 깊은지도 보여준다. 바울은 빌레몬이 그의 요구보다 "더" 행할 줄을 확신한다. 그는 빌레몬이 오네시모를 해방시켜야 한다고 암시하는 것인가? 수많은 주석가가 그렇게 추론하고 있기는 하지만 이는 여전히 추론에 지나지 않는다. 바울이 무슨 의미로 이런 표현을 했는지 더 이상의 단서가 나오지 않으므로 해석자들은 바울을 앞세워 자신이 하고 싶은 말을 하지 않도록 조심해야 한다. 그렇더라도 바울이 서신의 이 단락에서 한 모든 말이 광범위하게 함의하는 바는, 하나님께서 오네시모의 삶에(그리고 실제로 빌레몬의 삶에도) 아주 중요한 무언가를 이루셨으며 그것은 어떤 인간관계에든 영향을 미칠 수밖에 없다는 것이다.

응답

빌레몬을 향한 바울의 호소는 이렇게 요약되는 듯하다. "나를 영접하듯 오네시모를 [이제 그가 마땅히 받아야 할 것대로가 아니라] 그리스도인 형제로 영접하라"(참고. 16-17절). 이는 빌레몬에게 사회의 모든 기대보다 그리스도인으로서 오네시모와의 관계를 우선순위에 두라는 의미로서 엄청난 헌신을 요구한다. 이러한 헌신은 오늘날 세계 각지에 있는 기독교 신자들에게 여전히 핵심적인 문제로 남아 있다. 우리 삶에서 예수 그리스도를 주로 시인하는 것과, 하나님의 은혜로 교회에 들어오게 된 모든 사람이 우리의 가족 구성원, 곧 우리가 책임을 져야 하는 사람이 되었다고 시인하는 것은 별개의 일이다. 수많은 그리스도인이 인종적 편견 때문이든, 카스트 제도, 계급 제도, 사회경제적 환경 때문이든 이러한 현실에 도전하는 사회 환경 가운데서 살고 있다. 그러나 모든 그리스도인의 소명은 어떤 환경의 어떤 그리스도인이든 가장 친한 친구처럼 받아들이는 것이다. 우리는 오직 은혜로 우리가 그리스도 안에서 받아들여졌음을 깨닫고, 다른 사람들도 받아들일 수 있다. 그리고 오직 우리 안에서 역사하는 그리스도의 능력으로 그러한 삶을 살 수 있다.

Philemon
빌레몬서
22-25절

22 오직 너는 나를 위하여 숙소를 마련하라 너희 기도로 내가 너희에
게 나아갈 수 있기를 바라노라
22 At the same time, prepare a guest room for me, for I am hoping that
through your prayers I will be graciously given to you.

23 그리스도 예수 안에서 나와 함께 갇힌 자 에바브라와 24 또한 나의
동역자 마가, 아리스다고, 데마, 누가가 문안하느니라
23 Epaphras, my fellow prisoner in Christ Jesus, sends greetings to you,
24 and so do Mark, Aristarchus, Demas, and Luke, my fellow workers.

25 우리 주 예수 그리스도의 은혜가 너희 심령과 함께 있을지어다
25 The grace of the Lord Jesus Christ be with your spirit.

단락 개관

바울은 서신의 마지막 부분에서 지금까지 한 모든 말에 가장 중심이 되는 관계들을 발전시키는 방향으로 향한다.

단락 개요

Ⅳ. 숙소 요청 및 인사와 축도(22-25절)
   A. 숙소 요청(22절)
   B. 인사(23-24절)
   C. 축도(25절)

주석

22절 이 짧은 서신의 마지막 절은 긍정적인 관계에 대한 언급으로 가득하다. 22절을 이어지는 절들과 묶은 까닭은 이 절이 그러한 관계를 강조하기 때문이다. 바울은 빌레몬에게 자신을 위해 숙소[크세니아(*xenia*)]를 마련해 달라고 요청한다. 이는 옥에 갇힌 자가 하기에는 매우 놀라운 요청이다! 바울은 자신이 곧 풀려날 것을 알았던 것인가? 아니면 이는 믿음의 표현인가? 바울의 뜻이 실현되었는지 여부를 확인할 길은 없다. 빌레몬의 기도와 바울이 "나아갈 수" 있는 가능성에 대한 언급은, 어쩌면 향후에 자유를 얻을 것이라는 낙관론을 시사할 수 있다. 또한 빌레몬이 자기에게 와주기를 바라는 마음을 나타낸 것일 수도 있다.

23절 에바브라에 대한 언급은 이 서신과 골로새서를 밀접하게 연결시킨다. 골로새서에서 에바브라는 1:7과 4:12에서 언급된다. 바울서신에서 에바브라가 언급되는 이 유일한 절들을 통해 우리는 그의 성품에 관한 중요한 사실을 알게 된다. 에바브라는 골로새 교인들과 복음을 나누었다(골 1:7). 그는 바울에게 골로새 교인들에 대해 긍정적으로 말한다(1:8). 그는 골로새에서 왔다(4:12). 여기에서 그는 그리스도의 "일꾼", 아마도 "종"으로 묘사된다(4:12). 또 그는 골로새 교인들을 위해 애써 기도한다(4:12). 그는 골로새의 그리스도인들을 위해, 또한 라오디게아와 히에라볼리에 있는 그리스도인들을 위해 많이 수고했다(4:13). 여기에서 마지막으로 바울은 그를 "나와 함께 갇힌 자"[쉬나이크말로토스(*synaichmalōtos*)]로 묘사한다. 1:1에서 사용한 것과는 다른 단어를 쓰고 있지만, 두 단어 모두 투옥을 가리키는 것으로 추정할 수 있다.

24절 동사 아스파제타이(*aspazetai*, "문안하느니라")는 단수형이므로 일차적으로 에바브라만 연관된 것으로 보인다. 그러나 바울의 다른 네 동료의 이름이(24절) 에바브라에 대한 묘사 뒤에 덧붙어 있으므로 같은 동사가 그들에게도 적용되는 것이 분명하다. 흔한 이름은 한 명 이상에게 쓰이는 것이 당연하지만, 신약의 저자들은 보통 혼동이 예상될 때 일종의 설명을 제시한다. 따라서 별도의 설명 없이 나오는 마가와 누가는 똑같은 이름으로 신약 다른 부분에서 잘 알려진 이들을 가리키는 것이 거의 확실하다. 아리스다고는 덜 알려져 있지만 사도행전 19:29에서 바울의 마게도냐인 동료로 언급된다. "데마"라는 이름은 침울한 분위기를 조성한다. 그는 디모데후서 4:10에서 바울이 자신을 버렸다고 언급한 사람과 동일인일 것이기 때문이다.

25절 마지막 축도는 3절에 나오는 은혜를 다시 강조하는데, 바울의 표준 축도와는 형태가 약간 다르다. 바울은 늘 그리스도인 형제자매들을 위해 은혜를 구하는 기도를 하지만 축복의 정확한 형태는 다양하다.

응답

이 짧은 서신을 마무리 짓는 절들은 다소 평범해 보일지 모르지만, 사실은 복음의 신학적 핵심을 담고 있다. 하나님께서 예수 그리스도 안에서 새로운 인류를 창조하심으로, 한때 멀어졌던 이들이 이제 화해되어 새로운 가정에 들어왔다. 이 새로운 관계는 양분을 공급받을 때 비로소 잘 자랄 것이다. 그리스도인들은 함께 시간을 보내고 서로를 위해 기도하고 서로를 돌보고 서로에게 주님의 복을 구해야 한다.

바울은 마지막 말에서, 빌레몬과 오네시모에게 바라는 건강한 그리스도인의 관계가 어떠한 것인지 본을 보인다. 그러나 데마와 같은 (외관상) 슬픈 사례는, 그리스도인 공동체 안에서 관계를 단절하기보다 발전시켜야 하는 우리의 책임을 일깨운다. 좀 더 희망적인 기록은 바울이 마가를 언급한다는 것이다. 그들의 관계 역시 단절되었지만 회복의 가능성이 남아 있었다. 데마에 관한 슬픈 이야기의 결말은 나오지 않는다. 사실 오네시모와 빌레몬의 이야기도 마찬가지다. 우리는 그 결말을 모른다. 바울은 마지막으로 주 예수 그리스도 안에 있는 은혜에 대해 말한다. 그분은 우리와 궁극적인 화해를 이루셨다(참고. 골 1:20-21). 신자들이 그리스도와 연합하여 살아가고자 할 때, 그들은 인간관계 또한 똑같이 화해가 특징이 되기를 소망하며 기도할 수 있다.

골로새서와 빌레몬서 참고문헌

Andria, Solomon. "Colossians." In *Africa Bible Commentary*, edited by Tokunboh Adeyemo. Nairobi: WordAlive, 2006.

Bird, M. F. *Colossians, Philemon*. New Covenant Commentary Series. Eugene, OR: Cascade, 2009.

Brown, Raymond E. *An Introduction to the New Testament*. ABRL. New York: Doubleday, 1997. 《신약개론》. CLC.

Calvin, John. *Galatians, Ephesians, Philippians and Colossians*. Calvin's New Testament Commentaries. Vol. 11. Grand Rapids, MI: Eerdmans, 1965 (1556).

성경 본문에 대한 칼빈의 사려 깊은 해석은 정평이 나 있고, 그의 주석은 골로새서 본문에 대한 신학적으로 풍성한 해석으로 여전히 중요하다.

Campbell, Constantine R. *Colossians and Philemon: A Handbook on the Greek Text*. BHGNT. Waco, TX: Baylor University Press, 2013.

Deissmann, Gustav Adolf. *Light from the Ancient East*. 1927. Reprint Peabody, MA: Hendrickson, 1995.

Gupta, Nijay K. *Colossians*. SHBC. Macon, GA: Smith & Helwys, 2013.

Harris, Murray J. *Colossians and Philemon*. EGGNT. Nashville: Broadman & Holman, 2010.

———. *Slave of Christ*. NSBT. Leicester, UK: Apollos, 1999.

Johnston, Mark G. *Let's Study Colossians and Philemon*. Edinburgh: Banner of Truth, 2013.

Lightfoot, J. B. *St. Paul's Epistles to the Colossians and Philemon*. Peabody, MA: Hendrickson,1999 (1875).

라이트풋은 헬라어 본문에 관한 고전적인 영국 학계를 대표한다. 그의 주석은 엄청난 학식을 드러내 보이며, 학계가 더 발전했음에도 여전히 엄청난 정보와 논평의 원천이다. 이 주석은 상당히 어려운 수준이다.

Marshall, I. Howard. *New Testament Theology*. Nottingham, UK: Apollos, 2004. 《신약성서 신학》. CH북스.

Moo, Douglas J. *The Letters to the Colossians and to Philemon*. PNTC. Grand Rapids, MI: Eerdmans, 2008.《골로새서 · 빌레몬서》. PNTC. 부흥과개혁사.

무는 바울서신에 대한 세심한 주석가로 유명하다. 그는 어려운 논쟁을 회피하지 않으면서도 바울의 신학적 의도를 잘 따라간다. 무는 성경 본문을 명확하게 강조하면서도 현대의 학문적 자료에 대한 이해하기 쉬운 논의를 제공한다. 조금 더 전문적인 이슈들은 각주에 배치하여 본문은 읽기 쉽게 해 두었다.

Wright, N. T. *Colossians and Philemon*. TNTC. Leicester, UK: Inter-Varsity Press, 1986.

Pao, David W. *Colossians and Philemon*. ZECNT. Grand Rapids, MI: Zondervan, 2012.

파오의 책은, 전문적인 논의에 치우치지 않고 헬라어 본문을 적정 수준에서 다루는 탁월한 최근의 주석 시리즈에 속해 있다. 골로새서와 빌레몬서에 관한 가장 최근의 중요한 주석 중 하나로, 최근 학계와의 상호작용에서 도움을 얻었다. 빌레몬의 배후 정황에 관한 파오의 재구성은 새롭지만 다소 이론의 여지가 있다.

Peterson, D. G. "Maturity: The Goal of Mission." *In The Gospel to the Nations: Perspectives on Paul's Mission*, edited by Peter Bolt and Mark Thompson, 185-204. Leicester: Apollos, 2000.

Runge, Steven E. *Discourse Grammar of the Greek New Testament: A Practical Introduction for Teaching and Exegesis*. Bellingham, WA: Lexham, 2010.

Seitz, Christopher R. *Colossians*. BTCB. Grand Rapids, MI: Brazos, 2014.

Streett, Daniel R. "Philemon." In *Theological Interpretation of the New Testament: A Book-by-Book Survey*, edited by Kevin J. Vanhoozer, 182-185. Grand Rapids, MI: Baker, 2008.

Sumney, Jerry L. *Colossians*. NTL. Louisville: Westminster John Knox, 2008.

Thompson, Marianne Meye. *Colossians and Philemon*. THNTC. Grand Rapids, MI: Eerdmans, 2005.

Wilson, R. McLachlan. *Colossians and Philemon: A Critical and Exegetical Commentary*. ICC. Edinburgh: T&T Clark, 2005.

성경구절 찾아보기

창세기
1-2장 128, 132
2장 96
2:17 87
3:15 99

출애굽기
2:23-25 351
20장 60
20:2 351
20:3 60
20:4 61
20:7 61
20:8 61
20:12 61, 149
20:13 62
20:14 62
20:15 64
20:16 64
20:17 64, 240
21장 351
21:2 351
21:15 61
21:16 175
24:7 276
29:40-41 270
33:20 191

레위기
18장 63
18:6-23 62
18:22 63
20:13 63
23:13 270
25장 351
25:35-43 352
25:42-43 352

민수기
15:5-10 270
16장 238
28:7 270

신명기
5:26 134
15장 351
25:4 164

여호수아
3:10 121, 134

사무엘상
10:19 47

사무엘하
7:12-13 226
7:14 48
19:22 46
22:51 46
23:1 46

열왕기상
8:22 91

시편
1:1 61
1:5 61
2:2 46
17:51 46
24:5 47
28:2 91
33:2 365
42:2 121
63:4 91
100:4 365
105:1 365
106:1 365
118:1 365
119편 66
131:17 46
136:1 365

잠언
2:6 225
3:6 235
5장 152
5:18 139
12:18 147
15:1 147
15:1-2 242
15:21 327
16:21 242
17:15 304
17:10 146
18:11 191
18:17 165
23:4-5 191
26:7 327
27:5 146
28:23 146
31:10-31 311
31:16 311

전도서
2:24-25 192

이사야
1:15-16 91-92
5:22 114
29:13 303
53:10 85

에스겔
16:49 151
36:25-27 331

다니엘
9:25-26 46

마태복음
4:4 66, 132
5:7 218
5:10-12 256
5:16 143, 263
6:13 88
6:24 114, 191, 247
7:13-14 314
7:15-16 299
8:28 247
9:10-13 72
10:2 45
10:32 190
10:33 229
15:3-9 150
15:9 302
16:17 225
16:18-19 121
16:24 224
18장 165
18:15-17 333
18:15-20 164
20:25 147
20:28 87
22:6 70
22:36-40 217
24:10-13 127
24:15 225
27:11 190

마가복음
2:15-17 72
3:14 45
7:7 303
7:10-12 150
10:42 147
10:45 87
13:14 225
15:2 190

누가복음
4:17 276
4:20 276
6:13 45
6:16 249
10:1 46
10:7 164
10:35 350, 378
11:19 377
12:8 190
12:9 229
12:11 326

14:27 256
16:14 108
18:32 70
23:3 190
23:34 70, 277
24:50 91

요한복음
2:15 237
5:27–29 190
10:18 86, 319
10:27 251
11:50 319
13:10 331
13:16 45
13:35 189
14:26 46, 55
16:13 46, 55
18:33–37 190
19:26–27 150
20:30 276

사도행전
1:21–22a 46
1:26 46
2:17 246
2:33 331
5:29 172
6장 113
6:1–6 113
6:2 293
6:3 293
6:5–6 293
6:6 207, 293
6:10 117
7:1–53 117
9:3–4 46
9:15 46, 52, 87
13:1–4 77
13:3 207
13:15 141
13:45 255
13:50 255
14:1–5 255
14:5 70
14:19 255
14:21 255
14:21–23 27, 292
14:22 255
14:23 27
15:23 360
15:37–41 275
16:1 48, 206
18:2 278
18:18 278
18:24 337
18:26 278, 337
19장 123, 359
19:28 122, 123
19:29 382
19:34 122, 123
19:36 123
20:4 336
20:17 104, 292
20:17–38 27, 104
20:27–28 27
20:28 104, 292
20:28–30 127
20:31 121
21:8 269
22:16 331
23:26 360
26:16 52
27장 292

로마서
1:1 358
1:1–7 35
1:7 359, 360
1:8 364
1:10 364
1:18 269
1:18–11:36 30
1:25 73
1:30 70
2:2 58
3:19 58
3:20 332
3:23 320
3:24 332
3:28 332
4:2 332
5:1 332
5:2 319
5:6 61
5:8 61
5:9 332
5:9–10 330
6:8–11 228
6:11 236
6:23 87, 213
7장 240
7:7 240
7:12 58
8:11 123, 228
8:22 58
8:24–25 47
8:28 58, 85, 214
8:30 214
9:11 214
9:24 214
10:9–10 190
11:13–14 142
11:17 35
11:36 73
12:1–15:33 30
13:1 326
13:1–2 172
13:14 243
16:1 115
16:1–2 336
16:3 359
16:9 359
16:22 378
16:25–27 266
16:27 73

고린도전서
1:3 360
1:4 364
1:9 214
1:12 337
1:18 212, 330
2:7 122
2:10 122
3:4–6 337
3:5 115
3:6 337
3:10–12 237
4:15 375
5장 63
5:5 78, 236
5:9 78
5:11 78, 249
6:9 62, 63
6:11 331
6:19–20 352
7:9 105
7:14 257
7:16 142
7:21 177
7:21–23 171
7:23 177
7:25 59
8:1 58
8:4 58
9:8–12 164
9:22 142
11장 93
11:1 312
11:3 37
11:3–16 98
11:29 158
11:34 158
13:4–7 140
14:36 226
15장 237
15:3–8 47
15:4 225
15:12 225
15:20–23 228
15:32 347
16:5–12 336
16:9 367
16:12 337
16:13 28

고린도후서
1:1 358
1:2 360
1:8 347
1:20 35
2:17 226
3:5 223
3:12 373
3:14 141
4:2 226
5:1 58
5:14 319
5:20 319
6:4 115
6:12 368
7:4 373
7:15 368
8:23 45
9:8 326
11:4 226
13:3 52, 59, 182
13:5 322

갈라디아서
1:1 358
1:3 360
1:4 319
1:6 214
1:11–12 52
1:23 27
2:16 332
2:20 213
3:10 276
3:11 332
3:13 319
3:16 202, 226
3:19 226
3:24 332, 353
3:28 37, 352, 362
4:1–7 353
5장 249

5:4 332
5:5 319
5:22 140, 241주
5:22–23 193, 241
6:11 378
6:18 278

에베소서
1:2 360
1:4–8 362
1:9 122
1:11 85, 214
1:16 364
2:6 236
2:8 99
2:10 263
2:11–22 35, 362
2:20 35, 45, 289
3:2–4 225
3:3 122
3:12 373
4:1 214, 357
4:5 28
4:11 104, 269
4:25 140
4:29 140
5장 94
5:2 319
5:4 140
5:18 114, 295
5:20 205
5:22 314
5:25 319
5:26 331
6장 172
6:1 314
6:5 314
6:7 314
6:9 173, 176
6:17 226
6:19 373
6:21 337

빌립보서
1:1 26, 113, 292, 352, 358
1:2 360
1:3 364
1:4 364
1:5 351, 366
1:8 368
1:20 373
1:27 28
2:1 368
2:12–13 193, 241
2:20 359
2:25 45
3:4–6 73
3:12 332
3:17 140
4:23 278

골로새서
1:1 358, 382
1:3 364
1:4 365, 366
1:5 319
1:7 115, 382
1:8 382
1:10 326
1:20–21 383
1:25 226
1:26 122
1:27 319
2:7 28
2:11 362
2:12 236
2:15 373
2:22 303
3:11 177, 352
3:12 368
3:17 205
3:18–4:1 350
3:22–4:1 349
4장 172
4:1 173, 349, 353
4:7 337
4:7–9 336
4:12 382
4:13 382
4:16 36, 193, 278, 338

데살로니가전서
1:1 358
1:2 364
2:2 70
2:13 226
4:3 85
4:13 319
5:12 292
5:13 292
5:27 36, 193, 278, 338

데살로니가후서
1:2 360
1:3 364
1:8 229
2:2 32
2:17 326

디모데전서
1장 180
1:1 24, 45, 46, 48, 201, 287
1:1–2 43, 44
1:2 48, 202
1:3 25, 29, 51, 52, 53, 76, 146, 182
1:3–7 50, 57
1:4 52, 54, 58, 302
1:5 33, 53, 76
1:6 54, 300
1:7 53, 54, 178
1:8 58, 59
1:8–11 56-57
1:9 59
1:9–10 60
1:9–10a 60
1:10 27, 62, 63, 65, 72, 175
1:10–11 71
1:11 65
1:12 69
1:12–17 67-68, 68
1:13 69, 72
1:14 70
1:15 33, 71, 103, 134, 227, 332
1:16 72
1:17 73
1:18 33, 76, 82
1:18–20 75
1:19 77, 78
1:19–20 33, 277
1:20 77, 78, 236
2장 99, 135
2:1 82, 135
2:1–3 84
2:1–7 33, 80-81, 81, 91
2:2 82, 93, 122
2:3 83
2:4 84, 86, 135
2:5 86
2:5–6 87, 319
2:6 86, 319
2:7 87
2:8 91, 92
2:8–15 33, 89-90, 90
2:9 91, 92
2:9–10 92
2:11 93
2:12 94, 96, 97
2:13 96, 97
2:13–14 96
2:14 96, 97, 158
2:15 98, 158
3장 112, 131, 138, 166
3:1 71, 103
3:1–7 33, 101-102, 162, 165
3:2 103, 104, 105, 107, 116, 151, 156, 294
3:3 107, 166
3:4 105, 108, 116, 294
3:5 108
3:6 109, 166, 249
3:7 109
3:8 115
3:8–9 113, 122
3:8–13 111-112
3:10 114
3:11 115, 116
3:12 116
3:13 117, 373
3:14 121
3:14–16 119-120
3:15 21, 33, 90, 121, 188
3:16 122, 123, 126
4장 131, 135, 138, 142, 145, 180
4:1 126, 141
4:1–3 300
4:1–4 33
4:1–5 125, 192
4:1–10 138
4:2 127, 129
4:3 303

4:3–4 128
4:4–5 303
4:5 129
4:6 115, 132, 133
4:6a 132
4:6b 132
4:6–10 130-131
4:7 122, 132, 142, 333
4:7a 132
4:8 133
4:8–10 139
4:9 71, 134
4:10 134, 135, 163, 317
4:11 139, 181
4:11–16 137-138, 138
4:12 139, 148, 254, 312, 321
4:13 141
4:14 142, 165, 207
4:15 142
4:15–16 34
4:16 27, 142
5장 145, 161, 170
5:1 146
5:1–2 149, 161, 162
5:1–8 144-145
5:2 141, 148
5:3 149, 162
5:3–8 149, 154, 155, 156, 157
5:3–16 154, 161
5:4 150
5:5 150
5:6 150
5:7 151
5:7–8 151
5:9 105, 106, 155
5:9–10 156
5:9–16 153-154, 154, 155
5:10 156, 326
5:11–12 156, 157
5:13 158
5:14 106
5:14–15 158
5:16 159
5:17 103, 109, 162, 266, 292
5:17–25 160-161, 161
5:18 163
5:19–20 164, 165
5:20–21 165
5:22 165
5:23 166
5:24 167
5:25 167
6장 170, 180
6:1 170, 171
6:1–2 170, 171, 313
6:1–2a 169
6:2–10 188
6:2a 172
6:2b 181
6:2b–10 179-180
6:3 27, 52, 181, 182, 183, 312
6:4 182, 249
6:4–5 182, 191
6:6–8 184
6:9 191
6:9–10 184
6:10 108
6:11 122, 188, 193, 254
6:11–21 186-187
6:12 189, 270
6:13 190
6:14–16 190
6:17 191, 303
6:18–19 191
6:20 217
6:20–21 23주, 192
6:21 36

디모데후서

1장 222, 233
1:1 24, 201, 202
1:1–2 199, 200
1:2 202, 206
1:3 204
1:3–7 203
1:4 204, 205
1:5 204, 206
1:6 165, 206, 207
1:6–7 211
1:7 201, 207, 212
1:8 34, 212, 215
1:8–18 209-210, 211
1:9 213, 214, 287, 288
1:9–10 213
1:9–12 34
1:10 213, 214, 215
1:11 215
1:12 212, 215, 226
1:13 216, 312
1:13–14 216, 222
1:13–15 34
1:14 201, 216
1:15 217
1:16 212
1:16–17 25
1:16–18 218, 278
1:18 218
2장 233, 246
2:1 222
2:1–7 34
2:1–13 220-221
2:2 223, 234, 294
2:3 223
2:3–13 234
2:4 224
2:4–6 225
2:5 224
2:6 224
2:7 225
2:8 225
2:8–10 34
2:9 226, 227
2:10 226, 227, 228, 287
2:11 71, 227
2:12 227, 228
2:13 227, 229
2:14 183, 234
2:14–26 231-233, 233
2:15 34, 234, 235, 236
2:16 300
2:16–17 235
2:17 234
2:17–18 77
2:17–19 34
2:18 234, 236
2:19 237, 238
2:20–21 238, 239
2:21 239, 326
2:22 239, 254, 318, 327
2:22–23 34
2:23 242, 333
2:24 107, 242
2:24–26 34, 302
2:25 82, 107, 146
2:25–26 242
2:26 248
3장 265
3:1 246, 250, 257
3:1–2 108
3:1–5 127
3:1–9 34, 244-245, 245
3:2–5 247
3:6 250
3:7 250
3:8 251
3:9 251
3:10 27, 253
3:10–11 254
3:10–15 252-253
3:10–17 34
3:11 254
3:12 255
3:13 256
3:14 253, 256
3:15 257, 267
3:16 58, 59, 261
3:16a 59, 260
3:16b 261, 262
3:16–17 259
3:17 262, 326
4:1 266
4:1–8 34, 264-265, 265
4:2 266
4:3 27, 268
4:4 268, 302
4:5 269
4:6 270
4:6–7 204
4:6–8 202
4:7 270
4:8 270
4:9 202, 274
4:9–22 272-273

4:10 206, 382
4:10–12 275
4:11 206
4:13 205, 275
4:14–15 78, 276
4:15 217
4:16–18 277
4:19–22 23주, 278
4:20 278
4:21 278
4:22 36

디도서
1장 306, 332
1:1 24, 287
1:1–4 285-286, 286
1:2 214, 287, 288
1:3 288
1:4 288, 338
1:5 25, 26, 29, 103, 292, 293, 308
1:5–7 103
1:5–9 34, 290-291
1:6 293, 294, 299
1:7 103, 294
1:8 294, 295
1:9 27, 71, 107, 146, 192, 217, 295, 298
1:10 298, 299, 332
1:10–11 307
1:10–16 34, 297-298, 333
1:11 237, 300
1:12 301
1:13 27, 301, 302
1:14 52, 302
1:15 303
1:16 303, 326, 332, 336, 337
2장 99, 320
2:1 307, 309, 320
2:1–10 35, 305-306, 316
2:2 308, 310
2:2–10 318, 320
2:3 309
2:3–5 96
2:4 309, 310, 318
2:4–5 99, 158
2:5 99, 310
2:6 310, 311
2:7 140, 336, 337
2:7–8 312
2:9–10 313
2:11 316, 317, 325
2:11–14 320
2:11–15 35, 315
2:12 318, 321
2:13 319
2:14 319, 336, 337
2:15 320
3장 325, 337
3:1 325, 336, 337
3:1–3 35
3:1–11 323-324
3:2 325, 326, 327
3:3 327, 329, 332
3:3–8 325
3:4 329, 330
3:4–7 35, 328, 329, 332
3:5 329, 330
3:6 331
3:7 331
3:8 71, 332, 333, 336, 337
3:8–9 35
3:9 332, 333
3:10 333, 338
3:10–11 35
3:11 333
3:12 336, 338
3:12–13 336
3:12–15 335
3:13 337
3:14 336, 337
3:15 23주, 36, 336, 338

빌레몬서
1절 343, 349, 350, 357
1–3절 356
2절 23주, 350, 359, 360주
3절 349, 360, 382
4절 364
4–7절 363
5절 349, 365, 366
6절 349, 351, 354, 366, 367, 377
6b절 367
7절 350, 367, 368, 375, 376, 378
8절 349, 373
8–10절 346
8–14절 373
8–21절 370-372
9절 349, 357, 368, 374
10절 350, 358, 368, 374, 375
10b절 375
10–13절 375
11절 346, 375
12절 368, 375
13절 358, 376
14절 376
15절 345, 346, 376
16절 173, 349, 350, 376
16–17절 176, 379
17절 351, 366, 372, 377
18절 345, 349, 377
18–19절 346
19절 378
20절 349, 350, 368, 375, 378
21절 378
22절 381
22–25절 380
23절 349, 358, 382
24절 382
25절 278, 349, 382

히브리서
1:1–2 246
3:14 271
4:12 367
9:19 276
10:22 331
10:23–25 242
13:2 295
13:17 94, 140
13:21 326

야고보서
1:1 360
1:27 157
2:14–17 369
3:1 158
4:6 248
5:1–6 93
5:20 142

베드로전서
1:14–15 140
2장 174
2:12 140
2:18–21 172
3:1–2 174
3:3–4 93
5:1 24주
5:1–2 103
5:2–3 140
5:3 147

베드로후서
1:21 59
2:1 126
3:15 267

요한일서
3:2 58
3:14 58
4:6 55
4:8 140
5:18 58
5:19 58
5:20 58

요한이서
10절 338

유다서
23절 142

요한계시록
5:9 177

국제제자훈련원은 건강한 교회를 꿈꾸는 목회의 동반자로서 제자 삼는 사역을 중심으로 성경적 목회 모델을 제시함으로 세계 교회를 섬기는 전문 사역 기관입니다.

ESV 성경 해설 주석

디모데전서-빌레몬서

초판 1쇄 인쇄 2023년 4월 4일
초판 1쇄 발행 2023년 4월 11일

지은이 데니 버크, 앨리스터 I. 윌슨
옮긴이 김명희

펴낸이 오정현
펴낸곳 국제제자훈련원
등록번호 제2013-000170호(2013년 9월 25일)
주소 서울시 서초구 효령로68길 98(서초동)
전화 02) 3489-4300 **팩스** 02) 3489-4329
이메일 dmipress@sarang.org

ISBN 978-89-5731-865-2 94230
978-89-5731-825-6 94230(세트)